Соломон Вайнштейн

И это -
всё о ней,
о Виннице

2016

кёльн, 2016

В книгу включены опубликованные в интернете в 2016 г. статьи автора о событиях в оккупированной Виннице 1941-1944 годов, об исчезнувших и исчезающих городских приметах, а также - о современной ситуации в городе.

В 2015-м году в «BoD» были изданы следующие книги автора о Виннице (на русском языке):

Salomon Weinstein – Meine Winniza, 368 S.
ISBN 978-3-7392-2182-3
Соломон Вайнштейн — Моя Винница.
В книге представлены уникальные воспоминания автора о пятнадцати годах винницкой жизни, последовавшей за окончанием Великой Отечественной войны. «Моя Винница» - фактически единственный, на настоящее время, обстоятельный рассказ об этой короткой «эпохе» в многовековой истории города. Подобного повествования о любом другом периоде винницкой жизни не найти.

Salomon Weinstein – Sieben Jahre Hölle - Winniza 1937-1944, 432 S.
ISBN 978-3-7392-1222-7
Соломон Вайнштейн — Семь лет ада - Винница 1937-1944.
Кровавый террор, начатый НКВД в 1937 году, захват города армией Гитлера, полное уничтожение немцами евреев Винницы, жизнь в городе во время его оккупации в 1941-1944 годах, а также до сих пор скрываемые факты этой жизни — основное содержание книги.

Salomon Weinstein – Das Winnizaer Leben. Seine Hintergründe – ein Blick aus der Ferne, 432 S.
ISBN 978-3-7386-3950-6
Соломон Вайнштейн — Винницкая жизнь. Её подоплёка — взгляд издалёка.
Автор стремился быть предельно правдивым в приведении фактов. Автор призывает изучать, осмысливать и всегда помнить историю города. Автор убеждён в надвигающейся и почти неотвратимой утере городом последних компонентов его былого, сугубо винницкого своеобразия — духовного и материального. Автор заклинает винничан сберечь то, что ещё упасти не поздно.

Herstellung und Verlag:
BoD - Books on Demand, Norderstedt
ISBN 978-3-7431-5320-2

Оглавление

ГОДЫ ОККУПАЦИИ 1941-1944

Периодика III-го Рейха о Винницкой трагедии 5
Газета «Вінницькі вісті» (1941-1943) — попытка прочувствовать то время 26
Всего лишь семь документов 1941-1944 из 294 только одного из 16-ти томов 82
Что искали нацисты в архивах оккупированных территорий 93
Образование в оккупированной Украине 1941-1944 106
Это было под Винницей 120

ИСЧЕЗНУВШИЕ ГО'РОДА ПРИМЕТЫ

Винница. Парк культуры. Упадок одной скульптуры 136
Памяти садика Козицкого, сердцу моему близкого 143
Но упрямо на пляж Динамо 155
Не услышат снова клича Вернуть название Калича!? 162
Депервомаизация по-винницки 171
Уже не явится весомо, грубо, зримо 182
Арка - кошка. А чё, разве не похожа немножко? 191
Выпьем чарку за нашу арку! 199

ПУБЛИЦИСТИКА

Брызжет, искрится, волнуется, светится... 206
Відсіч 210
Винница. misinfo 212
Не желаете или нечем думать - не надо меня читать! 219
А ви якого походження? А вы какого происхождения? 233
О былом эта дума. Та й ни без сума 241
Разобраться в чём-то винницком 255

Периодика III-го Рейха о Винницкой трагедии

I. Поясняю, для чего я написал эту статью.

В первую очередь — для представления новых доказательств того, что послужило лейтмотивом моей предыдущей публикации о «Винницкой трагедии». То есть, того, что неспроста было озаглавлено как «Винницкий поединок во лжи забрехавшихся диктатур».

Прошу, однако, не забывать, что предысторией всех этих попыток немецкой прессы того времени помесью правды и наглой лжи повлиять на настроения населения аннексированных Германией территорий и на отношение этого населения к ГИТЛЕРИЗМУ был СТАЛИНИЗМ в одном из присущих ему ужасающих проявлений, а именно - в «Большом терроре» 1937-1938-х годов. И — с характерными для него намеренными искажениями истины, нередко достигающими степеней махровой лжи.

Работать над этой статьёй мне было противно до тошноты. Приходилось выискивать и переводить на русский язык ультралицемерные сетования немецких пропагандистов в связи с трагической судьбой украинских рабочих и крестьян, которых та же гитлеровская идеология арийских «сверхчеловеков» считала «недочеловеками». И - одновременно - лишний раз убеждаться самому, знакомому по литературе и лично слышанным рассказам выживших в мясорубке террора НКВД и реабилитированных во второй половине пятидесятых годов прошлого столетия, в том, что сообщения гитлеровских корреспондентов содержали немало правдивых фактов. А сталинские борзописцы всё (абсолютно - всё!) то, что сообщала о «Винницкой трагедии» немецкая пресса, представляли как несусветную ложь, хотя они сами-то по этому поводу как раз и врали на все сто процентов.

Установки на означенное, во многом, к сожалению, удавшееся оболванивание населения по обеим сторонам границы между СССР и Третьим рейхом, были идентичны: городить вздор, ничем себя не ограничивая. То есть, во что бы то ни стало — всячески оболгать противника, отрицая при этом невыгодное (той или иной стороне) очевидное.

Есть меткое выражение: ПОРОЙ ЛОЖЬ ТАК ТЕСНО СЛИВАЕТСЯ С ПРАВДОЙ, ЧТО В ОСТАВШЕЙСЯ ЩЁЛКЕ ТЯЖЕЛО ЖИТЬ. А мне как раз и приходилось с отвращением копаться в подобном амбивалентном (неоднозначном, двойственном, противоречивом) материале, пытаясь донести до читателя сведения, которые ему, скорее всего, не были известны. Ибо публиковать их как в СССР, так и - ДО СЕГО ВРЕМЕНИ кто-то мешает. Уроки истории (познание и осмысление прошлого), однако, просто необходимы: они предостерегают от неверных решений и действий.

Так что, второй целью моей работы можно считать обнародование новых «прикладных пособий» для подобных уроков истории.

При всей, казалось бы, незначительности — на фоне широкомасштабных событий II-й мировой войны — приведенные ниже факты всё же весьма симптоматичны. По их появлению можно судить о близящемся крахе нацистского режима так же, как, например, по первым специфическим высыпаниям на коже — о надвигающейся тяжёлой заразной болезни, нередко со смертельным исходом.
Игнорирование появления на брешущих «сыпи лжи», её даже самых лёгких форм — весьма опасный синдром, свидетельствующий о нездоровье общества. И - в прошлом, и - в настоящем. Поэтому предупреждать и диагностировать сей синдром надо как можно раньше.
Действенной прививкой против «брехного тифа» может служить глубокое знание истории, а помощью в своевременной диагностике — осмысление этих знаний. Я вот повторяюсь, но что поделаешь, если, по словам выдающегося историка В. О. Ключевского (1841-1911), «История ничему не учит, а только наказывает за незнание уроков»…

Среди широко цитируемых афоризмов немецкого математика и физика-экспериментатора Георга Кристофа Лихтенберга (1742-1799) есть один, так сказать, по нашей теме: «Самая опасная ложь - слегка извращённая истина». Учёный не только впервые обозначил различные виды электричества знаками «+» и «-», но, как видим, и определил нравственные положительные и отрицательные явления. А среди последних придавал сознательной лжи, как следует, особо угрожающее негативное значение.

II. А теперь можно переходить к фактам.

В оцифрованных газетах и журналах 1689-1945 г. г., хранящихся в Национальной библиотеке Австрии (http://anno.onb.ac.at/anno-suche/#searchMode=simple&resultMode=list&from=1), о Виннице упоминается в 170 изданиях.
Самое раннее из них датировано 1822-м годом. В том же 19-м веке газеты упоминали в различных аспектах о Виннице в 1831-м, 1848-м, 1850-м и прочих годах. Всего - примерно дюжину раз. Остальные сообщения о Виннице — уже в изданиях 20-го века. Небольшая часть их — в газетах начала века, несколько бо'льшая — в газетах периода I-й мировой войны, а наиболее часто о Виннице писалось в годы II-й мировой войны.

Среди этих упоминаний Винницы — чисто военные дела: изменения линии фронта, направлений движения войск, наступление или отступление боевых формирований противников. Встречается название города в информации о планировании немцами строительства новых гостиниц на Украине, о восстановлении католических богослужений, об открытии в городе отделения Украинской киностудии, несколько раз - в рекламе Центрального хозяйственного банка Украины (Экономбанка).

Меня, конечно, интересовали издания самых последних лет этого временного отрезка, причём — только те, которые какой-либо стороной касались «Винницкой трагедии». Таких изданий оказалось около полусотни (1943-1944 г. г.). Вот их перечисление (в квадратных скобках — номер ссылки на них в дальнейшем тексте):

- Znaimer Tagblatt (Цнаймер таглатт— Цнаймерская ежедневная газета) от 6-го июля 1943 г. [1].
Газета была официальным изданием НСДАП (национал-социалистической немецкой рабочей партии) - правящей и единственной законной партии в Германии 1933-1945 г. г. Небольшой чешский город в 1938 г., согласно Мюнхенскому договору, отошёл к Третьему рейху и стал центром округа в Нижне-Дунайской области (ныне находится в Чехии и называется Znojmo). [Я об этом моравском городке уже упоминал в другой публикации, но совсем по иной причине: фамилия Weinstein как раз впервые была письменно зафиксирована в городке Znaim, в очень далёком 1397 г. - Н. К.]
- Та же газета от 8-го июля 1943 г. [2].
- Та же газета от 9-го июля 1943 г. [3].
- Та же газета от 10-го июля 1943 г. [4].
- Та же газета от 15-го июля 1943 г. [5].

- Та же газета от 28-го июля 1943 г. [6].
- Та же газета от 7-го августа 1943 г. [7].
- Та же газета от 17-го августа 1943 г. [8].
- Та же газета от 27-го августа 1943 г. [9].
- Та же газета от 31-го декабря 1943 г. [10].
- Та же газета от 21-го ноября 1944 г. [11].

- Südost deutsche Zeitung (Юго-восточная немецкая газета) — орган немцев Румынии (издание региона Banat – Banater Deutsche Zeitung) от 6-го января 1943 г. [12]. В настоящее время этот край находится в трёх странах: Румынии, Сербии и Венгрии.
- Та же газета от 7-го июля 1943 г. [13].
- Та же газета от 11-го июля 1943 г. [14].
- Та же газета от 18-го июля 1943 г. [15].
- Та же газета от 25-го июля 1943 г. [16].
- Та же газета от 20-го августа 1943 г. [17].

- Oberwarther Sonntags-Zeitung (Верхне-Вартская воскресная газета) от 14-го июля 1943 г. [18]. Еженедельная газета округа Oberwart, существовавшего в 1938-1945 г. в Австрии.
- Та же газета от 25-го июля 1943 г. [19].
- Та же газета от 11-го августа 1943 г. [20].
- Та же газета от 15-го августа 1943 г. [21].
- Та же газета от 18-го августа 1943 г. [22].
- Та же газета от 25-го августа 1943 г. [23].

- Neues Wiener Tagblatt (Новая Венская ежедневная газета) от 6-го июля 1943 г. [24].
- Та же газета от 8-го июля 1943 г. [25].
- Та же газета от 9-го июля 1943 г. [26].
- Та же газета от 10-го июля 1943 г. [27].
- Та же газета от 19-го июля 1943 г. [28].
- Та же газета от 1-го августа 1943 г. [29].
- Та же газета от 7-го августа 1943 г. [30].
- Та же газета от 15-го августа 1943 г. [31].
- Та же газета от 1-го апреля 1944 г. [32].
- Та же газета от 4-го апреля 1944 г. [33].
- Та же газета от 10-го мая 1944 г. [34].
- Та же газета от 8-го июля 1944 г. [35].

- Neue Warte am Inn (Новый наблюдатель на Инне) от 14-го июля 1943 г. [36]. Газета, издававшаяся в Braunau – небольшом городе Верхней Австрии; Инн — правый приток Дуная.
- Та же газета от 4-го августа 1943 г. [37].
- Та же газета от 18-го августа 1943 г. [38].

- Та же газета от 25-го августа 1943 г. [39].

- Wiener Illustrierte (Венский иллюстрированный журнал) от 28-го июня 1944 г. [40].
- (Österreichische) Volks-Zeitung - (Австрийская) Народная газета от 18-го августа 1943 г. [41].
- Agrarische Post (Еженедельная газета для всего населения Дунайской и Альпийской областей) от 25 марта 1944 г. [42].

III. Насколько это было возможно было сделать, не нарушая логического построения статьи, материалы немецкой прессы представлены мною в хронологическом порядке.

6-го июля 1943 г., примерно через месяц после появления первых результатов медицинской экспертизы эксгумированных трупов, в «Neues Wiener Tagblatt» появилась краткая заметка об обнаружении на западной окраине Винницы массовых захоронений [24]. Среди трупов, отмечает газета — украинцы обоих полов и многочисленные дети. Суммарно трупов — предположительно многие тысячи. Все погибшие — жертвы ГПУ. Официальные раскопки уже начаты и вскрытие захоронений проходит с нарастающим темпом.
Аналогично краткое сообщение о том же напечатала в тот же день «Znaimer Tagblatt» [1].

8-го июля в венской газете [25] появляются подробности того преступления, которое позже получило в международной прессе название «Винницкая трагедия». Материал во многом схож с опубликованным в этот же день другой газетой [2 - см. несколько ниже]. Хочу обратить внимание на то, что здесь приводятся не только факты об обнаруженных массовых захоронениях. Тут и — о Голодоморе 1932-1933 г. г., унесшем, по словам автора статьи, шесть миллионов украинских жизней. Здесь — и об угрозе Сталина украинцам, нашедшим покровительство у немцев, полным уничтожением после отвоёвывания этого цветущего края Красной Армией. О том, что Сталин медлить с этим не будет, свидетельствуют, согласно газете, страшные большевистские смертные процессы
 в населённых пунктах, бывших ранее в руках немцев, после «временного попадания их в большевистские руки» в сражениях прошедшей зимы.
«Памятуя о жертвах,» - венская газета приводит как бы цитату из выходящей в Виннице газеты, - «клянётся украинский народ у могил своих убитых близких, что он приложит все силы и пожертвует всем, дабы в этой решающей для Европы и не в последнюю очередь для Украины борьбе внести свою толику в победу добра над злом».

В очень краткой заметке «Banater Deutsche Zeitung» в номере от 7-го июля 1943 г. [13], со слов своего ровенского корреспондента, сообщает об обнаружении массовых захоронений в Виннице: заложены могилы были в 1931-1941 г. г., в них свалены жертвы ГПУ обоих полов, а также многочисленные дети [!? - Н. К.]. Откуда эти сведения о детях в могилах — сказать невозможно. Наверное, просто добавлено для усиления эффекта (при скудности наличествующих у автора подробностей).

Интересно, что в той же самой газете ещё 6-го января 1943 г. [12] опубликована статья с весьма примечательным названием: «ВИННИЦА. Небольшая картина настроений в Советском Союзе.»
«Более отчётливей не обозначена отягощённая судьба российского народа в последние десятилетия,» - начинает автор - «как в следах этого времени в Виннице. Прежде хорошо известный и многими посещаемый курорт [по немецким понятиям, можно было говорить о дореволюционной Виннице как о климатическом курорте — Н. К.], является — покрытый ранами этой войны — символом двух десятилетий советского господства [какой неловкий и алогичный пируэт! - Н. К.]. Прежде представлялась живописная картина находящегося на холме, вдоль спокойно протекающего Буга курорта, с его в большинстве одноэтажными, расположенными среди деревьев домами в центре, а также - домиками среди садов на окраинах города. Как примета царского времени несколько в отдалении от центра был расположен замок с великолепным парком со строго прямыми аллеями и сочно-зелёными лужайками [представляется, что речь тут — об имении Грохольских - Н. К.].

Двух десятилетий большевистского правления хватило не только на разрушение блаженной картины единства этого города, но и на то, чтобы проштамповать приданный ему нездоровый дух. Обветшалыми или уже разрушившимися предстают маленькие домики, в которых когда-то поселялись курортники. Никто не рискнёт сейчас облокотиться на забор или на окружающую подворье каменную стену, так как существует опасность их немедленного обвала. Покосившиеся деревянные будки, в которых обнищавшее население ищет защиты, омрачают ещё более пришедший в упадок городской пейзаж с его растрескавшимся и покрытым мусором булыжным покрытием улиц. Тут и там имеются также многоэтажные каменные дома, неестественно рассеянные в городской панораме. Это как раз те дома, которые советское руководство соорудило с помощью пользованного им населения для комиссаров, солдат и молодёжи. Именно для молодёжи построены с широким размахом различные школы, как и встречающиеся на улицах или среди скверов не мотивированные скульптуры, изображающие идеальные картины многообещающей молодёжи в России.»
«Насколько противоположны эти каменные изображения и вид людей, встречающихся на улицах!» - сокрушается далее автор. И продолжает: «Лучше всего наблюдать последних на ежедневных, даже в воскресные дни, открытых базарах. Уже в шесть часов утра стремятся туда со всех сторон люди, в большинстве своём - женщины в белых головных платках; в мешках, на согнутых спинах женщин — фрукты для продажи. До 20-30 км проходят пешком женщины, чтобы принести сюда урожай. Затем сидят они на корточках в длинном ряду, расправив на земле перед собою грязное полотно, на котором выложены несколько яблок, луковиц, стакан с семечками подсолнуха или тыквы, мака. И ожидают покупателя. Мужчины видны тут редко, чаще — в примитивных деревянных будках, которые должны считаться как бы постоянными местами торговли. Но что может предложить такой продавец? Белый сыр в потрескавшейся миске, стакан соли, семян подсолнечника или горошка?
А истинный рынок разворачивается вне этих торговых рядов и деревянных будок. Среди запутанного многочисленного сборища кричащих и жестикулирующих людей происходит

торговля и спекуляция старыми вещами, в основном, предметами одежды. Невозможно вообразить, какие цены платятся за полинявший и разорванный кусок ткани или за пару изношенных туфель.

На улицах редко встречаются открытые магазины. Многие аптеки, бывшие примечательностью прошлого курорта, закрыты. Зато появились многочисленные магазины, торгующие невозможно пёстрыми изображениями святых, прочими религиозными принадлежностями. Даже настоящие художники, разбившие свои ателье в бывших магазинчиках, переключились на рисование портретов святых лиц.

Какой вид представляли собой русские пленные, тащившиеся в их тряпье по улицам! Они были приданы для работ по расчистке города. В длинных рядах около мест их работы стоят грязные поржавелые миски, в которые проходящие иногда бросят яблоко или помидор. Тогда быстрое тихое просветление появляется на отупевших усталых лицах пленных. И снова продолжается работа. Дел предстоит немало. Так создаётся новая картина города, лицом которого, прежде всего, должны быть чистота и порядок.»

[Я не в состоянии понять ни того, что' хотел в этой заметке показать автор — некий Gerbert Hans Crassmann (эта газета напечатана готическим шрифтом, посему, не исключено, что сегодня правильнее было бы написать имя автора несколько по-иному), ни с какой, вообще, целью она написана. Не мог же не понимать автор, что сравнивать дореволюционную Винницу с той, что предстала ему после того, как её сначала разрушали отступавшие советские, а затем - наступавшие немецкие войска, после закрытия почти всех предприятий, эвакуации десятков тысяч винничан, после уничтожения захватчиками многих тысяч (точное число автор мог и не знать) других винничан, после полуторагодичной оккупации города со всеми вытекающими отсюда последствиями, пр. - абсолютно неправомерно, что подобное сопоставление, в конце концов, никак не свидетельствует и о благах «нового порядка». Почему, наконец — Винница? Связано ли сие с наличием вблизи города ставки фюрера? Не такие уж сложные (и важные) вопросы, хотя и знатокам того времени удалось бы дать на них только предположительные ответы. - Н. К.]

8-го июля в той же газете сообщаются уже подробности, касающиеся обнаруженных массовых захоронений [2]. В большом саду, площадью в один гектар, под высокими фруктовыми деревьями выявлено не менее 30 могил. Этот участок был огорожен НКВД в 1938 г. трёхметровым плотным забором из досок. После занятия города немцами население начало растаскивать деревянный забор (как топливный материал). Сам фруктовый сад казался не изменённым, только с одной стороны виднелось ранее отсутствовавшее здесь стрельбище. Циркулирующие слухи побудили власти, однако, подробнее осмотреть территорию фруктового сада. Раскопки привели к обнаружению могил, заполненных убитыми НКВД украинцами в 1938-м, 1939-м и частично в более поздние годы. Почва в саду оказалась сухой, поэтому трупы относительно хорошо сохранились. Расследование показало, что эти жертвы «НКВД и его еврейских подручных палачей» были убиты выстрелами в затылок, после чего - одни на другие сброшены в могилы. Точно так же, как это происходило в Катыне. Убитые были в большинстве одеты только в рубахи и брюки, руки их, обычно, были связаны за спиной.

А на следующий день там же публикуется большая статья под названием «Возмущение и отвращение в Украине из-за обнаруженных могил в Виннице» [3]. Автор сразу «берёт быка за рога»: «Негодование и ужас украинского народа вызвало известие об открытии захоронений - и было расценено как новый документ большевистской системы уничтожения людей. При этом ясно, что массовые убийства в Виннице — лишь малая толика того, что собрано на счету большевистского террора.»

«Первое сообщение «Deutsche Ukraine Zeitung», - отмечается в этой статье, - вышло под названием «Обнаруженные массовые убийства НКВД в Виннице — новое свидетельство кровавого господства Сталина». Убийство собственного народа является составной частью большевистской системы — и это было не открытием какой-либо тайны, а только — подробностей методов и целей некультурной и нигилистической системы, предпосылкой существования которой являются террор и уничтожение населения. События в Виннице — один из примеров того, на что способен нечеловеческий режим, от которого должны быть защищены все европейские народы.» Далее цитируются другие украинские газеты этого времени, напоминающие и о Голодоморе на Украине в 1932-1933 г. г., и о массовой гибели политзаключённых на так называемых сталинских стройках (Беломор-Балтийский канал, пр.), в застенках ЧК, ГПУ, НКВД. Приводятся упрёки руководителям Великобритании и США Черчилю и Рузвельту за их преступный военный союз с Мировым Еврейством, организовавшим большевистский террор на Украине. Газеты напоминают о недавнем выступлении Сталина, в котором он угрожал украинцам уничтожением. Указывается, что в населённых пунктах, которые временно [?! - Н. К.] были снова взяты Советами под своё управление, возникли новые массовые захоронения. Газета «Уманский голос» обращается к англичанам и американцам, которые ещё в состоянии различать Добро и Зло, с призывом прозреть, рассматривая фотографии со вскрытыми массовыми захоронениями в Виннице. «И в молитвах своих не Сталину желать благополучия, а провести траурный молебен по его жертвам. Пора, наконец, понять что такое большевизм», - заключает газета.

9-го июля 1943 г. «Neues Wiener Tagblatt» публикует статью с характерным названием «Вторая Катынь» [26]. В ней сообщается о посещении иностранными журналистами мест «еврейско-советских массовых убийств», о предоставленной им новой возможности глубокого ознакомления с «еврейской системой убийств, принятой большевизмом». Описываются вид вскрытых массовых захоронений, страшные сцены вокруг них, окружённых толпами родственников бесследно исчезнувших
 в застенках НКВД. Приводится упоминание, в связи с жертвами винницких комиссаров, газеты «Подолянын» о миллионах погибших в результате организованного Сталиным Голодомора начала 30-х годов. А также о том, что газета «Коростышивськи Висти» обвиняет Черчиля и

Рузвельта в заключении преступного союза с Всемирным Еврейством, в результате чего Европа и Украина подверглись большевистской опасности. [Конечно, ни украинские, находящиеся под присмотром оккупантов, ни венская газеты того времени никогда не сообщали о более, чем трёх с половиной тысячах мирных евреев из Коростышева и округи, расстрелянных фашистами в 1941 г. Об этом — перенесёмся на миг в наше время — забыли и авторы статей о Коростышеве в русско- и украинско-язычных изданиях ВикипедиИ. Напомню, что в начале XX-го века евреев в Коростышеве (ныне - Житомирская область) было более половины населения, к началу II-й мировой войны — около 20% - Н. К.]

10-го июля 1943 г. «Neues Wiener Tagblatt» [27] знакомит читателей с полученными к этому времени результатами исследований массовых захоронений в Виннице. Приводятся характерные признаки насильственной смерти, пр. Схожие данные через четыре дня освещает другая газета [18, см. ниже]: вероятно, источник этих сведений был один и тот же.

«Südost Deutsche Zeitung» от 11-го июля 1943 г. в статье под названием «Тайны массовых захоронений в Виннице», опираясь на факты массового террора, призывает мир к «бескомпромиссной борьбе с еврейской-большевистской опасностью, нависшей над Европой и её населением» [14].

14-го июля 1943 г. «Oberwarther Sonntags-Zeitung» [18] публикует сразу две статьи о раскопках массовых захоронений в Виннице.
На первой странице — небольшая заметка, озаглавленная «Дальнейшие подробности преступления еврейского ГПУ в Виннице. Результаты врачебных исследований.» С «типичной еврейской изощрённостью», указывается в газете, скрывалось происходящее за высоким забором. Всех любопытных, приближающихся к ограждению, тут же арестовывали — и никто их больше уже не видел. Извлечённые трупы были большей частью мумифицированы, одеты, с руками, связанными за спиной шнуром. Их лица, из-за давления на них (трупы сваливались в кучу), были изуродованы. Длительность пребывания трупов в земле — предположительно от трёх до пяти лет.

Тут же, на первой странице [18], вверху в правом углу опубликовано взятое в рамку вот это стихотворение.
Es schwingt in fliegender Schaukel
das Volk sich in die Luft
und ahnt nicht den schwankenden Boden
und fühlt nicht den drohende Kluft.
Sie wollen geniessen ein Leben
und sehen auch Kinder im Spiel,
das alles umsonst und vergeben
und müde und ohne Ziel.

Unter dem Lachen und Kosen
schwelend steigen empor,
warnend die Stimmen der Toten
aus all den Gräbern im Chor:
„Ihr habt uns gemordet, verscharret,
doch halten wir drohend die Wache,
ihr habt alle Welt nur genarret,
doch wehe, wir kommen zur Rache,
und wehe sodann, wenn wir da,
wir, die Toten von Winniza.

    Pankowski Kaethe.

[Подстрочный перевод (Н. К.):
Взмывается в летающих качелях/ народ в небеса/ и не догадывается о шаткости почвы,/ не ощущает угрожающей бездны./ Они желают наслаждаться жизнью/ и видеть также играющих детей,/ всё напрасно и упущено,/ устало и бесцельно./
Среди смеха и ласк,/ разбухая поднимаются вверх, предостерегают голоса мёртвых/ хором из всех могил:/ «Вы нас убили, зарыли,/ но мы, угрожая, несём караул,/ вы весь мир дурачили,/ но смотрите, мы придём для мести,/ и смотрите тогда, когда мы явимся,/ мы, мёртвые из Винницы.]

На второй странице газеты [18] – статья под заголовком «До сего времени 250 идентифицированных в Виннице. На телах многих убитых видны следы пыток». Уточним: автор статьи (из Ровно) указывает дату 10-е июля. Описываются различные личные вещи, другие предметы, фотографии, найденные в массовых захоронениях. Эти находки позволяли во многих случаях опознавать убитых. Что касается пыток, то под ними подразумеваются следы от ожогов. Подробно сообщается о характере пулевых ранений, обнаруженных на трупах.

«Neue Warte am Inn» от 14-го июля 1943 г. [36] сжато информирует читателей о массовых захоронениях в Виннице, приводя в основном те же факты, что и выше упомянутый номер газеты [18].

15-го июля 1943 г. [5] в «Znaimer Tagblatt» сообщается о рассказах родственников (жён, родителей, детей) тех жертв НКВД, которые бесследно исчезли. Потерявшие самых близких им людей, отмечает газета, утратили смысл существования. Их ещё удерживает в жизни надежда увидеть отмщение или охранить детей от судеб их отцов. Некоторые из них просят представить их сообщения мировой общественности и тем самым показать истинное лицо большевизма. Приводятся примеры. В заключение автор отмечает, что вот такой ужасный режим, господствовавший в стране в течение 25 лет, желал поставить под своё кровавое господство всю Европу.

16-страничная «Südost deutsche Zeitung», издававшаяся в тогдашнем Темешбурге [ныне - румынский город Timisoara – Н. К.], в номере от 18-го июля 1943 г. [15] упоминает Винницу сразу в трёх заметках на первой странице. В одной из них утверждается, ссылаясь на заключение комиссии, что часть жертв была брошена в могилы ещё живыми и лишь потом погибла, зажатая между мёртвыми, от удушья. В другой - сообщается о румынских посланниках к местам массовых захоронений в Виннице: митрополите, декане теологического факультета Бухарестского университета, профессоре из министерства пропаганды. В третьей - «Есть только один путь» [путь сей: Италии вместе с Германией бороться против СССР - в подробности не вдаюсь, Н. К.], намного более пространной заметке, занимающей и часть второй страницы, подчёркивается, что массовые захоронения в Виннице «говорят чётким языком»: маски сброшены, кровавые деяния большевизма стали видны и тем легко верующим, которых прежде удалось ввести в заблуждение.

19-го июля 1943 г. «Neues Wiener Tagblatt» [28] сообщает об экспертных актах, касающихся обнаруженного в Виннице. Повторяются уже известные факты, кое-что уточняется. В который раз утверждается, в частности: «… большинство убитых были ещё заживо захоронены», хотя тут, как и везде, приводится е д и н с т в е н н ы й случай наличия компактного комка (то есть, предположительно, заглотанной - Н. К.) глины в пищеводе.

[Эта «слегка извращённая истина» (вспомним Лихтенберга), в целом никак не влияющая на общую оценку происшедшего в период «Большого террора» в Виннице - лишнее доказательство присущего диктатурам бесконечного вранья. Чтобы ещё более очернить противника, хотя, казалось бы, далее уже некуда… - Н. К.]

В большой статье «Südost deutsche Zeitung» от 25-го июля 1943 г. „Мёртвые умоляют. Преступление в Виннице раскрыто через пять лет.", сопровождаемой фотографией [16], повествуется, со слов родственников жертв, о «технологии» (обысках, арестах) террора. Причиной попадания в застенки НКВД были, по словам родственников, в частности, доносы евреев, клеймивших своих соседей, сослуживцев как «врагов народа».

В тот же день «Oberwarther Sonntags-Zeitung» [19] публикует статью «Винницкие жертвы захоронены заживо» с подзаголовком «Одиннадцать ведущих представителей судебной медицины пребывают в Виннице. Установлены новые ужасающие обстоятельства убийств.» «Ведущие судебные медики из Бельгии, Болгарии, Финляндии, Франции, Италии, Хорватии, Голландии, Румынии, Швеции, Словакии и Венгрии совместно с руководителем отдела здравоохранения Имперского министерства оккупированных восточных территорий д-ром Вэгнером (Waegner) и руководителем Немецкого общества судебной медицины и криминалистики [Шрадером - см. ниже - Н. К.] 13-15 июля с. г. пребывали в Виннице.» - сообщает газета. И далее - о том, что были подтверждены установленные профессором д-ром Шрадером (Schrader) факты массовых убийств, обстоятельств этого, пр. [см. в моей предыдущей статье о «Винницкой трагедии» - Н. К.]. На основании сего составлен Протокол, подписанный членами делегации [перечисляются фамилии, титулы и должности иностранных специалистов - Н. К.]. В сжатой форме описаны судебно-медицинские и криминалистические находки, на основании чего составлено обобщающее экспертное заключение.

«Neues Wiener Tagblatt» 1-го августа 1943 г. публикует статью «Венские рабочие в Виннице» [29]. Сорок рабочих из Вены и Нижне-Дунайского региона были отправлены за 1600 км в Винницу, чтобы увидеть и рассказать другим о массовых убийствах в Виннице. Один из этих рабочих - слесарь описывает, прежде всего, винницкий базар, куда посланцы рабочего коллектива направились сразу же после прибытия в город. «На базаре всё, что хотелось, можно было купить, вернее, обменять. Деньги были самым редкостным предметом на этом базаре. Менялись шурупы на сливочное масло и яйца, старые рубахи на подсолнечное масло, всё — на всё. Страна очевидно чудовищно богата продуктами питания, но бедна на обычные промышленные товары. Женщины выглядят, учитывая обстоятельства, хорошо одетыми, но все — босые. Мужчины, наоборот, всегда носят какую-нибудь обувь — сапоги либо какие-нибудь очень старые, порванные шлёпанцы. Их костюмы — мозаика из отрепья и латок. Нас, немецких рабочих в простых, но безукоризненных костюмах, все они принимали за важных господ. Никто не верил мне, что я простой слесарь. Лишь дав им пощупать мои мозоли на руках, я получал их доверие, хотя они всё ещё покачивали головами.
На следующий день двинулись мы к открытым захоронениям...»
Далее рассказывается об увиденном и заключается, что никто из них не хотел бы жить в советском государстве, а те, кто верил в то, что господство Советов принесёт благо, должны изменить свой образ мыслей.

4-го августа 1943 г. газета «Neue Warte am Inn», решив, видимо, переплюнуть соратников по вранью, публикует статью под названием «Жертвы ГПУ закопаны живьём» [37]. В ней сообщается, что к 15-му июля было эксгумировано 1206 трупов, из которых 817 подверглись судебно-медицинскому исследованию. Убивали выстрелом в затылок из оружия калибра 5,6. Во многих случаях следов от выстрелов была два и более. На некоторых трупах видны следы, нанесенные по телу тупыми предметами, у части — не пулевые травмы черепа. В е д и н с т в е н н о м [! - Н. К.] случае, в котором компактная глина была обнаружена в средней части пищевода и в грушеподобном выпячивании глотки, можно предположить, что получивший выстрел в затылок к моменту погребения ещё не умер — и земля была им заглотана.
А теперь прочитаем ещё раз название статьи...

В том же номере газеты сообщается, что по приглашению руководителя организации «Немецкий рабочий фронт» Dr. Ley десять рабочих из региона Верхнего Дуная пребывают в Виннице, где получают представление о кровавом упоении системы убийств, в котором были лишены жизни тысячи их украинских товарищей по труду [так и написано: Arbeitskamerade! - Н. К.]. После возвращения на Верхний Дунай рабочие поделятся виденным в Виннице. Об этом же известила «Znaimer Tagblatt» ещё 28 июля 1943 г. [6].

[Удивительная вещь: население ведь хорошо знало, что сотни тысяч таких «товарищей по труду» немецкая армия насильно отправляла в товарных вагонах с оккупированных территорий для принудительной работы в промышленности и сельском хозяйстве Рейха. Но беспредельная ложь — она и есть невообразимая и, по мнению нацистского министра пропаганды Геббельса, как раз посему может показаться правдивой. - Н. К.]

В третьем, небольшом сообщении «Жертвы Винницы» - на другой странице той же газеты «Neue Warte am Inn» от 4-го августа 1943 г. [37] - акцентируется «жестокость, какую представить себе невозможно», с которой, словно на убойном конвейере, в короткие сроки лишили жизни тысячи людей. Тех, кто не погибал от выстрела, добивали прикладами или засыпали землёй полуживыми. И тут, конечно же — снова ни слова о том, что' в Европе уже ровно четыре года творили фашисты сами.

7-го августа 1943 г. «Znaimer Tagblatt» [7] - нацистская партийная газета - «кипит» негодованием: «Это должны господа в Лондоне видеть!». [Коалиция Москвы и Лондона, конечно, отравляла нацистам перспективы не только победы, но и просто достойного выхода из развязанной войны, превратившейся в мировую бойню: в Европе, Африке и Азии. - Н. К.] Подзаголовок: «Немецкие рабочие у мест ужасов в Виннице».
«Насколько ужасно и преступно Советы могут бушевать против своих рабочих и крестьян, познают в полном объёме те, кто видел это своими глазами. Рабочие военной индустрии с Рейна, из Рурской области и Вестфалии могли убедиться в этом в полном объёме при поездке с этой целью. День и ночь эти рабочие должны в глубоких угольных шахтах и у плавильных печей тяжело трудиться. На их лицах отражается серьёзность времени: войну познали они в её тяжелейшей форме. Они испытывают её ежедневно, когда английские воздушные пираты удовлетворяют свои прихоти в убийстве мирного населения на родине этих рабочих. Однако, когда они посетили фруктовый сад, в котором в симметричном порядке выстроились рядами могилы, когда увидели, как из этих могил изымают изуродованные, со связанными руками трупы убитых рабочих и крестьян и выкладывают их на траву, то эти рабочие немецкой военной индустрии потеряли самообладание.» [Оставим в стороне фарисейские заботы военного обозревателя, написавшего эту статью, пекущегося только о родном ему мирном населении, а подумаем, какое трупное зловоние стояло на месте раскопок, отчего можно было потерять не только самообладание, но и сознание. Это отмечают свидетели вскрытия захоронений, это послужило причиной прекращения работ по эксгумации в Катыни. - Н. К.]
После дальнейшего описания увиденного следует цитата-крик одного из немецких рабочих, которого я бы назвал воплем «отчаяния и надежды»: «Это должны хоть раз господа из Лондона увидеть! Не знаю, или тогда у их пилотов не замрёт сердце при сбрасывании бомб на народ, который в одиночку борется против преступной силы, угрожающей всему миру.» «Придёт большевизм к нам, - говорит другой рабочий, - не остановится он ни перед чем. И мы будем иметь такие же массовые захоронения...» [Разумеется, ни слова тут о сбрасывании бомб немецкими лётчиками на мирное население Киева уже в самые первые часы войны, о массовых захоронениях «собственного производства» по всей захваченной территории Украины,

Белоруссии, России - Н. К.]
В завершении приводятся как бы слова ещё одного рабочего: «Здесь, перед массовыми захоронениями даже самый зачерствелый душой поймёт, почему борьба [Германии против СССР - Н. К.] продолжается. Никакие жертвы не покажутся огромными для предотвращения той же судьбы порядочных и трудолюбивых людей, какая постигла этих несчастных украинцев.»

Под таким же названием «Это должны господа из Лондона видеть!» опубликована 20-го августа 1943 г. статья в «Banater Deutsche Zeitung» [17]. Повторяется не только название, но и, в принципе, содержание публикации.

7-го августа 1943 г. в «Neues Wiener Tagblatt» [30] появляется небольшая заметка «Судебные медики о Виннице» [обратите внимание: указывается лишь название города, а с чем именно оно связано - читатели уже должны знать - Н. К.]. Сообщается о прибытии в Берлин из Винницы комиссии во главе с проф. Вэгнером и представшей перед Руководителем здравоохранения на оккупированных восточных территориях. Члены комиссии, расследовавшие массовые захоронения — именитые судебные медики-преподаватели высших школ Германии. Указанные профессора составили протокол, проливающий свет на ужасные злодеяния большевизма. Перед отъездом в Винницу члены комиссии были приняты рейхминистром здравоохранения д-ром Конти (Conti), который подробно сообщил им об уже установленных фактах, касающихся обнаруженных захоронений.
В отсутствии министра, находящегося в районах, подвергаемых бомбардировкам с воздуха, протокол был передан д-ру Шютцу (Schuetz) - руководителю одного из отделов Главного управления народного здоровья Национал-социалистической немецкой рабочей партии.
«Проф. Шрадер - председатель Немецкого общества судебной медицины и криминалистики пояснил, что преподаватели высшей школы расценивают как моральный долг, увиденные собственными глазами в Виннице большевистские методы убийства представить немецкой студенческой молодёжи в деталях таким образом, что они никогда немецким народом не смогут позабыться. Д-р Шютц добавил, что исторически нет более истинного доказательства фундаментальных противоположностей между большевистским принципом разрушения и созидательным национал-социализмом, чем массовые захоронения в Катыне и Винницы. Культуроведение и раса немецкого народа показывают миру Винницу как предвестник и зловещее предзнаменование. Чтобы от Катыни и Винницы Европу охранить, война эта будет вестись до победного конца.»
[Тут вроде бы и комментарии не нужны, но как мне воздержаться от возгласа удивления при чтении сей беспардонной лжи?! Перелом в войне обозначился, союзники СССР активизируют свои усилия по противостоянию нацистам, захваченные вермахтом в разных частях мира территории сморщиваются, а геббельсовская пропаганда высокопарно трубит своё «до победного конца», словно ничего этого и в помине нет. - Н. К.]

«Oberwarther Sonntags-Zeitung» от 11-го августа 1943 г. печатает заметку военного корреспондента Хелмута Шмидта (Helmut Schmidt) под уже знакомым нам названием «Это должны господа в Лондоне видеть!» [20]. Содержание подобной статьи этого же автора [7] нами уже разбиралось, другая статья [17], как уже отмечалось, ей аналогична (автор не указан).

15-го августа 1943 г. в той же газете [21] появляется статья «Они были в городе ужаса» с подзаголовком «Немецкие рабочие-оружейники у захоронений Винницы».
Снова, как будто вермахт уже не сотворил ещё бо'льшие, невиданные в истории злодеяния, - оплакивание жертв «большевистских недочеловеков». Мол, они - рабочие индустрии вооружений видели это собственными глазами. Какой лицемерный пафос: «от тисков и токарных станков прибыли они издалека на захваченные нашими смелыми солдатами восточные территории»! И — далее в том же духе: о путешествии вдоль преображённых немецкими аграриями полей, по переложенным немцами железнодорожным путям [ширина колеи в СССР и Европе различалась — Н. К.], мимо разбитых советских танков, сбитых советских самолётов... О возможности немецких рабочих получить реальное представление о том, что достигнуто во время похода на Восток. И вот стоят они, поражённые увиденным у захоронений, беседуют, с помощью переводчика, с родственниками убиенных. И [ханжески, добавлю от себя - Н. К.] удивляются, как можно было совершить такую варварскую бойню над бедными людьми. И клянутся ещё больше работать, чтобы немецкие матери и жёны не молились перед подобными массовыми захоронениями их близких. Ибо немецкий народ будет уничтожен, если большевики придут на землю Германии. Людоеды более человечные, чем большевики. «Необходимо ещё больше производить оружия для снабжения фронта, чтобы спасти немцев от виденных нами ужасов», - заключает один из рабочих.
Вот так примитивно подпитывались призывы идеологов немецкого фашизма к борьбе с максимальным напряжением, к сражению до последнего... И, представьте себе, срабатывало.

«Neues Wiener Tagblatt» от 15-го августа 1943 г. сообщает о том, что тринадцатью профессорами - судебными медиками и криминалистами с 27-го по 29-го июля проведены исследования массовых захоронений в Виннице. [31] И далее — уже известные факты. Даты, приводимые в этой заметке, конечно, ошибочные, но это — мелочь, по сравнению с прочим враньём. 18-го августа 1943 г. «Oberwarther Sonntags-Zeitung» [22] пишет о том же в статье, озаглавленной «Живьём в массовое захоронение».

Газета «Neue Warte am Inn» от 18-го августа 1943 г. [38] публикует краткую заметку о впечатлениях одного из жителей города Браунау, побывавшего в Виннице. Подробно рассказав об увиденных им следах преступлений большевизма, рабочий подчеркнул, что война непременно должна быть выиграна, «иначе каждый, кто читать и писать может, уже имел бы в кармане смертный приговор этих палачей».

25-го августа 1943 г. в той же газете «Neue Warte am Inn» [39] под крупно набранным названием «Волна собраний» помещается заметка о [можно сказать, информационно-агитационных - Н. К.] собраниях членов нацистской партии округа Браунау в сроки от 28-го августа по 6-е сентября. Партия, по словам газеты, «призывает собраться для разъяснения нынешнего положения. Даже рядовые товарищи имеют право знать истинное положение вещей, которые их волнуют, о которых они думают, о которых они предположительно высказываются, хотя по сути ничего не знают, так как не были информированы компетентными лицами.» Посему приводится план, по которому доверенные лица партии проведут разъяснительную работу. Во время части этих собраний один из рабочих из Браунау, видевших ужасы большевистский деяний в Виннице, - обещает газета, - побеседует с соотечественниками. В плане приводится дата и время собраний в 45 населённых пунктах округа, то есть, пропагандистская кампания нацистов в тылу велась широким фронтом, а события в Виннице и тут «пришивались к делу». В другой заметке на той же странице газеты — информация о выступлении того же, посетившего Винницу, рабочего на подобном собрании в ином месте, не указанном в плане.

«(Österreichische) Volks-Zeitung» от 18-го августа 1943 г. публикует большую статью «Кто были убитые в Виннице?» с подзаголовком «Протоколы родственников дают разъяснение» [41]. Приводятся запротоколированные рассказы трёх женщин, чьи мужья - деревенские жители были как «враги народа» убиты энкаведистами. 25-го августа 1943 г. в «Oberwarther Sonntags-Zeitung» [23] появляется статья с тем же названием, но только в подзаголовке слово «родственников» отсутствует. И в этом случае, как указывает редакция, первоисточником явилось сообщение из Берлина от 17-го августа 1943 г. В статье - те же протоколы, запечатлевшие данные расспросов родственников убитых.

27-го августа 1943 г. «Znaimer Tagblatt» в статье «Рабочие Нижне-Дунайского региона видели ужасы Винницы» [9] сообщает, что среди группы рабочих отрасли вооружений, посетивших по приглашению Немецкого рабочего фронта Винницу, были десять человек из региона Нижнего Дуная. «После возвращения они рассказали слушателям о своих впечатлениях и результатах тех методов большевистского правления, которые были у них перед глазами. Уже первое впечатление об этом украинском городе оказалось уничтожающим. Кроме главного железнодорожного вокзала, построенного в чванливом советском стиле, и бывшего здания Советской Армии, имелись только убогие полуразрушенные избушки, из которых состоит город. Население живёт в тяжёлой бедности, носит скудные одёжки и ходит босиком. Немецким рабочим в чистой одежде удивлялись и принимали их за комиссию директоров фабрик. Уверения в том, что это простые рабочие предприятий, воспринимались с недоверчивым покачиванием головы.

Первый день после приезда был днём отдыха и завершился общим ужином, на котором немецкие рабочие из предприятий Вены, Нижнего и Верхнего Дуная встретились с фронтовыми рабочими Организации Тодт [Organisation Todt – основной подрядчик на строительстве Ставки фюрера под Винницей — Н. К.]. Украинские народные танцевальные группы показали своё искусство — и гости смогли удостовериться, что под немецким управлением национальное украинское своеобразие смогло полностью раскрыться.

На следующий день наши рабочие были свидетелями раскопок захоронения несчастных жертв еврейско-большевистской жестокости. Один из рабочих так выразил свои впечатления: „Я с ужасом отвернулся. Никогда не был сторонником большевизма, но там я понял, что ни один немец ничего общего с большевизмом не может иметь." Другой рабочий: „Я от фронтовых солдат получил информацию о большевизме, так что я любые сообщения о бесчинстве советских евреев изначально считал истинными. Однако я ужаснулся, увидев такую массу трупов, которые ещё несколько лет тому назад были жизнерадостными людьми — и вот теперь убиенные лежат." Один из товарищей, который во время плена в Первую мировую войну учил украинский язык, смог поговорить с женщинами, пришедшими с целью, распознаванием вывешенных у могил вещей получить сведения о всё ещё неизвестной судьбе их мужей и сыновей. Этот товарищ перевёл сопровождающим его слова украинок. Потрясает, например, судьба одного водителя локомотива, который только на основании клеветы был расстрелян как саботажник. А после его расстрела прибыла из Москвы большая денежная премия ему как передовому водителю локомотива.

Было видно, как в так называемом Парке культуры одна из качелей была высоко вскинута, а под ней в открытой могиле лежали трупы жертв еврейско-большевистских убийц. Более 3200 трупов было обнаружено в трёх могилах и перезахоронено. Сколько могил будет обнаружено и как много убитых будет найдено?

Рабочие индустрии вооружений стояли у открытых могил, были свидетелями содрогающих сцен, слышали крики и рыдания родственников убитых, видели слёзы и имели возможность убедиться в невиновности жертв и жестокости убийц, говорили с родственниками и многими женщинами, которые ежедневно приходят к этому месту, чтобы обнаружить их мужа, сына, брата, дочь и сестру среди мёртвых.

Они видели невероятное, которое словами передать невозможно, и не было среди них ни единого, кто бы не был глубоко потрясён. Вот он какой, советский рай! Если эти варвары со своим народом так обходятся, то как они будут свирепствовать, если им удастся дойти до Германии и заполонить Европу?

Каждый из рабочих, которые получили ужасные глубокие впечатления, благодарен фюреру с нашими солдатами, который своевременно верно распознал грозящую нам опасность и её отразил. Сами же рабочие приложат все силы, чтобы помочь защитить их Родину от подобных ужасов.»

[Я перевёл полностью эту коряво написанную статью, чтобы продемонстрировать «образец» гитлеровской пропаганды, пытавшейся, среди прочего, и «Винницкую трагедию» использовать в своих целях. - Н. К.]

17-го августа «Znaimer Tagblatt» [8] публикует [обличительную, как автору, вероятно, представлялось - Н. К.] статью «Слуги большевизма» о том, что между политикой США, Англии и Советского Союза нет никакого различия, что США и Англия нарушили свои обещания, что они потворствуют Сталину в планировании последним включения ряда малых стран Европы в сферу своего (а не англо-американского) влияния, и т. д. И завершается это полное крокодильих слёз «обличение» такой же «заботой» о судьбе народов Европы, которые «... не хотят испытать ни новой Катыни, ни новой Винницы». [Как видно, об обоих обнаруженных массовых захоронениях жертв НКВД уже узнал - из немецких источников - весь мир — и Германия считала эти свидетельства зверского произвола властей СССР весомым аргументом в попытке перетягивания тогдашних союзников Сталина на свою сторону. - Н. К.]

Сравнения с Катынью и Винницей не избегает даже автор заметки о принудительном переселении целых народов Кавказа в Сибирь и Приуралье, называя это модифицированной формой массовых захоронений [34].
Катынь и Винница упоминаются в одной обойме и в «Znaimer Tagblatt» от 31-го декабря 1943 г. [10], в подразделе о различных международных конференциях, в которых уже начали обсуждаться вопросы послевоенного дележа территорий мира. Как можно большевикам, сотворившем такое, обещать части Европы ?! - фарисейски вопрошается в газете. Увы, плутократам до этого нет дела, - сокрушается автор сего большого обзора, посвящённого итогам четвёртого года войны («Ein Rückblick auf das vierte Kriegsjahr»).

1-го апреля 1944 г., когда исход войны уже, можно сказать, был ясен, в «Neues Wiener Tagblatt» [32] появляется небольшая заметка «Истинное лицо большевизма». В ней — информация о состоявшемся иллюстрированном докладе политического руководителя одного из округов Рейха, в котором тот поведал о захоронениях в Катыне и Виннице. Докладчик указал, что продолжающая война является «кампанией мести Еврейства в союзе с большевизмом», стремящихся уничтожить всё стоящее на пути «еврейско-большевистского господства во всём мире». США и Англия понимали это раньше и предугадывали ещё до начала войны, к чему приведёт распространение «Советского рая». Посему докладчик с уверенностью заверил слушателей: бестиям-убийцам никогда не удастся превратить всю Европу в Катынь и Винницу; а тот, кто в этом сомневается, мыслит предательски, но предатель умрёт раньше, чем Германия позволит себя предать.
[Опять мы видим заигрывание с союзниками СССР, опять - запугивание населения «еврейско-большевистскими бестиями» — Н. К.]

А за несколько дней до этого газета «Agrarische Post» от 25 марта 1944 г. [42], перечисляя сообщения Верховного командования Вермахта, привела - среди прочих - следующее: «Между средним украинским Бугом [украинским, дабы отличить его от Западного Буга — Н. К.] и Днестром усилилось вражеское давление. Город Винница после разрушения всех важных для ведения войны сооружений, согласно приказу, был оставлен.»

Самым же характерным примером того, как гитлеровская пропаганда пыталась «выжать» максимум недоверия и страха у населения ко всё более очевидному приближению правления советского оружия в Европе, является краткая заметка в «Neues Wiener Tagblatt» от 4-го апреля 1944 г. [33]. Называется заметка «Политическая Винница», но речь в ней - о казни двух руководителей польского «Эмиграционного комитета». Последние искали компромисса в предстоящих взаимоотношениях с советскими властями: линия фронта подходила к польским территориям. По предположениям автора заметки, казнённые руководители были не во всём согласны с планами переустройства власти в Польше — и это определило их судьбу. По другому говоря, «винницкие методы» большевики применяют и в международной политике.

8-го июля 1944 г. «Neues Wiener Tagblatt» [35] публикует статью с ироничным названием «Смэтс как глашатай Советов». [Ян Смэтс - Jan Smuts (1870-1950) был в то время премьер-министром Южно-Африканского Союза - Н. К.] Речь в этой публикации идёт, в общем-то, о переговорах между США, Великобританией и СССР о создании международной организации по поддержанию мира [ей стала в 1945 г. ООН — Н. К.]. Немцев возмутило то, что Я. Смэтс провёл в Йоханнесбурге «Конгресс дружбы с СССР», на котором указал на прогрессивность и возрастающее мировое значение Советского Союза, а также привёл СССР как пример для подражания. В качестве аргумента, должного уничтожить эти лестные характеристики СССР, сообщается о выходе из печати «Официальных материалов» результатов исследований массовых захоронений в Виннице. Передавая очень кратко содержание указанной книги, автор статьи заключает: «И это — система [имеется в виду СССР — Н. К.], с которой англо-американцы не только просто находятся в союзе, но у которой они желают поучиться и перенять её основы. Ответ на вопрос о том, кто в этой войне борется за цивилизацию, ясен сам по себе.»

21-го ноября 1944 г. «Znaimer Tagblatt» помещает краткую заметку «Большевики хотят устранить свидетелей их массовых убийств» [11]. В ней сообщается из Будапешта о том, что радио Софии передало распоряжение советских властей о задержании болгарских свидетелей массовых убийств в Катыне и Виннице и о проведении особых судебных процессов. «После того, как ряд лет советские власти рьяно отрицали эти преступления, указанное распоряжение является ясным подтверждение имевших место массовых боен. Для того, чтобы большевизму в его нынешней демократической маскировке придать приличие, пытаются замести следы большевистского преступления и устранить свидетелей. Поэтому в оккупированных странах начинается охота на таких свидетелей. Что подразумевается под "особыми судебными процессами„ после ареста, судя по большевистской практике, не вызывает никаких сомнений.»

[Вот и всё. У читателя не должно возникать никаких сомнений в связи с тем, что сообщения газет Берлина, Гамбурга, Мюнхена, Кёльна и прочих крупных городов Германии здесь не представлены. Германия Гитлера имела только одну партию, одну - обязательную для всех — идеологию. Все, думавшие иначе, были в эмиграции, в тюрьмах и концлагерях; в любом случае, о работе в средствах массовой информации они и мечтать не могли.

Те, кому за пятьдесят, ещё хорошо помнят весьма схожую ситуацию, когда вся периодическая печать являлась фактическим отражением и перепевом публикаций в «Правде» (название-то какое!). Даже разбавленная чисто местными - республиканскими, областными или районными -

материалами, она не откланялась ни на йоту от так называемой «линии партии». Посему и идеологические зигзаги партии также копировались один к одному.

А тем, кто помоложе, рекомендую посмотреть подшивки газет даже не сурового военного времени, а спокойного, вернее, застойного 60-х - 70-х годов прошлого столетия.

Впрочем, в этой публикации я ничто ни с чем не сравниваю; её цель - дать представление об «озвучивании» немецкой прессой результатов раскопок массовых захоронений летом 1943-го года в Виннице.

Отражённый звук - эхо, по понятным причинам, полностью заглушили — и во всём СССР, включая Винницу (!), о раскопках практически никто не знал. Правда начала проступать лишь через полвека. - Н. К.]

ПОДПИСИ ПОД ФОТОГРАФИЯМИ

Вверху слева (левая часть):
Удачные политические карикатуры парижанином встречались всегда с понятием. Эта механически-подвижная группа фигур в настоящее время смешит парижан, а некоторых заставляет и задуматься. Она показывает Сталина, сидящего за накрытым столом, на который ему как раз «официант Черчиль» подаёт - как закуску - Алжир, Тунис и Марокко. Одновременно «официант Рузвельт» проворачивает на вертеле над пламенем «Жареную Европу». Генерал де Голль смиренно докладывает о себе с гусем «Франция» под мышкой. [40, стр. 10]

Вверху слева (правая часть): «Места действия меняются — люди и методы остаются прежними!». Этот плакат, мимо которого, не обращая на него внимание, не останавливаясь проходят элегантные парижанки, указывает на массовые убийства большевиками на Востоке (Катынь и Винница) и кровавые деяния террористов в Верхней Савойе [департамент Франции на границе с Италией и Швейцарией - Н. К.]. [40, стр. 10]

Внизу слева: Ведущие европейские учёные-врачи в Виннице.
Профессор доктор Хаубольдт (Hauboldt) - руководитель иностранного отдела Врачебной камеры Рейха принял делегацию ведущих учёных-врачей и судебных медиков со всей Европы, которые по приглашению Руководителя здравоохранением Рейха исследовали массовые захоронения большевистского преступления в Виннице. Представитель делегации передал при этом профессору Хаубольдту протокол результатов работы делегации. [19]

Вверху справа:
Жертвы ГПУ [Государственного политического управления при НКВД - Н. К.] извлечены из массовых захоронений и выложены только для идентификации. [16]

Внизу справа:

У массовых захоронений в Виннице
Новые обнаружения трупов у западной городской черты Винницы в западно-украинском регионе Житомир настолько же ужасны, как и до того ставшие известными находки в лесу под Катынью. Как показали исследования, это - жертвы ГПУ, убитые выстрелами в затылок и сброшенные в беспорядке в общие могилы. — Наши картины показывают родственников убитых, которые среди неглубоко зарытых и теперь выявленных предметов одежды пытаются найти и опознать известные им вещи. [4]

[Фотографии явно инсценированы, хотя это в целом не умаляет их правдоподобия - Н. К.]

Статья опубликована 20.03.2016: https://www.proza.ru/2016/03/20/1938

Газета "Вінницькі вісті" (1941-1943) — попытка прочувствовать то время

С О Д Е Р Ж А Н И Е

ПРЕДИСЛОВИЕ
ВВЕДЕНИЕ
- Лживость как неотъемлемая часть нашей жизни
- Лживая пресса как правдоносец
- Цели этого исследования
ОБЩИЕ СВЕДЕНИЯ О ГАЗЕТЕ «ВІННИЦЬКІ ВІСТІ»
ОФОРМЛЕНИЕ ГАЗЕТЫ
ОБЩИЕ СООБРАЖЕНИЯ О СОДЕРЖАНИИ ГАЗЕТЫ
РАСПОРЯЖЕНИЯ НЕМЕЦКИХ ВЛАСТЕЙ ПО УПОРЯДОЧЕНИЮ ЖИЗНИ В ВИННИЦЕ
ВОЗНИКНОВЕНИЕ И ОРГАНИЗАЦИЯ ВРЕМЕННОГО ГОРОДСКОГО САМОУПРАВЛЕНИЯ, ДЕЙСТВИЯ МЕСТНОГО САМОУПРАВЛЕНИЯ В г. ВИННИЦА
- Статья Севастьянова и Шереметьева; версии В. Я. Куликова
- Продовольственное снабжение города

- Медицинское обеспечение населения города
- Решение социальных вопросов
- Помощь советским военнопленным и раненым
- Организация образования в городе
- Работа городского архива и библиотек

О «КАМНЕ КОЦЮБИНСКОГО»
УСЛОВНОЕ ВЫДЕЛЕНИЕ ДЕСЯТИ ГРУПП НАСЕЛЕНИЯ ВИННИЦЫ ВО ВРЕМЯ ОККУПАЦИИ ГОРОДА
ЗАКЛЮЧЕНИЕ

ПРЕДИСЛОВИЕ

    "Остановиться, оглянуться
     внезапно, вдруг на вираже ..."

    (Александр Аронов, 1934-2001)

Виражей в нашей советской жизни хватало всегда — и после распада СССР их не стало меньше. Они случаются при попадании на трудный участок пути, по которому мы идём, как нам кажется, к желанной цели. Они возникают, когда руль перехватывает наш очередной (руко)ВОДИТЕЛЬ. Иногда — без видимых или понятных нам причин.

Трудных участков, если даже начинать с времени «перестройки», было немало: массовые народные волнения в разных частях СССР, настоящие войны между бывшими «братскими республиками», распад СССР и объявление независимости всеми его главными составляющими, требование такого же - автономиями (что Конституцией не предусматривалось), войны внутри ставших независимыми государств (и между ними), сколачивание различных объединений (типа СНГ), и т. д. И, конечно же, к трудностям следует отнести чехарду руководителей самого разного толка в большинстве этих организационно оформившихся государствах.

Времени на остановку, на глубокое изучение своего прошлого, на попытку (пере)осмысливания его, на формулирование выводов из этой работы, пр. постоянно не хватало. Если же работы этого плана и проводились, то вспахивалась целина истории поверхностно, а выводы делались как бы по методу «доказательства от противного» (proof by contradiction).
Если прежде этого считали врагом, то сейчас он - друг и, наоборот. Если борьбу тех или иных считали антигосударственной, то теперь они - борцы за независимое национальное государство. Если раньше эти и те считались сотрудничавшими с врагом, то в настоящее время - сражавшимися против большевиков, коммунистов.

Только на шахматной доске есть лишь белые и чёрные фигуры. Палитра жизни — многоцветная. Наш глаз различает, по мнению учёных, от сотен тысяч до десяти миллионов цветов, наш мозг, если продолжить тему оценки исторических событий и личностей — бесконечно меньше.

31 августа 1941-го года — ровно 75 ЛЕТ ТОМУ НАЗАД — вышел первый номер недолго просуществовавшей газеты. В ней — тонны мусора, но в ней — и перлы информации о времени оккупации города нацистами. О периоде, который КПСС и КГБ во многом замалчивали либо преднамеренно представляли весьма лживо. А он — на тридцать два винницких месяца прерванный диктат компартии и её нередко становившейся никому не подвластной охраны — показал не только подлинное лицо фашизма, но и истинное отношение народа к своей бывшей власти, осветил ранее затемнённую, скрытую под служебными кителями душу интеллигенции, мало, как оказалось, изменившей свои моральные установки за прошедшие два советских десятилетия.

Ну как было не попытаться поискать хотя бы щёлочку, чтобы заглянуть в тот реальный мир, в сторону которого даже на мгновение нельзя было оглядываться во времена нашего «неуклонного продвижения к сияющим вершинам коммунизма»?! Печально, но за прошедшие три четверти столетия до детального разбора произошедшего в оккупированной Виннице ни у кого руки не дошли, а тем, у которых вот-вот уже почти доходили, так давали по рукам, что они и другу, и недругу заказывали этим заниматься. Это сейчас, говоря словами моего любимого поэта, «Не заказано ветру свободному петь тоскливые песни в полях.» (Н.А. Некрасов. «Газетная», 1865).

Исключением является 850-страничный том из серии «Документы советской истории» - «Жизнь в оккупации. Винницкая область 1941-1944» (Москва, РОССПЭН, 2010). К сожалению, выход этого выдающегося труда не повлёк лавину дальнейших исследований подобного плана. Прорыва не получилось, одной из причин чего являются всё ещё недоступные архивы НКВД. И не только они. Основная часть опубликованных в томе документов, как указывается в «Археографическом предисловии», находится в Государственном архиве Винницкой области. Но многие из скопированных для тома документов не проанализированы, так как авторы — историки по профессии. И в, например, фиктивной, на самом деле, учёбе в «возрождённом» Винницком медицинском институте просто не были в состоянии, да и не пытались разобраться. Основной целью издания было ознакомление читателей с ранее недоступными материалами, хотя две обзорные статьи - «Преступления оккупантов» Д. Байрау и «Оккупационный режим и население» В. Васильева, которыми открывается том, - работы очень высокого уровня. Но это — менее полусотни страниц из, как указано выше, восьми с половиной сотен во всём томе.

Меня же руководство Винницкого областного архива к мединститутским документам времени оккупации просто-напросто не допустило. Это — в 2015-м году, через четверть века после падения коммунистической диктатуры на Украине! Когда винницкие архивисты опомнятся (или им будет строго указано исполнять свои служебные обязанности согласно духу нынешнего времени), то окажется, что уже совсем некому судить о сотрудниках «медицинского института» оккупационного времени (Кто из ныне ещё здравствующих знал тех профессоров, доцентов, ассистентов, а также - врачей из «выпуска» 1942-го года? Ответ: всего несколько человек!), об их - трудно в это поверить - непосредственном переходе к послевоенной преподавательской работе уже не под свастикой и трезубцем, а, как и до войны, под красной звездой и серпом-молотом?

После сих моих слов вам не стало стыдно, что в Винницком областном госархиве такая дирекция ? Мне — стыдно. Почему там мне отказали, я попытался частично объяснить (http://www.proza.ru/2015/09/14/2039).

Вспоминается рассказ Глеба Успенского (1843-1902) «Будка» (1868) и его главный герой Мымрецов - постовой полицейский при будке. Из этого рассказа вошло в оборот выражение «тащить и не пущать!» (официально разрешая, на самом деле запретить) …
Один к одному, как в нашем случае. Винницкий областной госархив сообщил (http://www.archives.gov.ua/Publicat/Okupatsionnye_funds/vin_obl_01.php#-1325), что архив медицинского института (фонд Р-1325) доступен для изучения
(«7. Доступ до документів без обмежень...»),
но ни одного из имеющихся там 12-ти дел я не смог получить.
А ведь из верхних окон Винницкого областного госархива хорошо видна расположенная на противоположном берегу Южного Буга длинная улица Глеба Успенского. Дирекция архива помещается, вероятно, на первом этаже. Не знаю: не пригласили, не объяснили. Чего, мол, с ним нянчиться? Сказано же — НЕТ!

А что касается упомянутой книги с впервые обнародованными материалами, то всего однотысячный тираж не был раскуплен, как можно было бы предполагать, мгновенно — и я легко приобрёл эту книгу в интернет-магазине через три года после её издания. Таков интерес к жизни в оккупации: не останавливаясь, ни оглядываясь плыть по воле волн, бесспорно, спокойнее. Но к какому берегу прибьёт?..

Посему когда-то надо всё-таки начать разгребать запертые на многие замки', пересыпанные энкаведистским дустом («для неприкосновенности») Авгиевы конюшни упомянутого выше и прочих архивов. Для этого дела у на всю жизнь воспитанных в комсомольско-компартийном духе архивных работников никогда не появится решимость, не проявится последовательность, потому что к этому делу нет - и это главное - ни малейшего интереса.
И никакой Геракл (Геркулес) тут не совершит свой очередной - седьмой - подвиг: эти «конюшни» надо не очистить от нечистот, а в находящихся там нечистотах — ра-зо-брать-ся. И попытаться поставить точки над «і». Работа препротивная, могу post factum признаться.

ВВЕДЕНИЕ

Лживостью — сознательным искажением действительности, созданием неправильного представления о фактах и событиях — проникнута вся история человечества.
С одной стороны — общечеловеческие требования о правильном представлении об обществе, о поступках окружающих, о жизненных обстоятельствах, с другой — не исчезающие искушение, соблазн, желание ввести других в заблуждение ради достижения личных целей.

Обманные действия используют и многие животные, в том числе — генетически наиболее близкие к человеку шимпанзе. Это, на мой взгляд, очень интересно, ибо наводит на мысль о наличии, возможно, генетических предпосылок для лживости уже при рождении ребёнка. Хотя в возникновении лживости трудно исключить подражательность.

Лживость, свойственная человеку, на протяжении всего эволюционного развития, можно считать, помогала ему выстоять в межвидовой борьбе. Потому эта - с нынешней нравственной точки зрения - негативная черта психики и закрепилась в качестве одного из защитных механизмов Homo sapiens.

В периоды подготовки и ведения войн наступает особый расцвет лживости, первично генерируемой, прежде всего, верхушкой общества и постепенно наполняющей все общественные слои.
Отсюда — немалые сложности получения представления об истинности фактов и событий, дошедших до нас из пред- и военного времени. Шлейф лживости волочится ещё долгое время в воспоминаниях непосредственных участников и свидетелей военного времени. Вторая мировая война не была в этом смысле исключением, а что касается конкретно фактов и событий винницкой жизни,
 то я уже предпринимал попытки их анализа на правдивость в прежних публикациях (в частности: https://www.proza.ru/2014/04/04/42 , https://www.proza.ru/2014/08/19/1249).

Как полагают психологи, дифференциация лживости и оценка ее конкретных проявлений возможны при условии правильного понимания её мотивов и причин. Обстановка взаимной враждебности, конкуренции и подозрительности, царящая на оккупированных врагом территориях, затрудняет дифференциацию лживости (преднамеренная, вынужденная, как бы «по ошибке», пр.), распознавание её мотивов (продажная, для поддержания духа населения, для маскировки истинных чувств и настроений, пр.) и причин (приказ оккупантов, должностные обязанности, псевдоколлаборационизм, пр.), что приводит к неверной оценке, в первую очередь, руководителей местной власти, представителей интеллигенции, охотно стремящихся, не исключающих или - в этих критических обстоятельствах - вынужденных, чтобы выжить, идти на сотрудничество с захватчиками.

После такого, по моему мнению, необходимого «психологического» вступления, начинаю приближаться к изложению содержания номеров газеты. Но до этого просто вынужден ещё кое-что прояснить, так что читателей прошу набраться терпения. Иначе боюсь быть неправильно понятым.

***

Начну с разъяснения названия этого исследования.
На основании ознакомления с материалами газеты мне захотелось как можно ближе к истине представить себе ситуацию в городе и мотивы действия как простых людей, так и руководства так называемого самоуправления города. По-иному говоря, прочувствовать, то есть, глубоко поняв, проникнуть чувством в суть, в смысл этого времени (периода оккупации Винницы гитлеровцами) и оттуда (а не с позиций сегодняшнего дня!) оценивать жизнь и поступки людей, находившихся под игом нацистов.

«Да что' надумал?», - не без основания возразят мне размышляющие читатели. «Как это можно, по газете, издававшейся фактически коллаборационистами под неусыпным присмотром немецких властей, по газетёнке, полной прямых перепечаток фальсификаций из немецкой прессы, дополненных лживой информацией, состряпанной пособниками оккупантов на Украине, и тому подобное, составить представление о винницкой жизни того периода?».

Согласен с ними: непростая задача. Но и ложь можно анализировать, и вольные или невольные вкрапления правды можно обнаружить, промывая «лживый правдоносный песок». Хотя тут более подходящим было бы не самодельное парадоксальное (лживый-правдоносный) определение, а напоминание крылатых слов «изводишь единого слова ради тысячи тонн словесной руды.» И - повторение вслед за моим другим любимым поэтом: «Но как испепеляюще слов этих жжение рядом с тлением слова-сырца» (В. В. Маяковский, «Поэзия»). Да, «правда-радий» излучает, освещая и испепеляя ложь!

Мы ещё вернёмся к теме нелёгкой моей работы историка-старателя - рабочего по кустарной добыче исторической правды, а пока — один-единственный пример. В рецензии на книгу врача В. Я. Куликова об оккупации Винницы (подзаголовок - «Свидетельство очевидца») я подчёркивал два немалозначащих обстоятельства, которые автор в своих воспоминаниях как-то обошёл. Первое из них — частная практика, приносившая бедствующему с семьёй врачу («Продаём одежду, обувь — всё, что можно продать ...» - это в разговоре с одним из руководителей штадткомиссариата) плату деньгами или натурой. Я обосновал своё предположение об этой практике (см. http://www.proza.ru/2014/04/04/42), не указывая на то, что подобной деятельности врач В. Я. Куликов не чурался и в послевоенное время. Сейчас я могу и это упомянуть, так как знал сам об этом хорошо, да и опрошенные мною ещё живущие коллеги Куликова сие подтвердили. Впрочем, ничего зазорного (постыдного, заслуживающего порицания) в частной практике нет. Но то, что Василий Яковлевич о ней не упомянул — достойно осуждения. А ведь присягал писать правду.

Так вот, в «Винницких вестях» (11.03.1943, 04.04.1943, 18.04.1943) я вижу следующее объявление:
«Врач В. Я. Куликов (болезни уха, горла, носа) сменил свой адрес на — ул. Пушкинская, №3. Приём больных ежедневно с 15. до 17. часов.» (Здесь и далее все цитаты из газеты даны в моём переводе с украинского на русский язык; в скобках обозначены всегда восемью цифрами даты выхода газеты; номера газет не указаны, так как время печати для нас важнее, а загружать текст менее важной информацией не хотелось: статья и так читается не легко — Н. К.). Следовательно, частная практика была неотъемлемой составляющей работы врача В. Я. Куликова ещё до начала оккупации и - это сейчас для анализа главное - также «под немцами» (е ж е д н е в н о!), на что указывает «сменил свой адрес» (широко известный адрес пользующегося признанием населения врача и ведущего также приём на дому).

Не имея всех номеров газет (см. ниже), могу только осторожно высказаться о времени переезда семьи В. Я. Куликова на ул. Пушкинскую. Знать бы точно, когда появилось первое такое объявление … Но три объявления за короткий срок позволяют предположить, что это случилось в начале марта 1943 г. (если более ранних объявлений о смене адреса не было). О приобретении этого дома я тоже уже ранее высказывался — и имей я доступ ко всем материалам Винницкого областного госархива, точно смог бы назвать семью (или се'мьи) расстрелянных евреев, владельцем чьего жилья стал врач В. Я. Куликов. Это — второе обстоятельство, о котором «забыл» рассказать «свидетель» на как бы устроенном им самим себе суде совести.

Видите, вроде бы мелочь, а сразу проливает свет на честность и правдивость «очевидца». Можно было бы порассуждать и о том, как В. Я. Куликов приобрёл этот дом, с чьей помощью сохранил его за собой после освобождения города от захватчиков. Но об этом — в другой раз, а может быть — уже никогда. И всё же согласитесь: из лживой газетёнки получить правдивые (!) доказательства иной лжи — тоже можно. Такая вот, понимаете, поучительная история!

Или вот такой факт.
23.11.1941 газета помещает небольшое объявление. В нём сказано, что лицам, которые взяли пианино по разрешению жилищного отдела городской управы, необходимо явиться в бухгалтерию управы до 05.12.1941 для оформления документов на оплату. Не оформившие документы на пианино, потеряют право на пользование, а пианино будет передано другим гражданам.
Для читателя, черпающего сведения только из «Винницких вестей», это объявление будет загадкой: ГДЕ «взяли пианино», не напрокат ли? А кто знает о том, что 19 сентября 1941 г. состоялся первый массовый расстрел немцами винницких евреев (от 10 до 15 тысяч, по разным источникам), тот поймёт, что речь шла о музыкальных инструментах, оставшихся в квартирах расстрелянных. Пианино, вероятно, выделялись местным самоуправлением особо, как дорогостоящий предмет, быстро подающийся оценке. И посему — это моё предположение — местное самоуправление решило, передавая помещение новым жильцам, за пианино брать

дополнительную плату. Городская Управа, получившая ссуду от немцев (см. ниже), стремилась возвратить её как можно быстрее.

Безошибочно можно утверждать, что объявления типа «Продаётся дом, обстановка и носильные вещи (! - Н. К.). Обращаться по адресу: г. Винница, ул. Пироговская, 43-а, с 9 до 11 час.» (26.11.1942) - того же самого происхождения. Как и объявления об открытой продаже домов в зале Городской Управы (06.12.1942), которой, как уже указывалось, необходимо было поскорее вернуть долг немцам.

[Не странно ли, но ни историки, ни еврейские организации до сих пор не удосужились разыскать и опубликовать возможно полный список расстрелянных евреев Винницы. Существуют и довоенные данные о прописке, и собранные в первое время оккупации, и списки оставшихся в живых жителей города после расстрелов. Эти не раз запрашиваемые немецким и украинскими властями города данные были необходимыми для выдачи продуктовых карточек, топлива, пр. Словом Ф.И.О., возраст, адрес, даже профессию евреев, уничтоженных фашистами, полностью или почти полностью можно было бы выяснить. Никого это не интересует, не волнует, что ли?]

***

Как было бы хорошо, если бы авторы публикаций в первых строчках откровенно высказывались о цели, которую они преследуют, обращаясь к читателям со следующим ниже этого признания текстом. Согласитесь: довольно часто читатель не понимает, зачем это, вообще, написано и опубликовано. И совсем не редко даже сам автор не может чётко определить, почему он это сделал.

А так было бы сразу ясно. Например, автор полагает, что сообщает читателю что-то ранее никому не ведомое. Или дополняет уже известное более или менее важными фактами. Либо высказывает своё, отличное от других мнение по какому-то вопросу, опровергает представленные ранее ложные доказательства того или иного. Затрагивает впервые тему, которую прежде ворошить не позволялось, а она представляется ему важной. И так далее ...

Вот и я это не всегда делаю — и, уверен, читатели не раз на мгновение задумывались: ну, мол, зачем ему об этом надо было писать? Признаюсь честно, не раз и я сам долго не понимал, для чего я собрал тот или иной материал, систематизировал его и, на основании этого, «выдал на гора» ещё одну статью. Гонораров на Прозе.ру не платят, виртуальная слава весьма зыбкая, то есть, неустойчивая, ненадёжная, какая-то неопределённая. Да и о какой славе может идти речь после утраты эмигрантом бывшего социального статуса, да ещё в таком мало перспективном возрасте?

Зато охаять, обхамить тебя, даже не вникая в суть тобою написанного, может каждый. Один бойкий «рецензент» приписал мне им самим придуманное и, будучи не в состоянии аргументировано мне возразить, отписался следующими словами: «… моё время слишком дорого, чтобы здесь метать бисер.» Перед кем метать — сами понимаете: вы же знакомы с этим выражением из Евангелия? Там, правда, было с самого начала написано «жемчуга'», а «бисер» того, чьё «время слишком дорого», оказался подозрительно крупным и коричневого оттенка.

Однако, для чего-то я это делаю: трачу время и деньги, которые можно было бы использовать в своё - без усилий понятное другими - удовольствие. Понимание источника импульса к работе над той или иной статьёй приходит порою через довольно продолжительное время. И тогда краткое рифмованное введение к странной, вроде бы, статье «Улицы имени Винницы» окажется связкой между уже опубликованной и ещё смутно намечающимися будущими статьями о переименовании улиц. Значит, мысль о важном смысле, которое несёт название улиц (и их переименования) не покидала меня.
Названия улиц — не номерные, как, к примеру, в центре Нью-Йорка — **это так много!**

Это — наша история, наша идеология, наше мироощущение, наша совесть, наша благодарность (или отсутствие таковой) ушедшим в иной мир, расставленные ориентиры для потомков, в конце концов.

Работа над этой статьёй имела следующие основные личные цели:
а) проверить собственное кредо, касающееся во многом непонятной (даже при детальном рассмотрении) жизни города в период оккупации 1941-1944 годов,
б) как можно более взвешенно и беспристрастно оценить роль руководителей города из местного населения в поддержании, хотя бы по главным параметрам, приближающейся к нормальной жизни города,
в) довести некоторые аспекты облика и содержания газеты, а также мои выводы из напечатанного в ней до интересующихся историей Винницы читателей.

Кого это не интересует, может спокойно прекратить чтение на этом месте. Автор не обидится, потому что пишет не Urbi et orbi (городу и миру), а адресует свои публикации лишь проявляющим внимание к заданной теме, словом — не «всем и каждому».

Не могу не отметить следующее. При чтении газеты постоянно — хотел ли я этого или нет — возникали ассоциации. Я имею в виду связи между отдельными представлениями, при которых одно из представлений вызывает другое. Именно - так называемые ассоциации по сходству. И если бы они возникали только с советскими газетами военных лет, послевоенного сталинского периода — нет: вспоминались различные публикации хрущёвского, брежневского и так далее времени. Как можно было бы тут осмеять «во весь голос» навязываемую советскому человеку прессу! Но я тут же «себя смирял, становясь на горло собственной песне», говоря словами вступления в поэму, название которой я уже вставил в текст. Короче, развития этой темы не ожидайте, ибо таких целей я себе не ставил (см. выше). Хотя, уверяю вас, подобные ассоциации появятся у всех, кто ознакомится с изложенным ниже, и без моих ссылок на что-то подобное из более позднего времени СССР.

И — последнее. Статья плохо структурирована. Очень даже плохо. Такое пёстрое издание, как «Винницкие вести», даже частично (то есть, не по всем темам) разобрать в деталях можно, лишь подразделив обзор на множество мелких частей, что затруднило бы, на мой взгляд, получение общего впечатления от газеты. Поэтому я выделил большие разделы, представляющие интерес, исходя из целей исследования. А в эти разделы потом уже нередко попадали вставки, касающиеся совершенно иных аспектов жизни в оккупации.

ОБЩИЕ СВЕДЕНИЯ О ГАЗЕТЕ "Вінницькі вісті"

О наличии в «Архіві української періодики онлайн» LIBRARIA.ua этой газеты я узнал из винницких сайтов «Історія Вінниці» и «Вінничани» в конце июля - начале августа 2016 г. В прошлом году я случайно увидел подшивку этой газеты в Винницком областном госархиве, но ознакомиться с ней подробно у меня не было никакой возможности. Я лишь привёл замеченное при беглом взгляде на страницы газеты февраля 1942 г. сообщение об объявлении-поиске фотографий и рисунков Винницы (http://www.proza.ru/2015/11/17/1420). Посему возможность в спокойной домашней обстановке просмотреть весь выпуск газеты, «выудить» из него интересующие меня материалы, осмыслить их и так далее настолько меня обрадовала, что я отложил другую работу (тоже о времени оккупации города нацистами) и занялся «Винницкими вестями».

Первый номер газеты вышел 31.08.1941-го года (через 43 дня после начала оккупации), а последний — вроде бы, 12.12.1943-го года.
То есть, с е г о д н я исполнилось 7 5 л е т со дня начала издания «Винницких вестей». Сколько всего вышло номеров — этого с абсолютной уверенностью сказать нельзя. Дело в том, что в указанном архиве отсутствуют газеты №№ 2-4, 8-11, 13-23, 25, 28, 30-31, 34-36, 38 за 1941-й год, №55 за 1942-й год и №№23, 25, 47, 91, 94-100, 102-103 за 1943-й год. Не было ли среди них сдвоенных номеров? Газета за 12.12.1943 — последняя из вышедших или же из сохранившихся?

Указанный ресурс относительно молод (с 2011г.) — и ему можно простить не совсем идеальное техническое исполнение, слабый и далеко не глубокий, не всеохватный поиск по собранию периодики. Представленный архив — фактически сканированная периодика, которая для облегчения работы с ней приводится в оцифрованном виде в особой колонке. Но это переформатирование вызывает появление в тексте - вместо разных букв - каких-то марсианских знаков. Значит, украинский алфавит был с ошибками введён в программу. Многие слова «разорваны» на части, пр. Приходится возвращаться к сканированному тексту, не совсем удобному для чтения, не доступному для непосредственного копирования.

Возможно, что намного лучшие подобные ресурсы, с которыми мне пришлось работать, поначалу были тоже с изъянами — и кое-что создателям архива можно простить. Но никакого снисхождения с моей стороны к архиву за отсутствие выше указанных номеров газеты! Не скажу, какие из них действительно не пережили три четверти века, но ведь создатели этого архива знают не хуже меня, что газета "Вінницькі вісті" (1941-1943) сохраняется не только в Научно-справочной библиотеке центральных государственных архивов Украины (Науково-довідкова бібліотека центральних державних архівів України - НДБ ЦДАУ), но и в Винницком областном госархиве. Именно там, скорее всего, работал О. О. Салата над статьёй: „Періодичний друк вінниччини в умовах німецько
 - фашистської окупації (на прикладі газети «Вінницькі вісті»)" (http://www.info-library.com.ua/books-text-11224.html), в которой имеются ссылки на номера 13, 14, 16, 18, 21, 22, 31, 36 и 38 за 1941-й год, отсутствующие в онлайн архиве!

Кстати, О. О. Салата — автор пока единственной публикации о рассматриваемой нами газете. Когда была издана эта работа — не ясно (судя по литературным ссылкам, после 2005-го года), в ней присутствуют некоторые неточности, но общее представление о «Винницких вестях», в принципе, соответствует моим. И я рекомендую тем, кто владеет украинским языком, не забыть ознакомиться с этой публикацией, так как я вряд ли буду повторять большинство изложенного в ней.

Газета выходила дважды в неделю, обычно на четырёх страницах. Встречались также двухстраничные и, наоборот, шести- и даже восьмистраничные номера. У газеты, как указывает онлайн архив, были последовательно руководитель издательства и редактор О. Нофенко, редакторы И. Смерека и М. Зеров (в конце 1941 г. временно исполняющим обязанности ответственного редактора был Ф. Головко — Н. К.). Тираж газеты — 15000 экземпляров; цена одного номера: первый стоил 30 коп., потом цена росла - 50 коп., 75 коп., 1 карбованец; месячная подписка: сначала - 6, потом - 9, далее - 10 и с 1-го ноября 1943 г. - 15 крб.

Что касается тиража, то он был рассчитан не только для винничан-горожан, но и для жителей округи, Липовца (42 км от Винницы), Ильинцов (65 км по автодороге от Винницы; о продаже газеты там мне недавно сообщил А. Сокол, когда-то проживавший в Виннице врач, бывший в военную пору 11-летним подростком из партизанской семьи), пр. Об этом свидетельствует обилие статей сельскохозяйственной тематики. Забегая вперёд, сообщу, что план хлебозаготовок по области к середине февраля 1942 г. был выполнен лишь на 15,7% (19.02.1942) - и это очень беспокоило оккупантов, желавших получить бо'льшую свою долю. Что касается цены газеты, то она - «божеская» (об окладах рабочим и служащим — ниже). А подписка, не исключаю, была в той или иной степени принудительной, так как проводилась, что следует из объявлений, и на предприятиях (например, объявление от 20.05.1943). Расходились ли все напечатанные экземпляры — не известно.

Газета печаталась на украинском языке (название дублировалось на немецком языке -

«Winnizaer Nachrichten»). Здесь хочется подчеркнуть, что с литературной точки зрения газета может оцениваться весьма высоко. Смущает временами, правда, непривычный для меня украинский язык. Встречаются слова, значение которых мне было неведомо. Кабы только мне — понятно: я оторван от Украины уже многие десятилетия. Но этих слов нет и в «Украинско-русском словаре», изданном Институтом языкознания Академии наук УССР в Киеве, в 1977 г. А в словаре - около 65 000 слов — количество, превышающее словарный запас многих образованных людей. Конечно, сейчас, пользуясь интернетом, можно найти значение любого слова, но тогда ... Составители газеты это понимали — и даже отдельно разъясняли некоторые слова. Но всё же общий уровень грамотности (см., например, цитированные мною - с массой ошибок напечатанные - документы в статьях о медицинском институте, областной больнице, пр.) был довольно низким и поднять его газете, так мне представляется, было не под силу.

И ещё — незнакомое мне в ряде случаев правописание. Известно, что украинское правописание уже при советской власти несколько раз видоизменялось (см. в Вікіпедії "Український правопис"), но для меня было дивным встречать, среди множества прочих неожиданностей, "Еспанія" или фамилию старосты города "Савостіянов". Кстати, в 101-м (с начала издания) номере газеты от 26.07.1942 (https://libraria.ua/issue_view.php?issue-4308/Вінницькі-вісті/1942-07-26_N59/) сообщается об образовании, при поддержке немецкой власти в Киеве, комиссии по пересмотру украинского правописания (на основе академического правописания 1929 г.).
Но уже в 1941 г. газета, столкнувшись, наверное, с непониманием читателей, не раз сообщала об изменениях в украинском правописании. Привыкнуть, например, к таким изменениям, как "фашистівський", "марксівський", "хват - хвацький", "птах - птаство" (18.12.1941), пр. было, думаю, не просто.

Высокий литературный уровень газеты объясняется легко: в ней сотрудничали известные литераторы.
Редактором газеты, как уже отмечалось выше, был Михайло Костьович Зеров (Михаил Константинович Зеров) — известный украинский поэт, переводчик, литературовед (1901-1963, умер в ФРГ). О М. К. Зерове (литературный псевдоним — Михайло Орест), один из братьев которого (поэт, переводчик, литературовед) был расстрелян во время террора НКВД, а другой (ботаник) достиг звания академика АН УССР, есть подробные публикации в украинско-, русско-, польско-, немецко-, англоязычной и других выпусках ВикипедииИ.

Одним из самых частых авторов газеты был Ап. Трембовецький (русс. - Ап. Трембовецкий). Что касается «Винницкой трагедии» (раскопки, исследование трупов и перезахоронение жертв террора НКВД), то практически все статьи по этой теме вышли из под его пера (первое сообщение об обнаружении мест тайных захоронений и о вскрытии могил появилось в газете 03.06.1943, сообщение о последнем перезахоронении -14.10.1943). Об Аполлоне Трембовецьком (1913-1968, умер в США) есть статья в украинском издании ВикипедиИ.

О статьях Ап. Трембовецкого по «Винницкой трагедии» я писать не буду, так как о ней мною было достаточно сказано в отдельной публикации (http://www.proza.ru/2014/08/19/1249). Но я не могу не привести одну цитату из газеты, так как эта тема Ап. Трембовецким не развивалась, а я никаких детальных материалов по ней просто не имел. Так вот, в газете от 03.06.1943. опубликовано:

« П Р Е Д О С Т Е Р Е Ж Е Н И Е
При раскопке могил несчастных жертв большевистского террора в г. Винница найдено большое количество разнообразной одежды и обуви.
Установлены отдельные факты, когда несознательные элементы воруют и перепродают эти вещи на базаре.
Эти низкие поступки затрудняют гражданам распознавание по одежде своих близких и знакомых и представляют собой самый позорный тип мародёрства.
Пойманных будет судить чрезвычайный суд и их ожидает тяжелейшая кара.
ГЕБИТКОМИССАР»

Всесторонняя оценка этого «самого позорного типа мародёрства» не проста — и я оставляю её читателям, тем более, что мы уже и так достаточно отвлекались на «сторонние» темы, а здесь представляются литераторы, принимавшие участие в работе над «Винницкими вестями».
И всё же, чтобы закончить с вещами, найденными при раскопках могил жертв, замученных Винницким НКВД, приведу ещё объявление в газете от 01.07.1943 о том, что эти вещи можно осматривать ежедневно (кроме воскресенья) в помещении около вновь организованной Психиатрической больницы (по Литинскому шоссе). Об опознанных вещах можно было сообщать в редакцию «Винницких вестей». Брать их пока было запрещено.

В газете от 16.09.1943 и 19.09.1943 сообщалось о выходе книги Ап. Трембовецкого "Злочин у Вінниці" («Злодеяние в Виннице») . Книгу о терроре НКВД напечатало издательство «Винницких вестей», цена её была 30 крб. Указано, что весь доход от продажи книги пойдёт в фонд сооружения памятника погибшим.
Правда, в более ранней газете от 09.09.1943 некий автор под псевдонимом С. К. уже писал о выходе этой книги из печати и кратко ознакомил читателей с её содержанием. Только он почему-то посчитал, что «вчасно п. Ап. Трембовецький видав свою невеличку, але ЖВАВО І ЦІКАВО (выделено мною - Н. К.) написану книжку … » Это-то про такую трагедию - «живо и интересно»?

Валер'ян Петрович Тарноградський (Валерьян Петрович Тарноградский) напечатал в газете множество стихов. О В. П. Тарноградском (1880-1945, умер в лагере ГУЛАГа), бывшем школьном учителе и видном украинском поэте-лирике, также есть статья в украинском и русском изданиях ВикипедиИ. В газете от 07.06.1942 есть большая статья, посвящённая 40-летию литературной деятельности поэта.
Не был редактором, как это ошибочно указано здесь

(http://www.myvin.com.ua/ua/news/useful/39258.html), проживавший ряд лет (в первое послереволюционное и в оккупационное времена) в Виннице писатель, драматург, переводчик Ігор Костецький (псевдоним Игоря Вячеславовича Мерзлякова, 1913 - 1983, умершего в ФРГ), именем которого в декабре 2015 г. названа улица в Виннице. Но из под его пера вышло немало статей, напечатанных в газете. Как пример, рекомендую статью «Велетень з обпеченими м'язами (враження з подорожі до Києва)» в газете от 26.02.1942.

А 08.11.1942 в пересказе Игоря Костецкого газета публикует короткое стихотворение «Гимн хлебу», автором которого был лидер итальянских фашистов Бенито Муссолини.

Я тут не касаюсь содержания публикаций. Речь шла только о личностях, о литературном качестве — и в этом отношении равную «Винницким вестям» газету тех времён надо ещё поискать.

Случались, однако, не совсем адекватные переводы на украинский язык (несомненно, со спущенных сверху, заготовленных по указанию немцев материалов на русском языке). Один казус, вообще, примечательный. В статье, порочащей Ленина, местом его пребывания во время предсмертной болезни и местом смерти назван Нижний Новгород. Так перевели название посёлка Горки (по логике Горки-Горький-Нижний Новгород). Правда, уже в следующем номере газеты было помещено разъяснение и извинение за ошибку.

В целом, я считаю всё же газету «Винницкие вести» не соответствующей образовательному уровню (превосходящей этот уровень по содержанию и подаче материала) основной массы предполагаемых читателей. Газета, значительную часть которой составляли заготовленные где-то публикации по различным темам, предназначаемые населению, авторам мало или совсем не ведомому. Отсюда — и практически непонятные большинству читателей военные сводки, особенно если речь шла (а так почти всегда и было) о регионах, далёких от Украины, о географических названиях, никогда читателями не слышанных, о политических деятелях, чьи фамилии для читателей абсолютно ничего не значили. Поколение, учившееся уже в советские времена, было в массе своей на фронте, вывезено для работы в Германию, а более старшие люди имели низкое образование или почти совсем никакого. Растолковывать содержание статей, демонстрируя при этом карту мира, объясняя структуру т. н. III-го Райха и состав его руководства было некому. Каждая карикатура в газете была в той или иной степени ребусом — и истолковывать «тонкий смысл» намёков, иронии, сатиры, насмешек, пр., задуманных и исполненных художниками опять же одновременно для множества газет на оккупированных территориях разных стран, было задачей, не под силу даже для привыкших к подобному типу «юмора» на страницах сталинских изданий. Что касается прослойки интеллигенции, то она была настолько незначительной, что тираж газеты можно было смело уменьшить в десять раз.

ОФОРМЛЕНИЕ ГАЗЕТЫ

Первый номер газеты открывался большим портретом Тараса Шевченко. Название газеты было только по-украински, над ним — лозунг «Слава Україні!». Справа от названия расположен трезубец - герб князя Владимира (и нынешнего государства), слева — свастика - эмблема нацистов.

02.11.1941 в первый раз на первой странице газеты появились впредь постоянно повторяющиеся пять слов: «ГЕРМАНИЯ ПОБЕЖДАЕТ НА ВСЕХ ФРОНТАХ». Это мажорное утверждение (никак не отражающее истинное положение), с одной стороны «украшалось» буквой «V», наверное, обозначающей «VIKTORIA» - победа, с другой - восклицательным знаком (для усиления эффекта, что ли?).

14. 05.1942 с первой страницы газеты исчезли и свастика, и трезубец. Но бравурный лозунг о победах на всех фронтах пока ещё оставался.
21.06.1942 в номере, посвящённом годовщине начала войны против «жидо-большевистского коммунизма», этот лозунг был напечатан в последний раз: следующий номер газеты (от 25.06.1942) вышел уже без заключённого в рамку безапелляционного утверждения о победах Германии на всех фронтах.

Интересно, кто решал такие важные вопросы оформления газеты? Конечно же, не М. Зеров, ставший к тому времени главным редактором «Винницких новостей». И как объясняли нацисты и их рьяные сторонники эти перемены в оформлении рупора оккупантов? Не могли же читатели не замечать хамелеонства издателей и сотворённого ими чтива!

Хочется отметить ещё одно. 03.05.1942 г. газета вышла под лозунгом, напечатанном крупными буквами на самом видном месте - НАД НАЗВАНИЕМ ГАЗЕТЫ!
Этот лозунг гласил: ПЕРВОЕ МАЯ 1942 Г. - ЭТО ПЕРВЫЙ НА ОСВОБОЖДЁННЫХ ЗЕМЛЯХ УКРАИНЫ ПРАЗДНИК СВОБОДНОГО ТРУДА. И сразу же под названием газеты — передовица «ПРАЗДНИК СВОБОДНОГО ТРУДА». О том, что улица Первого Мая с захватом города нацистами была переименована, забыли и немцы, и редакция. Остальное — в моей статье «Депервомаизация по-винницки» (http://www.proza.ru/2016/05/12/2014).

Сотый номер газеты вышел 22-го июля 1942 г. под лозунгом «ГОД ТОМУ, 20. ИЮЛЯ НЕМЕЦКИЕ ВОЙСКА ВСТУПИЛИ В ГОРОД ВИННИЦУ!»
Газете прислали поздравления Штадткомиссар Маргенфельд и Староста города профессор Севастьянов. Староста города отдельно поздравил население города с годовщиной вступления в город немецких войск. В этом поздравлении он ещё писал о «национальном кормчем Адольфе Гитлере», а закончил приветствие здравицами «СЛАВА ВЕЛИКОМУ НЕМЕЦКОМУ НАРОДУ! СЛАВА АДОЛЬФУ ГИТЛЕРУ!». В дальнейшем А. Севастьянов старался подобного избегать и восхищения происходящим не высказывать, хотя по должности делать это был обязан. Факты немецкой оккупации и совесть притормаживали его при составлении обязательных по должности приветствий и благодарностей.

ОБЩИЕ ЗАМЕЧАНИЯ ПО СОДЕРЖАНИЮ ГАЗЕТЫ

В архиве онлайн представлены 210 номеров газеты. Все они «сбиты» по твёрдой схеме. На первой странице - «Звідомлення Німецьких Збройних Сил з ГОЛОВНОЇ КВАРТИРИ ФЮРЕРА» (Сообщение немецких вооружённых сил из главной стаки фюрера). Рядом — отрывки из очередного выступления фюрера или его приближённых. На второй странице — пестрая информация о положении во всём мире, в основном, о военных действиях и дипломатических попытках что-то изменить без боёв. Здесь, разумеется, не только о сражениях в Восточной Европе, но и - на других европейских, африканских, азиатских и прочих фронтах. Обязательная карикатура на Рузвельта, Черчилля и Сталина, изображающая их полными идиотами. Если карикатуры удостаивался только кто-то один из руководителей антигитлеровской коалиции, то чаще всего, конечно, Сталин. Последнего поносили за всё, включая и за такое, что точно так же творил фюрер (см., например, статью «ДЖУГАШВІЛІ» в газете от 22.11.1942.). А по сути — за то, что планы «Величайшего полководца», напоровшиеся на сопротивление жесточайшего Верховного главнокомандующего, не сбывались, несмотря на неистовство «квартирующего в той или иной из Главных квартир». Таковых (то есть, Ставок фюрера) было порядка двух десятков. Правда, во многих из них он не появлялся ни разу.

Далее — статьи о великих райхмаршалах, окружающих фюрера, и - время от времени - о нём самом - «творце будущей Европы, титане труда и борьбы». Как контраст — статьи о морально павших коммунистических руководителях, включая САМОГО. Последнему припомнили все грехи: от молодости до самого последнего времени. А ведь совсем недавно на дипломатических приёмах в Берлине и Москве поднимались бокалы за великих руководителей Германии и СССР!

Третья и четвёртая страницы были весьма пёстрыми по содержанию (воспоминания, литературные произведения, советы по различным вопросам — от личной гигиены до личных приусадебных хозяйств, сообщения из соседних и отдалённых мест Украины, городские новости, объявления, пр.). Я, конечно, заострю внимание на сообщениях, касающихся непосредственно Винницы, постараюсь охватить как можно широко и работу местного самоуправления, и просто обыденную жизнь горожан.

Не удивительно, что газета, постоянно пытающаяся многое скрыть (см. ниже), выдать желаемое за действительное — полна противоречий. Простой пример: жизнь в Германии украинской молодёжи, вывезенной туда в рамках трудовой повинности. Постоянно публикуются, без сомнения, придуманные где-то в Берлине сообщения о почти райской жизни, о лёгкой работе и так далее в Великогермании. Об этом «свидетельствуют» и придаваемые к статьям фотографии украинских девчат и парней, хорошо одетых, иногда - в украинских национальных костюмах. И вдруг: в газете от 12.11.1942 — настойчивый призыв высылать родственникам, работающим в Германии, зимнюю одежду. «Спешите, ибо зима у порога!», « … немецкая власть великодушно поспособствует вам своими транспортными средствами», то есть, организует доставку посылок с одеждой. «В ваших интересах полностью воспользоваться этой одноразовой возможностью». И тому подобное. И сразу всё стало на свои места. И чтобы было кем наполнить готовые к отправке на запад вагоны с нарами, полиции, как и прежде, приходилось устраивать облавы на молодёжь.

Само собой разумеется, что в «немецкой газете с украинским шрифтом», как её называли те, кто раскусил «сверхзадачу» такой периодики, ни слова не было сказано ни о расстрелах евреев, ни об умерщвлении пациентов психиатрической больницы. Но «еврейская тема» перекочёвывает из номера в номер, ибо для нацистов врагом №1 был «жидо-большевизм». В газете «перемыты косточки» всем руководителям СССР, которых нацисты решили считать евреями. К числу таковых они отнесли (23.08.1942), к примеру, «спритного юдея» (ловкого иудея) Николая Михайловича Шверника (1888-1970), в те годы - с ноября 1942 г. - председателя Чрезвычайной государственной комиссии по установлению и расследованию злодеяний немецко-фашистских захватчиков,
 известного в мире профсоюзного деятеля - инициатора создания англо-советского профсоюзного комитета, главной задачей которого было объединение усилий профсоюзов двух стран для победы над Германией.

С явно выраженной потерей психического равновесия подчёркивается, что в медицинском институте до войны кафедрами заведовали 18 евреев, 8 русских, один грузин и только 2 украинца! (Поэтому нельзя было считать институт украинским учебным заведением! Это написал директор института в период оккупации, а после войны — заведующий кафедрой уже в советском том же Винницком мединституте!!) - 08.02.1942.

А сообщение о присвоении звания генерала сразу 17 евреям-военнослужащим подано, судя по стилю изложения, в состоянии эпилептического статуса! Из врагов нацистской Германии евреями, по немецкой версии, не стали только Сталин и маршал С. М. Тимошенко (1895-1970). Маршал сорвал планы гитлеровцев на многих фронтах, посему «крыли» в газете его довольно часто.

Расстройства психики у фюрера и связанные с этим его представления привели к тому, что спортивное общество «Динамо» превратилось тоже в «жидовско-большевистское»: обществу, на флаге которого - белый и голубой «сионистские» цвета, иным быть не дано. Неужели образованные немцы не понимали, что нельзя рассчитывать на эффект такой пропаганды среди населения, о сионизме никогда и не слыхавшем? Или все они тронулись разумом, как и их фюрер?

Чтобы закончить с психическими расстройствами, упомяну о таковых у фюрера. То, что они у него были, никто не опровергает. Но как назвать ту болезнь, которая превратила совсем ещё не старого фюрера в тяжёлого физического и психического инвалида? Многие считают появившиеся у него в конце жизни разнообразные патологические признаки результатом бессистемного приёма сильнодействующих медикаментов.

Знакомство с биографиями фюрера, написанными различными авторами, с рядом фактов из жизни, речами, выступлениями на съездах и митингах, посещениями Вагнеровских фестивалей в Байрёйте (всё — из немецких и англоязычных книг и кинозаписей) привело меня к заключению, которое, конечно, никем не будет принято во внимание. У фюрера, полагаю я, был паранойальный синдром как результат прогрессивного паралича (особой формы нейросифилиса).
Не думайте, что я не знаю о том, что все тогда известные пробы на сифилис оказались у вождя нацистов отрицательными (что, впрочем, как любой прочий негативный результат анализа на ту или иную болезнь, наличия этой болезни никак окончательно не исключает!).

Я, конечно, читал медицинскую литературу по этим заболеваниям. Но больного с прогрессивным параличом я видел всего один раз. Единственное, чего этому больному не хватало до абсолютной схожести с поведением фюрера, это — экзальтированности последнего. Больной вёл себя подозрительно спокойно. Но паранойя - редкий хронический психоз, при котором логически построенный систематизированный бред развивается постепенно, не сопровождаясь галлюцинациями или расстройством мышления шизофренического типа, был налицо и на лице больного, когда речь заходила о содержании его явно бредовых представлений.

Прошу прощения, что ушёл в сторону. Но понимание того, что произошло с немецким народом после прихода к власти нацистов, позволяет подтвердить следующий постулат: и больные незаразными болезнями могут заражать других людей. Тут, подчёркиваю — никакого открытия: давно уже известны эпидемии истерии. А в рассматриваемом нами случае — охватившей немецкий райх паранойи, отпечаток которой так явно заметен на потускневших от времени страницах «Винницких вестей».

Завершая этот раздел, хочу подчеркнуть, что в данной работе не рассматривались следующие темы содержания газеты:
- сводки с фронтов военных действий Второй мировой войны
- политические события (встречи, переговоры, договоры, и т. п.)
- описание жизни фюрера и содержание его выступлений
- описание жизней видных деятелей III-го райха
- описание жизней советского партийного, государственного и военного руководства
- исторические экскурсы (жизнь знаменитых немцев прошлого времени, а также украинцев, ратовавших за независимое украинское государство, борцов против большевизма)
- литературные произведения (проза, поэзия, фельетоны, пр.)
- сельскохозяйственные отчёты, рекомендации, и т. д.
- сообщения о событиях на Украине, но - не в Виннице и её округе

Объясняется это просто: моя публикация и без того получилась довольно объёмной, да и без обсуждения выше перечисленных тем, как кажется, можно было попытаться прочувствовать время оккупации города. Конечно, «краешком» и выше обозначенные темы иногда приходилось затрагивать.

Для примера, сообщу, что газета, перепечатывая сводки из Ставки фюрера, указывала фронты в Тунисе, на Эгейском море, побережье Норвегии, в различных местах Азии: Индия, Цейлон, Сингапур, Таиланд, Соломоновы острова, Новая Гвинея … Спрашивается, кому это было интересно в тех же Ильинцах или ещё где-нибудь на Винничине? И что это дало бы для разгадки ситуации в оккупированном городе?

РАСПОРЯЖЕНИЯ НЕМЕЦКИХ ВЛАСТЕЙ ПО УПОРЯДОЧЕНИЮ ЖИЗНИ В ВИННИЦЕ

Я опускаю детали распоряжений, касающихся всей оккупированной территории Украины, или не упоминаю о них совсем. Например, 21.12.1941 газета обнародовала Приказы Генерального Комиссара (Житомир) о сдаче огнестрельного оружия и боеприпасов, об обязательной регистрации перемены места жительства.

23.04.1942 газета печатает объявление Штадткомиссара о том, что семьи немцев, имеющих детей в возрасте 8-14 лет, должны зарегистрировать их до 1-го мая в Школьном отделе Городской Управы. 4-го мая открывается для таких детей 2-классная народная школа (наверное, для изучения немецкого языка, немецких обычаев, пр., так как немцы убедились в сильном обрусении таких семей).
Новый учебный год в этой школе начался 9-го сентября (открывалась школа 4-го мая? скорее — нет). В школе насчитывалось 60 детей в возрасте от 6 до 14 лет. 9-го сентября в школе присутствовали Представитель Штадткомиссара, Заместитель Гебиткомиссара, Староста Севастьянов и его заместитель Бернард, пр. (17.09.1942). Отсюда я сделал вывод, что в мае школу открыть не успели.

27.08.1942 объявлено, что для фольксдойче г. Винницы (с 14-летнего возраста) организованы курсы немецкого языка, которые начинают работу 02.09. (трижды в неделю по полтора часа, вечером). Занятия, в которых должны принимать участие также родители детей, проводятся в помещении Фармацевтического техникума (напротив Городской Управы). Посещение курсов обязательно.
«Должны», «обязательно» - немцы начали германизацию близкой им по крови небольшой части винничан с принуждения. Поблажки им (см. ниже), надо признать, тоже были.

10.06.1943 газета напечатала приказ Гебиткомиссара Маргенфельда от 02.06.1943 г о борьбе с малярией в г. Виннице и в части Винницкого района (до плотины у с. Сабаров). В нем, во исполнении Указа от 15.07.1942 г. о борьбе с заразными заболеваниями, все арендаторы и домовладельцы, земля которых выходит к берегам Буга (от нового водозабора до Сабаровской плотины), обязаны выкашивать траву на прибрежной полосе шириной от 2 до 5 метров. Дно реки на расстоянии 3-5 метров от берега должно быть очищено от водных растений, бурьяна, кустов и поваленных деревьев. Косить траву и очищать реку надо регулярно каждые 10 дней.

Забота оккупантов о своём войске, но одновременно, что не говори, и о населении города, видится также в следующем сообщении (26.07.1942), но в этом случае - только частично: немцам, наверное, больше, чем местному населению, досаждали комары и мухи: винничанам насекомые были как-то привычнее.
«Ближайшими днями на реке Буг на протяжении от Кумбар до Психиатрической больницы, с целью борьбы с комарами и мухами будет проведено арсеніковe (арсен — мышьяк - Н. К.) опыление.
Опыление будет проводиться регулярно 10 дней, поэтому КУПАНИЕ В РЕЧКЕ И ПОТРЕБЛЕНИЕ РЕЧНОЙ ВОДЫ СО ДНЯ ОПОВЕЩЕНИЯ ЗАПРЕЩАЕТСЯ.
ШТАДТКОМИССАР
Винница, 22 июля 1942 г.».

С винницкими (и не только) базарами немецкое командование мудрило так, что выявить какую-то систему в этом мне не удалось.
01.03.1942 — следующее объявление: «Установить базарные дни — в четверг каждой недели. Базары по воскресеньям запрещены. Это распоряжение вступает в силу с 23-го февраля 1942 г. ШТАДТКОМИССАР».

26.07.1942 газета печатает распоряжение Штадткомиссара от 22.07.1942:
«БАЗАР «КАЛИЧА», который располагается на углу улицы Пироговской и Литинского шоссе, ЗАКРЫВАЕТСЯ. ПЕРЕХОДИТЬ ЧЕРЕЗ ТЕРРИТОРИЮ БАЗАРА ЗАПРЕЩЕНО.»
Предполагаю, что оккупанты хотели тем самым оградить район города, где было много их учреждений (штабы, госпиталь, пр.) от лишнего транспорта (партизан?).

06.08.1942 в газете появляется строгое
«О Б Ъ Я В Л Е Н И Е
Я ещё раз указываю на то, что базар всё ещё может происходить ТОЛЬКО В ВОСКРЕСНЫЕ ДНИ НА «НОВОМ БАЗАРЕ». (Замостянском — Н. К.)
Собирать базары В ДРУГИХ МЕСТАХ ЗАПРЕЩЕНО.
ШТАДТКОМИССАР»
Можно предположить, что немцы не желали, чтобы крестьяне отвлекались от полевых работ: ведь большую часть урожая захватчики забирали себе.

03.12.1942 газета приводит такое
«ОБЪЯВЛЕНИЕ
С разрешения Гебиткомиссара Винницкого гебита о т к р ы в а е т с я БАЗАР НА КАЛИЧЕ. Новый базар на Замостье остаётся и на дальнейшее время.

БАЗАРНЫЙ ДЕНЬ — ВОСКРЕСЕНЬЕ.
Городская Управа»

А вот распоряжение ещё более высокого начальства (10.06.1943):
«УСТАНОВЛЕНИЕ БАЗАРНЫХ ДНЕЙ
В Виннице, Турбове, Браилове и Литине базары должны проходить
в воскресенье с 7 до 18 часов
в среду   с 7 до 14 -.-
В сёлах, где проходили базары, базарным днём остаётся воскресенье (с 7 до 18 часов).
Нарушение этого будет наказываться соответственно существующим распоряжениям.
ГЕБИТКОМИССАР»
Чем обеспечено это послабление — трудно предположить: тяжёлой ситуацией со снабжением продовольствием в этих городах?

18.07.1942 ШТАДТКОМИССАР издал Указ, согласно которому:
«Продажа фруктов, ягод и картофеля на базарах запрещается.
Всё вышеупомянутое сдаётся Городскому потребительскому обществу и им оплачивается.
Население
 будет получать эти продукты по распределению в Городском потребительском обществе.»
(19.07.1942).

Рассказы немцев (!) о базарах в Виннице времён оккупации здесь:
http://www.proza.ru/2016/03/20/1938 .

В целом, надо подчеркнуть, что немцы старались как можно меньше пускать на самотёк.
11.01.1942 в газете появилось РАСПОРЯЖЕНИЕ Райхкомиссариата
«Про порядок регулирования зарплаты и условий труда производственной рабочей силы».
Согласно этому Распоряжению, часовая зарплата колебалась от 0,75 (ученики на производстве) до 2,50 крб. (мастер). Лицам немецкой национальности полагалась 50%-я надбавка, женщинам и лицам еврейской национальности - 80% от указанных ставок.
Указаны надбавки за успешную работу, командировочные, премиальные суммы.
За проживание (видимо, во время командировок) вычислялись из заработка холостых по 2 крб./день (с женатых — ничего), за трёхразовое питание — по 6 крб./чел./день.

В статье от 28.06.1942 приведено РАСПОРЯЖЕНИЕ и. о. РАЙХКОМИССАРА УКРАИНЫ фона ВЕДЕЛЬШТЕДТА от 05.06.1942 о РОЗНИЧНЫХ ЦЕНАХ на муку, сахар, мёд, соль, пр.
Немцы также контролировали выполнение их указа о ценах на мясо и колбасы (11.06.1942), на пошив и ремонт обуви (26.07.1942), пр.

Немцы были настолько уверены, что останутся в Виннице надолго, что решились на открытие в городе немецких магазинов (с немецкими товарами!). Сначала фирмой Бидерман-Вашкау был открыт писчебумажный и канцелярских товаров магазин, а потом — магазин железо-скобяных и хозяйственных изделий. Открытие магазинов происходило с большой помпой, в присутствии руководителей города (08.10.1942).

25.10.1942 в газете появилось сообщение о переходе в Райхе и на приобщённых к нему территориях с 3-х часов ночи 02.11. 1942 г. на зимнее время - стрелка часов будет переведена на один час назад, а с 2-х часов ночи 29.03.1943 г. (летнее время) - на один час вперёд. (А мы-то думали, что это впервые появилось уже при нас!)

ВОЗНИКНОВЕНИЕ И ОРГАНИЗАЦИЯ ВРЕМЕННОГО ГОРОДСКОГО САМОУПРАВЛЕНИЯ, ДЕЙСТВИЯ МЕСТНОГО САМОУПРАВЛЕНИЯ В г. ВИННИЦА

В номере от 10.09.1942 опубликована статья Старосты города проф. Севастьянова и секретаря Управы П. Шереметьева «Первые дни работы самоуправления города Винница».
Вы понимаете, что слово «самоуправление» тут не обозначает «независимое цивильное управление», а является эквивалентом «управления по указаниям и под надзором» городского комиссариата - немецкой военной администрации города.
Кстати, Старостой профессор А. А. СЕВАСТЬЯНОВ, согласно Объявлению Штадткомиссара в газете от 09.04.1942, стал называться с этого дня, а до того, по служебному названию, был Головою украинской Городской Управы.

До перехода к изложению содержания указанной статьи мне всё же хочется привести одну цитату из моего исследования о работе Винницкого медицинского института во время оккупации города:
«В. Я. Куликов полагает, что проф. А. Севастьянов, проф. Г. С. Ган, да и ряд других лиц из местной власти во время оккупации — не случайно оказавшиеся на этих местах люди. Их «приготовили (в основном) и подставили оккупантам» (II, стр. 179). Но тогда ни В. Я. Куликову — автору этой гипотезы, ни мне (пытавшемуся в рецензии на его книгу указывать на правдиво поведанное и явно - порою не ясно, почему - скрытое, а объективно оценённое отличать от характеризованного соответственно личным симпатиям или антипатиям автора), не понять поведение этих профессоров при отступлении немцев из города. Один из них уехал на Запад, другой — остался, хотя месть советских властей за сотрудничество с врагом угрожала обоим в одинаковой степени.» (http://www.proza.ru/2015/02/16/1176).

А вот как сообщается об этом в статье (я ещё раз подчёркиваю, что напечатано это во время правления немцев в полностью контролируемой ими газете). Так что не удивляйтесь непомерной похвальбе оккупантам: уверяю вас, она не могла быть искренней.
«Теперь, когда прошёл год работы, направленной на построение новой жизни, следует вспомнить те обстоятельства и условия, в которых городскому самоуправлению г. Винницы пришлось начинать свою работу. Полагаем, что это будет интересно не только гражданам, которые сами были свидетелями событий прошлого года, но и для многих тех, кто вообще интересуется той огромной работой, которая проводится теперь под руководством великого

немецкого народа на бескрайних просторах освобождённой от большевизма Украины. С этой целью представляем краткие воспоминания о первых днях работы городского самоуправления.

Был июль 1941 г., большевики беспорядочно отступали. Город, словно в лихорадке, болезненно содрогался и гудел днём и ночью… Неудержимым потоком проходили через город воинские части, танки, огромные обозы. Тронулись повозки с жалким имуществом беженцев. Иногда проходили через город тысячные отряды заключённых, которых выводили куда-то из других местностей. Гнали стада утомлённой скотины…
Население в отчаянье бросалось в магазины, стояло в огромных очередях за хлебом, продуктами и запасалось снедью, ожидая с ужасом беду, которая неумолимо надвигалась на город.

Учреждения начали в горячке уничтожать свои архивы, сжигать дела. Для чего это делалось, никто не понимал. Казалось, что большевики загодя решили уничтожить саму память о своём существовании. Иногда из дворов учреждений выносило ветром обгорелые обрывки бумаг, которые кружили в воздухе, и горячий пепел. В огромных котлах центрального отопления морфологического корпуса медицинского института днём и ночью горели бумаги, дела студентов, формуляры служащих, дипломы и научные труды профессоров. Для того, чтобы всё горело лучше, мобилизовали уборщиц, которым приказано было разрывать на куски бумаги, дипломы, срывать переплёты. Другие учреждения, пользуясь случаем, стали свозить сюда и свои архивы.

Город постепенно опустевал.
16. июля в полдень над городом начались рваться артиллерийские снаряды. Задрожали окна магазинов, посыпалось стекло и полетели через окна разные товары, за которые люди в очередях ещё за час до этого толкали и ругали один другого. Начался необузданный грабёж магазинов, сигнал для которого был дан энкаведистами.
Ещё три дня город находился в агонии, неистовствовало пламя подожжённых большевиками военных подземелий, слышались взрывы, разрушались фабрики и заводы. Наконец взлетели в воздух мосты — вместе с людьми и машинами, спешившими покинуть город. Население, которое ещё осталось, спряталось в погребах; около мостов была слышна беспрерывная стрельба, горела Киевская улица.

Внезапно настала жуткая тишина. Ночь, тёмная и страшная, покрыла город. Всё живое спряталось, где только могло, ожидая утра.
И это утро настало.
20. июля утром распространился равномерный рокот мотоциклов. Немецкое войско вступило в Винницу. Над домом бывшего большевистского штаба затрепетало знамя вооружённых сил Великогермании.
21. июля мы, группа профессоров медицинского института (в группу, судя по дальнейшим событиям, входили профессора Г. С. Махулько-Горбацевич и Г. С. Ган — Н. К.), вместе с

инженером Бернардом (бывшим заместителем директора медицинского института по хозяйственной части — Н. К.), обратились к коменданту города полковнику Винтергерсту с просьбой дать охранную грамоту на имущество и здания медицинского института, миллионное имущество которого сберечь мы считали своим моральным долгом.

(Конечно, для понимания ситуации было бы весьма полезно знать, как образовалась эта, так сказать, инициативная группа, и какую цель, кроме исполнения своего «морального долга», она ставила, явившись пред очи коменданта города. Потому что описания истоков формирования городского самоуправления до сих пор, согласно книге В. Я. Куликова, ещё одного сообщения, о котором я упомяну подробнее ниже, и вот этой статьи профессора Севастьянова и П. Шереметьева, существенно разнятся. - Н. К.)

Полковник внимательно выслушал нашу просьбу, немедленно распорядился о сохранении имущества и одновременно предложил нам взять на себя не только заботу об имуществе института, но и порадеть об охране и покое всего города и создать временное городское самоуправление.

Это было такой неожиданностью для всех нас, что мы только переглядывались. На все наши возражения и аргументы, что мы только профессора, люди науки и не имеем склонности к административной работе, полковник Винтергерст заметил, что теперь, в это грозное военное время, мы, как представители интеллигенции города, не имеем права оставаться в стороне и не помочь спасти город от злодеев, разрушения и голода, не можем оставить население без помощи, бросить на произвол судьбы больных и раненых. Полковник обещал всевозможную помощь в нашей работе со стороны немецкого командования.

21. июля вечером (в тот же день! - Н. К.) нам был вручён приказ коменданта города об образовании временного городского самоуправления, в состав которого вошли: профессор Севастьянов, профессор Махулько-Горбацевич, профессор Ган и инженер Бернард; начальником городской милиции назначен г. Вовк, который прибыл из Западной Украины вместе с немецкими войсками.
В этом приказе сжато, но конкретно и ясно был очерчен круг первых мероприятий местного самоуправления.

Эти первые шаги заключались в том, чтобы прежде всего оказать медицинскую помощь больным и раненым, привести город в санитарное состояние, удалив трупы людей и животных, позаботиться о снабжении населения хлебом и продуктами, срочно восстановить работу разрушенных электростанции и водопровода, дав городу электрический ток и воду, и, наконец, обеспечить в городе общественный порядок и спокойствие силами милиции, набранной из самих горожан.

Когда мы впервые вошли в здание бывшего городского совета, там господствовал полный хаос.

Окна были разбиты, некоторые комнаты опустошены взрывами снарядов, толстый слой известковой пыли покрывал пол. В кабинете бывшего главы городского совета на письменном столе, среди беспорядочно разбросанных бумаг была найдена трудовая книжка самого председателя городского совета Фурсы, которую он очевидно потерял, спеша покинуть учреждение.

Из этой книжки мы узнали, что состоял в союзе металлистов и имел низшее образование. Более интересного там ничего не было, однако и этого достаточно.

Прежде всего пришлось убрать помещение и привести его в порядок.

Началась напряжённая работа нашего самоуправления. Проф. Г. С. Ган, который взял на себя обязанности обеспечения населения медицинской помощью, развернул широкую работу. Были выявлены врачи, ещё остававшиеся в городе. Необходимо было срочно отыскать раненых, которых было немало по околицам города и в лесах. На помощь в этом деле пришли студенты медицинского института. Кстати, кое-кто из студентов старших курсов в то время даже исполнял обязанности главных врачей городских больниц Винницы. Раненых доставляли в больницы, закапывали трупы людей и животных.»

Продолжение статьи в номере от 13.09.1942.
«Больше всего трупов было найдено на острове около разрушенных мостов. Несколько машин, полных людей, были взорваны большевиками вместе с мостами и погибли тут. Под горячим июльским солнцем трупы стали разлагаться и несказанный смрад стоял около этого ужасного места.

Огромный госпиталь в военном городке был переполнен ранеными и больными. Сюда в первую очередь были направлены все силы самоуправления, чтобы обеспечить больных едой, бельём и врачебной помощью. Ежедневно аппарат управления увеличивался новыми силами специалистов, которые предлагали свои услуги.

Большую помощь получало самоуправление от фельдкомендатуры. Еженедельно, по четвергам, происходили у г. Фельдкоменданта совещания со всеми членами управления, и работа шла в полном взаимопонимании с немецким командованием, которое внимательно следило за возрождением городской жизни. Для улучшения финансового состояния города немецкое командование выделило городскому самоуправлению денежную ссуду в размере 1 миллион руб.

Инженер Бернард, не жалея сил, всегда бодрый и энергичный, объехал город, выявляя не вывезенные остатки запасов сырья и продуктов, и осматривал фабрики и заводы, принимая меры по возобновлению их работы.

При помощи немецких инженеров и благодаря героическим усилиям работников и служащих электростанции, уже 23.07.1941 г. был пущен первый ток — этот нерв всей жизни тяжело раненого города. 27. июля из кранов в домах и на улице забила вода городского водопровода, отсутствие которой население и город ощущали особенно остро. Это была значительная победа. Имея электрический ток и воду, можно было надеяться, что город и его промышленность быстро станут на ноги.

Постепенно возникли новые отделы самоуправления. Был создан отдел снабжения во главе с г. М. И. Ковальским, который энергично начал приводить в порядок разбитые магазины и наладил хлебопечение и поставку населению хлеба.
Вместе с этим возник отдел промышленности и жилищный отдел, который начал перепись оставленного в Виннице имущества и распределение помещений для населения, которое при большевиках теснилось в подвалах и тесных «коммунальных» квартирах. Наконец население дождалось возможности получить более просторные квартиры. За этим также следило немецкое командование, давшее общую установку: «украинский работник и служащий должен иметь пристойное, здоровое помещение, где бы он мог спокойно отдохнуть после труда».

[Понятно, что в этой статье даже косвенного упоминания об освобождении (вместе с «оставленным имуществом») квартир в результате уничтожения и тайного захоронения 25 тысяч евреев - прежних жителей этих квартир, не могло быть. Но в книге В. Я. Куликова, написанной для издания в XXI-м веке, он точно так же отмечает умелое решение управой жилищной проблемы, «забыв» при этом отметить «выселение» прежних владельцев или квартиросъёмщиков на тот свет. Это я также ставил в упрёк «свидетелю-очевидцу» - Н. К.]

«Началось денежное обращение, возобновились базары и торговля в магазинах. Начал свою работу финансовый отдел, который возглавил г. Г. К. Фоменко. Он своим спокойным, настойчивым трудом наладил работу, что касается учёта поступлений и расходов управы, так быстро, что она вскоре получила возможность возвратить с благодарностью одолженную ей немецким командованием ссуду.

С первых же дней работы самоуправления население города Винницы, узнав об его создании, прониклось к нему полным доверием. Уже с самого утра у дверей самоуправления собиралась такая толпа людей, что не раз должностные лица могли только с трудом через неё пройти. Все 4 этажа здания самоуправления гудели, словно растревоженный улей.
Двери кабинета головы не закрывались, сюда свободно заходили все, у кого была потребность в срочном решении своего дела.
С первых дней пришлось похлопотать о стариках и убогих, о калеках, о судьбе родных репрессированных, о беспризорных и оставленных на произвол судьбы детях. Немецкое командование разрешило выделить отдельный фонд для этой помощи: так был создан отдел социальной опеки.

Но не только граждане города Винницы обращались в управу. Сюда заходили в первые дни также крестьяне окрестных сёл. Урожай не ждал. На письменном столе головы самоуправления лежали спелые венки из колосков хлеба — крестьяне приносили первые свои зажинки (зажин — начало жатвы - Н. К.), спрашивая, как начать сбор урожая. Пришлось образовать сельскохозяйственный отдел. Тут крестьян встречал своей всегда спокойной, мягкой усмешкой главный агроном г. А. И. Богданов. Тут велся разговор с делегатами сёл, намечались кандидатуры сельских старост, давался совет и установка, что касается сбора урожая. Никому не было отказано, хотя это уже выходило за границы прямых обязанностей городского самоуправления.

Вскоре, когда создали районную и областную управы, городское самоуправление могло сосредоточить своё внимание только на обслуживании потребностей самого города.
Так проходили в напряжённом труде первые дни работы городского самоуправления. В эти памятные дни были решены иногда самые сложные вопросы, острота которых часто-густо ещё более усложнялась вследствие тяжёлых условий военного времени и причинённых большевиками разрушений. Решение этих сложных вопросов не было бы возможным, если бы городское самоуправление не ощущало поддержки и решительной и быстрой помощи со стороны немецкого командования, которое вникало в мельчайшие подробности жизни города и давало свои указания для исправления недостатков.

Уже в первые дни нашей работы была выявлена возможность возобновить и культурную жизнь города. Имущество театра и кинотеатра посчастливилось сберечь. Сгорело только кино на Замостье в здании бывшего Народного Дома. Пришли в городское самоуправление также и представители театра и энергично начали готовиться к первому своему представлению. За короткое время им удалось собрать труппу. В присутствии немецкого командования, многочисленных представителей военных частей и населения театр был открыт представлением старинной украинской пьесы «Наталка Полтавка». Начало работать кино, которое всегда было переполнено военными и гражданским населением города, которое необычно заинтересовались немецкими фильмами. Возник вопрос об открытии школ и техникумов, начато движение трамвая. Наконец, 31. августа 1941 г. вышел первый номер городской газеты «Вінницькі Вісті».

За один лишь месяц было сделано так много, что даже не верилось, что месяц тому здесь господствовали полный хаос, ужас войны и смерть. Город был спасён.
Когда прошёл первый этап работы временного местного самоуправления и оно с приходом гражданской немецкой власти преобразовалось в управу г. Винницы, контроль и руководство её работой перешли к компетенции Штадткомиссара г. Винницы господина Маргенфельда. Со стороны Штадткомиссара и всех его ближайших сотрудников Городская Управа имеет неослабную заботу о налаживании жизни города. Это руководство является основной порукой того, что наш город стоит на пороге своего нового развития на целиком новых принципах.

Жизнь входит в свою колею со своими новыми заботами, новой непрерывной работой. Городская Управа, пользуясь, как и прежнее временное самоуправление, поддержкой местной власти, твёрдо вводит в свою повседневную работу единый принцип, имя которому: труд на благо всего населению города. Этот труд направлен на создание новой счастливой жизни, которая, мы надеемся, придёт под водительством великого немецкого народа и для нашей любимой родины. Уже теперь видим мы первые ростки нашей новой сознательности. В новой Европе мы, украинцы, добудем соответствующее нашему национальному достоинству место только благодаря щедрой совместной работе с народом Великой Германии и другими народами, которые приняли участие в этой, невиданной ещё в истории человечества освободительной войне.»

Я привёл эту статью полностью, так как она отражает более или менее правдоподобно историю становления местной гражданской власти в городе. И ещё потому, что она свидетельствует о рациональном, готовом к компромиссам подходе к службе в оккупации профессора А. А. Севастьянова: вежливым тоном и постоянными благодарностями получать поддержку и помощь немцев, не восхваляя выше меры и не клянясь в беспредельной преданности, отмечать содействие оккупантов, не забывая упомянуть и заслуги самоуправления.

Для сравнения приведу выдержки из статьи С. Ф. Бернарда из номера газеты от 22.07.1942, посвящённому в основном годовщине оккупации города.
«… в этот день (20.07.1941. — Н. К.) граждане перестали быть «врагами» своих освободителей и стали их самыми сердечными друзьями … Выскажем же благодарность немецкому народу, его вооружённым силам, его Фюреру за добро, сделанное для нашего края ...». В газете от 16.04.42. он писал: «Огромный барьер, который создала Немецкая армия между Западом и Востоком, требует от нас только одного: стать по эту западную сторону его, где стоят почти все народы Европы и честно, преданно помогать всеми способами уничтожить мирового врага. Когда великий немецкий народ взял на себя всю тяжесть этого неслыханного, действительно крестового похода, то можем ли мы остаться простыми зрителями ...» (на эту статью «Время не ждёт» 23.04.1942
 появился поддерживающий «обеими руками» провозглашенные С. Бернардом требования «ко всем нам» отклик профессора Махулько-Горбацевича; импульсы, вызвавшие появление каждой из статей, были несколько иные, но цели - одинаковые: показать свою преданность оккупантам и приверженность идеям их фюрера).

25.04.1943 — поздравляя ГРАЖДАН и ГРАЖДАНОК с ПРАЗДНИКОМ ВОСКРЕСЕНИЯ ХРИСТА: «… мы, украинцы, вместе с другими народами Европы, под водительством Великого Фюрера и под защитой немецких вооружённых сил держим путь к лучшему будущему.»
(В рядом напечатанном поздравлении А. Севастьянова нет слов «немцы» и «фюрер»! Но в статье от 22.07.1943 — к двухлетию захвата города Вермахтом — профессор А. А. Севастьянов, совместно с Секретарём Управы П. Шереметьевым, писали: «Мы должны помнить, что только с Великим Немецким Народом под водительством Адольфа Гитлера и его союзников мы сможем преодолеть большевизм, найти своё достойное место среди народов Новой Европы и возродить нашу национальную жизнь»).

Здесь я перебью цитирование высказываний Старосты города и его Заместителя перечислением

того, что' произошло за два года в оккупированной Виннице (из того же номера газеты от 22.07.1943):
- с 31.08.1941 работает музыкально-драматический театр
- с 05.08.1941 работает радиоузел, в городе насчитывается 4 400 радиоточек
- с 01.08. работает кинотеатр «ПАЛАС», который посетило 875 000 человек
- работают 4 библиотеки и 3 их филиала …

Я не продолжаю длинный список приводимых в газете достижений, так как в нём есть большая доля лжи (не вхожу в детали). Я подвожу читателя к понимаю того, что награждение - по случаю посещения Винницы Райхминистром Розенбергом (!) - Старосты города серебряной медалью II степени и бронзовыми медалями III степени - ряда руководителей Винницы и районов, было не только «подачкой» немецких властей, а и — отражением действительных заслуг местного самоуправления в налаживании жизни населения во время оккупации.
А что касается изменений за первый год, то о них детально повествует газета 10.09.1942 и 13.09.1942. Я эти сведения, чтобы не повторяться и не увеличивать и без того уже достигшую чрезмерного объёма статью, опускаю. Кого интересует, прошу сюда:
https://libraria.ua/issue_view.php/issue-4399/Вінницькі-вісті/1942-09-10_N72/ .

Возвращаемся к прерванному.
17.10.1943, когда перелом в войне уже ни у кого не вызывал сомнений, когда до побега на Запад Старосты и его заместителя оставалось всего пару месяцев, Бернард в статье «На тему дня», в частности, писал: «… Из оставления из стратегических соображений того или иного города, от отхода армии на новые позиции до поражения немецких вооружённых сил — неимоверно далёкое расстояние. Как в 1941 году, так и сегодня немецкие армии стоят на страже, сильные и непоколебимые».
Ощущаете разницу? У Головы — благодарность немцам за помощь (которая, как не крутись - надо признать, имела место), у его заместителя — призыв к братанию с немецкой армией, к активным совместным действиям против общего врага, к вере в … отступающее на всех фронтах войско оккупантов.
Но всё не так просто — и вы прочитаете ниже моё иное мнение об инженере Бернарде.

Я ещё вернусь, и, может быть, не раз к тому, что руководители самоуправления представляют как немецкую помощь. По моему мнению, сейчас (конечно, не в тех и там статьях) правильнее это называть передачей полномочий и средств Управе для наведения в городе порядка, для восстановления сил, здоровья и воспроизводства необходимой им рабочей силы, для профилактики опасных не только для населения, но и для оккупантов инфекционных (заразных) заболеваний, для предупреждения массового недовольства горожан «освободителями».

Здесь, чтобы не забыть, напомню написанное мною ранее, ориентируясь на воспоминания В. Я. Куликова, о формировании органов местного самоуправления городом:

«При создании Временного управления города отмечались «баталии», аналогии которым нетрудно найти в любом времени. В состав инициативной группы вошли три человека: профессора Севастьянов, Махулько-Горбацевич и инженер Бернард. Гарнизонный врач-немец, бывший в составе городской комендатуры, к которому обратились указанные выше лица, одобрил их начинание. Но кому возглавлять Временное управление? Каждый из тройки хотел быть Первым. Севастьянов мотивировал своё преимущество лучшим, чем другие, знанием города, винничан, а также владением немецким языком. Махулько-Горбацевич напирал принадлежностью к украинской национальности, а Бернард — немецким происхождением, знанием языка, нравов, обычаев и характера немцев. У каждого из претендентов были свои сторонники. Но всё решила поддержка Севастьянова одним из авторитетных немцев - выпускником Петербургского института гражданских инженеров.» (http://www.proza.ru/2014/04/04/42).

Скорее всего, услышал обо всём этом В. Я. Куликов от различных людей (в том числе - перечисленных выше) и составил из таким образом ставшего известным ему, условно говоря, суммарное (или же, всё-таки, «среднеарифметическое») своё представление.

Но это ещё не всё. Вот прямое цитирование В. Я. Куликова (иначе читатель сочтёт эту спекуляцию моим вымыслом — см. ссылку пятью строчками выше):
«Местная власть в Виннице, так называемое «Тимчасове управління міста Вінниця», на первый взгляд возникла случайно, спонтанно. Её вроде бы никто не организовывал. Это не так. Её приготовили (в основном) и подставили оккупантам. По моему мнению, Севастьянов, Ган, Морозов и некоторые другие не остались в Виннице, а были оставлены. И не напрасно именно они, а не другие первыми предложили свои услуги оккупантам и управляли Винницей до освобождения ее Красной Армией. Разве не примечателен тот факт, что Ган не последовал за оккупантами, а остался в Виннице. Винничане прекрасно знали, что Сталин «не гладит по головке», немилосердно карал сотрудничавших с немцами. Слухи об этом во множестве доходили до Винницы и до винничан. Знал об этом и Ган, однако остался в Виннице. Правда Севастьянов ушёл на Запад. Но и он ушёл туда не спонтанно. И надо подчеркнуть: это была замечательная служба нашему народу, нашему городу и нам.» Не верите своим глазам? Да, именно так пишет В. Я. Куликов о тех, кого он называет коллаборационистами!

Это уже фантазии, анализировать которые не имеет смысла, ибо это «ненаучная фантастика». Но всё же обратим внимание на одно слово в тексте В. Я. Куликова.
«Спонтанно» - слово многозначное и имеет следующие синонимы: инстинктивно, неожиданно, самопроизвольно; спонтанное решение «уйти туда» - вызванное внутренними причинами (без воздействия извне). Получается, по В. Я. Куликову, что решение Старосты покинуть Винницу ещё за несколько месяцев до освобождения города было вызвано не опасностью за свою (и семьи) жизнь, что оно было запланировано заранее и всё же … принудительное (со стороны немцев или тех, кто Севастьянова с сослуживцами «приготовили… и подставили оккупантам»?). В последнем варианте: с какой-такой, для нашего понимания той ситуации - а,

именно, приближения к городу Красной Армии - неясной целью?

Я уже писал и повторяю ещё раз: меня весьма интересует — и с этой стороны — личность профессора Г. С. Гана и, разумеется, самого В. Я. Куликова (благополучно, но, вероятно, не без определённых пертурбаций), переживших смутное время смены немецкой власти на советскую, прошедших через допросы в НКВД и прочие мало приятные процедуры.
Чем они оплатили, судя по их судьбе в последующие годы, благосклонность карательных органов? Что заставило профессора Г. С. Гана в первое время после исчезновения его, доставшейся ему в связи с бегством А. А. Севастьянова и С. Ф. Бернарда, должности Старосты города Винницы мотаться с одного места работы на другое в Виннице, Киеве и Луганске (об этом см. тут: http://www.proza.ru/2015/02/16/1176). Наконец, при каких обстоятельствах закончил — ровно через двадцать лет после освобождения Винницы от нацистов — свой жизненный путь профессор. Почему? Да потому что война оставила не только металлические осколки снарядов, мин и т. п. в телах, но и тёмные места в делах, ныне хранящихся в архивах НКВД.

Был в Винницком медицинском институте в годы моей там учёбы (1956 -1961) профессор акушер-гинеколог М. К. Венцковский. Видный мужчина, блестящий лектор, широко образованный учёный. Уже после нашего выпуска, но ещё в том же году случился у него инфаркт сердца, от которого он через несколько дней умер. Мне рассказывали, что заболевание развилось после беседы с ним где-то в верхах винницкого руководства, беседы, касающейся его прошлой, скажем так, не совсем советской деятельности… И кафедрой снова, как и до М. К. Венцковского, стал заведовать доцент С. К. Барутчев. Об обоих, и о вероятной причине смерти профессора я уже писал в «Моей Виннице». Повторился для не знакомых с моими мемуарами.

Перед тем, как перейти ещё к одному источнику — последнему, которым я располагаю по этому вопросу, вынужден кое-что разъяснить.
С появлением интернета расплодились всевозможные фирмы, предоставляющие свои услуги (конечно, за плату) по составлению любых работ: курсовых и дипломных, рефератов, даже диссертаций. Очень часто эти «отработанные» (сданные, защищённые, и т. п.) работы попадают в открытую сеть. Как или для чего это делается — не пойму. Но среди таких работ встречаются добротно сделанные, с приведением списка цитируемой литературу публикации, которые вполне подходят для, в свою очередь, ссылок на них. Единственное и немаловажное препятствие: работы эти анонимны, без указания даты публикации. И всё же, вы убедитесь сейчас сами, игнорировать такие находки в интернете не следует.

В нашем случае речь идёт о реферате «Органи місцевого самоуправління на Вінниччині в роки фашистської окупації (1941-1944)» (http://xreferat.com/35/5088-1-organi-m-scevogo-samoupravl-nnya-na-v-nnichchin-v-roki-fashists-ko-okupac-1941-1944.html).
Реферат написан с таким знанием дела, содержит такую информацию, что у меня почти нет сомнений: это работа опытного сотрудника архива и, скорее всего

— Винницкого областного государственного. Всем, знакомым с украинским языком, я рекомендую прочитать сей реферат.
Удивительно, но автор где-то раздобыл даже личное дело Головы Винницкой областной управы 1941-1942 г. г. и приводит следующие данные о нём: бывший главный инженер мединститута (возможно, именно таковой была его должность, а не — заместитель директора института по хозяйственной работе) Бернард Сидор Фадеевич, родившийся 28.2.1878 г. в селе Боривка Винницкого района.

Кстати, Областную управу ликвидировали 01.03.1942 г., о чём сообщалось и в «Винницких вестях» от 26.02.1942., и упоминается в реферате. Инженер С. Ф. Бернард стал - по основной должности - заместителем профессора А. А. Севастьянова, возглавлявшего Городскую управу.

***

В этот раздел я бы добавил и другие материалы. Например, статью некого М. Мамонтова «В Виннице в первые дни войны» (в номере газеты от 22.07.1943, посвящённом захвату города нацистами два года тому назад). Но эта статья написана с таким явным рвением представить советские власти и их руководителей в самом негативном виде, что, боюсь, информация получилась бы с явным перекосом — и к нашему пониманию действительной обстановки в городе ничего бы не прибавила.
И ещё — статью от 30.07.1942 поэта П. Капустянского «Последние дни большевиков в Виннице», но и она, мне кажется, имеет чрезмерный перекос. И эту статью нивелировать мне не удалось бы, так как надёжной информации (фактически — только отрывочные и опять же не абсолютно доверительные воспоминания В. В. Куликова) не имеется. Да и интересует нас, в конце концов, больше время оккупации, а не предшествующие ей дни.

ПРОДОВОЛЬСТВЕННОЕ СНАБЖЕНИЕ ГОРОДА

Это, понятно, был самый актуальный — с первого до последнего дня оккупации, а также после неё — вопрос.
Что можно узнать из газеты? Конечно, только отрывочные сведения, причём бумажные, так сказать. Как обстояло дело в действительности — кто знает?
Судя по меню Областной больницы, которое я раскопал в архивах, рацион был полуголодный (http://www.proza.ru/2015/09/14/2039). И это уже на бумаге, сколько же еды попадало в тарелки пациентов — уже не скажешь. Больше, чем значилось в меню, определённо — нет.

В статье Начальника отдела снабжения Городской Управы Ковальского (03.10.1943) «Снабжение населения города в настоящем и его перспективы» объясняется, что снабжение населения происходит за счёт выделенных немецким гражданским управление фондов. Дальнейшее распределение фондовых продуктов (хлеб, мясо, соль, крупяные, сахар) осуществляется Управой на основе карточной системы.
Всё гражданское население распределено на четыре группы: а) работники тяжёлого труда (IV

группа), б) работники важнейших предприятий (III группа), в) иждивенцы работников выше указанных групп (II группа), г) работники менее важных предприятий (I группа).
К I группе отнесены также инвалиды, пенсионеры, безработные по болезни или старости, а также одинокие женщины с маленькими детьми.

Месячный паёк в предыдущий месяц (сентябрь 1943 г.) составлял:
хлеб — от 4 500 (иждивенцы) до 10 500 г (IV группа)
мясо — от 600 до 1 200 г
соль — от 300 до 500 г
крупяные — от 1 100 до 5 200 г
картофель — от 10 000 до 15 000 г
сахар — (только IV-й группе) 600 г

Отдельно снабжались семьи лиц, откомандированных на работу в Германию. Также особо — маленькие дети. Вне фондов выдавались овощи (для засола) и соль (40 кг на одну тонну овощей). Эвакуированные получали завтраки и обеды в ресторанах и столовых.

В газете от 10.10.1943 тот же Ковальский сообщает, что картофель будет выдаваться на зиму одноразово на шесть месяцев. Ясно, что хранить его было Управе негде.

На предприятиях были созданы столовые закрытого типа с дополнительным снабжением (09.09.1943).

МЕДИЦИНСКОЕ ОБЕСПЕЧЕНИЕ НАСЕЛЕНИЯ ГОРОДА

Как вступление к этому разделу, укажу на объявление, опубликованное 06.08.1942, об обязательной регистрации медицинского и вспомогательного медицинского персонала (в возрасте до 65 лет), проживающего в городе.
Врачам и фельдшерам надо было зарегистрироваться в медико-санитарном отделе у проф. Гана либо у главного врача Винницкого региона Дорошенко. Всем прочим — в Управлении труда. Являться на регистрацию надо было лично, до 28.08.1942.
«Несвоевременная регистрация будет строго караться.
Подписи ШТАДТ- И ГЕБИТКОМИССАРОВ.»

Нуждались ли немцы в таких сведениях для себя (на «всякий пожарный случай») или они сделали это по просьбе Управы (власть Управы не была такой строгой - и медики могли её приглашение на регистрацию игнорировать), опять же, нам не узнать.

Начну с, казалось бы, мелочи, но и она — свидетельство того, что Управа заботилась о здоровье населения. 12.12.1943 публикуется за подписью А. А. Севастьянова следующее:
«1. Устраивать катки на улицах и тротуарах города запрещается.

2. У детей, которые будут скользить по льду, санки отбирать, а родителей штрафовать в размере до 500 крб.
3. При возникновении несчастного случая вследствие подбития санками, родители виновных будут привлекаться к судебной ответственности.
Голова города»

Вы возразите, полагая, что Управа это предупреждение написала по указке немцев. Согласен, подскользнуться на льду можно и в кованых сапогах, а не только на стёртых подошвах, в резиновых чунях, и т. п. И всё же, как на самом деле возникло это предупреждение, мы уже не узнаем. Не исключаю, что истоком его явилось падение самого Головы города при выше указанных обстоятельствах. И не забывайте, что это — последний номер газеты и, возможно, последнее распоряжение профессора А. А. Севастьянова, который уже паковал вещи в дорогу.

А намного ранее (03.12.1942) в газете опубликовано предостережение: переходить замёрзший Буг по льду - только в обозначенный местах, родителям — не разрешать детям кататься (скользить) по льду замёрзшей реки. Сообщено о наличии Спасательной службы.

22.10.1942 в газете Медико-санитарным отделом Управы разъяснена опасность заболевания дифтерией. Прививки гарантируют защиту от заболевания дифтерией, они проводятся бесплатно по адресу: Винница, ул. Владимира Великого, 57.
В газете от 24.10.1943 Винницкая Санитарно-Эпидемиологическая станция оповестила население г. Винницы о том, что получен свежий анатоксин дифтерийный и просит приводить на прививку детей в возрасте от одного до восьми лет. Адрес: ул. Владимира Великого, 57. При инфекционной больнице (ул Владимира Великого, № 67) с 1-го апреля 1943 г. начался приём малярийных больных. Приём и лечение были бесплатными (01. 04.1943, 25.04.43 и 04.05.1943).

Уже 23.11.1941 г. заведующий областным медико-санитарным отделом Дорошенко рассказал читателям о налаживании работы медицинский учреждений. Со времени перехода области под немецкое управление восстановлено на работе около 200 врачей и большое количество среднего медицинского персонала. С 1-го августа в Виннице начали работать следующие учреждения: 1-я больница (которая, по существу, свою работу и не прекращала), центральная поликлиника, акушерско-гинекологическая больница, инфекционная больница, санитарно-бактериологическая лаборатория, дезинфекционная станция и ряд других учреждений. За это же время в Виннице открыто 6 аптек, а в районах области - 160 аптек, которые обеспечены на ближайшее время медикаментами. В некоторых больницах, правда, недостаёт специалистов-хирургов, рентгенологов, не совсем оборудованы и целиком обеспечены инструментами несколько заведений. Надеемся, пишет в заключении Дорошенко, что с помощью немецкого командования, при повседневной помощи Областной Управы и Городского самоуправления и эти незначительные затруднения будут устранены.
Понятно, что сей краткий отчёт о проделанной работе написан в розовых тонах

(«незначительные затруднения» - отсутствие врачей, инструментария?), но всё же продвижение вперёд заметно и надежды населения на улучшение ему медицинской помощи получили как бы подтверждение в их реальности.

В этом же номере газеты повторно (первый раз — 26.10.1941) сообщалось о том, что
«ВИННИЦКАЯ ГОРОДСКАЯ ЦЕНТРАЛЬНАЯ ПОЛИКЛИНИКА
предоставляет высококвалифицированную (при всех недугах) медицинскую помощь за небольшую плату.»
В поликлинике открыты следующие кабинеты:
терапевтический — кандидат мед. наук доцент Масалов, врачи Кункель и Мартынюк
хирургический — врачи Гоф и Кравец
педиатрический (детский) — Доктор медицины Розумовский, врач Франчук
гинекологический — врач Головковская
зубной — врачи Гапонов (зав. кабинетом), Березовская, Габриель
обслуживание на дому — врачи Белинская и Серебрякова.
Кроме этого ежедневно работают невропатолог и окулист.
При поликлинике открыта лаборатория (зав. врач Барановский), рентгенологический, физиотерапевтический и зуботехнический кабинеты.
Главный врач КРАВЕЦ М. П.»

В аналогичном объявлении от 19.09.1943 в городской центральной поликлинике по ул. Владимира Великого, № 70 указываемый состав кабинетов и врачей был несколько иной:
терапевты — проф. Азлецкий, Мартынюк, Кравец (ранее принимал в хирургическом кабинете)
хирурги — проф. Гуляницкий, проф. Трембович, Гоф
ортопедический — доцент Ефимов
урологический — Кривошеев
ушной — проф. Тихомиров, Ищенко
детский — Франчук, консультант - проф. Румянцев
глазной — канд. мед. наук Генис
физиотерапевтический — Гаген
гинекологический — Головковская, Захарченко
неврологический — Фишер, консультант - доцент Барабаш
зубной — стоматологи Гапонов, Геликонова; зубные врачи - Березовская, Педосенко
зуботехнический — зуб. техники Малько, Васильченко
рентгенологический — Боровецкая
Главный врач — КРАВЕЦ

19.07.1942 Главный врач Пироговской больницы МАЗАНИК сообщает об открытии в больнице детского отделения. Лечение больных детей — бесплатное.

22.10.1942 сообщается:

«Открыта Винницкая туберкулёзная больница. Приём в стационар, лечение больных и их питание бесплатные. Адрес больницы: ул. Владимира Великого, 82. Главный врач П. Данилова».

23.04.1942 объявляется о переезде психиатрической больницы в новое помещение по Литинскому шоссе и … в г. Хмельник. С 01.05 в больнице открывается неврологическая клиника. Плата за лечение — 900 крб./месяц. (Первое объявление об открытии неврологической клиники касалось ещё больницы на старом месте — 21.12.1941. А плата за месячное лечение тогда составляла 600 крб.)
27.08.1942 сообщается об открытии при больнице амбулаторного приёма неврологических больных.
31.01.1943 Главный врач больницы для лечения нервных пациентов Лукьяненко сообщает о приёме в это заведение на стационарное лечение за плату (150-450 крб. в месяц, в зависимости от социального положения) - в нервное отделение и - бесплатно, на полном государственном обеспечении - в психиатрическое отделение. Возможно также амбулаторное лечение, имеются консультанты - врачи
 других специальностей.
Эта больница по Литинскому шоссе, № 39 организована вместо полностью очищенной захватчиками от персонала и пациентов Психиатрической больницы, территория и помещения которой были превращены в зону отдыха и развлечений для немцев.

Перечислю напечатанные в газете объявления о частном приёме врачей.

«Проф. В. О. АЗЛЕЦКИЙ (внутренние болезни), ул. Ивана Мазепы, 31. Приём с 9 до 10 час. утра и с 5.30 до 7 час. вечера.», (20.04.1943 и 25.04.1943). На сайте Винницкого медицинского университета сказано: « Після звільнення Вінниці з 1944 по 1950 р. кафедру факультетської терапії очолював кандидат медичних наук Азлецький Олександр Володимирович.» (http://www.vnmu.edu.ua/кафедра-внутрішньої-медицини-1). Во время моего обучения на кафедре (1959-1961) доц. Азлецкий там уже не работал, поэтому ничего добавить о нём не могу. Опрос более старших по возрасту выпускников мединститута тоже ничего не дал: в их памяти остался лишь пенсионер с седым ёжиком волос (по встречам в медицинской библиотеке, на конференциях).
09.09.1943 сообщалось, что ПРОФЕССОР АЗЛЕЦКИЙ (внутренние болезни) переехал на улицу Владимира Великого, № 81. Приём с 5 до 7 час. вечера.

«Доктор СУКМАНСКИЙ принимает по акушерству и женским болезням с 5 до 8 часов вечера, что касается субботы, воскресенья и в праздничные дни, то - с 12 до 8 часов вечера. Адрес: Украинский проспект, № 74, во дворе, 2-й этаж.» (газета от 21. 12. 1941 — наверное, вообще первое объявление такого рода; 13.09.1942). Мне эта фамилия не знакома. Интересно, где, судя по часам приёма, работал это врач. Пенсионер?

Ещё один врач такой же специальности, видимо, так же попавший в оккупированную Винницу, объявляет:

«Врач М. С. ПЕРГАМЕНТ — ассистент акушерско-гинекологической клиники ЛЕНИНГРАДСКОГО МЕДИЦИНСКОГО института принимает по женским болезням и акушерству ежедневно с 11 до 1 часу дня и с 5 до 7 часов вечера. Улица Шевченко, № 41.» (11.07.1942). Об этом враче я тоже ничего не слышал.

Врач ВОСКРЕСЕНСКИЙ Н. А. (женские и венерические болезни) принимает с 9 до 12 час. дня и с 2 до 6 час. вечера. Адрес: г. Винница, проспект Коцюбинского, № 36.» (18.04.1943, 20.04.1943 и 25.04.1943).

«АКУШЕРКА ВАСИЛЕВСКАЯ Анна Васильевна со стажем 29 лет ДАЁТ СОВЕТЫ И ПРИНИМАЕТ РОДЫ НА ДОМУ. Адрес: г. Винница, ул. Богдана Хмельницкого. № 7, кварт. Харченко.» (14.01.1943).

«Врач-стоматолог О. П. БУЛАТКИНА. Хирургия ротовой полости. Удаление, вставка и лечение зубов. Приём: с 12 до 2 часов дня и с 4 до 8 часов вечера. Украинский проспект, № 16, II этаж.», (11.07.1942 и - тот же текст объявления — 13.06.1943, 30.09.1943.).
09.05.1943, 20.05.1943 и 10.06.1943 Городской Мед. Сан. Отдел сообщал, что с 20 мая 1943 г. в Винницкой старогородской медицинской амбулатории открывается (открылся) зубоврачебный кабинет. Больных принимает врач-стоматолог О. П. БУЛАТКИНА. Судя по повторному объявлению (см. выше), работа в амбулатории не сложилась — и О. П. БУЛАТКИНА снова вернулась к частной практике.

«Профессор О. Т. БИОНТОВСКАЯ (глазные болезни) принимает с 5 до 7 час. веч. Адрес: ул. Пушкинская, № 25, кв. 17.» (01.04.1943, 04.04.1943).

«Доктор-уролог ЗУБКО О. С. - БОЛЕЗНИ МОЧЕВЫХ ПУТЕЙ - гонерея (трипер) женская, детская, мужская. Половая слабость. Приём ежедневно с 7 до 10 час. утра и с 2 до 7 час. вечера. Украинский проспект, 51, кв. 15, III этаж.» (30.09.1943.).

«Профессор РУМЯНЦЕВ (детские болезни) принимает ежедневно с 8 до 11 час. утра и с 3 до 7 час. вечера. Адрес: улица гетмана Хмельницкого, № 17.» (20.06.1943, 05.09.1943, 30.09.1943, 31.10.1943).

«Дипломированный массажист-фельдшер проводит массаж и косметические втирания соответственно направлению врача. Адрес: г. Винница, ул. Коцюбинского, № 36. НАБРОДАЛИК» (03.06.1943).

06.05.1943 газета публикует следующее объявление:
«Секция охраны здоровья Управы города Винница обязывает всех врачей, зубных врачей,

фельдшеров и акушерок города Винница, которые проводят приём больных дома, непременно вести регистрацию больных в специальном журнале с обозначением диагноза и прописанных лекарств.
Журнал должен быть пронумерованный и утверждённый печатью секции охраны здоровья, о чём надо позаботиться до 10 мая 1943 с. г.
В случае невыполнения этого распоряжения виновные будут лишены права проводить частную практику.
УПРАВА ГОРОДА».
Для чего это?, - спросите вы. Думаю, в меньшей степени для взыскания налога. Это — часть нового порядка. Вот тут же, под этим объявлением сообщено о выдаче разрешений на ловлю рыбы на 1943 год. Стоимость его — всего 10 крб.
Я ловил рыбу в Буге после войны — никакого удостоверения для этого не требовалось. Но в Германии было не так — и это хотелось изменить немцам тоже (об обязательной регистрации лодок и велосипедов — в номере от 21.02.1943).

В двух номерах газеты (за 19.03.1942 и за 22.03.1942) рассказывается о состоявшейся 23-го февраля в г. Житомире конференции врачей. Фактически это было «вправление мозгов» врачам оккупированных Восточных областей, рассказы высокого немецкого начальства (из Берлина и — местного) о том, как плохо было в СССР с медициной и как хорошо станет, когда руководить охраной здоровья населения будут немцы.

11.10.1942 газета обратила внимание работающих лиц, что в городе существует отделение Украинской Больничной кассы («каси хворих»). Предприятия и учреждения обязаны вносить в эту кассу 3% от заработков их сотрудников. В Центральной и Замостянской поликлиниках для приёма кассовых пациентов выделены специальные врачи, две аптеки. Выплаты на время болезни — в Кассе Управы.
В газете от 27.09.1942, то есть, несколько ранее, Староста г. Винницы профессор Севастьянов и Начальник финансового отдела Фоменко потребовали «от всех немецких и украинских организаций и предприятий списки работающих украинцев. Под украинцами следовало понимать всех не немецких рабочих и служащих, за исключением: 1. Работающих временно на территории Райхкомиссариата Украины (чужеземная рабочая сила); 2. Военнопленных; 3. Евреев и цыган.»

Была организована донорская служба. В газете от 15.10.1942 и 01.11.42 главный врач Областной больницы Мазаник сообщает о компенсации за сданную кровь деньгами и продуктами. (Пироговка находилась в то время в здании морфологического корпуса медицинского института.)

07.10.1943 Заведующий секцией охраны здоровья Городской Управы проф. Ган докладывает о состоянии медицинской службы города.
«В городе работают шесть больниц:

1. Пироговская больница на 150 коек с отделениями хирургическим, терапевтическим, глазным, ушным, детским, дифтерийным и с рентгеновским кабинетом.
2. Кожно-венерологическая больница на 60 коек с амбулаторией.
3. Инфекционная больница на 50 коек.
4. Акушерско-гинекологическая больница с двумя отделениями по 50 коек: акушерским и гинекологическим и амбулаторией.
5. Туберкулёзная больница на 20 коек с туб. диспансером.
6. Неврологическая больница с психиатрическим отделением на 120 коек.

Больницы являются не только городскими, но обслуживают и районы.
Амбулаторный приём проводят главным образом Центральная и Замостянская поликлиники; также проводится приём на Старом городе и организуется на Пятничанах.

В санбаклаборатории проводятся различные бактериологические и химические исследования. Пастеровская станция сама производит антирабическую (рабиус — бешенство - Н. К.) и проводит прививки против случаев бешенства в отдалённых районах.
Малярийный пункт провёл за лето значительную работу по лечению больных малярией, по опылению парижской зеленью реки Буга и других водоёмов и профилактической акрихинизации. Заданием населения является уничтожение осенью и зимой малярийных комаров, которые залетают на зимовку.

15.04.1943 в газете появилось сообщение о том, что с 1-го мая Хмельникская водолечебница начинает приём больных. Стоимость курсовки 500 крб./месяц.
16.05.1943 рассказывается о том, как в 1942 г. по инициативе местного медико-санитарного отдела и при поддержке главного врача Виниччины г. Дорошенко небольшое здание водолечебницы было отремонтировано и начат приём больных. Всего их за лето 1942 г. было 251, причём не только из Хмельника и рядом расположенных мест, но также из Винницы, Киева, пр.

В Виннице работала протезная мастерская.
Была организована Областная контора лекарственных и эфиромасличных растений, принимающая от населения собранные им такие растения (01.07.1943.).

Наконец, следует не забывать «принудительную медицинскую помощь»: медицинский осмотр молодёжи 1923-1925 г. г. рождения - тех, кто был обязан отбывать трудовую повинность (объявление Гебиткомиссара от 20.05.1943).

РЕШЕНИЕ СОЦИАЛЬНЫХ ВОПРОСОВ

26.10.1941 г. газета сообщает, что старики, инвалиды, бывшие пенсионеры, зарегистрировавшиеся в Отделе общественной опеки, должны явиться в городскую поликлинику для медицинского осмотра. То есть, Отдел, по всей вероятности, хотел удостовериться в плохом состоянии здоровья этих лиц и, возможно, заодно оказать им медицинскую помощь.

11.06.1942 Отдел Социальной опеки (начальник Гапий) сообщал о своей работе по помощи обедневшим родителям, бездомным детям и старикам, пр.
В Детском доме воспитываются 106 детей в возрасте от 7 до 14 лет. Все они посещают школу и учатся в мастерской ручной работы.
Нуждающимся родителям выдано 2400 хлебных карточек. Тысяча инвалидов и больных, а также 290 семей репрессированных органами НКВД получают ежемесячную денежную помощь. Многим таким семьям, по просьбе Отдела опеки, снижены школьная и квартирная платы, часть из них — совсем освобождена от уплаты. 60 семей получили одежду со скидкой цены на 50%.
С наступлением весны 300 семьям выделены огороды. Получили также помощь Отдела военнопленные, отдельно была им выделена сумма от Женского Союза Украины.

29.11.1942 рассказано о Детском доме №2, в котором к началу войны было 70 малых детей; сейчас насчитываются 92 малютки — от новорожденных до 7-летних. Организатором и руководителем Детдома №2 была и остаётся г. Светланова.
Все дети поделены, в зависимости от возраста, на три группы. Дети опрятно одеты, комнаты для занятий и игр находятся в чистоте, хорошо оборудованы (имеется пианино); есть собственная баня. Питание детей достаточное и разнообразное.
Даже, если в этой заметке кое-что приукрашено, не забывайте, о каком времени идёт речь.

21.02.1943 проф. Севастьянов обратился через газету к винничанам с просьбой о помощи эвакуированным одеждой и обувью. Такой же помощи, без которой они не могут жить, требуют инвалиды и больные.
Управа призывает всё население организовать сбор одежды, белья, обуви, денег. Старые и непригодные для употребления вещи будут отремонтированы в мастерских. Все пожертвования будут приняты с большой благодарностью.
Одновременно Управа города обращается к населению с приглашением вступить в разрешённое немецкими властями Товарищество самопомощи местного населения.

Объявление об организации такого общества было дано в газете 08.11.1942. Перед обществом поставлена задача наладить материальную и медико-санитарную помощь
лицам, нуждающимся в таковой. Средства общества — пожертвования деньгами и вещами. Вступление в общество — добровольное.

23.05.1943 в газете появилось обращение «К населению города Винницы»:
«По распоряжению органов немецкой власти ликвидирован отдел общественной опеки Городской Управы, который существовал на городском бюджете, и необходимые для помощи

бывш. пенсионерам средства стало возможным получать только в случае широкой организации самопомощи местного населения.

На эту организацию самопомощи местного населения возложено огромное задание материально помочь тем людям, которые по состоянию здоровья не могут работать и не имеют никакого материального обеспечения, а именно: детям-сиротам, инвалидам войны, одиноким старикам, матерям, у которых есть маленькие дети и которые не имеют, на кого этих детей оставить, пр.

Предоставление помощи этим людям требует значительных средств. Эти средства складываются из добровольных взносов населения, которое работает и имеет соответствующий заработок.

Управа города Винницы совместно с Правлением Общества Самопомощи обращается ко всем работающим г. Винницы с искренней просьбой внести свою часть для организации помощи.

В г. Киеве с этой целью все служащие и работники отсчитывают от одного до полутора процента своей зарплаты ежемесячно.

Обращаемся с призывом к работникам всех учреждений и предприятий, чтобы они также ежемесячно проводили такой отсчёт.

Просим руководителей учреждений и предприятий взять на себя инициативу проведения этого мероприятия.

Деньги, которые будут собраны, просим переводить на счёт Правления Об-ва Самопомощи в Хозяйственный банк, сообщая про это Правлению Об-ва, которое находится при Городской Управе.

Голова Управы г. Винницы проф. А. СЕВАСТЬЯНОВ

Зам. председателя Об-ва Самопомощи М. ЖЕРНОВОЙ»

Мотивы, побудившие немецкие власти к ликвидации Отдела общественной опеки, даже предположить трудно. Экономия средств - ? А вот незаменимая роль Городской Управы и её Головы в поиске выхода из безвыходной для большого числа лиц тяжелейшей ситуации совершенно ясна.

24.10.1943 в газете помещён отчёт о деятельности Винницкого Общества Самопомощи за период с 01.04 до 01.10 1943 г. (07.10.1943 было как бы краткое, предварительное сообщение по той же теме).

Цель общества — помощь наибеднейшим горожан, но с прибытием в город эвакуированных с левобережной Украины (без одежды, обуви, средств к существованию) Общество начало помогать и им. Доходы общества были от театральных постановок, базарного сбора, от церкви, от пожертвований предприятий и частных лиц, пр. и составили более 800 000 крб.

Половина этой суммы ушла на пенсии и одноразовую помощь местному населению, около 70 000 — на помощь эвакуированным и беженцам, около 75 000 — на помощь военнопленным, около 40 000 — на питание детей в Детских домах №1 и №2, и т. д.

Осталось всего около 160 000 крб.

Приближается зима. Общество снова обращается к жителям города за помощью деньгами,

одеждой, обувью, посудой, пр.
Подпись Головы города проф. Севастьянова и Председателя общества М. И. Беневского.

В газете от 10.12.1942 Староста города предупреждает об ОБЯЗАТЕЛЬНОМ СТРАХОВАНИИ ДОМОВ и ДОМАШНЕГО СКОТА (коров, лошадей, свиней, овец, коз).

***

21.12.1941 появилось сообщение о работе с 6-го декабря Старогородского кинотеатра.
11.07.1942 г. состоялось открытие городского парка. В парке имеются качели (для детей), спортивная площадка, бильярдная. Потребительским обществом открыт ресторан. В день открытия в парке Городской театр показал спектакль «Запорожский клад», выступали оркестр Украинской службы здоровья, киевские акробаты (16.07.1942).
В статье «Парки Виниччины» от 27.09.1942 Ап. Трембовецкий описывает особенности флоры Пятничанского парка (при бывшем имении Грохольских — Н. К.) и парка в районе бывшей психиатрической больницы, переоборудованной немцами в зону отдыха Вальдгоф (Лесной двор — Н.К.).

Конечно, возникли в городе — с налаживанием жизни — и службы, которые в то время можно было считать роскошью. Так, в парикмахерской Анохина гарантировалась электрическая завивка волос на полный обещанный срок
 — на все шесть месяцев (14.02.1943). А «Назимова Людмила Владимировна, которая раньше работала в парикмахерской около кинотеатра, сообщает уважаемым клиенткам, что она принимает у себя дома (ул. Пушкинская, № 7) с 10 до 15 час. ежедневно. В воскресенье не работает.» (10.12.1942).
В газете от 22.10.1942 читаем: «Преподавательница Киевской консерватории Проневская М. А. даёт лекции музыки на фортепиано. Адрес: г. Винница, ул. Шевченко, дом № 33, квартира Лукьяненко».

ПОМОЩЬ СОВЕТСКИМ ВОЕННОПЛЕННЫМ И РАНЕНЫМ

26.10.1941 Голова Винницкой Областной Управы БЕРНАРД обратился в газете с воззванием: «С 28.10 с. г. по дороге Винница-Брацлав, через Вороновицу-Немиров будут проходить большие партии военнопленных.
Многие из них больные, и все они голодные, раздетые.
Винницкая Областная Управа обращается с просьбой к населению области, а особенно к населению названных районов — НЕ ЗАБЫТЬ, что там находятся их мужья, отцы, братья и помочь пленным — накормить их и напоить (обязательно кипячёною водой для предохранения их от заболеваний), для чего выносить и выкладывать вдоль дороги еду и воду.
Областная Управа выражает надежду, что население не окажется глухим, услышав просьбу «КУШАТЬ» и, накормивши голодных, исполнит свою общественную обязанность.»

ПРОЧУВСТВУЙТЕ, пожалуйста, это небольшое ВОЗЗВАНИЕ К СЕРДЦАМ простых людей. Оно — по силе эмоционального воздействия — не уступает страницам «Войны и мира» Льва Толстого!

Лишь за одно это воззвание можно простить БЕРНАРДУ (немцу по крови!) все газетные его слова восхищения Германией фюрера! (о Бернарде - честном, бескорыстном - писал В. Я. Куликов). Да, в обстоятельствах каждого поступка людей в оккупации надо попытаться глубоко разобраться, не наклеивать спешно ярлыки! Не будем уподобляться энкаведистам ...

В газете от 02.11.1941, 13.11.1941 и 23.11.1941 опубликовано следующее воззвание, подписанное Главой Городского Самоуправления профессором Севастьяновым:
«Теперь в лагере пленных в г. Виннице находится большое количество военнопленных и ежедневно прибывают новые.
Большинство из них не имеет соответствующей одежды и обуви. Питание их также недостаточное. Им необходима помощь.
С согласия Комендатуры лагеря военнопленных Местное Самоуправление обращается к населению г. Винницы и околиц с просьбой:
1. Не нужные для собственного употребления бельё и одежду (в первую очередь тёплые пиджаки, пальто, ботинки) передавать в пользу военнопленных. Эти одежда и обувь, независимо от их состояния, будут отремонтированы в мастерских самого лагеря военнопленных и будут выдаваться тем пленным, которые больше других в этом нуждаются.
2. Передавать в пользу военнопленных продукты: овощи, муку, крупы и др. в сыром виде.
Приём одежды, обуви и продуктов питания проводится на Украинском проспекте (бывшем просп. Ленина) № 64, а также № 63 (двор бывш. Мединститута) ежедневно с 8 час. утра до 5 час. вечера.
Городское Самоуправление выражает надежду, что население г. Винницы и околиц широко откликнется на призыв к помощи военнопленным и предпримет всё возможное, чтобы улучшить их положение.»

Можете ли вы указать, кто бы ещё, кроме Местного самоуправления, мог организовать такое и прочие (см. ниже) мероприятия? Сами немцы — очень в этом сомневаюсь, хотя среди оккупантов встречалось немало лиц, не утративших человечности. Но не они играли первую скрипку. Значит — только коллаборационисты. Так стоит ли всех их стричь под одну гребёнку?!

В газете от 05.02.1942 подводятся первые результаты этой помощи.
С 01.11 до 25.12.1941 года собрано более 1 500 крб., а также передано около 4 000 кг гороха, три четверти тонны пшена, более полутонны ячневой крупы, около 700 кг муки, более 600 кг хлеба. Кроме того — картофель, другие овощи, фрукты.
В лагерь военнопленных передано также более четырёх сотен пар белья, тёплая одежда, штаны,

шапки, различная обувь.
С разрешения Немецкого Командования организовано два госпиталя для военнопленных. В заметке Городская Управа благодарит всех помогавших улучшить условия жизни военнопленных, отмечает особо выделившихся своей помощью и призывает продолжить это доброе дело.

28.06.1942 газета опубликовала статью А. Севастьянова «Помощь военнопленным».
В этой статье А. Севастьянов приводит следующие цифры: с 01.11.1941 по 15.06.1942 собрано 78 500 крб., из которых в церквях - около 19 000, на предприятиях и от частных лиц - 39 000, от ЖСУ (ЖЕНСКОЙ СЛУЖБЫ УКРАИНЫ - общественной организации) - 11 000, и т. д. Перечислены церковные парафии и предприятия, откуда в помощь военнопленным поступило наибольшее число денег. Например, водоканал перевёл 12 000 крб., театр - 9 000 крб., пр. На эти деньги, в основном, приобретены продукты питания для лагеря и военного госпиталя пленных. Продукты питания и вещи, полученные от населения, передавались непосредственно администрации лагеря, поэтому они не учитывались.
А. Севастьянов сообщает, что лагерь пополняется новыми пленными — и посему работу по помощи следует продолжать.

В том же номере газеты Городская Управа просит дарить лагерю военнопленных музыкальные инструменты: гитары, мандолины, балалайки, гармони (доставлять в приёмную Старосты города). А 14. 06.1942 об этом же газета писала так:
«К НАСЕЛЕНИЮ ГОРОДА ВИННИЦЫ!
С целью дать пленным возможность развлечься, организуется в Винницком лагере военнопленных хор и оркестры. В связи с этим в Городскую Управу обратился Начальник лагеря с просьбой помочь им в сборе музыкальных инструментов: гитар, мандолин, балалаек, гармоней.
Городская Управа обращается к населению с просьбой откликнуться на это и принять участие в сборе различных музыкальных инструментов. Просим доставлять инструменты в приёмную Старосты города Винницы.
Староста г. Винницы профессор Севастьянов»

О военном госпитале для военнопленных, развёрнутом при психиатрической больнице, написал главный врач госпиталя ЛУКЬЯНЕНКО (18.12.1941). Все пациенты перед поступлением были пострижены, им проведена санитарная обработка (с мылом К — против вшивости), они выкупаны в тёплых ваннах. Каждый получил бельё, одежду, чистую постель. Температуру в палатах, из-за нехватки топлива, не удалось однако поднять выше 14-15 градусов. Постепенным расширением рациона питания предупредили возможные тяжёлые осложнения при выходе из продолжительного голодания. Снабжается госпиталь только хлебом, всё остальное — за счёт пожертвований, добытое разными путями, взятое в долг в психиатрической больнице. Комитет помощи пленным (руководители Гоф и Севастьянов) собирает для них деньги, по сёлам — продукты. Персонал госпиталя работает самоотверженно.

ОРГАНИЗАЦИЯ ОБРАЗОВАНИЯ В ГОРОДЕ

13.11.1941 газета сообщала о методическом совещании учителей географии Украины и учителей 3-4 классов школ г. Винницы, состоявшемся в Доме учителя 24.10.1941 г. В том же октябре было проведено ещё три методических совещания: преподавателей Закона Божьего, преподавателей истории Украины и преподавателей немецкого языка. Начались мероприятия по повышению квалификации учителей этих дисциплин. В частности, Школьный отдел Управы организовал лекции для учителей.

02.09.1943 объявляется об открытии, с разрешения господина Генерального Комиссара, для детей эвакуированных русской школы.
08.11.1942 объявляется об открытии музыкальной школы: скрипка, фортепиано, вокал. Школа работает в "Мурах". Плата — 100 крб. в месяц.
Бывшие ученики школы занимались в ней ещё с осени 1941 г., поэтому первые экзамены в школе состоялись уже в июне 1942 г. (05.07.1942).

В газете от 23.11.1941 сообщается о торжественном открытии 18.11.1941 Винницкого строительного техникума. Директором его был назначен инженер Бернард (какие только должности он не занимал!).
11.06.1942 газета писала о торжественном выпуске 24 студентов III-го курса в Винницком фармацевтическом техникуме. Присутствовали Штадткомиссар Маргенфельд, Оберштадтинспектор Нольтинг. Выступали Директор техникума и Староста города профессор Севастьянов, его заместитель Бернард, заведующий педагогической частью Бах, выпускники, а также г. Маргенфельд.
16.07.1942 объявили очередной приём на первый курс Винницкого медицинского техникума (на все его отделения: фельдшерский, акушерский, зубоврачебный); техникум располагался на Славянке, в морфологическом корпусе медицинского института. А первый выпуск фельдшеров и акушерок состоялся ещё 30.06.1942 (05.07.1942). Возобновлена работа техникума была в октябре 1941 г. (директор — профессор Махулько-Горбацевич).
19.07.1942 это объявление повторяется, добавляется аналогичное объявление о приёме документов для обучения в энергетическом техникуме.
И вдруг 27.06.1943 появляется объявление:
«С 1-го августа 1943 года в г. Виннице открывается медицинский техникум с отделами фармацевтическим и зубоврачебным.
На 1-й курс принимаются …
На второй и третий курсы принимаются заявления от особ, которые учились в фармацевтическом и зубоврачебном техникумах …».
Словом, все три имевшиеся в Виннице средние медицинские учебные заведения объединили в одно. Конечно, - не от хорошей жизни: не доставало клинических учебных баз, наглядных

пособий, преподавателей.

22.07.1942 даются объявления о приёме в фармацевтический и строительный техникумы. 20.08.1942 сообщалось, что Комиссия из Житомирского Генералкомиссариата, Госкомиссариата в Ровно и Министерства Востока ознакомилась с работой строительного и энергетического техникумов и выразила удовлетворение глубокими знаниями выпускников этих учебных заведений.

08.02.1942 появилась большая статья о возобновлении работы медицинского института, подписанная Временно исполняющим обязанности директора института проф. ЗАМЯТИНЫМ. А 01.03.1942 газета описала торжества по этому поводу, забыв указать их дату. (Я больше тут ничего об этом не сообщаю, так как мною проведено отдельное исследование на эту тему - http://www.proza.ru/2015/02/16/1176 .) Хотя, как не упомянуть статью в газете от 27.09.1942 о выпуске 84 студентов 5-го курса мединститута. В. Я. Куликов, не сторонний наблюдатель, а участник этой авантюры, пишет о 33 выпускниках. Странная опечатка или преднамеренная ложь?
Сообщение о приближающемся окончании государственных (какого государства? Германского Райха? - Н. К.) экзаменов в медицинском институте опубликовано 17.09.1942. Автор, подписавшийся Т. В., рассказывает (басни! - Н. К.) о подготовительной работе по улучшению работы и расширению института с целью подготовки опытных врачей для Украины. Это — в тех условиях и с теми преподавательскими кадрами!

Тем не менее, 27.06.1943 газета публикует объявление о том, что с 1-го сентября 1943 г. начинаются занятия в Винницком медицинском институте (на всех пяти курсах). Принимаются также на свободные места на II – V курсах студенты из других высших медицинских школ. Поразительно: институт уже фактически не существовал, а дирекция этого института сообщала о приёме студентов и проведении занятий на первом и всех других курсах.
Напечатана была сия несуразица, чтобы поднять пронемецкий дух у населения?
До изгнания нацистов из города оставалось всего девять месяцев …

Я, когда писал о «забытом учебном годе» в Винницком медицинском институте, то подчёркивал уникальность этого события для всех захваченных врагом территорий. Как же я ошибался! «Винницкие вести» открыли мне глаза, я увидел, что и в других местах в возвращение советской власти многие не верили.
О работе Киевского медицинского института, о планах на будущее рассказывалось в заметке, опубликованной 20.08.1942.
29.10.1942 сообщено, что 117 студентов 5-го курса Днепропетровского медицинского института успешно сдали выпускные экзамены и получили дипломы врачей.
Вы подумаете, что на сайте этих вузов есть хотя бы краткое упоминание об этих эпизодах их истории? Нет, разумеется, как и на сайте Винницкого института. Киевский институт был эвакуирован в Челябинск — это всё, что вы узнаете о работе института во время войны 1941-

1945 г. г.

РАБОТА ГОРОДСКОГО АРХИВА И БИБЛИОТЕК
29.03.1942 газета сообщила о налаженной работе Винницкого областного исторического архива.
02.08.1942 заведующий архивом К. Глазырин с определённой гордостью рассказывает о посещении архива 21-22.07.1942 Генеральным директором архивов Германии д-ром Винтером. После осмотра архива д-р Винтер оценил архив, по сравнению с другими архивами Украины, как хорошо сохранившийся и содержащийся в порядке. Учитывая ценность хранящихся в архиве материалов, по мнению д-ра Винтера, архив следует перевести в другой ранг: считать не городским, а государственным историческим архивом. Впредь, по словам немецкого руководителя архивной службы, Винницкий архив будет подчинён непосредственно Райхкомиссариату. Акт о проверке архива д-р Винер оставил в письменной форме на немецком языке.

Вообще-то, почти все детали по этому разделу можно обнаружить в следующей публикации: Сергій Гальчак "Державний архів Вінницької області в період нацистської окупації" (http://www.archives.gov.ua/Publicat/Researches/MaterialyConfer_01.php).

И я бы больше не касался сей темы, если бы на страницах «Винницких вестей» не обнаружил некоторые дополнительные факты. В газете от 22.11.1942 г. помещено сообщение о посещении архива 6-го ноября научным сотрудником Магдебургского института права доктором юридических наук господином Ф. Кляйном (об этом кратко упомянуто и в работе С. Гальчака). Д-р Кляйн, отмечается в статье, получил специальное задание от означенного выше института, выяснить по материалам, которые находятся в украинских архивах, вопрос о влиянии юридического сборника под названием «Магдебургское право» на украинские законы.
Как известно, отмечается далее в статье, законы и обычаи, действовавшие в Магдебурге (город в Саксонии), были собраны в XIII столетии в отдельный сборник. Этот сборник позже был перенесен колонистами в Польшу, Литву, Галицию и, кроме того, распространился на те регионы Украины, которые временно были во владении польских королей.
Хотя специальных материалов по этому вопросу в Винницком архиве не нашлось, д-р Кляйн обнаружил интересные для себя другие материалы, в частности, в диссертации заведующего архивом доцента К. Н. Глазырина и изданной на
её основе книги «Очерки из истории управления Левобережной Украины в первой половине XVIII ст.».

Остался удовлетворён работой архива и г. Айхенхаген — референт прессы и культуры Генералкомиссариата, посетивший Винницу в октябре 1942 г. (С. Гальчак).

Сообщение о библиотеках начну, против обыкновения, с краткой заметки в газете «Кремянецькі вісті» от 20.08.1942 (она мне попалась на глаза ранее «Винницких вестей»):

«В Виннице среди других городских библиотек две имеют значение — медико-научная библиотека и библиотека имени Коцюбинского. Последняя имеет около 250 000 томов. Богатым и чрезвычайно ценным является отдел литературных старопечатных книг, среди которых есть первопечатный текст «Нюрнбергской хроники», издания 1493 г. с цветными рисунками от руки, карты земного шара, ”видання плянтенів" (не смог перевести второе слово, отсутствующее в украинских словарях - Н. К.; оказалось фамилией издателей, указанной с ошибкой и которую следовало бы писать с заглавной буквы — см. ниже) 1595 г., две библии на немецком языке, издания 1693 и 1703 г. г. перевод Мартина Лютера и две рукописные книги, написанные на славянском языке».

Причина цитирования именно этой заметки следующая. Год тому назад я писал о А. А. Севастьянове, что он: « … покинул Винницу ещё за несколько месяцев до её освобождения. Тем и спас свою жизнь. Где-то промелькнуло сообщение (без документальных подтверждений этого), что профессор вывез ряд редких книг из Тимирязевской библиотеки. Не исключаю этого: А. А. оказывался во многих случаях провидцем. Библиотека с книгами сгорела, а эти книги, кто знает, может быть, возвратятся в Винницу. Штампы библиотеки на их страницах сохранились — сколько случаев «возвращения домой» пропавших в военное время ценных фолиантов известно!» (http://www.proza.ru/2015/09/16/738). Я хорошо помню, где и кто высказал это подозрение в адрес профессора - городского Старосты, просто раскрывать это не имело смысла. Так вот, спрашиваю у этого человека: может быть как раз об этих книгах шла речь? Значатся ли они сейчас в фондах библиотеки?

А теперь снова вернёмся к «Винницким вестям».
Первое сообщение о работе библиотек появилось 21.12.1941: с 16-го декабря работают три библиотеки — имени Коцюбинского в Мурах с детским отделом при ней, имени Тимирязева и Замостянская городская библиотека.
Библиотеки работают с 10 часов утра до 19 часов вечера, перерыв с 13 до 14 часов.

11.06.1942 г. в большой статье «Работа городских библиотек» подчёркивается, что винницкие библиотеки сохранились намного лучше, чем в других местах. По инициативе Старосты города все библиотеки получили охранные свидетельства от немецкого командования, что предупредило разворовывание книг. Общий книжный фонд винницких библиотек на 1-е сентября 1941 г. составлял около одного миллиона экземпляров. Надо было его пересмотреть, изъять политическую (большевистскую) литературу.

Четыре однотипные медицинские библиотеки соединили в одну медико-научную библиотеку, добавив в неё 6 тысяч томов из личных библиотек эвакуировавшихся врачей. Была отобрана литература для студентов двух медицинских техникумов, а потом - и медицинского института.

В библиотеке имени Коцюбинского (в Мурах) находилось 350 000 книг, из них 70 000 — на иностранных языках (в частности, на санскритском, монгольском, китайском, японском языках). О смутившей меня своим названием книге в перечне раритетов библиотеки уже пишется по-иному: «карты земного шара, издание Плантенов 1595 года (между прочим, в этом атласе на карте Польши есть Винница).» Значит, Плантены (с большой буквы!) - издатели. В библиотеке было зарегистрировано 2100 читателей.

Здесь, не премину заметить, видится различие в тщательности выверки текста: в Кременце не смогли даже просто переписать из «Винницких вестей» без ошибок.

11.11.1942. газета информирует читателей о работе четырёх винницких библиотек: им. Коцюбинского с детским филиалом, медико-научной, им. Тимирязева и Замостянской с детским филиалом.

Видит читатель наших дней: Городская управа и с этим делом в целом успешно справилась.

О «КАМНЕ КОЦЮБИНСКОГО»

25.04.1943 газета отводит целую страницу 30-летию со дня смерти М. М. Коцюбинского. Приведены некоторые факты из биографии писателя, рассказано о мемориальном музее в Виннице, помещены два стихотворения. Одно из них называется «На камені Коцюбинського».

04.10.1942 Ап. Трембовецкий опубликовал эссе «Камінь Коцюбинського», которое я, считающий, что связь этого камня с творчеством поэта — легенда (http://www.proza.ru/2016/06/22/1239), вынужден привести полностью в моём переводе на русский язык. Иначе было бы нечестно.

«Город Винница и его околицы имеют много памятных мест. Они привлекают внимание не только исследователей нашего края — не забывает их и общественность города.
Нашу заметку мы посвящаем околицам города, с которыми связано имя выдающегося украинского писателя и нашего земляка Михаила Коцюбинского.
За Старым городом в районе села Сабаров расстелился на левом берегу р. Буг молодой грабовый лес. Он растёт тут и на высоких, очень красивых гранитных кручах над самой речкой. На некоторых огромных обломках скал, которые оторвались когда-то от сплошного гранитного массива, нашли себе приют немало деревьев. Эти обломки скал, что стоят тут словно стены и огромные сооружения, в комплексе с пышным лесом образуют чудесный пейзаж.
И не удивительно, что эти места уже давно пользуются почётом у винничан и являются любимым объектом их прогулок и экскурсий.
Пышная природа этой околицы города Винницы украшается наличием огромного камня-обломка гранитной скалы, который носит название «Камня Коцюбинского». В этих околицах в свои юношеские годы (с 1883 г.) Михаил Коцюбинский любил прогуливаться и окунаться в творческую работу.
За небольшими ручейками Перемиля и Каракова, что берут своё начало на сравнительно высоких холмах левого берега Буга, недалеко от Сабаровской плотины лежит над самой водой скала - «Камень Коцюбинского». Ближе всего к нему по оголённым гранитным уступам бежит к Бугу третий быстрый ручеёк.

Лес, ручейки, скалистые берега делают местность, где лежит «Камень Коцюбинского» очень живописной.
На этом камне любил часто сидеть Коцюбинский и писать свои произведения. В камень вделаны две гранитные скамейки под прямым углом одна к другой, которые приветливо встречают всех, кто посещает эти места.
1 сентября 1931 года на этом камне со стороны реки была прикреплена мемориальная доска из белого мрамора, на которой сохранилась надпись: «Трудящиеся Винницы отмечают эту скалу — любимое место М. Коцюбинского, где он любил писать свои ранние произведения».
Нужно отметить, что описанные тут места связаны также с именем полковника Ивана Богуна, выдающегося политического деятеля из окружения гетмана Богдана Хмельницкого.
По холму среди леса пролегает земляной вал с рвом, являющим собой остатки укреплений лагеря Богуна, возведённых в середине XVII века во время борьбы Украины с поляками.»

[Я не знаком с биографией знаменитого писателя из Винницы в такой степени, чтобы понять, почему именно в 1883 г. молодого Михаила потянуло к этому камню. Не знаю, как отнеслись к торжественному акту трудящихся так называемые тогда «нетрудовые элементы». Им оставалось существовать ещё только шесть недель: 11 октября 1931 г. частная торговля в СССР была запрещена, а именно торговцы составляли основную массу этих самых «нетрудовых»: нэпманов и совбуров (советских буржуев) ликвидировали ещё раньше. Здесь без сотрудников музея писателя нам не обойтись. Но, честно говоря, положиться на них рискованно: не заметить в течение десятилетий, что на мемориальной доске в честь М. М. Коцюбинского ошибка в дате сдачи экзамена на звание народного учителя - величиною в ДЕСЯТЬ ЛЕТ! (http://www.proza.ru/2015/09/16/738) - Н. К.]

УСЛОВНОЕ ВЫДЕЛЕНИЕ ДЕСЯТИ ГРУПП НАСЕЛЕНИЯ ВИННИЦЫ ВО ВРЕМЯ ОККУПАЦИИ ГОРОДА

Итак, при захвате немцами Винницы, на фоне всеобщей неуверенности и тревоги, можно предположить возникновение - по отношению к оккупации - различных групп населения.

1. Группа, состоящая из полностью и искренне веровавших в освободительную функцию немецкой армии, в окончательную потерю власти коммунистами, в прекращение навсегда энкаведистского террора и — в целом — в улучшение жизни. Эта группа, впрочем, как и другие группы, была неоднородна по социальному составу. На одном её полюсе находились представители интеллигенции, пострадавшие от советской власти, потерявшие в той или иной степени своё состояние и общественное положение. На другом — малообразованные горожане, прозябавшие в бедности, потерявшие близких в результате террора.

2. Группа лиц, знавших и (или) хорошо помнивших, как переходила Винница из одних рук в другие два десятилетия перед этим и не игнорировавших исторический опыт. Поэтому, не будучи уверенными в стабильности положения, они не проявляли особой прыти в служении

новым властям, но старались не конфликтовать с последними.

3. Группа, понимавших простую истину: при любой власти жизнь так или иначе продолжается. И надо помогать немецким властям (одновременно — и себе) в упорядочении этой жизни. Сюда входили активные руководители самоуправления городом, члены общественных объединений.

4. Группа винничан, предпринимавшие любые действия практически с одной целью — выжить. Это были простые служащие различных учреждений (того же самоуправления, больниц, поликлиник, магазинов, транспорта, энерго- и водоснабжения, различных производств, пр.). Они старались не задумываться над политической ситуацией в городе и на Украине, их интересовали лишь вопросы личного, хотя бы просто сносного благополучия.

5. Группа лиц, решившая, не ломая голову над тем, что произойдёт дальше, воспользоваться положением и обогатиться. Поодиночке или бандитскими объединениями из нескольких и более лиц они терроризировали население, грабили, не останавливались перед убийствами, чтобы завладеть деньгами, драгоценностями, вещами беззащитных горожан. После того, как им стали противостоять немецкие военные и местные гражданские силы, часть из них «ушла в подполье», часть — в леса. После освобождения города от немецкой армии многим из них удалось «переквалифицироваться» в бывших партизан. Кого не разоблачили, не наказали, те стали героями, уважаемыми лицами.

6. Среди ушедших в партизаны были, с одной стороны, оставленные для диверсионных целей советскими властями или попавшие в отряды уже во время оккупации лица.
С другой, группу (иных) партизан составили лица, понявшие, что никакого образования государственности Украины немцы не желают, а идут лишь на мелкие уступки в процессе «украинизации», дабы избежать дополнительных неприятностей из-за возможного появления антинемецких настроений среди широкого населения.

7. Глубоко верующее - несмотря на двадцатилетнюю, весьма решительную антирелигиозную деятельность советской власти - население вело себя так, как им это проповедовало с амвона духовенство. Последнее, бывшее в царское время в почёте и отброшенное коммунистами на обочину жизни, состояло по-коллаборационистки в унисоне с немецкими военными властями. Духовенство позволяло себе лишь, исходя из христианских заповедей, призывать население к помощи инвалидам войны, больным, неимущим, военнопленным.

8. Отдельную группу составляли евреи, которые многие века жили в Виннице, как и в других местностях, относительно обособленно. Самое простое объяснение тому — иная религия, иные, тысячелетия сохраняющиеся устои быта и общественной жизни. Конечно, радикальная смена власти в стране в 1917-м году разъедала цельность и единение этой группы населения. Но сей распад был только поверхностным: что' значат двадцать лет государственного атеизма

по сравнению с тремя тысячами и более лет иудаизма?
Так что, если бы вместо евреев в Виннице более трети населения составляли, например, китайцы, их обособленность от остального населения была бы такой же.

Евреи, в дореволюционное время контактировавшие с евреями Германии, знали, что немцы допускали существование еврейских общин, синагог и всего прочего, связанного с иудаизмом (всё это, наоборот, подавлялось коммунистами). Не знали они (или имели весьма смутное представление) только о последних событиях, начавшихся в Германии с 1933-го года, то есть, после прихода к власти нацистов. С одной стороны, гитлеровцы сдерживали проникновение сведений об этих событиях за пределы Райха, с другой, сталинской пропаганде, ведущей с Германией активную торговлю, делящей с нацистской Германией чужие (захваченные) земли, сообщать об этом не позволяла общая логика отношений, приветственные речи и здравицы в честь фюрера при обмене делегациями, пр.

Всё это настолько замутило взгляд руководителей еврейской общины, что они встречали армию «народа высочайшей культуры» хлебом-солью. И ещё евреи бесконечно верили, что ИХ Б-г защитит их. Результат известен: всё еврейское население города было уничтожено. Всё. И не было в Виннице никакого еврейского восстания, даже намёка на сопротивление, хотя бы отдалённо схожее с таковым в Варшавском гетто. Г л а в н а я причина: разрушение советской властью еврейских религиозных общин, воспитание нового поколения в духе воинствующего атеизма. Отсюда — идейный и прочий раскол среди евреев. Одна из в е с о м ы х причин: у евреев, кроме прочего, не было времени для организации вооружённого противостояния, так как гитлеровцы «окончательно решили еврейский вопрос» в Виннице уже к концу девятого месяца оккупации города, а расстрел первых десяти и более тысяч евреев был организован всего через два месяца после захвата Винницы вермахтом. У организаторов восстания в Варшавском гетто на его подготовку ушло два с половиной года.

Повторяю ещё раз.
НЕМЦЫ ОСТАЛИСЬ ВЕРНЫ СЕБЕ: В «Winnizaer Nachrichten» НЕ БЫЛО НАПЕЧАТАНО НИ ЕДИНОГО СЛОВА О РАСПРАВЕ С ЕВРЕЙСКИМ НАСЕЛЕНИЕМ ГОРОДА (ТАК ЖЕ, КАК И ОБ УМЕРЩВЛЕНИИ ПАЦИЕНТОВ ПСИХИАТРИЧЕСКОЙ БОЛЬНИЦЫ).
Можно ли винить в этом редакцию газеты?

Опять отклоняюсь как бы в сторону, но, поверьте, знание этого тоже помогает прочувствовать то время и амбивалентность поведения таких лиц, как, например, профессор А. А. Севастьянов, хорошо понимавший с кем он имел до войны, имеет в войну и будет — при любом исходе войны — иметь дело. В статье о расстрелах евреев в Виннице (http://www.proza.ru/2015/01/27/96) я указывал на то, что после первых сообщений о подобном событии в Киеве советские руководители и пресса, грубо говоря, заткнулись на эту тему. История немецко-советских отношений после Октябрьского переворота в Российской империи и возникновения нацизма в Германии свидетельствует о непрекращающемся — в буквальном смысле слова — обмене опытом двух диктаторских режимов. Концентрационные лагеря (тут, без сомнения, советская власть была первой), убийство явных или предполагаемых соперников диктаторов, судебные процессы по надуманным поводам, оканчивавшиеся вынесением смертельных приговоров ни в чём не повинным лицам, чистка в армии, ложь, ложь, ложь ... У нацистов главным демоном-лжецом был одиозный Йозеф Геббельс, у советского вождя - Андрей Януарьевич («Ягуарович») Вышинский - зловещая, кровавая фигура - прокурор и дипломат (1883-1954). О том и другом, разумеется, газета не могла не упомянуть, но при этом использовались, ясно, абсолютно противоположные, глубоко контрастные краски.

Впрочем, иногда «Винницкие вести» перепечатывали (без указания авторства и ссылки на источник) статьи, в которых говорилось об ... истинности напечатанного в советской прессе. Таковой была, например, на первой странице (!) поданная статья "Правдивое слово «Правды»" (https://libraria.ua/issue_view.php/issue-4274/Вінницькі-вісті/1942-10-01_N78/). Там приводятся, по мнению немцев, правдивые оценки ситуации на фронтах и в тылу, что являлось, как они полагали, признаком серьёзных неудач. Мол, жест отчаяния советской, всегда лживой пропаганды. Да, «Винницкие вести» нередко преподносили своим читателям неожиданные, противоречивые и странные материалы, не очень-то доступные, по моему мнению, основной массе предполагаемых читателей.

9. Особую группу составляли так называемые «фольксдойче», то есть доказавшие своё полное или частичное немецкое происхождение. Оккупанты выделили их, предоставив особые права, улучшенное снабжение товарами и продуктами питания. Об этом я уже писал в рецензии на книгу доктора В. Я. Куликова (http://www.proza.ru/2014/04/04/42). Впрочем, и означенная группа не была, как и другие, монолитной. Одни «качали свои права», другие чувствовали себя неловко, так как ранее (как правило, даже ещё до начала войны) скрывали свои немецкие корни. Конечно, к правлению немцев они относились с доверием, так как знали, что на фоне славянского, в основном, населения они никогда «при немцах» не окажутся в накладе.

10. Позднее добавилась ещё одна разношерстная группа, состоявшая из эвакуированных из тех районов, которые сначала были захвачены немцами, а потом быстро возвращены Красной Армией. Многие из этих
лиц, каким-то образом сотрудничавшие с временными оккупантами, побоялись оставаться в родных местах — и повалили на Запад. Часть из них остановилась в Виннице. Это были лица, например, из Левобережной Украины, Воронежской области, казаки с Дона, Кубани, Терека, пр. В эту же группу можно условно включить и бывших советских военнослужащих: либо вышедших из окружения, либо дезертировавших, либо получивших ранения и оставленных на попечение местного населения. Среди них встречалось немало прежних жителей среднеазиатских республик СССР, что видно по объявлениям в «Винницких вестях» о намечающихся браках: невеста - украинка, жених, исходя из фамилии, - казах, узбек, таджик? ...
Кстати, до конца смысл обязательной публикации таких объявлений (под общим заглавием:

Хотят пожениться), как и всегда следующая за перечислением пар приписка: «У кого есть какие-либо возражения должен заявить в нотариальное бюро Городской Управы.», мне до конца не ясен. Единственное предположение: так пытались предупредить двое(много)жёнство брачных авантюристов. Но это настолько формально: об этих объявлениях не могли знать ни жёны или родня женатых «женихов», причём не только в Средней Азии, но и вблизи Винницы и даже в ней самой. Какой процент женщин читал эти объявления? А мужчин в то время в городе, мягко говоря, не доставало, так что браки заключались без сватовства, помолвок и прочих «нежностей».

У меня нет статистических данных о количестве браков украинских (польских, русских) женщин с мужчинами-нацменами (так тогда, обобщая, именовали этих чужеродцев с юга и юго-востока), но таковых было немало.
В газете от 23.09.1943 появилось странное для Винницы объявление: «30-го сентября 1943 г. в 8 час. утра в помещении Городской Управы (нижний этаж, зал) состоится служба по случаю мусульманского праздника — УРАЗА-БАЙРАМ-АИТ (в честь окончания поста в месяц Рамадан — Н. К.). Всех мусульман просим взять участие в молебне. МУЛЛА ТУГУШЕВ ИБРАГИМ АЛИМОВИЧ».
Я был в этом зале на первом этаже (написано «по-немецки»: нижний этаж!) всего один раз и очень давно, в 50-е годы прошлого столетия, но представляется, что две сотни людей туда могли поместиться. Это я — о количестве мусульман, появившихся в городе при откате линии фронта на запад.
И тут Управа проявила понимание, гибкость и, если хотите, человечность, хотя навряд ли до начала войны в Виннице была действующая мечеть, проводились исламские службы.
Не исключаю, что Управа этим преследовала также какие-то свои цели, что службу с муллой организовали «во предупреждении чего-то», но тут воображение отказывает мне в подсказке …

07.10.1943 газета опубликовала письмо в редакцию муллы Ибрагима Тугушева. В антисемитских высказываниях мулла пытался выйти на уровень нацистов, которых он благодарил за возможность отпраздновать рамазан аит, за двухдневный отпуск, предоставленный всем мусульманам, работающим или служащим в рядах немецкой армии. «После многолетних преследований они (мусульмане — Н. К.) свободно и радостно, без страха быть схваченными агентами НКВД, молились Богу, прося у Проведения благой судьбы своим освободителям — немецкому народу, его бесстрашным воинам и Фюреру Адольфу Гитлеру и самой быстрой победы немецкого оружия над жидо-большевиками и англо-американскими плутократами.»

Немало было, вероятно, и других беженцев. Об этом может свидетельствовать следующее сообщение из газеты от 31.10.1943, подписанное Председателем правления товарищества взаимопомощи Беневским: «Председатель г. Днепропетровска Соколовский П. Т. передал Обществу Самопомощи местного населения Винницы 100 000 карб. для выдачи одноразовой помощи эвакуированным из Днепропетровска работникам Днепропетровской городской управы и её учреждений и предприятий, а также работникам Днепропетровского комитета Самопомощи и его учреждений и предприятий.»

ЗАКЛЮЧЕНИЕ

Как убедился читатель, статья не получилась гладкой: одним темам совсем не уделено внимание, другим — недостаточно, третьим — избыточно (с отклонениями от обсуждаемой темы, дополнениями к ней) …
Поводов для критики — предостаточно. Но таковая желательна по наличествующему материалу (представленному и предположительно объяснённому), по общим выводам, а не - по отсутствующему. Причём, критика - с учётом того, что это — фактически единственная большая аналитическая работа о газете «Вінницькі вісті» (статья О. О. Салата, конечно, была первой, но, согласитесь, небольшой и написанной совершенно в другом, приблизительно-ознакомительном плане).

Далеко не основным моим желанием при написании этой статьи было убедить читателя в правоте моей оценки тех или иных людей и событий, уверить его в незыблемости моих предположений и сделанных на их основании выводов. Нет, прежде всего, я хотел возможно правдивей представить как жизнь и служебные действия сотрудничавших с оккупантами (коллаборационистов) винничан - руководителей местного, с натяжкой говоря, САМОуправления, так и быт и заботы простых горожан.

Я хотел помочь читателю увериться в том, что всё было во многом или совсем не так, как это ему представлялось по изложенному в учебниках, по рассказам тех, кто по заслугам и без таковых попал в списки подпольщиков, партизан, борцов с фашизмом. Чтобы читатель понял, как много из того времени скрывалось и осталось за семью печатями до сих пор, что не меньше того - переврано, что, можно сказать, уже три поколения выросли на этом, засеянном ложью поле истории.
Выполоть сорняки на нём — важнейшая задача общества, стремящегося к демократическому развитию.

***

Не только для эффектной концовки привожу цитату (в моём переводе с украинского языка) из реферата, автором которого является ученик 9-го класса А. Г. Ролдич : «… деятельность украинских органов местного самоуправления … не может оцениваться однозначно — только позитивно или негативно — уже потому, что … хотя созданы они были гитлеровскими оккупантами как вспомогательные органы местного самоуправления для внедрения «нового порядка», … благодаря их социально-культурной деятельности большая часть населения выжила в условиях жестокого гитлеровского режима» (https://view.officeapps.live.com/op/view.aspx?src=http.at.ua.doc).

Пусть простит меня уже значительно повзрослевший автор, но поистине «Устами младенца глаголет истина».

Статья опубликована 31.08.2016: http://www.proza.ru/2016/08/31/65

Всего лишь семь документов 1941-1944 из 294 только одного из 16-ти томов

> И погромче нас были витии,
> да не сделали пользы пером…
> Дураков не убавим в России,
> а на умных тоску наведём.
> (Н. А. Некрасов. Убогая и нарядная, 1859)

Я уже давно планировал раздобыть в архивах НЕМЕЦКИЕ ДОКУМЕНТЫ времени оккупации Винницы (перевести которые на русский язык мне не составило бы особого труда). А далее, снабдив такие документы - для их лучшего понимания читателями - краткими комментариями, опубликовать. Причём, дабы не вызвать упрёков в предвзятости, включить лишь официальные документы немецкой стороны, не приводя воспоминаний очевидцев из украинского, русского, польского, еврейского, пр. населения. Конечно, этим ограничением я в той или иной мере загодя и преднамеренно обеднил картину, которую должен вообразить себе читатель, ознакомившись с моими публикациями.

Но я пошёл на это, чтобы достичь максимально возможного объективизма, чтобы никто не мог меня попрекнуть в предвзятости или избирательности при выборе представляемого материала. Есть, например, несколько сообщений чудом выживших евреев из числа подвернувшихся расстрелу в разных местах. Но ни в одном из немецких документов нет, сами понимаете, рассказа о том, что происходило в расстрельной яме (взгляд, так сказать, изнутри). Однако я свидетельства выживших в эту публикацию не включил: всегда найдутся любители увидеть в этих рассказах неправду, реже - только преувеличения.

Я даже соглашусь в определённой степени с этим, потому что в тех обстоятельствах жизни за несколько минут до неминуемой смерти, во внезапном осознании того, что ты тут один выживший, что рядом среди убитых, мёртвых - самые близкие тебе люди, твои хорошие знакомые, соседи, единоверцы... В этих условиях, даже если выживший не был тяжело ранен, разум воспринимает и запоминает совсем не то и не так, как это было бы в обыденной жизни. А, следовательно — и рассказывается, записывается с какими-то аберрациями: отличить в этом повествовании что-то привидевшееся, что-то показавшееся, что-то незамеченное от действительно имевшего место очень трудно и самому пережившему эти ужасные минуты или часы, и, тем более, читателю, никогда ничего подобного, к счастью, не только не испытавшего, но и не наблюдавшего. Может быть — в кино, но кино и есть кино во всех смыслах этого слова.

А то, что я ограничился только материалами, имеющими отношение к Виннице, объясняется просто: литература по затронутой теме огромна — и никому её всю не осилить. Да и публицистика — не сага: надо соблюдать и форму, и размеры.

Я, вы это знаете, получил от ворот поворот в винницких архивах. Моя переписка с архивами ФРГ и Российской Федерации — в горячей фазе, но пока без ощутимых результатов. (Дело в том, что в РФ хранятся заинтересовавшие меня трофейные архивные немецкие материалы, а в Германии копий их нет).
В моём возрасте откладывать на дальнейшее весьма рискованно, потому что это дальнейшее, если и предсказуемо, то - известно, в какой тональности.

Посему я решил, не откладывая в долгий ящик, воспользоваться документами, которые уже обнаружил. Повторяю: в этой статье я представляю только НЕМЕЦКИЕ материалы, касающиеся судьбы евреев оккупированной Винницы, причём - все документы, какими располагаю, но даю их не в полном объёме, иначе никто до конца статью не дочитает. Кто захочет почитать их полностью — см. ссылки.

По правде сказать, поторопили меня с этой публикацией несколько ныне проживающих в городе человек, которые на сайте «Вінничани» позволили себе дикие антисемитские высказывания (см. «Не желаете или нечем...»), а также - многие сотни, даже тысячи отмолчавшихся.

Я понимаю, что и эта публикация мало что изменит, но не восклицаю в бессилии и отчаянии вместе с Н. А. Некрасовым «Но умолкни, мой стих!» (почему? см. следующие за этим строки, взятые эпиграфом), а продолжаю открывать не знающим или не желающим знать глаза на то, о чём я и сам не ведал в мои винницкие годы. Благодаря, как тогда говорилось и писалось, «заботе родной партии и советского правительства». Бывшие воспитанники партии и сейчас скрывают от народа многое, но «и это тоже пройдёт ...», что, по преданиям, было выгравировано на внутренней стороне кольца царя Соломона.

(А по поводу российских дураков, упомянутых Н. А. Некрасовым, то тут полезно помнить, что имел он ввиду дураков всей Российской империи, на почти задворках которой, недалеко от Винницы, ему довелось 195 лет тому назад родиться).

***

По заказу Федерального архива ФРГ, Института современной истории, кафедры Новой и Новейшей истории Альберта-Людвига-Университета во Фрайбурге большая группа учёных задалась целью собрать в 16-томном издании материалы «Die Verfolgung und Ermordung der europäischen Juden durch das nationalsozialistische Deutschland 1933-1945 » («Преследование и убийство европейских евреев национал-социалистической Германией 1933-1945»). В этом, 2016-м году издательство «De Gruyter, Oldenbourg» выпустило с нетерпением ожидавшийся мною 8-й том «Sowjetunion mit annektierten Gebieten II, 762 S.» («Советский Союз, захваченные территории II, 762 стр.»). В этот том включены дневники, письма, свидетельские показания и письменные извещения, распоряжения, пр. различных учреждений (СС, полиции, вермахта, и т. д.). Все документы тщательно отредактированы, снабжены пояснениями, дополнениями, и т. п. Этот том посвящён Белоруссии и Украине (по немецкой формулировке того времени: Generalkommissariat Weißruthenien und Reichskommissariat Ukraine).

Ещё раз: никакие дневники, письма, свидетельские показания я приводить не буду по причинам, изложенным выше. Только - то, что вышло из немецких учреждений. И только то, что касается непосредственно Винницы и близкой к областному центру окру́ге.

За одним единственным исключением, с которого я и начну.

Это письменное сообщение хорошо известного винничанам врача В. Я. Куликова (1892-1977) по его книге, изданной через 35 лет после смерти автора. В книге доктор К., как он часто себя именует, рассказывает о разных сторонах жизни города во время оккупации его вермахтом.

***

I. Документ 89, стр. 252-253 [здесь и далее указываются страницы в т. 8 — Н. К.].

«Врач Василий Я. Куликов сообщает, как евреев Винницы в декабре 1941 г. на стадионе селектировали (подразделяли) и в апреле 1942 г. большую часть из них расстреляли»

[Сообщение В. Я. Куликова адресовано местным представителям «Чрезвычайной государственной комиссии по установлению и расследованию злодеяний немецко-фашистских захватчиков и их сообщников и причинённого ими ущерба гражданам, колхозам, общественным организациям, государственным предприятиям и учреждениям СССР» (Комиссия была образована 2 ноября 1942 г.). Оно датировано 30.04.1944 (это - примерно через шесть недель после освобождения Винницы). Означенное письменное сообщение находится в Госархиве РФ (7021/54/1341, стр. 133); в томе, из которого я его цитирую, оно представлено в переводе на немецкий язык; я перевёл его снова на русский язык. (Заказывать из Кёльна оригинал — гиблое дело.) - Н. К.]

«К Вашему сведению я представляю известные мне факты о злодеяниях немцев в Виннице.
1. 26.07.1941 доктор Питерман [полагаю, что тут опечатка: и вместо Piterman должно было бы стоять Pisterman – Пистерман, родню которого я знал — Н. К.], работавший в Пироговской больнице, был на своём рабочем месте арестован гестапо (доктор Н. П. Деменков был также свидетелем этого ареста).
2. 17.09.1941, согласно сообщению инженера Морозова, который был близок к немцам, 340 человек были арестованы и не вернулись назад.
3. 19.09.1941 - также со слов Морозова - 9 600 человек были расстреляны.
4. 05.12.1941 все винницкие евреи должны были собраться на стадионе в парке. Их продержали с утра до вечера, потом отпустили. Их паспорта были помечены буквами «А», «В» и «С».
5. 16.04.1942 городской комиссар Маргенфельд приказал всем евреям собраться на стадионе. Все граждане (евреи), паспорта которых были помечены буквой «А», были отправлены в тюрьму, все остальные были расстреляны. В этот день погибли около 15 000 человек. Это были в основном женщины и дети (в группе «А» находились большей частью мужчины — квалифицированные рабочие, специалисты).
6. Незадолго перед вхождением Красной армии зубные врачи Шрайбер и Рабинович, оба в возрасте более 60 лет, были казнены после того, как они в тюрьме подверглись истязаниям уголовными элементами и агентами руководства гестапо. Эти сведения получены от Андрея Александровича Алексеевича [тут возможна ошибка при обратном переводе на русский язык, но об этом человеке никаких сведений в книге В. Я. Куликова вроде бы нет — и я не могу гарантировать после двойного перевода, что фамилия написана верно; по-немецки напечатано так: Andrej Aleksandr Aleksejevic – Н. К.], который находился вместе с Шрайбером и Рабиновичем в тюрьме.
7. 19.11.1941 староста города Севастьянов сообщил, что «в лагере военнопленных в один из дней умерло 120 человек» [в оригинале, как отмечено в примечании, взятые в кавычки слова Севастьянова написаны на украинском языке — Н. К.]. Д-р. Куликов дополнил: «При мне умирали ежедневно 12 военнопленных.»
8. 15.11.1941 я видел в морге больницы №4 49 мёртвых - это были прежние пациенты больницы и 7.11 - 50!» [речь идёт о психиатрической больнице — Н. К.]

Что хочется добавить?
- О Морозове и Деменкове я уже писал: первый заведовал промышленным отделом Управы (у него квартировал руководитель Биржи труда Роберт Райтер — отсюда, вроде бы, осведомлённость Морозова), второй был врачом на Бирже труда. В моей рецензии на книгу В. Я. Куликова о них сказано больше.
- Массовый расстрел 19.9.1941 осуществили служащие Резервного полицейского батальона 45 [примечание редакции тома — Н. К.].
- Сведений о Маргенфельде, с которым В. Я. Куликов встречался в разных местах, в том числе - и в гостях у разных лиц, о городском комиссаре, о котором В. Я. Куликов ни разу не высказался плохо, я, как не искал, ранее не смог раздобыть. Тут мне помогла редакция тома, примечание которой о Маргенфельде я привожу (в переводе) полностью:
«Fritz Margenfeld, Фритц Маргенфельд (1906-1992), юрист; в 1931 г. вступил в национал социалистическую немецкую рабочую партию (NSDAP) и в её штурмовое отделение (SA). В 1934-1936 г. г. - бургомистр небольших населённых пунктов в Восточной Пруссии (Landsberg и позже — Heisberg) [ныне эти городки - в Польше, называются иначе — Н. К.]; с октября 1941 г. городской комиссар в Виннице. [Послевоенный период жизни Маргенфельда, можно сказать, приятеля В. Я. Куликова мне пока не известен. И с этим палачом я мог бы ещё встретиться, так как в ФРГ — с 1990 г. О другом участнике кровавых событий в Виннице - жителе Кёльна - я писал ранее в «Ди йидн фын Вінниця...» - Н. К.]

А теперь — о самом важном, вытекающем из этой отписки В. Я. Куликова в адрес «Чрезвычайной госкомиссии...». Если вы заглянете в «ВикипедиЮ», то узнаете, что эта комиссия работала под руководством спецслужб (НКВД, пр.), что её заключения далеко не всегда соответствуют истине, что в ней много банального вранья. Это доказано зарубежными историками (см. там же). В украинско-язычной «ВикипедиИ» раздел о ЧГК, вообще, отсутствует.
К чему я это? Да к тому, что не будь книги воспоминаний В. Я. Куликова, обращать внимание на написанное им для ЧГК не стоило бы совсем.
А тут - совершенно иное дело.

Помните, В. Я. Куликов, умерший в 1977 г., завещал, по словам его внука и публикатора воспоминаний, сделать их достоянием широких кругов не ранее XX-го века. То есть, не тогда, когда распадётся СССР (этого В. Я. Куликов не мог предвидеть), а когда, согласно простому арифметическому подсчёту, никого из свидетелей его деятельности в оккупированной Виннице не будет в живых. Ни - из винничан, ни - из оккупантов. Останутся, правда, те, кто оккупацию пережил ребёнком, но что они могли о В. Я. Куликове тех времён знать?

Однако судьба документов поистине непостижима!
В. Я. Куликов не придал никакого значения этой коротенькой справке, написанной им для ЧГК. Возможно, даже забыл о ней.

(Я писал, что, несомненно, В. Я. Куликову пришлось пройти через решето проверок и перепроверок в НКВД и, бог знает, где ещё. Если он не был оставлен, то почему остался, и т. д.? Если был оставлен, то почему делал это, а это не сделал? расскажите, как вели себя другие, и т. д. Так что написано им было немало по разным запросам «компетентных органов», только вот прочитать это пока никому не разрешили.)

А сегодня раскопанная немецкими историками в Госархиве России, представленная выше справка кричит о том, что все годы оккупации (возможно, и какой-то период до того), а также долгие годы после освобождения города В. Я. Куликову пришлось притворяться, скрывать своё прошлое, юлить, а в воспоминаниях — выкручиваться, опускать весьма важное, привирать (он, например, скрыл своё участие в исследовании трупа Ляли Ратушной и истинные факты, обнаруженные при этом; он нигде даже вскользь не сообщил о том, что регулярно занимался частной практикой; он написал неправду о проф. Гане, пр.) . Впрочем, упоминая «Свидетельства очевидца», следует учитывать, что публикатор не указал, или все материалы В. Я. Куликова были им включены в книгу. По сему поводу публикатор — внук В. Я. Куликова по материнской линии — продолжает до сих пор отмалчиваться.

В. Я. Куликов начал хронологически своё сообщение фактом уничтожения еврейского врача. А в воспоминаниях (то есть, после того, как был свидетелем этого случая и узнал о тысячах убитых евреев — большей частью, женщин и детей!) как бы с непониманием и упрёком пишет, что еврейские врачи в спешке эвакуировались, потому что предвидели свою судьбу в случае попадания в руки нацистов. Почитайте, если не верите в лицемерие д-ра К., об этом в его книге или в моей рецензии на эту книгу. Причём, повторяю, мы не знаем, что' и почему публикатор решил не включать в книгу. А эта тёмная история с фотографиями расстрела винницких евреев, о которой, не задумываясь, что ли, о естественно возникающих при этом у читателей вопросах, поведано в книге? Для чего? Почему? По собственному и (или) публикатора недосмотру?

Инженер Морозов был близок к немцам, - отмечает В. Я. Куликов. А в его воспоминаниях — столько рассказов о приёме дорогих немецких гостей, о совместных с немцами посиделках, задушевных беседах, в том числе, и в гостях у того же Морозова, о контактах с немецкими врачами. Кто из двоих был ближе к немцам — нам не решить, но и сам В. Я. Куликов был явно не далёк от оккупантов-палачей, что совершенно очевидно.
А покаяться В. Я. Куликов не решился. Зачем? Во всех эпизодах, описанных в книге, он оказывался прав. Покаяться — значит добровольно признаться в своей вине, ошибке, выражая сожаление о совершенном проступке. Но ведь ничего такого не было, потому что быть не могло! Так?

***

Я действительно решил сделать лишь одно исключение из обещания включить в эту статью только официальные немецкие материалы. Но - в процессе структурирования публикации -

передумал и, как переход к обещанным материалам, кратко опишу один документ из Винницкого областного госархива, о котором вы, конечно, тоже не слышали. Он послужит как бы мостиком к следующим материалам - о судьбе винницких евреев.

II. Документ 40, стр. 162-163.
[Этот документ переведен на немецкий язык с украинского языка, а я привожу его в переводе с немецкого на русский язык — Н. К.]

«Украинский третейский суд в Виннице (Украина) признаёт 16-го декабря 1941 г. виновной одну женщину, указавшую в ложном доносе на женщину-врача как на еврейку».
Документ подписан руководителем администрации района инженером Бернардом и руководителем городской управы проф. Севастьяновым в присутствии руководителя отдела здравоохранения администрации района врача Дорошенко и заместителя главного врача психиатрической больницы Черноморца.

«Было установлено, что госпожа Т. О. Фишер была несправедливо оскорблена г-жой М. О. Лукьяненко [женой главного врача — Н. К.]. Г-жа Лукьяненко написала заявление, которое подписали также врачи Будкевич, Яропуд и Сорока; в нём указывалось, что г-жа Фишер — еврейского происхождения, что последняя скрывает. Это имело бы для последней далеко идущие (серьёзные) последствия…»

[На Прозе.ру нет возможности как-то выделить часть текста: курсивом, жирным или цветным шрифтом, подчёркиванием. Посему мне приходится обратить ваше внимание на последнее предложение расположенного выше абзаца. Собственно ради него я и привёл этот документ. Что «далеко идущие последствия» означало расстрел — это третейским судьям (и вам - тоже) понятно: первый массовый расстрел евреев состоялся несколькими месяцами ранее.
Кстати, клевета была наказана порицанием и штрафом, врач Фишер восстановлена в должности заведующей 2-м отделением. И т. д.
Кого интересуют детали, обращайтесь в архив (1311/1S/2, стр. 17 f). Может быть, вам повезёт больше, чем мне - Н. К.]

***

III. Документ 54, стр. 183-185.

«Офицер службы безопасности Рейха сообщает 12. 01. 1942 об убийстве евреев в округе строящейся новой Ставки фюрера около Винницы»

Шеф группы безопасности Восток группы Тайной полевой полиции в Службе безопасности Рейха Fr. Schmidt (1897-1989) — для командира Службы безопасности Рейха J. Rattenhuber (1897-1957) [1945-1956 г. г. провёл в советском плену — Н. К.]

« … Строящийся объект находится в 9 км северней Винницы на дороге в Житомир. Расположение Управления, учитывая обстоятельства, оказалось необходимым в Виннице. Управление находится по улице Гоголя, 6 …

В Стрижавке проживало 227 евреев …
Евреи были 10.01.1942 уничтожены …
В акции принимали участие 4 служащих полиции безопасности, 20 служащих полевой жандармерии, …
Участие служащих было необходимо, чтобы евреев из их жилья довести до находящейся в отдалении ямы и место убийства охранить от чуждых.
11.01.1942 были арестованы в зоне безопасности [вокруг строящейся Ставки — Н. К.] ещё 12 евреев, переправлены в лагерь военнопленных и 12.01.1942 расстреляны. Вследствие этой акции зона безопасности стала свободна от евреев.»
[Последнее предложение в оригинале выделено курсивом — Н. К.]

***

IV. Документ 56, стр. 189-191.

«Офицер Службы безопасности Рейха в Виннице настаивает в январе 1942 г. на том, чтобы кроме местных евреев, убить также тех, кто находится в румынской оккупационной зоне»

Опять же - сообщение шефа Шмидта командиру Раттенхуберу (см. выше должности этих лиц — Док. 54)

13.01.1942 состоялось совещание у руководителя СС и полиции Винницы майора Kurt Pomme, на котором присутствовали комиссар района Винница-округ'а (исключая сам город) Fritz Halle и руководитель полиции безопасности и службы безопасности СС в Виннице Theodor Salmanzig (1908-1943). Обсуждался еврейский вопрос в Виннице и округ'е в плане строящейся Ставки и расположения в ближайшее время в Виннице Высшего командования сухопутных войск, для чего полностью освобождается один из кварталов города.

«… В Виннице проживают сейчас около 5 000 евреев. Они выполняют все ремесленные работы, обслуживают многие отрасли. Они участвуют также в обеспечении работы жизненно важных предприятий:
 водоканал, электростанция, мясокомбинат, пр. Пока вместо этих примерно 1700 евреев соответствующее количество специалистов не будет представлено, их убийство не может быть осуществлено. В ином случае питание и жизнеобеспечение населения и здесь находящихся военнослужащих будет поставлено под угрозу.
По данным новой проверки полицией безопасности, только 700 евреев могут быть приняты во внимание. Евреев можно в тот же день ликвидировать, когда 700 специалистов … [далее,

согласно примечанию редакции, две строчки невозможно разобрать — Н. К.] »

«… Другая опасность состоит в том, что румынское правительство на границе, которая находится лишь в 35 км южнее Винницы, собрало вместе 60 000 евреев. Они находятся в небольшом районе, прилегающем к району Винницы. По сведениям румынских учреждений евреи там используются на сельхозработах. В действительности же румыны морят там евреев голодом, так как румыны расстрелов по немецкому образцу страшатся. Из-за голода и плохих условий нахождения там возникли эпидемии, в особенности - сыпного тифа. Заболевшие евреи частично переправляются на территорию, контролируемую немцами, чтобы здесь искать лечебную помощь. Они были и будут, чтобы предотвратить распространение эпидемии, полицией безопасности ликвидированы.

Майор Pomme объяснил далее, что нельзя игнорировать то, что при таких условиях ежедневно большое число евреев убегают на Украину, особенно в близлежащую Винницу, дабы избежать голодной смерти. Эти евреи - не только лучшие исполнители шпионажа и саботажа, но и распространители эпидемий и заразных болезней.

Чтобы эту опасность удержать далеко от Винницы, надо границу лучше охранять или попытаться убедить румынское правительство в таком же решении еврейского вопроса, как это происходит в оккупированных районах на востоке (расстрел) или же евреев убрать от границы...»

***

V. Документ 92, стр. 254-255.

«Два солдата вермахта беседуют в британском плену об убийстве евреев в Виннице в 1942 г.»

Беседа ефрейтора Schulze и штабсфельфебеля Liedtke записана в лагере для допросов 21.03.1944 [вероятно, запись велась скрытно; Ш - Шульце, Л - Лидтке — Н. К.]
Ш — В Виннице была однако Ставка фюрера.
Л — Я был больше года в Виннице.
Ш — Вы были там. При Ставке фюрера?
Л — В Виннице при Организации Тодт [фирма, строившая Ставку — Н. К.] был я небольшим управленцем. Я имел кое-что сказать, когда пришёл.
Ш — Были Вы за каменоломней?
Л — Где?
Ш — Каменоломня … я один раз наблюдал … Они были утром расстреляны, я думаю семьсот или восемьсот евреев, женщин, мужчин, детей, стариков, из пистолета, при этом они завтракали, негодяи …[завтракали, конечно, те, что расстреливали — Н. К.]
[В примечании редакции сказано, что не удалось выяснить, какой расстрел наблюдал свидетель — Н. К.]

***

VI. Документ 130, стр. 322-323.

«Командир Полиции безопасности в Житомире указывает отделению в Виннице 11. июля 1942 г. еврейских рабочих при Ставке фюрера расстрелять»

Командиром был Dr. Franz Razesberger (1904-1994), по специальности — полицейский. Служил с 1929 г. в австрийской полиции, потом возглавлял уголовную полицию в Ганновере, с мая 1942 по январь 1943 — в Житомире, далее — в Главном управлении безопасности в Берлине. После 1945 г. - президент полиции австрийского города Steyr. [Так происходила нередко «денацификация», о чём я ранее писал более подробно — Н. К.]
Руководителем отделения в Виннице был упоминавшийся выше Theodor Salmanzig [эти данные приведены в примечании редакции — Н. К.]

«Согласно указанию SS-Brigadef. [Brigadeführer – генерал] Thomas, необходимо немедленно провести акцию чистки [16. 07. 1942 в почти полностью выстроенную Ставку должен был прибыть (и прибыл) фюрер — Н. К.]. Я прошу поэтому точно убедиться в том, сколько евреев при там строящихся двух объектах ещё задействованы [при расстреле 16. 04. 1942 около 800 евреев оставили живыми, отправив большую часть из них на строительство Ставки: сколько из них в июле 1942 г. ещё оставались живы - неизвестно — из примечания редакции тома, Н. К.]. Они должны быть подвергнуты особому обращению [то есть, расстреляны — Н. К.]. Также и евреи, которые с евреями-строителями были в контакте [немцы боялись, что они могли получить от строителей важную информацию, что касается безопасности объекта - из примечания редакции тома — Н. К.]. Я сообщаю также, что из строящейся Ставки 16 евреев были переведены в Винницу ...»

***

VII. Документ 153, стр. 365-366.

«Командир полиции безопасности на Волыни и Подолье напоминает 18. августа 1942 г., что некоторым евреям для работ на магистрали IV надо сохранить жизнь»

[Магистраль DG IV длиной 2715 км должна была быть построена с целью доставки всего необходимого вермахту и для закрепления за рейхом захваченных территорий. Она начиналась в Берлине и шла, в частности, по Украине через Винницу, Кировоград (Кропивницкий) на Сталино (Донецк), далее — на Таганрог и Кавказ. С самого начала строительства летом 1941 г. на стройке господствовал принудительный труд, в основном, евреев Галиции. Потом были задействованы в качестве строителей евреи из других мест. Всего на трассе СС, как её называли из-за принятого там метода «уничтожения работой», между 1942 и 1944 г. г. погибло более 25 000 рабочих-евреев. (https://de.wikipedia.org/wiki/Durchgangsstraße_IV) - Н. К.]
«... из Каменец-Подольска 500 евреев, из Дунаевец 600 евреев, из Бара около 800 евреев и из

Ярмоленец 400 евреев с целью строительства DG IV отобраны.
Инспектор DG IV в Виннице SS-Oberführer Thier [Theobald Thier (1897-1949), в 1945 г. арестован, передан США Польше, там в 1948 г. приговорён к смертной казне - из примечания редакции тома — Н. К.] возьмёт на себя транспортировку к месту работы. Я должен, впрочем, утверждать, что без моего вмешательства эти евреи были бы уничтожены, например, в Дунаевцах и Баре экзекуции уже начались. Я прошу поэтому содействовать тому, чтобы на прилежащих к DG IV территориях в будущем все ещё работоспособные евреи направлялись на строительство дороги, а не уничтожались...»

***

Всего семь документов — несколько штрихов, характерных частностей, отдельных подробностей невообразимой трагедии XX-го века, которую евреи называют Катастрофой (шоа), а во всём мире - Холокостом.

Статья опубликована 27.09.2016: https://www.proza.ru/2016/09/27/1500

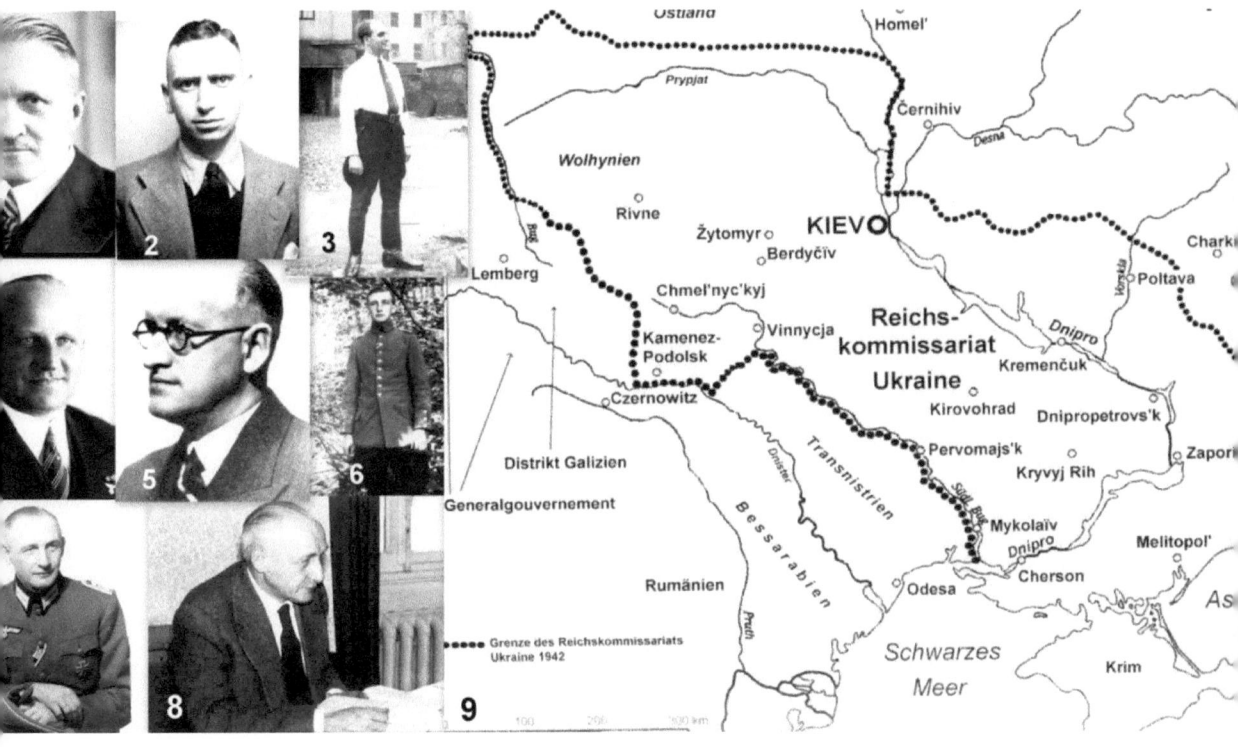

Что искали нацисты в архивах оккупированных территорий?

Меня часто спрашивают, почему я свои классические публикации редко предваряю посвящением какому-нибудь лицу или группе лиц, сыгравшим значительную роль в моей жизни и творчестве. Лишь «Моя Винница» посвящена «Памяти уже ушедших от нас моих друзей детства и юности, памяти наших учителей» …
Я и сам задумывался над этим, но как-то не желал выделить одних, вызвать зависть у других…

А потом меня всё-таки совесть заела: неужели не могу я хотя бы чем-нибудь отблагодарить работников винницких архивов. И я решился написать статью, близкую им по «архивному духу».

И вот, наконец, тема моей статьи и профессия группы лиц, которым я немалым обязан, оказались настолько близки друг другу, что не воспользоваться этой редкой возможностью было бы просто непростительно. И я имею полное право торжественно заявить: эта статья ПОСВЯЩАЕТСЯ РУКОВОДИТЕЛЯМ ВИННИЦКОГО ОБЛАСТНОГО ГОСАРХИВА И

АРХИВА УПРАВЛЕНИЯ МВД ПО ВИННИЦКОЙ ОБЛАСТИ.

В чём, спросите вы, их особая заслуга? Отвечаю без всяких раздумий и колебаний.
Первые из них проявили недюжинную заботу о моём здоровье, предотвратив, под угрозой потери своего доброго имени, мой контакт с задустованными документами времени оккупации Винницы вермахтом. Представьте себе, с одной стороны, уведомление архива на весь мир о доступе к этим документам без ограничений, с другой — и так уже пошатнувшееся от борьбы с исказителями фактов, касающихся оккупационного времени, здоровье архивиста-неспециалиста. А кому не известно, что дуст (ДДТ) обладает острым токсическим действием на человека?

Почему же, не предугадав, что и в послеоккупационных материалах я выужу что-то об интересующем меня времени, я был допущен к столь же задустованным документам 1945-го и непосредственно следующих за ним годов? - объяснить, конечно, трудно. Можно лишь предположить, что эти, столь же тщательно припрятанные архивариусами - под присмотром компетентных органов - материалы, содержали менее токсичный ДДТ. И действительно, вот уже второй год пошёл после опасного эксперимента над собой — а я пока ещё в состоянии работать над, как оказалось, не напрасно до сих пор скрываемыми материалами этого времени.

И в МВД, несмотря на мой вызывающий подозрения интерес ко времени оккупации 1941-1944 г. г., встретили меня как самого дорогого гостя. И не могли (от удивления, что ли, откуда такой дурень взялся?!) на меня наглядеться. Посему просили прийти ещё и ещё, а на 9-й день подарили мне что-то подобное пластмассовому прянику. Знаете, продают такие, в виде сердечка, на ярмарках: не съедобный, но повесишь на гвоздик в кухне — и вспоминается во всех подробностях гостеприимство сотрудников архива Управления МВД Винничины. А Указ Президента им — не указ. Как в добрые советские времена: кем, по совести говоря, был Калинин с ссыльной женой против Берия с его сексуальными атаками на жён своих подчинённых, на дочерей арестованных в годы террора НКВД, пр.?
О визите в архив МВД я уже писал (https://www.proza.ru/2015/09/14/2039), «пластмассовый пряник» представлял на фото, но как не вспомнить ещё раз о приятном?!

Итак, повторяю:
пытавшимся остановить (в моём лице) время перемен в Украине
ПОСВЯЩАЕТСЯ.

***

Я напоминаю, что уже кратко касался состояния Винницкого областного архива в годы оккупации, визитов туда немецких специалистов (http://www.proza.ru/2016/08/31/65). Там же сообщал я, что первая и, скорее всего, единственная публикация на эту тему принадлежит перу бывшего директора архива (1996-2009), доктора исторических наук Сергея Дмитриевича Гальчака: "Державний архів Вінницької області в період нацистської окупації" http://www.archives.gov.ua/Publicat/Researches/MaterialyConfer_01.php). Это, как я позже выяснил - из "Міжвідомчого збірника наукових праць «Архівознавство. Археографія. Джерелознавство.», т. 5, Київ, 2002, стор. 86-94."

Казалось бы, на чёрта нацистской Германии архивные материалы Украины: стоило ли отвлекаться им от фронтовых событий, где всё уже к зиме 1941-го года пошло не совсем так, как предполагалось? И стало ясно, что блицкриг провалился.
Ну ещё понятно, что особо ценные в историческом плане архивные материалы можно было бы вывезти в Германию. Не помешали бы - с пропагандистской целью - и архивы НКВД. Однако в обычных архивах особо ценного было не много, чаще — ничего, а чекистские архивы были частично уничтожены самими дзержинцами, частично отправлены вглубь страны. Так было, по крайней мере, в Виннице.

Оказывается, в связи с начавшейся колонизацией (или, как по-другому выражались, германизацией) Польши и Украины, решено было искать «Deutschtum» – очаги самобытных черт немецкой нации - на захваченных восточных территориях. Туда были направлены из Рейха молодые специалисты, чтобы охранять, привести в порядок архивные материалы, извлечь свидетельства «дойчтума» и передать их в немецкие архивы.
Что касается польских архивов, то их ограбление немцами началось ещё в период Первой мировой войны и интенсивно продолжалось с осени 1939-го года. С лета 1941-го года такая же участь постигла и архивы Украины, Белоруссии, советской части Прибалтики и частично - России.

Присвоение архивных материалов, находящихся в других странах, немцы обосновывали так называемым Provenienzprinzip (http://www.archivschule.de/uploads/Forschung/ArchivwissenschaftlicheTerminologie/Terminologie.html#Alphabetischer_Index). Под этим подразумевается порядок, при котором архивные материалы собираются и располагаются в соответствии с их происхождением. (В библиотеках, наоборот — в зависимости от темы, территории, персон, пр. Правда, эти различия исчезают, когда в библиотеках отдельно выделяются, например, книжные собрания какого-либо известного лица, а в архивах в одном месте находятся карты, в других - планы, фотографии, подшивки газет, и т. д. различного происхождения.)
Посему, прежде всего «законно» пересылалось в архивы Германии всё, имеющее как бы немецкое происхождение. Невольно, учитывая условия оккупации, пришлось кооперироваться с немецкими архивариусами и местным (польским, украинским, пр.) архивным работникам, отбиравшим для захватчиков архивные ценности, материалы на немецком языке, прочее из выше указанного «дойчтума».

Следует подчеркнуть, что количество награбленных в Польше архивных материалов было значительно большим, чем в Украине. Вследствие этого - и сложностей перехода архивов из Польши в архивные учреждения Германии. Послевоенные споры о правомерности этих перемещений, о необходимости возвращения архивов обратно в Польшу были весьма интенсивны. Отсюда, как «побочный продукт» этих споров — детальное исследование ранее малоизученных архивных материалов. Такой вот парадокс!

Архивное дело на Украине в результате Первой мировой войны и частой смены властей (1914 -1920) было весьма расстроено, многие ценные материалы утрачены. К началу Второй мировой войны структура архивных органов республики более или менее стабилизировалась, однако чистки во время террора конца 30-х годов вызывали многократную смену персонала и руководства архивов. Тогда же Сталин заклеймил «архивных крыс» и «лживую работу историков», чьи исследования и выводы из них не соответствовали политической линии партии. Собственно, давление на работников архивов началось ещё ранее, что видно из материалов Второго всеукраинского архивного съезда (Архивное дело 3-4 (28-29) (1932), стр. 71-73). Разворачивалась постепенная замена архивных работников «буржуазного происхождения» таковыми «рабоче-крестьянского происхождения», которых к 1938 г. стало две третьих. С марта 1939 г. архивы Украины были переведены в подчинение НКВД.
Как это не печально, но, по моему опыту контактов с винницким Гособлархивом, шлейф этой переподчинённости архивов Украины три четверти века тому назад тянется до настоящего времени.

Перед вторжением нацистских войск в СССР на Украине существовало 53 госархива (семь — центральных, 23 — областных с 21 филиалом). Это — не учитывая 811 малых архивов (746 — в районах и 65 — в городах).
В 1941-1943 г. г. Управление госархивами НКВД УССР находилось в городе Златоусте, Челябинской области.
В письме Г. Винтера (см. ниже) Роланду Зеебургу-Эльферфельдту (Roland Seeberg-Elverfeldt, 1909-1993, прусско-немецкий архивариус; фото 2, 1936 г.) от 06.10.1951 о состоянии украинских архивов в начале войны с СССР сказано следующее: «На первый взгляд виделось в украинских архивах, возможно, весьма сильно, незавершенное, временное, однако если знать, что до 1918 года имелись только два университетских архива в Киеве и Харькове, что собственно организация архивной службы началась лишь в 20-е годы, можно оценить по достоинству содеянное» (Bundesarchiv, Koblenz, Nachlass Winter, N 1333/2).
Это, конечно - при очень низкой доступности архивов, причём лишь для избранных лиц, чего немецкие специалисты в деталях знать не могли.
Учитывая польский опыт выше упомянутого Р. Зеебурга-Эльферфельдта и других (до конфискации немцами архивов там успевало кое-что исчезнуть и многое приводилось в беспорядок), архив во Львове был взят под охрану и контроль уже через два дня после овладения города вермахтом, то есть, 1-го июля 1941 г. Летом того же года Р. Зеебург-Эльферфельдт во время недельной командировки вместе с австрийским историком и архивариусом Францем Станглицей (Franz Stanglica - 1907-1946, погиб при невыясненных обстоятельствах в плену у американцев) конфисковал госархивы в Луцке, Ровно, Пинске и Тернополе, а также — районные архивы в Чорткове и Дубно. Эти архивы были также взяты под

охрану вермахтом, местным служащим наказывалось наблюдать за архивными материалами. Вся работа велась по указанию Эриха Рандта (Erich Randt,1887-1948) — немецкого архивариуса и историка, возглавляющего архивную службу генерал-губернаторства (Польша, Западная Пруссия, Галиция, Волынь; фото 5).

В октябре 1941 г. началась транспортировка архивов польских министерств (финансов, юстиции, внутренних дел и почт), прежде вывезенных
из Варшавы в Дубно и Здолбунов, снова в бывшую столицу. Честно говоря, смысл этого и других перемещений архивов для меня остался непонятным, но пишу я об этом, чтобы показать, что немецкие архивариусы в ходе тяжелейшей для Рейха военной кампании носились с польскими (французскими, украинскими и пр.) архивами как «дураки с писаной торбой». На самом деле, архивы, например, польского почтового министерства находились в 19 мешках; архивы же министерства юстиции Польши — в 27 ящиках (как «дураки с писаными сундуками»?).

После взятия вермахтом Киева 17-го сентября 1941 г. Эрнст Ципфель [Ernst Zipfel (1891-1966) — директор Рейхсархива в Потсдаме (1936-1945), одновременно с 1938 г. - руководитель Архивного научного института (фото 4, 1938 г.) и в 1944 г. примерно семь месяцев — комиссар Тайного архива. Э. Ципфель входил в Оперативный штаб Розенберга и был ответственен за переправку награбленного в Рейх. Einsatzstab Reichsleiter Rosenberg (ERR) - нацистская организация, занимавшаяся конфискацией и вывозом культурных ценностей с оккупированных территорий. Конкурировал с А. Розенбергом, что касается грабежа культурных ценностей, подобный штаб Рейхсмаршала Г. Гёринга.] решил немедленно направить туда опытного служащего. Выбор пал на Георга Винтера, который в то время служил в Париже. Для выполнения этого поручения, которое Э. Ципфель характеризовал как большое, очень ответственное и требующее собственных решений, не надо было, по его мнению, ни знаний славянских языков, ни истории восточноевропейских земель. Для Э. Ципфеля, кроме опыта архивной работы Г. Винтера, имело значение то, что в Первую мировую войну тот солдатом сражался на территории Украины (фото 6). Комично, не правда ли?

Немного подробнее — о Г. Винтере.
Georg Winter (1895-1961) изучал историю в 1918-1921 г. г. в Берлинском университете, защитил диссертацию, в 1921-1922 г. г. специализировался в Архивном научном институте, после чего был зачислен ассистентом в Государственный тайный архив. В 1927 г. стал Советником Госархива, в 1930 г. - руководителем Архивного научного института, в 1938 г. - директором Госархива. В 1940-1941 г. г. Винтер служил в Париже (фото 7, 1940 г.), а в 1942-1944 г. г. возглавлял в Киеве Управление архивов, библиотек и музеев, подчинённое Рейхскомиссариату Украины (фото 9, карта 1942 г.). В сентябре 1943 г. Г. Винтер руководил вывозом экспонатов Музея западноевропейского искусства из Киево-Печерской лавры. В 1944 г. переведен в Берлин, в 1945 г. короткое время возглавлял Тайный архив, затем работал в архиве Ганновера и руководителем архива в Люнеберге.

В 1952 г. Г. Винтер организовал и возглавлял до выхода на пенсию в 1960 г. Федеральный архив ФРГ в Кобленце - фото 8, 50-е годы. (Именно там я начал знакомство с некоторыми материалами времени пребывания Г. Винтера на Украине).
Формирование Г. Винтера как специалиста по работе с архивами происходило под влиянием Альберта Бракманна (фото 1, 1936 г.). Albert Brackmann (1871-1952), историк - один из основателей Архивного научного института. Считал первоочередной задачей выселение поляков, украинцев и евреев с оккупированных территорий и заселение последних немцами. С 1936 г. - на пенсии, но продолжал литературную и пропагандистскую деятельность. В день 70-летия А. Бракманна - 24 июня 1941 г. - его посетили, во главе с фюрером, главари нацистского Рейха Гёринг, Фрик, Риббентроп; ему был вручён высший орден, которым награждались учёные - «Adlerschild des Deutschen Reiches».

Как раз в том же 1941-м году, с конца октября до конца ноября Г. Винтер посещает архивы Полтавы и Харькова - городов в южных тыловых районах немецких войск, а также - Киева. Он видит почти равнодушное отношение к сохранению оставшихся там архивных материалов со стороны армейских служащих, весьма поредевший состав работников архивов. Узнаёт, что многие материалы были перед вторжением вермахта в эти города сожжены, часть архивов увезена в Сибирь. Г. Винтер взял архивные собрания в посещённых им городах под охрану, обязал оставшихся служащих заботиться о фондах и сообщать ему об обнаружении материалов, касающихся «дойчтума». Попытку организации более или менее самостоятельного «Украинского центрального исторического архива» Г. Винтер немедленно пресёк, а лиц, стремящихся к «украинизации» архива, в штат сотрудников не включил.
А, вообще-то, перед Г. Винтером - после месячной командировки - стояло столько сложных вопросов (включая, например, координацию совместной работы с Оперативным штабом Розенберга — см. выше), что о принятии каких-то важных организационных решений самостоятельно не могло быть и речи.

Многочисленные переговоры в Берлине длились примерно полгода — и только в конце мая 1942 г. Г. Винтер снова появился на Украине. Ему было поручено конфисковать архивы, обеспечить их сохранность, по возможности возвратить на места вывезенные материалы, как можно быстрее использовать архивы для немецких служб (политики, управления, научных исследований). Необходимо было срочно восстановить описания фондов, каталоги, которые были вывезены советскими властями при эвакуации.

Поэтому Г. Винтер, в сопровождении двух переводчиков, опять совершил поездку (до середины августа) по городам, где имелись архивы. Он посетил - с юга на север - Николаев, Херсон, Днепропетровск, Запорожье, Мелитополь, Полтаву, Харьков, Кривой Рог, Кировоград, Кременчуг, Киев, Винницу, Житомир, Бердичев, Чернигов и Гомель. По каждому архиву были составлены заключения и отправлены в Потсдам Э. Ципфелю.
Кстати, Г. Винтеру пришлось подписать обязательство не разглашать известное ему о деятельности Оперативного штаба Розенберга.

И везде Г. Винтер призывал персонал архивов к порядку и активности (зная, что архивным работникам платят нерегулярно и что выдача им продовольствия налажена плохо).

С целью облегчения работы Оперативного штаба Розенберга Г. Винтер вывел большие архивы (областные, исторические госархивы) из-под подчинения украинского самоуправления и передал их соответствующим службам Генералкомиссариатов. Он подчёркивал особую важность архивов, касающихся фольксдойче (лиц, имеющих немецкие корни) и евреев. В Николаеве он обнаружил документы на немецком языке об основании деревень немецких колонистов. В Запорожье выявил два фонда документов о меннонитах - лютеранской секте. В Днепропетровске в наличии оказался (единственный не вывезенный при эвакуации!) партийный архив, привлекший особый интерес Г. Винтера. Он приказал его переформировать (лично указав детали) на немецкий манер, что заняло вместо ожидаемых двух недель целый год времени.

В Киевском центральном историческом архиве в 1929-1932 г. г. существовало еврейское отделение, которое потом стало Закрытым фондом. В 1941 г. советские власти увезли 154 из 225 личных собраний этого фонда (33 723 единиц) и каталог, но всё ещё оставалось примерно 16 000 единиц (актов) объёмом в 50 куб. метров. Г. Винтер дал команду подготовить эти материалы для Оперативного штаба Розенберга и для Института по изучению еврейского вопроса (Institut zur Erforschung der Judenfrage) во Франкфурте-на-Майне.

После поездки Г. Винтер в заключительном сообщении охарактеризовал украинские архивы как нуждающиеся в восстановлении. Здания, в которых располагались архивы, и до войны были в плохом состоянии, к сему добавились повреждения от бомб, снарядов, пожаров, пр. Ни в одном из архивов и думать не приходилось о налаживании отопления в приближающуюся зиму. Отсюда — невозможность работы архивов в холодное время года. Что касается персонала, то только в некоторых городах (Киев, Полтава, Днепропетровск, Запорожье, Николаев) руководство архивами имело достаточную квалификацию и опыт, чтобы справиться с предстоящей работой. Подчинённый персонал не имел соответствующей подготовки, был советской системой лишён инициативности и самостоятельности в работе. Катастрофически влияло на восстановление деятельности архивов отсутствие каталогов.

Удивительно, но Г. Винтер в этом сообщении критикует немецкую политику, в результате которой местные архивные работники получают низкую зарплату. И не боится констатировать отсутствие интереса и даже нерасположение Рейхскомиссариата Украины по отношению к проблемам архивной службы.

Г. Винтер полагает, что скоро украинские архивы могут быть полезны немецкому управлению и исследовательской работе. Для этого необходимо, прежде всего, инвентаризировать отделы «Советские учреждения» и остатки «Еврейского фонда» Киевского центрального исторического архива, партийный архив Днепропетровска и секретный архив в Запорожье.

Даже сейчас, после многих десятилетий, прошедших с того времени, не перестаёшь поражаться этим и подобным свидетельствам полной уверенности немцев в вечности Третьего

Рейха, в колонизации на века' обширных территорий, в германизации той же Украины (фюрер считал, что для этого необходимо всего два десятилетия) и в не особо трудной перестройке там и везде всего на их манер. Г. Винтера дураком никак не назовёшь (посмотрите выше ещё раз краткое описание его служебной карьеры), но почему же оказался он таким наивным?!

7-го декабря 1942-го года Рейхскомиссаром Украины Э. Кохом было создано Земельное управление (Landesverwaltung) архивами, библиотеками и музеями (архивами — на первом месте!) Рейхскомиссариата Украины с временным пребыванием в Киеве. Одно из основных заданий — сохранение архивных материалов, что «для истории восточных территорий и для руководства управлений является важным»; кроме того, следовало собирать важные документы текущего времени (Zentralblatt des Reichskommissares für die Ukraine 1 (1942), Nr. 33, S. 516-517 и там же — 3206/5/8, Bl. 80-81.) 16-го декабря 1942 г. руководство вновь созданным Управлением было поручено Г. Винтеру. (Кстати, во время посещения архива в Виннице Г. Винтер не был «Генеральным директором архивов Германии», как это указывалось в газете «Вінницькі вісті».)

Г. Винтер с рвением принялся за работу, открыл (для, по его словам, недалёкого будущего) новые Земельные архивные заведения в Харькове, Полтаве и Днепропетровске. Он даже предложил к 1-му марта 1943 г. открыть в Киеве немецкие (!) Земельный архив, - библиотеку и — музей. Но его прыть не была одобрена: Рейхскомиссариат Украины посчитал, что развитие всех не необходимых для ведения войны культурных и гуманитарных мероприятий следует притормозить. Возникли трудности и с привлечением для работы в Управлении специалистов из Германии: в январе 1943 г. он ожидал таковых 16 человек (в том числе — семерых учёных), а в феврале того же года ему пришлось взять на себя и руководство группой музеев, так как никто из ожидаемых специалистов не прибыл (в штате группы музеев не состоял ни один немец). Возникли проблемы с помещениями для самого управления — и Г. Винтеру пришлось решиться на переезд из тесных комнат Гебиткомиссариата в Киевский центральный исторический архив, в котором отсутствовало отопление. Он вынужден был заняться поиском печей-времянок, топлива, пр.

Что касается розысков «дойчтума», то один из сотрудников Г. Винтера — В. Латцке (см. ниже), изучая материалы Каменец-Подольска, быстро пришёл к выводу, что этот город был в средние века самым восточным н е м е ц к и м колониальным поселением. А жизнь во Львове (Lemberg) носила явный «немецкий характер». Обращалось особое внимание на внедрение в средние века Магдебургского права в тех или иных городах, расположенных на территории Украины 40-х годов 20-го столетия.
И это всё — в тот период противоборства диктатур, когда появились первые признаки перелома в ходе военных действий!

Тем временем наступила ситуация, когда надо было уже думать о переброске архивов в другие места, хотя это было нежелательно со всех позиций. Собственно говоря, это был, прежде всего,

явный знак надвигающегося поражения в войне. Но как определить подходящее время для эвакуации архивов? Рано начнёшь — обвинят в пораженчестве (капитулянтстве). Поздно спохватишься — будешь отвечать за потерю части архивов.
Подготовка к эвакуации архивов началась в Восточной Украине (Харьков, др.) уже в конце января 1943 г. Подготовка — это сортировка того, что должно быть эвакуировано и того, что можно было, не опасаясь наказания, оставить на месте. Осенью того же года эвакуация архивов была в полном разгаре. Надо было на всё получать разрешение в Рейхскомиссариате, «выбивать» транспорт. Кроме архивов, Управление Г. Винтера вывозило в Каменец-Подольск собрание икон Восточноевропейского музея, собрание антиквариата Западноевропейского музея. Туда же, в Каменец-Подольск, передислоцировалось и само Управление.

В направлении Ровно загружались в товарный вагон ценные картины из Восточно- и Западноевропейского музеев. В направлении Каменец-Подольска — четыре вагона с архивами 16-17-го столетий, рукописи из библиотек, этнографические экспонаты и опять - иконы. Между тем, штадткомиссар Киева СА-майор Берндт (Berndt) выразил удивление, что Управление Г. Винтера не предусматривает взять, вместе с вышеперечисленными культурными ценностями, также собрания из Зоологического института и Института украиноведения (Institut fuer Landeskunde). Поэтому он потребовал от заместителя Г. Винтера
Вальтера Латцке (Walther Latzke, 1904 -1991 - австрийско-немецкий архивариус; фото 3, у здания архива в Троппау) письменное подтверждение того, что тот указанный груз отвергает. В. Латцке немедленно нашёлся и ответил, что эти грузы велено направить в другие места (в частности, собрания из Института украиноведения — в Винницу). Каждый боялся быть обвинённым в том, что оставил неприятелю то, что положено было украсть.

Полный список вывезенного только Управлением Г. Винтера занял бы много места: около двух тысяч томов старинных книг, примерно 250 папок с важными актами, многочисленные рукописи, картины, иконы… Дальнейшее перемещение этого груза было уже на немецкую территорию — в Троппау (Troppau – теперь это город Опава в моравско-силезской области Чехии). Там располагался один из Рейхсархивов.
В конце декабря 1943 г., когда Г. Винтер и В. Латцке находились в отпуске и готовились к семейным празднованиям Рождества и Нового года, 1-й Украинский фронт начал (как раз в Святой вечер — Heiligabend, 24 декабря) новое наступление. 31-го декабря оба были вызваны в Каменец-Подольск. В первые дни января 1944 г. началась эвакуация награбленного в Троппау, где оно находилось с 10 января 1944 г.

Я и тут буду краток, так как всех перемещений не перечислить. Хочу только отметить ещё один парадокс: вывезенное из Киевского центрального исторического архива возвратилось в столицу Украины после войны в полной сохранности, а оставленное в архиве - две трети всех фондов - сгорело во время боёв при освобождении Киева (http://cdiak.archives.gov.ua/histori.php#I).

В книге Штефана Лера (см. ниже) достаточно много рассказано о киевских архивариусах —

коллаборационистах, о каковых, по принятым негласным правилам, в украинской литературе советского периода — почти ничего. В том числе совсем ничего — и на указанной двумя строчками выше странице Центрального государственного исторического архива Украины (Киев).

Я не касаюсь этой темы, так как она не связана с архивом в Виннице, о заведующем которого, доценте К. Н. Глазырине мне ничего раздобыть дополнительно к данным из «Винницких вестей» (http://www.proza.ru/2016/08/31/65) не удалось.

Жаль, конечно, что, как мне представляется, до настоящего времени нет обстоятельного разбора той тяжёлой ситуации, в которой оказались не только работники украинских архивов, но и представители интеллигенции в целом. Ведь имело значение не только нападение гитлеровской Германии на сталинский Советский Союз, как говорится, в чистом виде, но и то, что происходило на территории СССР от времени Октябрьского переворота до начала Второй мировой войны. Многие специалисты различных профилей пострадали от советской власти и поэтому они ожидали перемен в лучшую сторону. Специалисты в различной степени кооперировались с немецкими властями, хотя надежды на достижение ими национальных целей день ото дня таяли. В результате, в культурных областях украинская интеллигенция наткнулась на всевозможные ограничения, а свобода ей предоставлялась только в антисоветской пропаганде. Во всём остальном — полная зависимость от немецких властей, включая вознаграждение за труд деньгами и продовольствием. Коллегиальные контакты между немецкими и украинскими специалистами не существовали или были исключительной редкостью; правильнее было называть совместную работу украинских специалистов с немцами вынужденным сообществом.

Назову всё же два имени. Прежде всего, - Наталии Дмитриевны Полонськой-Василенко (1884-1973), профессора Киевского университета (с 1940 г.), возглавлявшей в годы оккупации Киевский центральный архив старых актов. Покинув Киев с приближением к городу советских войск, она сначала перебралась - с остановкой во Львове - в Прагу, где находились некоторые украинские организации, а потом - в Баварию. В Мюнхене она совместно с Володимиром Варламовичем Мияковським организовала "Українську вільну академію наук". С 1945 г. она состояла профессором "Українського вільного унівеситету" (Мюнхен), организаторами которого в основном были украинские учёные, перебравшиеся из Праги. В. Мияковський (1888-1972, директор Киевского центрального исторического архива в 1922-1929 и в 1941-1943 г. г.) в одной из деревень близ города Пассау, в лагере беженцев начал собирать украинские печатные издания и создавать архив указанной выше Академии наук. С начала 50-х годов В. Мияковський работает по пополнению архива, находящегося уже, как и он сам, в Нью-Йорке. Весьма примечательно, что в Германии ни Н. Полоньска-Василенко, ни В. Мияковський не поддерживали никакого контакта Г. Винтером: их пути разошлись, так сказать, по разным национальным направлениям.

А каковы были судьбы немецких архивариусов, возглавлявших архивные учреждения на оккупированных восточных территориях?

Г. Винтеру в первые послевоенные годы пришлось мыкаться по разным городам. Но его денацификация прошла без всяких трений, так как он не был членом нацистской партии. Американцы, возглавлявшие комиссию, признали его 18-го ноября 1946 г. «номинальным (фиктивным) наци», что означало для Г. Винтера - никаких ограничений в дальнейшей службе. И он (см. выше краткую биографическую справку) достиг в свой профессиональной карьере самой высокой вершины. И это, несмотря на то, что даже о грабежах культурных ценностей командой Розенберга Г. Винтер никогда особо негативно не отзывался! Г. Винтер произошедшему в Германии всегда находил простые объяснения, полагая, что, например, в приходе в 1933 г. к власти нацистов виновны тяжёлые обстоятельства, в которые Германия попала после Версальского договора 1919-го года. И, разумеется, Г. Винтер и его сотоварищи по оккупированным восточным территориям десятилетиями задерживали изучение их «плодотворной работы» там. В частности, они скрывали многие акты времени оккупации, препятствуя их анализу в открытом в 1948 г. в Мюнхене «Институте по изучению времени национал-социализма» (с 1952 г. - «Институте современной истории»). Свою деятельность в Польше, Украине, пр. они характеризовали только как военную службу, «долг Родине».

Интересно, что и два последующих директора Федерального архива в Кобленце «отметились» на оккупированных территориях. Karl Gustav Bruchmann (1902-1967) возглавлял Федеральный архив с 1961 г. до своей смерти, а в 1939-1944 г. г. был руководителем архива в Kattowitz (Катовице), как выражаются, со всеми вытекающими отсюда обстоятельствами. Wolfgang Arthur Mommsen (1907-1986) занимал пост директора Федерального архива в 1967-1972 г. г., а во время войны входил в Оперативный штаб Розенберга и «прославился», в частности, ограблением архивов Витебска, Гомеля, Смоленска и Брянска.

Из упомянутых в статье лиц, причастных к работе архивов на оккупированных восточных территориях, денацификацию не прошли только два человека: Эрих Рандт и Вальтер Лацке.

**

- Считаю обязанным подчеркнуть, что бо'льшая часть материалов для этой статьи, а также все иллюстрации почерпнуты из книги Stefan Lehr «Ein fast vergessener „Osteinsatz". Deutsche Archivare im Generalgouvernement und im Reichskommissariat Ukraine», Droste Verlag Düsseldorf, 2007, S. 412 [Schriften des Bundesarchivs 68].
- В Украине 10 лет тому назад был издан большой справочник, отчасти касающийся и архивов:
Н. Кашеварова, Н. Малолетова
Деятельность Оперативного штаба рейхсляйтера Розенберга в оккупированной Европе в период Второй мировой войны: Справочник-указатель архивных документов из Киевских собраний/
НАН Украины; НБУ им. В. И. Вернадского; Госкомархив Украины; ЦГАВО Украины; Министерство культуры и туризма Украины; Государственная служба по контролю за

перемещением культурных ценностей через государственную границу Украины. - Киев, 2006. - 578 с.

***

P. S.
Перечитал ещё раз написанное - и уверен, что лучше, чем словами А. С. Пушкина, дать оценку не смогу. Просто повторю вслед за гением, так высказавшимся после прочтения бессмертного шедевра Н. В. Гоголя «Вечера на хуторе близ Диканьки»: «...Все это так необыкновенно в нашей литературе, что я доселе не образумился…»

У вас возник законный вопрос: а почему в моём посвящении не упомянуты руководители и сотрудники нынешних немецких архивов, помогавшие мне в работе над этой публикацией? А за что им этот, разоблачающий нацистских архивариусов, труд посвящать?, - отвечу я вам. Ну, появился я в Федеральном архиве в Кобленце. Встретили любезно, но не с тем радостным удивлением и восторгом, как, например, в винницком архиве МВД (НКВД). Так же, как и в Виннице, не потребовали подтверждения личности аусвайсом (паспортом), приняли на веру заполненный мною регистрационный листок — и через короткое время выдали номер и шифр, требуемые для «проникновения» - через интернет - в запасники архива в Кобленце и его отделений в Берлине, Байройте, Людвигсбурге, Растатте.

В Виннице безразличие к подлинности моей личности я сразу же расценил, как полный провал надежды получить что-то из архива НКВД. Кому отказать — им было всё равно.
В Кобленце же причина иная: нашёл искомое — либо поезжай туда, либо заказывай копии. Зачем аусвайс? Свободный доступ — значит для всех. Без исключения!
Я воспользовался только поездками в Кобленц: от дома — всего-то 125 км. Утром на машине выехал, вечером возвратился. И столовая в архиве отличная. Мог бы поехать и в другие отделения, не переживая, что из Кобленца уже позвонили туда и предупредили: то и то ему, то есть, мне - не выдавать! Словом, в Федеральном архиве особого труда при обслуживании меня не приложили. Даже отказом, выдачей пустопорожней справки себя не отяготили.

Не то что - в Виннице. Столовой в областном Госархиве нет. И руководство в перерыв ходит обедать домой. Казалось бы, ну и что? А то, что филиал архива (бывший Партархив), где находятся затребованные мной материалы, располагается наискосок через дорогу от «обеденного места» руководства. И последнее не поленилось появиться в филиале и наложить «вето» на материалы оккупационных лет, которые были весьма опасны для моего здоровья. Скажите честно, как после этого не выразить особую мою признательность руководителю Гособлархива?

Откуда я это знаю? Констелляция достоверно мне известного, включая мои собственные наблюдения и сопоставления, не оставляет сомнения в том, что это было именно так. Я ведь по

своей основной специальности — человековед-источниковед.
Как не крути, а мы с руководством архива почти коллеги.
И ему-то понятно, почему я снова и снова напоминаю о своих безуспешных попытках получить там необходимые материалы. К которым «доступ без ограничений», но — не для меня.

Ведь ещё литератор Острожин в «Блакитній троянді» Лесі Українки спрашивал: «Як ви можете так спокійно? Се ж значить, здати себе в архів?».

Н е   м о г у   и   н е   х о ч у !

Статья опубликована 10.10.2016: http://www.proza.ru/2016/10/10/341

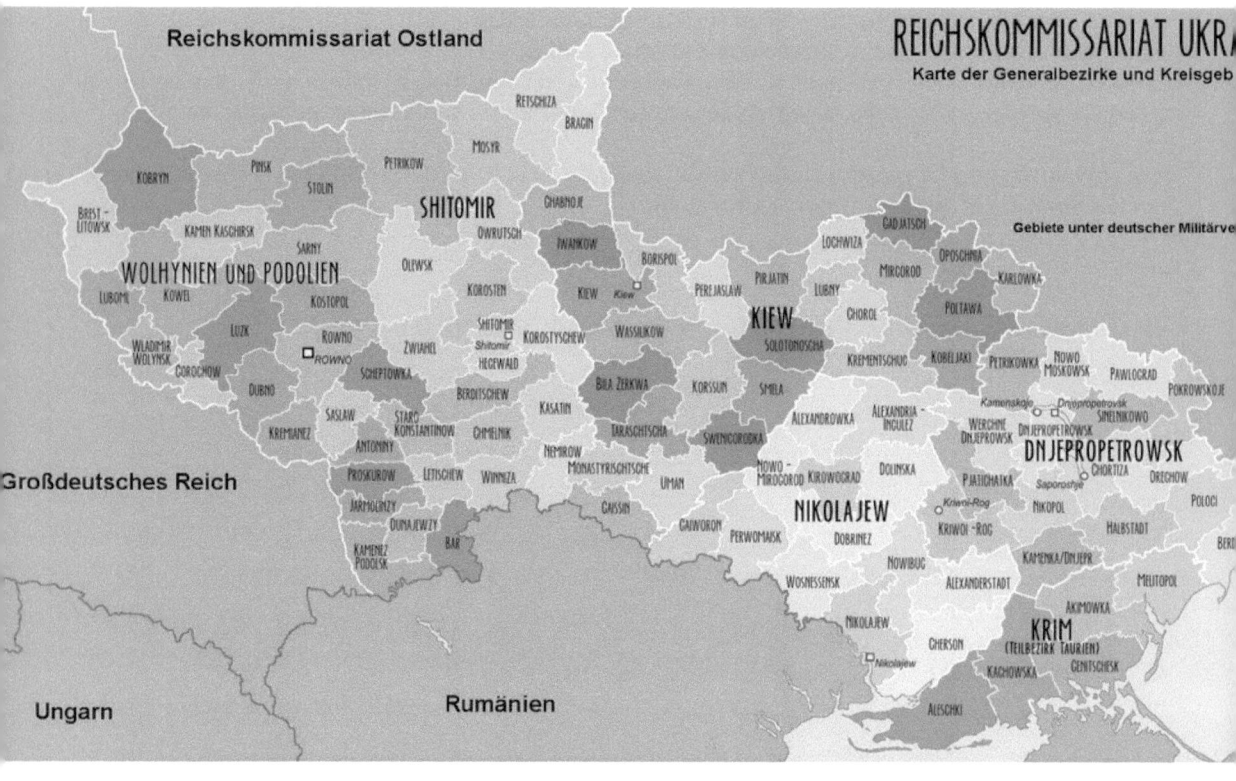

Карта заимствована из ВикипедиИ

Образование в оккупированной Украине 1941-1944

В этом очерке нет никаких сенсационных материалов. И написан он как бы случайно. При поиске в немецких архивах «чисто винницких» актов, я наткнулся на неизвестные мне факты о политике нацистов в отношении народного образования местного населения оккупированной Украины. Подумал, что об этих намерениях и их практических претворениях, возможно, определённому кругу читателей хотелось бы узнать подробнее — и вот, как могу, удовлетворяю их тягу к дополнительному познанию истории своей страны. Второй по потенциалу Союзной республики, отданной на три года в полное распоряжение врага обезглавленной перед войной Сталиным и отступающей в начале войны Красной Армией. Конечно, в небольшом очерке рассказать обо всём не представлялось возможным — и тема мною отражена лишь в общих чертах, а некоторые детали раскрыты только для большей наглядности состояния того образования.

В СССР никто не говорил об этом, как и о многом другом, даже шёпотом. Об образовании - от школьного до высшего, имевшем место там и тогда. О таких обязательных составляющих системы народного образования, как финансирование, школьные учителя и преподаватели средней специальной и высшей школы, а также - о программах, об учебных средствах, начиная от ручек, перьев, тетрадей и заканчивая учебниками, об экзаменах, аттестатах и дипломах, и пр.

Нет об этом практически ничего и в воспоминаниях: в советское время было сие запретной темой, до постсоветского времени большинство учеников, а тем более студентов и учителей, преподавателей того периода просто не дожило. А тем, кто мог бы ещё немало рассказать, видимо, навсегда отбили охоту вспоминать вслух годы «под немцем».

Даже в таких объёмных мемуарах, как известная в Виннице книга врача В. Я. Куликова, искать что-то о школах времени оккупации — бесполезная трата времени. В. Я. Куликов многое скрыл, многое как бы проигнорировал. Или же публикатор воспоминаний - внук автора решил эту часть воспоминаний не включать в книгу? - издательство читателей об этом не проинформировало.
А ведь у В. Я. Куликова было трое детей, о которых, помнится, он пишет вскользь дважды. Старший сын и дочь в войну посещали школу. Чему и как они тогда учились — читателю узнать не дано. Потому что школьное образование осталось за скобками свидетельств очевидца жизни Винницы в течение почти трёх лет оккупации. Безусловно, школьными делами дочери и старшего сына больше интересовалась их мать-домохозяйка, но чтобы отец, хотя и занятый по горло иными делами, был в полном неведении о школьной учёбе своих детей — представить себе нельзя: В. Я. Куликов был заботливым семьянином.

Конечно, в настоящее время есть уже несколько работ по этой тематике, о чём я указывал ранее (http://www.proza.ru/2015/02/16/1176). Но они, к сожалению, основаны в основном на документах, в них недостаёт доверительных сведений, полученных «из первых рук».
В том числе, - книга «Жизнь в оккупации. Винницкая область 1941-1944 гг.» из серии «Документы советской истории»; Москва, РОССПЭН, 2010 [в дальнейшем, при цитировании книга будет обозначаться как «ЖвО»]. И всё-таки раздел «Школа и образование» в ней (около сорока страниц) является существенным прорывом в «заговоре молчания» об этой стороне жизни на Винничине в годы оккупации.

Сразу хочу заметить, что и любые сведения «из первых рук», полученные в советское время, надо принимать во внимание с определённой осторожностью. Люди рассказывали, зная о чём не стоит упоминать и что' желают услышать спрашивающие или допрашивающие. А кто не знал или не хотел учитывать это, тот поплатился сам, а его рассказ никогда не увидел свет. А если и увидел, то после «редакторской обработки» чекистами. Возможно, что немало таких неугодных режиму свидетельств ещё сохраняют архивы НКВД - КГБ. Хотя, опять же, какой учитель расскажет именно «компетентным органам» всю правду — без умолчаний или

преувеличений — о своей работе в школе во время оккупации?
А где повествования о жизни и работе школьных учителей той поры, записанные для обнародования их «в лучшие времена», где? Времена ведь настали уже давным-давно ...

Заинтересовавшись «засекреченной» в советское время работой Винницкого медицинского института в период оккупации (см. ссылку выше), я попытался осенью 2015 г. проникнуть в «секреты» жизни и преподавательской деятельности, ознакомившись с архивом тех лет (по данным картотеки, доступ к этому архиву - без ограничений). Но наткнулся на ту же непроницаемую, что и в советское время, стену, воздвигнутую предо мной «демократическим» руководством Госархива областного центра, стремящегося, что ли, таким образом к «европеизации» своего учреждения. Об этом неприглядном факте я писал уже многократно, в надежде, что буду услышан и что-то там изменится: или руководство, или методы его работы. Пока результатов что-то не видно: все силы отданы процессу «европеизации», под которой в Винницком Гособлархиве понимается, вероятно, что-то особое, остальной Европе пока не известное. Вернее, - хорошо известное, но только - из недоброго прошлого.

**

Поиск в Германии привёл меня в Diözesan-bibliothek (диоцез — епархия) в Кёльне, где обнаружился 52-й том серии «Монографии» Украинского свободного университета в Мюнхене. В этой 240-страничной книге (автор - Blanka Jerabek), изданной 15 лет тому назад, представлены весьма познавательные и интересные материалы. На мой взгляд, среда означенного учебного заведения, где работало много очевидцев происходившего на оккупированных восточноевропейских территориях, помогли автору и в подборе, и в коррекции материала, которому можно в большой степени верить.
Что касается многих тонкостей системы образования, то тут автору - профессору педагогики Украинского свободного университета в Мюнхене — и карты в руки.
Необходимо подчеркнуть, что книга B. Jerabek основана почти полностью на сохранившихся немецких документах (значительная часть архивов, например, Рейхсминистерства по оккупированным восточным территориям была уничтожена при военных действиях в Берлине в 1945 г.). Материалы украинской прессы и высказывания современников событий тех лет в книгу, по словам автора, не включены преднамеренно. Мне представляется, что это было сделано по двум причинам: газетные материалы были почти всегда вынужденно в той или иной степени искажены, а, как сейчас по подобному поводу было бы замечено, ангажированные очевидцы придерживались заданного им аранжимента. Автор, правда, цитирует книги англо-американских историков, но, как правило, не столько их мнения, как содержание обнаруженных ими архивных актов.

**

Как замечается Институтом изучения национальных проблем ФРГ в предисловии к книге, школьная политика национал-социализма в Украине не лишена определённых примечательностей, обусловленных противостоянием между Рейхсминистром по оккупированным восточным территориям Альфредом Розенбергом (с июля 1941 г.) и Эрихом Кохом - Рейхскомиссаром Украины (с сентября 1941 г.). А. Розенберг имел в этом отношении более либеральные представления, Э. Кох отвергал же любые уступки, полностью следуя по этому вопросу диким представлениям фюрера. Последний считал, что «Знание русскими, украинцами, киргизами и так далее чтения и письма нам может только повредить. Потому что это делает возможным в сообразительных головах … возникновение политических мыслей, острие которых должно будет направлено против нас… В школах не следует разрешить учить большему, чем значению придорожных знаков движения… Занятия географией должны ограничиться указанием на то, что столицей Рейха является Берлин и что каждый должен там побывать хоть один раз в жизни … Уроки арифметики и подобного лишни...» [Ritter, Gerhardt (Hrsg): Hitlers Tischgespraeche in Führerhauptquartier 1941- 42. Bonn 1951 – цит. по B. Jerabek]. Полнейший бред - со всех точек зрения - и это не единственное проявление тяжёлого отклонения психики фюрера от нормального состояния.

В отличие от занятых территорий на Западе, управление которыми было полностью отдано Высшему командованию вермахта, на восточных территориях, учитывая их обширность и наличие там боевых действий, военных, по мнению фюрера, от управления следовало освободить. С этой целью на Украине создавались местные органы самоуправления. Главное требование, выдвинутое местному самоуправлению — всё хозяйство (промышленный и аграрный сектора) перестроить на пользу Рейху. От восточных территорий требовалось не только снабжение продовольствием вермахта со всеми его службами, но и отправка излишек на территорию Германии для улучшения жизни гражданского населения.

А. Розенберг, представления которого отличались от планов потерявшего чувство реальности А. Гитлера, был, однако, так же как и фюрер, против восстановления самостоятельности национальных регионов, хотя и видел качественные различия между народами восточных территорий. Показательным в этом отношении явилось «переименование» им Белоруссии (Weißrussland) на Белорутению (Weißruthenie). Фюрер же считал все народы, населяющие страны к востоку от Рейха, неполноценными — и русских от других славян практически не отличал.

В планах А. Розенберга было превращение Украины в основную кладовую зерновых культур и главный источник рабочей силы для Рейха. Он даже представлял будущее Украины с расширенными (за счёт России) территориями как будущее самостоятельной страны, полностью оторванной от России, но тесно связанной Германией. А Киев видел он главной столицей варяжского (норманнского) государства, учитывая сильный нордический оттенок и высшие (чем у русских) качества украинского народа. Об этом он указывал в «Инструкции для Рейхскомиссара Украины», составленной им ещё в мае 1941-го года.

Однако сказанное выше планировалось «на пото'м». В течение же всего продолжения военных действий Украина должна была, прежде всего, снабжать Рейх продовольствием и промышленным сырьём.

Одновременно украинские литераторы, учёные, политики обязаны были оживить национальное самосознание украинцев, объясняя им нанесённый в этом вред «большевистско-еврейскими властями».

Планы А. Розенберга указанным не ограничивались. В его программе для Украины были и открытие нового большого украинского университета в Киеве, ряда технических отраслевых школ, отправка в Украину учителей немецкого языка, поддержка украинской литературы, постепенное вытеснение русского языка, пропаганда немецкой культуры ...

По представлением Розенберга, украинские территории должны были достичь Волги, охватывая также Республику поволжских немцев; в эти новые «украинские» регионы было бы легче переселять немецкое население из Германии. Фактически планы А. Розенберга были мечтой о создании буферной зоны между Россией и основной территорией Рейха.

С началом операции Барбаросса - вторжения в СССР и назначения через два с небольшим месяца после этого Рейхскомиссаром Украины Э. Коха - маниловские планы А. Розенберга получили не только жестокий отпор со стороны Э. Коха, но и оказались пузырём в результате возникшей реальной ситуации, весьма отличавшейся от его прежних представлений. Что касается конфликта с Э. Кохом, то таковой всё более нарастал и достиг остроты, потребовавшей в мае 1943 г. вмешательство фюрера. Последний стал на сторону Э. Коха, но, тем не менее, А. Розенберг сохранил свой пост до конца существования Рейха, а Э. Коху уже с ноября 1944 г. управлять было нечем. И всё же А. Розенберг был унижен фюрером, рекомендовавшим ему прислушиваться к практическому опыту Рейхскомиссариата. Мнение фюрера о нежелательности различать великороссийский и малороссийский народы свело всю концепцию Рейхсминистра к нулю.

Э. Кох был назначен на должность Рейхскомиссара Украины по настойчивому желанию Г. Гёринга — и А. Розенберг понимал, что просить содействия ему было не у кого: в нацистской иерархии никто из прочих не отважился бы вести с фюрером разговор в защиту планов А. Розенберга. Э. Кох являлся также приятелем М. Бормана - начальника канцелярии нацистской партии, Рейхсминистра по делам партии, личного секретаря фюрера — и с этим А. Розенбергу также приходилось считаться.
Как писал английский историк Gerald Reitlinger (1900-1978) в книге «The House built on Sand, the conflicts of German policy in Russia, London: Weidenfeld and Nicolson, 1960», Э. Кох сделался символом головокружительных планов Гёринга по эксплуатации и живым эхом презрения и ненависти Гитлера по отношению к своим подданным.

На одном из заседаний в Ровно в конце августа 1942 г. Э. Кох разоткровенничался: «Никакой свободной Украины нет. Цель нашей работы — украинцы должны трудиться для Германии, а не - осчастливить их. Украина должна снабжать Германии тем, чего у нас не хватает… Недостающее количество зерна должна произвести Украина. Питание местного населения, перед лицом этого задания, нам абсолютно безразлично. Задание фюрера — три миллиона тонн зерна… 700 000 тонн семян масличных культур. Всё должно быть изъято до последнего, не обращая никакого внимания на население… мы имеем дело с народом, который является неполноценным. Если этот народ 10 часов в день работает, то восемь часов он должен работать на нас…» (Archiv Koblenz, R 6/70).

[Об А. Розенберге и Э. Кохе — их служебной карьере, преступлениях и понесённых наказаниях я писал ранее: http://www.proza.ru/2015/01/27/96 .]

***

Таковым являлся фон для развёртывания системы образования на оккупированных украинских территориях. Возможно, это объяснит отчасти ту зигзагообразную линию, которой следовало становление образования на Украине в течение трёх лет господства нацистов.
В ряде Генеральных районов, в том числе в Житомирском, в который входил район Винницы, ввели должности школьных референтов (в Житомире - 03.02.1942 г.). Действовали они часто каждый на свой манер, потому что чёткой стратегии мероприятий по восстановлению народного образования не было.

В одном из тезисов (дата и авторство которого остались неясными) готовящегося выступления Э. Коха был следующий пункт: «… у нас нет никакого намерения поднять образовательный уровень населения и даже — сохранить его на прежнем уровне. … будем заботиться о том, чтобы в будущем украинцам предоставлялась возможность получить образование в размерах не выше первых трёх классов народной школы…» (Archiv Koblenz, R 6/35). А генерал Группы безопасности, наоборот, 28.10.1942 г. предупреждал: «Восстановления обучения в классах выше четвёртого не обойти, так как неудовлетворённость населения несбывшимися ожиданиями грозит ухудшением настроения, что неблагоприятно повлияет на безопасность оккупационных частей и путей снабжения войск.» (Archiv Koblenz, R 6/403).

Немецкое руководство в целом было как бы раздвоено в своих планах. С одной стороны, было понятно, что на обширных территориях Украины (да ещё при добавлении к ней русских территорий, простирающихся до Волги) переселённых сюда немцев не будет хватать для налаживания управления. И хотя украинскому населению отводилась роль рабочей силы, вынужденная необходимость привлечения его и к управлению не вызывала сомнений.
Но это было невозможным без повышения образовательного уровня молодого населения (причём, не вызывая подозрений в стремлении поднять обучение всей молодёжи). И, главное, одновременно надо было предотвратить нарастание слоя интеллигенции — носителя нежелательных для оккупантов стремлений. То есть, открытие новых образовательных

заведений должно было быть тесно связано с ранее принятыми планами восстановления и развития промышленного и сельскохозяйственного потенциала Украины.
И не менее важным являлось внедрение в сознание учащихся нового мировоззрения, потому что воспитанные большевиками молодые люди не могли принести Рейху необходимую пользу.

Желание избежать недовольства населения чувствуется в формулировках декретов об образовании, в которых, к примеру, провозглашалось общее 7-летнее школьное обучение (восстановление существовавшей в советское время «семилетки») и тут же примечалось, что для некоторых школьников период обучения может длиться только четыре года. Способным и прилежным ученикам обещалось даже специальное образование, вплоть до высшего. Одновременно в секретных, «для служебного пользования» и прочих подобных документах чётко указывалось о намерении ввести в школах только общее четырёхлетнее обучение.

А. Розенбергу эти планы представлялись недостаточными, так как уже в то время ощущался недостаток квалифицированных кадров и в промышленном, и в аграрном секторах. И он хорошо знал, что для обучения таковых недостаёт учебных мест, преподавателей. Рейхсминистр считал также необходимым включить в учебные программы всех украинских школ изучение немецкого языка (что для русских школ не предусматривалось).

***

В начале 1942-го года на места были разосланы указания по восстановлению на Украине обязательного школьного образования. Они были составлены в министерстве А. Розенберга ещё в августе-сентябре 1941-го года, но адресаты (местное гражданское самоуправление) в то время отсутствовали.
Вводилось семилетнее общее образование, высшая ступень которого (5-7-й классы) предназначалась только для одарённых детей. Далее (после второго отбора кандидатов) возможно было 1-3-летнее практическое обучение сельскохозяйственному производству, технике, ремесленничеству, торговле, управлению. Для детей из семей так называемых фольксдойче (имеющих немецкие корни) создавались привилегированные условия обучения. Наконец, было подчёркнуто, что высшие школы, учитывая общую ситуацию того времени, не предусмотрены. Однако вопрос об обучении будущих врачей, ветеринаров и фармацевтов предвиделось рассмотреть повторно.

В различных районах Рейхскомиссариата приведенные выше указания Министерства А. Розенберга воспринимались и осуществлялись весьма по-разному, что принудило Рейхсминистра в феврале 1943 г. издать новые директивы и указ. Он требовал одинакового исполнение их на территории всей Украины, а издание новых правил аргументировал изменившейся военной и политической обстановкой. Под территориями, на каковые распространялись правила, подразумевались те, которые находились на расстоянии более 200 км от линии фронта и где военное управление было отдано в руки местных гражданских управ.

Что касается отсутствия единства в системе школьного образования, то и в районах с военным управлением наблюдалось подобное. Впрочем, иного и нельзя было ожидать из-за пёстрых условий, в которых, в этом отношении, находились различные территории. Количество детей школьного возраста (школу разрешено было открывать при наличии 20 и более детей подходящего возраста в деревнях или других поселениях), наличие школьных помещений (многие из таковых использовались вермахтом для своих нужд), число учителей вообще и - определённых специальностей, в частности — всё настолько разнилось. А ведь речь шла о тысячах школ!
И совершенно понятно, что взгляд военного управления на школьную политику не мог быть таким же, как взгляд на неё местного гражданского самоуправления. Что бы там не велело Министерство А. Розенберга, которому военные не подчинялись ...

Э. Кох как Рейхскомиссар Украины лучше всего подходил, по мнению фюрера, для эксплуатации украинской рабочей силы и вывоза из Украины зерна, скота, прочего продовольствия. Ему было чуждо сострадание, что отражалось и в его отношении к народному образованию «недочеловеков» - населения Украины.
12.01.1942 Э. Кох издал указ об ограничении школьного обучения 11-летним возрастом.
31.08.1942 подтвердил ограничение образования четырьмя годами. Исключение допускалось только для небольшого числа лиц. Все школы, выходящие за рамки 4-классных, должны были, по его указанию, закрыться.
24.10.1942 существование школ было поставлено в зависимость от наличия в достаточном количестве учебников и учебных пособий.
Одним словом, Э. Кох стремился полностью приостановить школьный процесс в Украине. О считал, что даже трёхклассное образование было бы для украинского населения слишком высоким. В зиму 1942/1943 г. г., без выражения какого-либо сожаления, он приказал многие школы временно закрыть из-за недостатка угля для отопления.

По наказу А. Розенберга, обучение в школах Украины должно было проводиться на украинском языке. В тех случаях, где преобладающим языком был русский (Донбасс), допускалось обучение на русском языке, но изучение украинского языка требовалось в обязательном порядке включать в учебный план.
В Генералкомиссариате Житомир только в самых северных районах преподавали на русском языке, так как население и учителя белорутенским (белорусским) языком владели очень редко.

Весьма сложно обстояло дело с учебниками и учебными пособиями. Немало было уничтожено войной, а что сохранилось, то было советского производства, «пропитано большевистским духом», как считали оккупанты - и также подлежало уничтожению. В некоторых местах издавали специальные газеты для использования их на школьных уроках чтения.
Дополнительные проблемы возникли у А. Розенберга в связи с предложениями печатать украинские тексты немецкими буквами, вместо использования кириллицы, против чего ему

приходилось бороться. О нехватке (отсутствии) школьных тетрадей, перьев, карандашей, школьных досок, пр. и говорить не приходится.

Учителей, разумеется, было недостаточно, так как лица с высшим образованием эвакуировались в первую очередь. На одного учителя приходилось местами до 150-200 учеников. Посещение школы в разные времена года существенно колебалось, в среднем школы посещало около 80% детей соответствующего школьного возраста. Многие не ходили в школу из-за отсутствия подходящей обуви и одежды.

***

По данным же Генералкомиссариата Житомир (в этом районе проживало 2.916.890 человек), на 29.03.1943 там работали 249.343 школы с 4-летним обучением, а число преподавателей равнялось 6.040 (примерно, 41 ученик на одного преподавателя). Навряд ли эти цифры соответствовали истине, да и были ли все преподаватели с необходимым образованием?

В сборнике «ЖвО» на стр. 558-565 приведены «Статистические сведения о школах Винницкого гебита (района) по состоянию на 10 июня 1943 г.» и «Отчеты о деятельности культурно-образовательных учреждений Винницкого округа (август 1943 г.)». В Виннице было 2002 ученика и 71 учитель (28 учеников на одного учителя), посещаемость школы — 79%, успешность обучения — 82%. В Винницком районе приходилось более 47 учеников на одного учителя, в Турбовском районе — более 64 учеников, и т д. В среднем по гебиту — 36 учеников на одного учителя. [До войны в Винницкой области на одного школьного учителя приходилось 24 ученика («ЖвО», стр.572).]
На начало года в Виннице было одна народная (с четырёхклассным образованием) школа и восемь средних (V-VII классы), а к 01.08.1943 г. соотношение школ было иное: 4 народных и 5 средних.

По этим данным видно, что школьное образование «развивалось» по нисходящей, что было, собственно, целью Рейхскомиссариата. Произошло резкое сокращение числа учителей (в Винницком районе — с 164 до 78, в Турбовском — с 72 до 26, и т. д.; в целом по области — на 40,3%).
Результаты обучения в народных школах — соответствующие: осталось на 2-й год в Виннице 9% учеников, в Винницком районе — 33,4%, в Турбовском — 52,2%, в Литинском — 44,4%, в Браиловском — 52,4%. Эти цифры не нуждаются в комментариях.
В средних школах (в целом по указанным выше территориям) остались на 2-й год 23,6% учеников.

Полагаю, что особо верить содержанию этих и других подобных отчётов не сто'ит. Когда называется число студентов в медицинском институте (на V-м и I-м курсах), равное 295 (на V-м, это точно известно по числу выпускников — всего-то тридцать с небольшим), а сведений о том, что занятия на I-м курсе имели место - нигде не найти; когда в августе сообщается о том, что с 1-го сентября «возобновляется академическая работа на всех пяти курсах института», которая никогда уже во время оккупации не возобновилась — как, читая эту ложь, можно верить и другим сообщениям местного самоуправления, пытающегося показать, что оно поработало на славу. А немецкое управление делало вид, что всё действительно так и было, потому что его, если и что-то, касающееся местного населения интересовало, так это лишь одно — отправка молодёжи на работу в Германию.

***

Наконец, не безынтересен и «Протокол методического совещания учителей г. Винницы и Винницкого района о состоянии системы образования» от 13 сентября 1943 г. («ЖвО», стр. 566-567). Совещание проводилось окружным инспектором образования П. О. Мудриком. Во вступительном слове он отметил, что самоотверженный труд учителей «обеспечит самое элементарное (!- Н. К.) образование нашему народу».
Затем окружной инспектор сообщил (я полагаю, что этим никак не обрадовал учителей, число которых уже было сокращено — Н. К.) об изменении учебных планов: история и география из них исключены (вспомните приведенные ранее слова фюрера).
Учителя' предупреждались, что категорически запрещается использовать учебники издания 1937-1938 г. г. (руководитель областного отдела народного образования В. А. Серафимович - настоящая фамилия Вовчок, прибывший в Винницу из Западной Украины; выдавал себя как депутата польского сейма, профе'ссора - «ЖвО», стр. 219). Исправления учебников нужно делать так, чтобы зачёркнутое или заклеенное невозможно было прочесть.
Разбирался вопрос о работе учителя одновременно с двумя классами (! - Н. К.), требующей большого напряжения и подготовки. Здесь нужно обеспечить определённое время для самостоятельной работы (письменной, на полчаса
 или час).
По мнению одного из участников совещания, преподавать песни нужно умеючи. В песне можно объединить и историю, и географию (вот и замена этим предметам нашлась - Н. К.) — всё то, что для народа есть хорошее.

В заключении совещания, на котором присутствовало 106 учителей, окружной инспектор образования проинформировал присутствующих о том, что в городе будет сокращено количество учителей, в районе сокращения пройдут «достаточно широко». Руководитель областного отдела образования раскритиковал учителей, которые бросили работу в школе (не дожидаясь увольнения по сокращению штатов? - Н. К.) и занялись коммерцией, а также тех, кто относятся к работе по-казённому. И - особенно тех, которые варят самогон (? - Н. К.) Авторитет учителя должен быть превыше всего, - провозгласил руководитель. И добавил: учитель должен быть общественным деятелем. Не надо быть паникёром и пугать других, - завершил он своё выступление.

Можно смеяться над этим спектаклем, но правильней было бы ужаснуться тому, до чего докатилось школьное образование «при заботливом отношении к школам г-на окружного комиссара», как утверждал при открытии совещания окружной инспектор образования.

Зарплата учителей была от 300 до 600 рублей в месяц (в зависимости от преподавания в младших или старших классах), 20-30% от этой суммы составляли налоги. 1 кг чёрного хлеба стоил 0,90 руб., белого - 2,70, картофеля - 2,00, говядины - 9-14 руб., свинины - 12-28, масла - 25-28 руб.; одна пара обуви стоила 130-450 руб., сапоги - 300-800 руб., костюм - 270-700 руб.

***

Один из конфликтов между А. Розенбергом и Э. Кохом был связан с шрифтом, на котором следовало издавать школьные учебники. Э. Кох разделял мнение фюрера и М. Бормана о необходимости перевода украинского письма на латиницу, А. Розенберг считал это бессмыслицей и настоял на издании учебников на кириллице; Э. Кох называл её, чтобы злить А. Розенберга, «русскими буквами» (Archiv Koblenz, R 6/70). Всё-таки, в 1943 г. были напечатаны первые украинские буквари на латинице (Archiv Koblenz, R 6/440).

Особый интерес представляет обучение немецкому языку, который в советской школе до 1933 г. был единственным иностранным языком изучения. Потом к нему, практически только в городских школах, добавился французский язык. Во время оккупации изучение немецкого языка стало обязательным во всех школах, а в школах по подготовке специалистов введены были специальные курсы немецкого языка. Учителей, по логике, не должно было хватать, но местные власти докладывали в комиссариаты, что своих (украинских) преподавателей немецкого языка достаточно.

Необходимое число подготовленных специалистов рассчитывали по простой схеме. Например, учитывая задание по сельскохозяйственному сектору, для Генерального района Житомира требовалось 1200 местных агрономов. По состоянию на март 1943 г. их было 700, то есть, недоставало 500 агрономов. Принимая во внимание естественное ежегодное выбывание 10% агрономов, дополнительная потребность агрономов составляла 120 в год.
Чтобы поддерживать число агрономов на необходимом уровне, требовалось 35-40 агрономических и сельскохозяйственных школ (я не хочу вас утомлять подробными расчётами). А в марте 1943 г. их фактически было, соответственно, одна и пять школ.
Не лучше обстояло дело с техническими школами, школами лесоводов. Лишь потребность в ветеринарах была более или менее покрыта, хотя и тут подготовка смены отставала от требований жизни.
В других Генеральных районах состояние обучения и подготовки специалистов было на том же уровне.

***

Из-за быстрого продвижения фронта в 1941 г. эвакуация высших учебных заведений не удалась так, как она планировалась: все преподаватели плюс ценное оборудование. Примером тому был Винницкий медицинский институт, всё оборудование которого осталось на месте. Институты перемещали сначала в восточные районы Украины, а потом — на Урал, Кавказ, в Сибирь, Среднюю Азию.

Что касается научно-исследовательских институтов, то, как докладывалось Рейхскомиссариату Украины, не эвакуировались и переключились на важные военные исследования 27 НИИ самых различных профилей.

В «Сообщении о состоянии местного школьного образования» Генералкомиссара Житомира от 29.03.1943 г. (Archiv Koblenz, R 6/404) отмечено возобновление работы Винницкого медицинского института (с подключёнными к нему зубоврачебным и фармацевтическим техникумами). Об условиях работы, качестве преподавания, преподавателях, пр. медвуза теперь многое ясно, как и то, что немецкое управление так же занималось очковтирательством, как и руководство самого медвуза, пр.

Всё это «возобновление деятельности» происходило вопреки политике Э. Коха и самого фюрера. Когда до А. Розенберга «дошло», что он может поскользнуться на своей идее развития украинской культуры, он дал задний ход. 21. 01. 1942 г., вопреки своим прежним планам, он приказывает «до определённого времени» закрыть все высшие школы Рейхскомиссариата Украины, кроме медицинских, ветеринарных, сельскохозяйственных, лесотехнических, а также - технических факультетов иных вузов. «Определённое время» наступило только с завершением оккупации.

Однако Э. Кох считал распоряжение А. Розенберга полумерой. И в итоге распоряжения Э. Коха от сентября 1942 г. были закрыты также и медицинские институты. Это, в свою очередь, обеспокоило Генерального комиссара фюрера, ответственного за санитарное дело и здравоохранение. Он доложил о закрытии медвузов фюреру, что вызвало негативную реакцию последнего. Генеральный комиссар 10.03.1943 г. высказал пожелание об открытии медицинских институтов в Виннице, Минске, Киеве и Днепропетровске в течение следующего квартала (Archiv Koblenz, R 6/181). 23.03.1943 г., обрадованный этим письмом Генерального комиссара, А. Розенберг требует от своего заклятого врага Э. Коха и ряда Генералкомиссаров без промедления начать подготовку к новому открытию врачебных вузов в Виннице, Киеве и Днепропетровске.

Тут, однако, восстали те руководители аппарата Министерства А. Розенберга, которые отвечали за поступление рабочей силы из Украины в Германию. Агитация и реклама были малоэффективными: из запланированных 470 000 еле набралась десятая часть. Посему Главный уполномоченный по набору рабочей силы для Германии (для принудительного труда было перевезено в Рейх из разных европейских стран пять миллионов человек) Fritz Sauckel (Фритц Заукель, 1896-1946; казнён) и Й. Пальтцо (см. ниже) решили хитростью обойти указание А. Розенберга. Они потребовали не закрытие медвузов, а «приостановление на время» их деятельности. Всех же студентов вместе с преподавателями приказали направить на работу в Рейх.

Это было неплохой поддержкой Э. Коху, который 20.02.1943 г. разослал циркуляр со следующим своим мнением: « … сегодня важнее украинскому населению в Германии работать для победы, чем заполнять университеты, школы и институты в городах ...».
Возглавлявший в Рейхскомиссариате Э. Коха в 1942-1944 г. г. Главное управление агитации и пропаганды и ответственный за набор рабочей силы для Рейха Joachim Paltzo (Йоахим Пальтцо, 1912-1944; погиб в бою) полагал, что многие учились в вузах в основном для того, чтобы избежать отправки на работы в Германию. В Киеве, в медицинском институте, по его мнению, таковых было 2300 студентов, в ветеринарном — 700. В самой Германии обучение студентов, отмечал он, было уже ограничено, почему же нельзя это сделать на оккупированных восточных территориях? (Archiv Koblenz, R 6/181).

А. Розенберг не раз жаловался Рейхсминистру и шефу Рейхсканцелярии д-ру Hans Heinrich Lammers (Ханс Хайнрих Ламмерс, 1879-1962; осуждён на 20 лет, в 1951 г. освобождён), особенно подробно — в письме от 16.03.1943 (Archiv Koblenz, R 6/491). Он подчёркивал: Э. Кох - по должности подчинённый А. Розенберга - не следует его указаниям, что никак не может способствовать их совместной работе, основанной на доверии. А. Розенберг просил довести до фюрера его сообщения о деятельности Э. Коха.
В письме Рейхсфюреру СС и Шефу немецкой полиции Гиммлеру от 02.04.1943 (Archiv Koblenz, R 6/18) А. Розенберг сообщает о захвате Э. Кохом для охоты огромного лесного массива, что потребовало переселение нескольких деревень на расстояние 60 км. Для «ускорения» освобождения территории, захваченной Э. Кохом, многие жители там были расстреляны под предлогом их «коммунистического настроя».

***

Можно было бы привести ещё немало документов, свидетельствующих о том, что два руководителя, определяющие политику общего и специального образования населения оккупированных территорий, действовали несогласованно, нередко — прямо противоположно. Но, на мой взгляд, самое парадоксальное во всей этой истории - её «продолжение» в умах сотрудников Рейхсминистерства по оккупированным восточным территориям. В мае-июне 1944 г. там проводились бурные дискуссии по результатам двухлетней работы - организации системы народного образования на захваченных и к тому времени уже потерянных территориях.

Анализ ошибок и неудач, раз его выполняли сотрудники ведомства А. Розенберга, конечно, демонстрировал вину в отсутствии успехов, прежде всего, Э. Коха и возглавляемого им Рейхскомиссариата. Предлагались новые меры по восстановлению образования в Украине. Когда?, - спросите вы. Разве не понятно? - как только поражения вермахта снова сменятся его победами и прежде оккупированные земли будут опять подчинены управлению Рейха. Сейчас это представляется массовым помутнением сознания, но многие руководители отделов Министерства А. Розенберга верили в перелом на Восточном фронте — и, представьте себе, боролись за позиции и влияние в ведомстве, сфера влияния которого неуклонно сжималась. Об этом можно прочитать в планах Министерства (Archiv Koblenz, R 6/ 404 – 405).

Что же планировалось?
Прежде всего, работники Министерства стали «скромнее» — и ими был составлен расчёт только для некоторых прежних районов - для Волыни, Житомира, Николаева, Киева, Таврии, Днепропетровска: там надо было назначить 426 украинских школьных инспекторов. Немедленно после вступления туда немецких войск должны раздаваться учебники для 4-классных школ (буквари, книги по арифметике и для чтения), каждый из которых следовало заранее напечатать тиражом по 200 000 экземпляров.
Для контроля над восстановлением учебного процесса необходимо освободить из вермахта 150 бывших служащих германской системы школьного образования и направить их в указанные шесть районов. Желательно было бы, чтобы они были знакомы с менталитетом населения Восточной Европы и знали украинский язык.

Были намечены Отделы и Рефераты в будущих Генералкомиссариатах: образования (общего, сельскохозяйственного, ремесленного), науки (научных учреждений, музеев) и культуры (литературы, библиотек, пр.).
Организация на возвращённых оккупированных землях Рейхкомиссариата считалась излишней, а если всё же в таковом возникнет необходимость, то ни в коем случае там не стоит создавать отдел образования, науки и культуры. Если, опять же, подобный отдел окажется непременно нужным, то его руководитель должен контролировать исполнение на местах указаний Министерства А. Розенберга.
И так далее … Было предусмотрено всё. Или — почти всё.

А в то же время (май-июнь 1944 г.) пал последний оплот вермахта в Крыму — Севастополь. Из территорий СССР до 1939 г. только некоторые земли восточней Минска были ещё
 в руках немцев. В июне началось последнее наступление Красной Армии на советской земле. Были освобождены Витебск, Могилёв, Бобруйск …

Это же надо было иметь главарям Рейхсминистерства по оккупированным восточным территориям такое воображение: до полной капитуляции Рейха оставалось менее одного года!

Статья опубликована 14.10.2016: http://www.proza.ru/2016/10/14/788

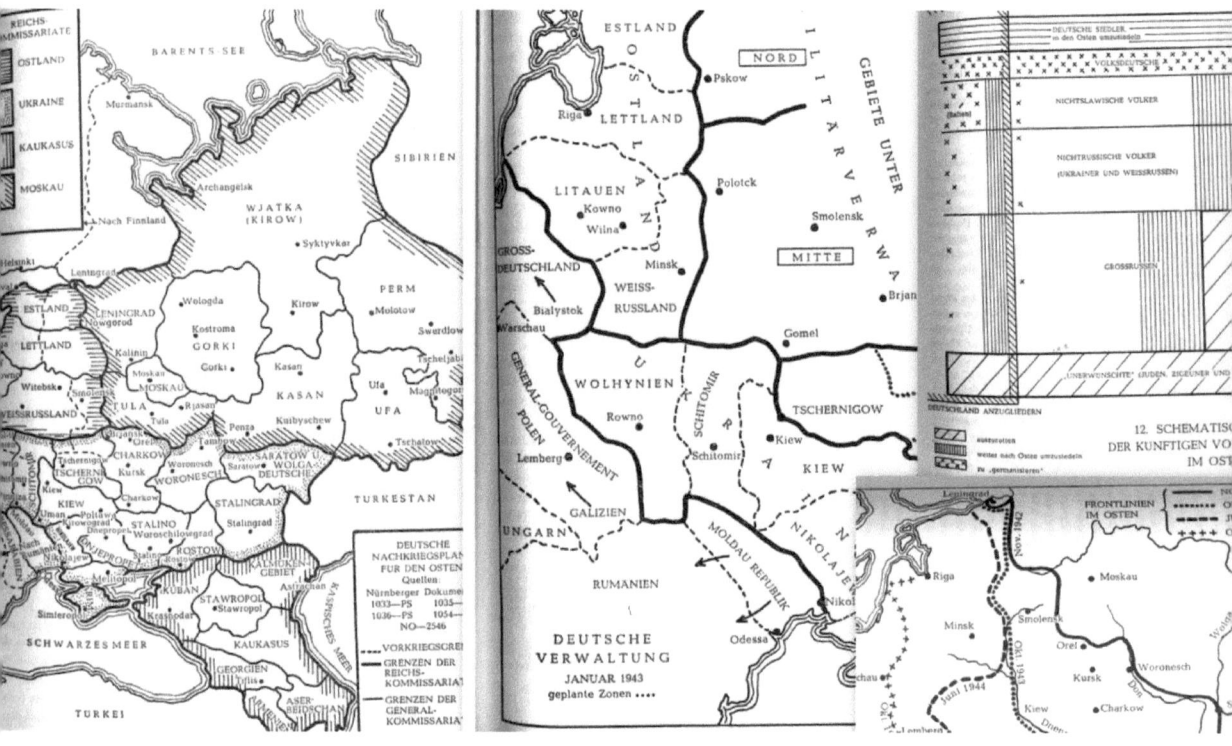

Это было под Винницей

В сей раз приходится начинать с оправданий. Согласен: в коллаже, что вверху, разобраться не просто. Поэтому я с этого и начинаю.

Книга, из которой взяты эти карты и схема, написана в 1957-м году американским историком, директором Центра по изучению России и Восточной Европы Стэнфордского университета Alexandr Dallin (1924-2000). Книга „German Rule in Russia" вышла в США, но уже в следующем году и позже издавалась в ФРГ под названием «Немецкое господство в России 1941-1945». Мне пришлось работать с экземпляром, напечатанным 58 лет тому назад, прошедшим через руки сотен читателей, страницы которого поблекли. Толщина книги - 727 стр. - не позволяла распластать её нужным образом при сканировании. Отсюда — результат (см. выше).

Александр Даллин, родившийся в Берлине, был сыном известного писателя David J. Dallin (1889-1962) из белорусского города Рогачёва. Давид Даллин учился в университете в Германии, потом возвратился в Россию (как меньшевик), окончательно покинув её в 1922-м году. В 1935-м году, спасаясь от преследования нацистов, семья Даллинов выехала из Германии. С 1940 г. они

проживали в США.
Я пишу об этом, чтобы подчеркнуть возможность Ал. Даллина работать без переводчика. Не исключаю также знание им русского языка.

В работах об оккупационном периоде в Виннице я не раз отмечал факт владения США и Великобританией бо'льшим количеством архивных материалов, чем ФРГ. Там впервые вышли - отличающиеся по включённым в них материалам - книги о застольных беседах у Гитлера (например, Hitler's Table Talk – London: Weidenfeld and Nikolson, 1953), откуда взята значительная часть представленных мною данных. О книгах — тут: https://en.wikipedia.org/wiki/Hitler. Большинство бесед, включённых в книги, состоялось в ставках Wolfsschanze (Польша) и Werwolf (под Винницей). Многие стенографические записи высказываний фюрера, отредактированные его секретарём Мартином Борманом, вызывают сомнение, что касается их полной идентичности с произнесённым, однако, по мнению историков, большинство записей всё же отражают взгляды и мнения Гитлера. В современной России книга судом признана экстремистской — и запрещена.

***

Карта слева (взята из документов Нюрнбергского процесса) представляет немецкие послевоенные планы. Как видно, нацисты намечали захватить территорию, расположенную - в восточном направлении - далеко от Москвы. До турецкой границы на юго-востоке и до Карских ворот между Баренцевом и Карским морем на северо-востоке (расстояние от столицы СССР в обоих случаях - около 2200 км), а в восточном направлении — далее Свердловска, Челябинска, Магнитогорска (около 1800 км).
На захваченных территориях предполагалось образовать четыре Рейхскомиссариата: Остланд, Украина (с центром в Ровно), Кавказ и Москва.

Рейхскомиссариат Украина должен был включать следующие генерал-комиссариаты: Волынь-Подолье, Николаев, Житомир, Киев, Днепропетровск, Таврия. Далее шли гебит (область) комиссариаты, штадт (город) комиссариаты и ещё более мелкие — районные- и местные комиссариаты. На должности рейхс- и генерал-комиссариатов были заранее назначены лица, в частности, на должность в Житомир — Kurt Klemm (1894 -1973), до войны — Президент регионального управления в Мюнстере, в войну - до отступления немецких войск - как и планировалось, генерал-комиссар в Житомире, в чью «епархию» входила Винница.

Как вы видите, Рейхскомиссариат Украина простирался до заволжских территорий, включая Брянск, Орёл, Курск, Тамбов, Воронеж, Саратов, Сталинград, Ростов. Фактически же немецкое гражданское управление, как видно из следующей карты, не дошло ни до Курска, ни до Харькова, не говоря уже о восточнее расположенных территориях, где продолжались военные действия. Если какие-то города и занимались вермахтом на короткое время (например, Воронеж — на полгода), то, из-за неподалеку находящейся линии фронта, управление ими велось военным командованием.

Схема справа показывает представляемую немцами иерархию народов на захваченных ими восточных территориях.
На самом верху (горизонтальные линии) — переселённые на восток немцы из рейха. Ниже — так называемые фольксдойче (имеющие доказанные немецкие корни). Ещё ниже — неславянские народы (балты), которые, как и фольксдойче, планировалось германизировать (крестики).
Далее, ступенью ниже — нерусские народы (украинцы и белорусы), которые представлялось возможным лишь в малой доле германизировать. Поэтому их, как и неславянские народы и великороссов, планировалось переселять далее на восток (вертикальные линии). Все, согласно этой градации, перечисленные народы, кроме немцев и фольксдойче, желательно было, по нацистской доктрине, постепенно искоренять.
Что касается «нежелательных» народов (евреев, цыган, азиатов), то освобождение от них восточных территорий было основной задачей. Ни о какой германизации никого из этих народов не могло идти и речи, в отличие даже от великороссов, германизация которых в редких случаях допускалась.

И, наконец, последняя карта внизу показывает максимальное смещение линии фронта на восток в ноябре 1942 года (до Воронежа - Сталинграда), а затем продвижение её на запад до Львова в июне и до Варшавы в октябре 1944 года.

**

Что касается названия публикации, то оно — перепев титула книги Дм. Ник. Медведева - партизанского командира, Героя Советского Союза, писателя (1898 - 1954) «Это было под Ровно». Д. Н. Медведев - автор ещё одной книги о партизанском движении «Сильные духом» - незадолго до смерти побывал в Виннице. Он собирал материал о винницких подпольщиках для третьей книги. В актовом зале педагогического института состоялась его горячая дискуссия с теми, кто был и кто не был признан участниками винницкого подполья. Я на встрече с писателем не был, но во всём городе только об этом собрании и говорили. Данные и точка зрения Д. Н. Медведева, касающиеся винницкого подполья, будто бы существенно расходились с официальной версией. Посему и внезапная смерть партизанского командира была окружена пересудами.

По-моему, вся эта история так и остаётся загадкой. Правда, в 1957 г. в Москве вышла книга Д. Н. Медведева «На берегах Южного Буга». Дописывал её за умершего Дмитрия Николаевича сотрудничавший с ним ранее сценарист Анатолий Гребнев. Книга эта почему-то в интернете для чтения не выложена, хотя с книгами «Это было под Ровно» и «Сильные духом» можно свободно и даже бесплатно ознакомиться. Так что мне освежить свои впечатления от посмертно изданной книги Д. Н. Медведева не удалось.

Собственно, эта моя работа, как и прежние публикации о времени оккупации, служит прояснению многих неизвестных для отечественных читателей взаимоотношений оккупантов с местным населением Винницы и её округи.

Тема сия - безгранична, поэтому я постараюсь в основном рассказать о том, что обсуждалось в Ставке фюрера, касающееся настоящего и будущего украинского населения. О конфликтах по этому вопросу между Рейхсминистром по оккупированным восточным территориям А. Розенбергом и Рейхскомиссаром Украины Э. Кохом я уже упоминал не раз (особенно в публикации об образовании в оккупированной Украине -http://www.proza.ru/2016/10/14/788), а краткие справки об А. Розенберге, Э. Кохе и К. Клемме дал в публикации о массовых расстрелах еврейского населения Винницы (http://www.proza.ru/2015/01/27/96).

***

26-28 августа 1942 г. Э. Кох проводил в Ровно совещание немецких служащих в Украине. Он как раз вернулся из Ставки фюрера и буквально «распухал» от нацистской идеологии о «славянах-недочеловеках».

Первыми словами Э. Коха были: «Нет никакой свободной Украины. Задача Украины — снабжать Германию.» Далее - в том же духе: «Чтобы поддерживать рацион хлеба в Германии на достаточном уровне, необходима транспортировка из Украины трёх миллионов тонн пшеницы. Их необходимо получить, невзирая на потери. У населения надо забрать последнее, к его питанию мы должны быть равнодушны.

Поведение немцев на Украине обусловлено тем, что мы имеем дело с неполноценным народом. О личных и общественных контактах с украинцами не может быть и речи, половые сношения будут строго наказываться. Если этот народ работает по десять часов в день, восемь из них он должен работать на нас. Никакого сочувствия к нему, управлять им следует железной рукой! Это необходимо для нашей победы. Мы не освобождали его, чтобы осчастливить. Его задача — снабжать нас тем, чего Германии недостаёт.»

Я упоминаю об этом выступлении Э. Коха, хотя состоялось оно в Ровно, потому что ему предшествовала не только встреча Рейхскомиссара и фюрера в «Вервольфе», но и - знакомство Э. Коха с деревнями и их населением в прилегающем к Виннице районе.

В июле 1942 г., сразу же после того, как фюрер появился в «Вервольфе», проехал Э. Кох по расположенным вокруг Ставки фюрера деревням. Находясь в плену идеологии «славян-недочеловеков» и бездумного преклонения (ipse dixit) перед высказываниями Гитлера о славянах, Э. Кох был ошеломлён и напуган, взглянув на «светлоголовых и голубоглазых взаправду симпатичных» украинских детей. «Это обилие детей в состоянии принести нам проблемы», - заметил он позднее. Потому что это множество детей — у расы, воспитанной в значительно более жестких условиях, чем немецкий народ. «Нигде не видно ни единого человека с очками, большинство имеют отличный зубной ряд, находится в хорошем состоянии упитанности и, скорее всего, от юного возраста до старости полностью здорово». (Конечно, это впечатление Э. Коха можно объяснить, используя выражение «У страха глаза велики». Но тут важна не наша оценка способностей Э. Коха трезво оценивать факты, а убеждённость Э. Коха в том, что «безочковость» обусловлена не отсутствием какого-либо медицинского обслуживания, а «орлиным зрением» населения всех возрастов в украинских деревнях. - Н. К.)

Э. Кох объяснял всё просто: жесткие условия
 существования, «естественный отбор» крепких по натуре. «Так называемые украинцы» (Э. Кох, назло А. Розенбергу - Рейхсминистру по оккупированным восточным территориям, отрицал наличие отдельной национальности — украинцы) «живут в нечистотах и грязи, пьют невероятно неподходящую воду из колодцев и рек — и остаются абсолютно здоровыми.» Немцы, говорил Э. Кох, должны каждый вечер глотать атебрин (препарат, предотвращающий заболевание малярией), а тут местное население просто невосприимчиво к малярии и сыпному тифу. Не в немецких интересах допускать увеличение этого населения, так как «давление этих русских, или так называемых украинцев, в не так отдалённом будущем может стать для нас опасным… мы ведь желаем эту землю заселить немцами.»

Украина была важнейшей территорией СССР, оккупированной нацистами. Украина во время управления нею немцами снабжала Германию продовольствием и рабочей силой в несравнимо большей степени, чем Белоруссия, Прибалтика, не говоря уже об оккупированных районах РСФСР. До Первой мировой войны Германия, как и большинство других государств, рассматривали Украину как «Малую Россию», как этнографический феномен, а не как автономную политическую силу. После падения Российской империи все устремления Германии были направлены на отрыв Украины от России. Украина, по замыслу немецкой дипломатии, должна была обеспечить — в союзе с Германией — европейское равновесие, став бастионом противостояния Германии с новой Россией и вновь образованным польским государством.

***

Если очень кратко изложить главное противоречие в планах на будущее Украины Рейхсминистра и формально ему подчинённого, но решающего всё по-своему Рейхскомиссара, то оно — в следующих формулировках:
«Наша цель — свободное украинское государство» - А. Розенберг, Докладная записка от 07.04.1941 г.
«Украины не существует. Мы не должны забывать, что мы — господствующий народ» - Э. Кох. Тут он был одного мнения со своим покровителем Г. Гёрингом, высказавшимся так: «Лучше было бы в Украине всех мужчин старше пятнадцати лет убить, а затем послать туда SS-жеребцов.»

[Конечно, взгляды Г. Гёринга и Э. Коха были отражением мировоззрения «их фюрера». А тот был откровенен в своём презрении славян: «Умственной деятельности учить их не следует...

Обычно не взращивают своих свирепых врагов на будущее.». «Никаких детских садов и больниц для местного населения! Русские (под этим понятием он понимал и украинцев — Н. К.) не будут старше 50-60 лет. Зачем делать им прививки?.. Их шнапс и табак они должны иметь в любом количестве!».

«Зачем передавать им наши знания гигиены? … это приведёт только к увеличению местных… немецкие врачи должны обслуживать только немецкое население.
Или они свои жилища ежедневно метлой чистят — нам должно быть всё равно. Наше задание — не играть роль надсмотрщиков над их жизнью, а исключительно — упрочение наших интересов.».
Эти тирады бестии взяты из изданных «Застольных бесед Гитлера» (Bonn: Athenaeum-Verlag, 1951). Понятно, что «сведения» о том, что в избах используют мётлы (буквально – Wurzelbürste, то есть, щётки из корней), получены фюрером от М. Бормана, посетившего украинские деревни. - см. ниже]

А. Розенберг был против назначения Э. Коха Рейхскомиссаром Украины, предполагая дать ему такую же должность в московском регионе. Но Э. Кох, заручившись поддержкой Г. Гёринга и начальника секретариата фюрера М. Бормана, получил желанную должность. Фюрер, назначая Э. Коха, подчеркнул, что Украина - «без сомнения, важнейшая территория на ближайшие три года». Лишь управлять Э. Коху пришлось из провинциального Ровно, так как Гитлер не желал создавать даже видимость какой-то обособленности Украины; поэтому он и не разместил управление в историческом центре украинской культуры Киеве.

Я совершенно уверен, что уже в преддверии нападения на СССР Гитлер мог обоснованно считаться психически больным, что, например, доказывается его абсолютной уверенностью в «изобретении Украины немцами в 1918-м году», его убеждённостью в бессмысленности рассуждений об Украине, территория которой через 20 лет будет заселена 20 миллионами немцев. Посему, отмечал он, никакая форма организации для порабощённого народа, само собой разумеется, не нужна.

При всей животной ненависти нацистов к другим народам, при ними придуманных унизительных названиях для «славян-недочеловеков», при всём не менее бесчеловечном прочем, считать фюрера психически нормальным человеком (с наличием, однако, некоторых странностей) — довольно смелое и далёкое от истины утверждение. Надо посмотреть и послушать выступления этого экстраверта с его выходящей за всевозможные рамки экспансивностью, чтобы чётко увидеть, за кем пошёл народ Гёте и Шиллера. Правда, наш интраверт, с застывшей на лице улыбочкой Иудушки (Кровопивушки) Головлёва, со скупыми движениями рук и монотонностью голоса был также нездоров, причём уже с 20-х годов — и одной из первых жертв его паранойи стал диагностировавший таковую академик В. М. Бехтерев. А затем жертв стало миллионы…

А. Розенберг не был «другом украинского народа», но понимал, что добиться более или менее спокойного отношения населения к оккупации, получать для Германии больше необходимых ей сырья для промышленности и продуктов питания для населения можно лишь, сохраняя хоть какую-нибудь видимость благожелательности. Иначе — работа спустя рукава, неподчинение и даже — противодействие. Перестрелять всех — тоже не выход: ни новой рабочей силы, ни сырья и зерна для Рейха.

[Я, поверьте мне, невольно вынужден тут перебить повествование побочной темой. Вы понимаете, что для «перемещения» в то время мне необходимо было ознакомиться с самой различной немецкой литературой. Среди последней я обнаружил изданную Институтом по вопросам оккупации (Тюбинген, 1954) книгу «Обзор по оккупированным восточным территориям во время Второй мировой войны». Книга — 97 страниц плотного машинописного текста — издана и переплетена полукустарным методом и напоминает внешним видом дипломную работу в советское послевоенное время.
Автор книги — Otto Bräutigam (Отто Бройтигам), 1895-1992 – немецкий дипломат, служивший при нацистах как в Министерстве иностранных дел, так и в Министерстве по оккупированным восточным территориям, а после войны — снова в Министерстве иностранных дел ФРГ!
О. Бройтигам не был, как и А. Розенберг, ангелом. В частности, оба они участвовали в проведении Холокоста, правда, О. Бройтигам не столь яростно и последовательно, как его шеф по Министерству. Поэтому и их послевоенные судьбы так разнились. С помощью каких аргументов О. Бройтигаму удалось избежать судебного наказания — прямо-таки уму непостижимо!

Однако тут интересно следующее: О. Бройтигам неизменно отстаивал точку зрения, что войну можно лишь в том случае выиграть, если на оккупированных территориях удастся привлечь население на свою сторону, убедив его в единственной цели ведения войны — освобождение от большевизма. Отсюда — предлагаемые им в этом направлении мероприятия. Осенью 1942-го года О. Бройтигам был назначен уполномоченным Министерства А. Розенберга по Группе сухопутных войск А, брошенной на овладение Кавказом. По совету О. Бройтигама, там в захваченных местах были немедленно ликвидированы колхозы и совхозы, разрешено формирование казацких самоуправляемых районов, прекращено насильственное направление на работы в Германию. Эти действия военной администрации определили выбор населения и предупредили возникновение каких-либо партизанских формирований!
Как Сталин потом расправился с народами Северного Кавказа — хорошо известно. И этими народами не забыто до сих пор!
А я напомнил обо всём этом, чтобы ни у кого не возникло впечатление, что у войны только две краски — белая и чёрная.]

М. Борман, как и Э. Кох, тоже совершил, вскоре после прибытия фюрера в «Вервольф», поездку по близлежащим бывшим колхозам. 22-го июля 1942 г. он беседовал с Гитлером по украинским проблемам. М. Борман, как и Э. Кох, находился под впечатлением большого количества детей и здорового вида населения. Причём М. Борман сознательно говорил об «этих русских, или так называемых украинцах», подчёркивая особый интерес Германии в недопущении увеличения количества местного населения Украины. Гитлер тут же подхватил эту мысль, отметив чрезвычайное значение предупреждения у коренного населения ощущения хозяина на этой земле. Школьное образование должно быть редуцировано до минимума, украинские города ни в коем случае не следует приводить в порядок и, тем более, украшать. Совместному проживанию украинцев с немцами следует препятствовать, санитарные и медицинские учреждения в местах расселения украинцев свести до уровня самого необходимого. «В задачи оккупации не входит одарить местное население более высоким уровнем жизни», - заключил фюрер.

Именно такие слова ожидал услышать М. Борман, как раз для этого он готовил почву, сообщая фюреру о своих впечатлениях от посещения близлежащих деревень. М. Борман уже на следующий день переслал А. Розенбергу указанные выше комментарии фюрера, что было равнозначно передаче указаний самого Гитлера. Тем самым, все планы А. Розенберга, касающиеся Украины и совместной деятельности с «так называемыми, по Гитлеру-Борману-Коху, украинцами», были порушены.

***

Успехи на фронтах летом и осенью 1942-го года усилили политический экстремизм немецкого руководства. На северном участке в России наступила относительная стабилизация, на юге немецкие части форсировали Дон и приближались к Кавказу. В конце августа немецкие танки достигли берегов Волги, немецкий флаг со свастикой развивался над Эльбрусом. Танки генерала-фельдмаршала Эрвина Роммеля ворвались в египетский Эль-Аламейн. Немецкие подводные лодки топили один за другим корабли союзников с тоннами военных грузов, английская попытка высадки войск у Дьеппа во французской Нормандии была сорвана.

Насильственный угон украинского населения на работу в Германию нарастал, что действовало угнетающе и не прибавляло немцам симпатий народа. Враждебность по отношению к оккупантам увеличивалась, что приводило к ужесточению репрессий со стороны захватчиков. Все попытки А. Розенберга осуществить хотя бы частично «разумное господство» оккупантов блокировались Э. Кохом. В том числе и — ставка А. Розенберга на «психологическое ведение войны»: «Надо видеть, где находятся психологические отправные точки, чтобы с меньшими усилиями достичь того же, что и - направлением сотни полицейских батальонов. Если обратить внимание на такие мелочи, то можно вести эти народы («недочеловеков») таким образом, что они ещё долго не заметят того факта, что их самостоятельная государственность нами не предусматривается».

А. Розенберг обращается к Гитлеру: «Население Украины намеревается повернуться против нас… По моему разумению, Кох по личным и служебным качествам не должен оставаться на своём посту.» На что Гитлер замечает: «Розенберг и генералы сентиментальны...»

***

Здесь я хочу несколько прервать своё повествование о дальнейшем развитии событий. Я возвращаюсь к впечатлениям Э. Коха и М. Бормана от посещений украинских деревень.
Я не мог видеть украинские деревни в предвоенные годы, но я видел очень многие украинские деревни в 50-е годы прошлого века. Если указать на изменения по сравнению с началом 40-х лет, то можно упомянуть о более широком и стабильном снабжении электроэнергией, о кое-где улучшенных дорогах. Увы, это — всё. Нигде не было ни водопровода, ни канализации. О замощённых улицах, о тротуарах — даже и речи не было. Бытовая техника — на нуле, газовые баллоны для кухни — большая редкость. Хатки — мазанки, полы в них — из смеси глины с землёй.

Я также не мог видеть немецкие деревни предвоенных лет. И всё же я их в мало изменённом виде мог лицезреть в самом начале 90-х годов, на территории бывшей ГДР, где тоже не много изменилось за прошедшие полвека. Знаю по Лейпцигу, где в центре города стояли полуразрушенные красивые дома, построенные в «Югендстиле» - по-русски, в стиле «модерн» (а на окраинах плодились новые «спальные районы» из панельных домов), где (за исключением новых районов) преобладало печное отопление с использованием брикетов из бурого угля, где дорожное покрытие улиц не выдерживало никакой критики, где рядом проходил автобан с неровными бетонными плитами, уложенными ещё в конце 30-х, «при Адольфе». И всё же от деревни до деревни вели мощённые дороги, в деревнях были водопровод и канализация. На последней я хочу остановиться. Напоминаю: полтора года я являлся «необученным рабочим» (по-нашему, подсобным рабочим), с соответствующей самой низкой ставкой, в фирме, занимающейся, в частности, прокладкой водопровода и канализации. Так вот, когда в Западной Германии уже давно канализационные воды отводились в очистные сооружения, а дождевые стоки направлялись отдельно в небольшие ручьи и речушки (дабы не перегружать очистные системы в период дождей) или в сепаратные очистные системы, в ГДР все стоки вместе — большей частью, без очистки — сбрасывались в пруды и речушки. Но канализация — пусть и в таком виде — существовала с довоенных лет.
Конечно, были и благоустроенные улицы с тротуарами. И кирпичные дома совсем другого калибра и качества, чем на Украине. А в домах я видел довоенного производства стиральные машины (с ручным приводом)!
Словом, я уже писал в «Моей Виннице» о том, как буквально шокированы были советские солдаты — бывшие селяне, увидев немецкие сёла, столь разительно отличавшиеся от их раскулаченных, «прореженных» высылкой «антисоветских элементов» и террором конца 30-х, «околхозненных-осовхозненных» сёл и деревень.

По-другому были обескуражены Э. Кох и М. Борман. Немецкая пропаганда внушила им такой образ «славянина-недочеловека», что увидеть в сельских жителях всего-навсего обычные черты физически и умственно нормальных людей оказалось для них ошеломляющей неожиданностью. Казалось бы, всё соответствовало навязанному образу славянина: бесплановая застройка, улицы с выбоинами, покосившиеся домики с малюсенькими оконцами, соломенными крышами, непролазная в дождливую погоду грязь, складированные нечистоты человеческого и животного происхождения, вонь ... И среди всего этого предсказуемого — абсолютно не ожидаемые здоровые симпатичные дети. Именно дети несколько пошатнули вбитые в мозги этих двух представителей немецкого руководства ложные представления о сельских жителях Украины. Но только - пошатнули, ибо немецкая пропаганда действовала весьма эффективно и без перерывов.

***

Из гитлеровской верхушки первым, кто обратил внимание на весомые неудачи немцев уже в начале войны, был не кто иной, как сам Министр пропаганды Йозеф Геббельс. И в декабре 1941-го года он перестал использовать аргументацию, основанную на понятии «недочеловек». Однако и Й. Геббельс не переставал удивляться «наивным и детским представлениям» А. Розенберга, считая, вообще, руководимое им министерство сосредоточением хаоса, а самого министра чем-то типа коллаборациониста, хорошим теоретиком, но никудышным практиком и малосведущим организатором. Словом, Й. Геббельс был только частично на стороне А. Розенберга, а в основном поддерживал методы Э. Коха, который, по его словам, разделял «нашу» (верхушки Рейха) точку зрения. Сам же Э. Кох сформулировал её так: «Мужчины, женщины и дети должны нам помогать. Верхний
 слой интеллектуалов, если он им в этом будет препятствовать, я исключу».

Даже поражение под Сталинградом не изменило позиции Э. Коха. 20-го декабря 1943 г. он рассылает циркуляр по сельскохозяйственным вопросам, в котором как бы припрятал не имеющий прямого отношения к аграрным проблемам приведенный ниже пассаж. «Основой управления украинцами является следующее моё требование: суровость и справедливость. Не верьте, что мгновенные обстоятельства [то есть, немецкое отступление - Н. К.] побуждают вас несколько смягчить отношения. Наоборот, и кто надеется получить благодарность славян за мягкое обращение с ними, тот формировал свой политический опыт не в национал-социалистической рабочей партии Германии и не в работе на Восточном фронте, а в каком-то клубе интеллектуалов. Славянин будет мягкое с ним обращение воспринимать, как слабость. Многочисленные происшествия последних дней доказали мне, что там, где немец верит, что из-за военного положения украинцам должны быть сделаны уступки в форме лучшего питания, уменьшения рабочей нагрузки и политической свободы, там почти всегда ответом было предательство местного населения.»

А. Розенберг, ознакомившись с этим пассажем, разослал во все генерал-комиссариаты и другие управления телеграмму с приказом немедленно уничтожить все имеющие экземпляры означенного циркуляра Э. Коха. О выполнении приказа было велено доложить министру. Э. Кох и здесь поступил по своему. Он приказал вырезать приведенный выше пассаж из циркуляров и выслать ему, приписав, что его «указания, имеющиеся в циркуляре, остаются полностью в силе.»

Двумя неделями позже, выступая на собрании нацистской партии в Киеве, Э. Кох повторял: «Население должно работать, работать и ещё раз работать.» И ещё добавил: «самый ничтожный немецкий рабочий по расе и биологически в тысячу раз ценнее, чем здешнее население.» Об этом уведомил Министерство А. Розенберга полковник Генерального штаба von Altenstadt.

Было ещё немало взаимных выпадов Рейхсминистра и Рейхскомиссара, о которых нет места тут рассказывать. Я перехожу к описанию аудиенции обоих в «Вервольфе».

Дата значимой для обоих встречи указана А. Даллином почему-то ошибочно: 19-го мая 1943 г. Но фюрер был в «Вервольфе» в 1943 г. только до 13-го марта. А потом появился там лишь в августе.
О причинах неверного датирования приходится только догадываться.
Дело в том, что не обнаружено никакого протокола этого совещания — и А. Даллин сконструировал свою версию из четырёх, в основных деталях совпадающих между собой источников. Первый из них: записанное одним из сотрудников Министерства иностранных дел резюме М. Бормана о состоявшихся выступлениях. Второй: записи по памяти в 1945 г. одним из служащих, который видел и читал исчезнувший протокол. Третий: замечания Гитлера, которые он несколькими неделями позже (8-го июня 1943 г.) высказал в беседе с генерал-фельдмаршалом Вильгельмом Кейтелем (W.Keitel, 1882-1946) и генерал-полковником Куртом Цайтцлером (K. Zeitzler,1895-1963). Наконец, четвёртый источник: журналистская реконструкция, основанная на опросе различных госслужащих.

Необходимость объясниться в присутствии фюрера стала неизбежной в связи с тем, что А. Розенберг решил предпринять попытку уволить Э. Коха с его должности. Он написал ещё 9-го апреля об этом своём намерении Х. Ламмерсу (Hans Heinrich Lammers, 1879-1962, во времена нацизма был Рейхсминистром и шефом Рейхсканцелярии), надеясь через него получить согласие Гитлера.

Но до того, как письмо А. Розенберга из Берлина достигло Ставки, Э. Кох был уже там у своего друга М. Бормана. После трёхчасового обмена мнениями Э. Кох покинул Ставку, ободрённый уверением М. Бормана, что тот «полностью на его стороне».

***

На встрече Гитлер-Розенберг-Кох в «Вервольфе» присутствовали также Х. Ламмерс и М. Борман. Последний, естественно, «подготовил» фюрера, знавшего прежде о противостоянии Розенберга и Коха лишь в общих чертах.

А. Розенберг начал с перечисления упрёков в сторону Э. Коха: чрезмерно самостоятельная деятельность, без учёта указаний из Министерства, частые тайные беседы в Ставке. Политика Э. Коха, подчёркивал А. Розенберга, привела к решительной и широко распространившейся враждебности населения по отношению к немцам. Это повредило как набору рабочей силы для Германии, так и сельскохозяйственной программе Рейха.
Э. Кох, со своей стороны, не отрицал плохих отношений с Министерством. Массы бюрократов из Берлина принуждают его снабжать их различными статистическими материалами. Политика А. Розенберга находится в противоречии с основными положениями фюрера. Украинцы, как и все другие славяне, представляют опасность для Рейха: дай им воли на палец — всю руку откусят.

Выслушав обе стороны, начал говорить Гитлер. Он отметил не совсем корректное в ряде случаев поведение Э. Коха, но оно нередко было как бы спровоцировано самим А. Розенбергом. Сверх этого, «обстоятельства принуждают нас к настолько суровым мероприятиям, что политического одобрения их от украинцев мы никогда всё равно не смогли бы ожидать. Применение смягчённых методов сделало бы невозможным пополнение Рейха рабочей силой, а снабжение Рейха продуктами питания приостановилось бы.»

Решение Гитлера защитить Э. Коха было дополнено и усилено заявлением М. Бормана: «Единственно правильная политика — та, что гарантирует нам большое количество продуктов питания. Рейхсминистр Розенберг должен прислушиваться к мнению его управлений на местах и учитывать их практический опыт.» А. Розенберг пытался ему возразить, но Гитлер прекратил спор следующим «аргументом»: «Что касается украинцев, то не следует забывать, что самый большой друг украинского народа в Первую мировую войну, фельдмаршал Eichhorn, украинцами же был убит.» В этом утверждении — ни слова правды: и другом никаким не был, и убит был не украинцем, хотя и в Киеве. [О Германе фон Эйхгорне см. тут: https://de.wikipedia.org/wiki/Hermann_von_Eichhorn_(Generalfeldmarschall), а также - в русском и украинском изданиях ВикипедиИ.]
Фюрер указал также на то, что украинцы и великороссы ничего против друг друга не имеют: наоборот, Украина была колыбелью России и украинцы всегда были яростными защитниками Великорусской Империи.

Ещё при образовании Министерства по оккупированным восточным территориям и назначении его главой А. Розенберга Гитлер принял ещё некоторые решения, расходящиеся с проектом нового министра. Он оставил Галицию, которая уже два года входила в состав Украины, в составе генерал-губернаторства Польша.
И изменил название — не генерал-губернаторство (напоминающее ему о Российской империи, в составе которой находилась Украина), а — генерал-комиссариат.

А. Розенберг заметил на это, что как раз в Галиции находился со времени революции в России центр движения за создание самостоятельного украинского государства. На что Гитлер ответил вопросом: «Желаете Вы великодушно способствовать украинскому национализму? Вспомните о нашей помощи в организации Украинского государства в конце Второй мировой войны — чем это завершилось? Мне нужна Украина в роли бастиона (против возможного нападения с Востока — Н. К.), источника поступления сырья и продуктов питания на много лет вперёд.»

Здесь нелишне отметить, что Внешнеполитическое ведомство нацистской партии, возглавлявшееся А. Розенбергом, ещё задолго до начала войны начало тесно контактировать с руководителями Украинской национальной Рады (УНР) в Польше. УНР считала себя законной наследницей правительства С. Петлюры 1919-го года. Одновременно через Г. Лайббрандта (Georg Leibbrandt, 1899-1982) - эксперта по России, сотрудника указанного Ведомства и, позже, Министерства А. Розенберга - велась совместная работа с двумя известными украинцами-эмигрантами. Одним из них был Александр Севрюк — член украинской делегации в 1918 г. в Брест-Литовске, после — советник Г. Лайббрандта. Другим — Пётр Кожевников, находившийся в Германии с середины 20-х годов.

А замечание А. Розенберга о том, что слово «комиссариат» напоминает о насильственном управлении Украины большевиками, Гитлер парировал словами: «Это даже ещё лучше! Население должно нас бояться!».

[Ещё один интересный факт, дополняющий понимание положения, в котором находился А. Розенберг. Пытаясь подсластить пилюлю (А. Розенберг в 1938 г. полагал, что ему, как руководителю Внешнеполитического отдела партии, будет предложен пост Министра иностранных дел, но министром стал Й. Риббентроп.), Гитлер подчеркнул, что А. Розенберг будет особым, территориальным министром, в чьи дела никто не сможет вмешиваться. За исключением Г. Гёринга — ответственного за четырёхлетний хозяйственный план и Г. Гиммлера, возглавляющего службу СС – военизированные формирования нацистской партии. О том, что он будет вынужден считаться со мнением своего подчинённого - Э. Коха, ему не могло привидеться и в страшном сне.]

А. Розенберга особенно уязвило то, что Гитлер Украину и Великороссию «свалил в одну кучу». А Гитлер уже разошёлся: «Если в Украине людей расстреливают, то надо помнить о том, что в Германии имеются многочисленные жертвы воздушных налётов. Если мы требуем от украинцев обязательно работать, то не надо забывать, что в Германии у женщин такая же обязанность, хотя они намного слабее.» Гитлер также возмутился тем, что в Министерстве А. Розенберга нашли пристанище некоторые лица из украинской эмиграции. «Представители «чужой расы» не должны служить в Министерстве!»
М. Борман молчал, А. Розенбергу фюрер не давал раскрыть рот.

После того, как фюрер удалился, М. Борман и Х. Ламмерс пытались добиться примирительного рукопожатия Рейхсминистра и Рейхскомиссара. Победивший Э. Кох играл роль великодушного, но А. Розенберг повернулся к нему спиной. Обиженный улетел он в Берлин, где сочинил

памятную записку, в которой, основываясь на доказательствах, утверждал, что фельдмаршала Эйхгорна убил великоросс с помощью двух евреев. К этому факту - через 16 месяцев - вернулся А. Розенберг
 7-го сентября 1944-го года в письме М. Борману ещё раз: настолько был он удручён непринятием его концепции об отличии — по всем признакам — украинцев от великороссов!

Через десять дней после описанной встречи Гитлер послал А. Розенбергу письмо, в котором выразил надежду, что тот впредь будет совместно трудиться с Э. Кохом. И что взаимодоверие исключит, естественно, обструкцию Э. Коха приказам А. Розенберга. Со своей стороны, А. Розенбергу следует позаботиться о снижении до минимума исходящих из Министерства указаний и не требовать от Э. Коха невозможного. Последнему должны быть предоставлены условия высказывать свои предложения, противоречащие указаниям А. Розенберга, если он находит в них что-то ошибочное. В тех же случаях, когда они не смогут прийти к единому мнению, следует обращаться за содействием к М. Борману и Х. Ламмерсу.

Фактически же Э. Кох стал сам себе Министром. Потому что обращение к М. Борману и бесхребетному Х. Ламмерсу означало бы новые поражения А. Розенберга. И будь на месте А. Розенберга человек с более сильным характером, он подал бы в отставку. Но А. Розенберг остался: частично — из-за свойственной ему инертности, частично — из-за надежды восстановить своё положение хозяина в Министерстве и его структурах на оккупированных территориях, частично — из-за чувства долга «до конца» быть лояльным режиму. Его преданность личности и делу Гитлера оказалась несокрушимой.

***

Под Винницей происходило немало и другого важного. Знаете ли вы, например, что пленённый 12-го июля 1942 г. генерал А. А. Власов был из лагеря советских военнопленных в польских Мазурах (Гижицко - Giżycko, нем. - Lötzen) уже к началу августа препровождён в Винницу, в лагерь для пленных высших офицеров Красной Армии? На территории психиатрической больницы находился Генеральный штаб сухопутных войск Вермахта. Там А. А. Власов был в сентябре 1942 г. основательно допрошен немцами, в том числе прибывшим специально для этого из Берлина сотрудником Министерства А. Розенберга.
В Виннице, с помощью полковника Владимира Боярского, бывшего командира 41-й гвардейской дивизии, бывший командующий 2-й ударной армией, заместитель командующего Волховским фронтом генерал-лейтенант А. А. Власов написал пояснительную записку, в которой он обосновал своё желание совместно с немцами бороться против советского режима. Руководством военной разведки было принято решение отправить генерала Власова в распоряжении Министерства А. Розенберга, в Берлин.

На этом месте можно было бы развить тему провалов планов А. Розенберга, что касается организации армии из бывших советских военнослужащих...

Но цели этой моей публикации — совершенно иные.

Первая цель: показать, какая участь ждала бы Украину, если бы в 1943 г. не переломился ход Второй мировой войны в Восточной Европе.

Вторая цель: продемонстрировать, в каких условиях взаимоисключающих приказов, циркуляров, указаний и т. п. приходилось работать в Виннице не только штадткомиссару , но и полностью зависящему от распоряжений последнего местному самоуправлению во главе с проф. А. А. Севастьяновым.

Третья цель: ещё раз призвать винничан заняться исследованием роли местного самоуправления в помощи жителям города и предместий.

Из книги доктора В. Я. Куликова мы впервые узнали о благих делах Головы города в годы оккупации, хотя в целом оценка «свидетелем оккупации», как В. Я. Куликов себя именовал, местного самоуправления предстаёт, на мой взгляд, достаточно предвзятой и тенденциозной. В публикации о газете оккупационного времени «Вінницькі вісті» (http://www.proza.ru/2016/08/31/65) я отмечал добрые дела гражданской администрации, но всего мне выяснить не удалось из-за запретительных мер руководства Винницкого облархива. Однако другим до архивов 1941-1944 г. г. удастся в конце концов добраться — и обнаружить там много чего до сих пор никому не ведомого. Возможно, тогда проф. А. А. Севастьянов и иже с ним не будут более рассматриваться как коллаборационисты-предатели, а как люди, пошедшие на сотрудничество с оккупантами, чтобы хоть как-то помочь полностью бесправному и брошенному на произвол судьбы населению.

Я понимаю, что никто теперь не сможет с уверенностью определить, почему те или иные лица предложили себя в качестве членов гражданского самоуправления города. Допустимы только спекуляции разного рода: вера в свершившуюся на общее благо смену режима, боязнь «потеряться» в процессе переформирования институтов власти, желание подняться выше (сделать карьеру), просто выжить с условиях дефицита всего необходимого, «урвать» побольше при дележе оставшегося в опустевших квартирах жертв нацистов, и так далее. Здесь поле для обоснованных предположений, домыслов и тому подобного не имеет границ. Тем более, что В. Я. Куликов дополнительно ко всему представил кажущуюся фантастической версию о том, что руководители местного самоуправления были «подброшены» немцам советской властью (НКВД).

Несомненно, не только в различных подразделениях местного самоуправления, но и в его руководстве были лица всех предполагаемых категорий. Доказать же неопровержимыми фактами сие весьма трудно, а то и — совсем невозможно.

Следовательно, нам ничего другого не остаётся, как судить о местном самоуправлении города, причём, тут уже с немалой степенью уверенности, по его решениям и делам. То, что мне удалось выяснить, свидетельствует в пользу А. А. Севастьянова и его команды. Отсюда — и ранее высказывавшееся мною предложение каким-то образом официально отметить это, стерев,

прежде всего, с этих лиц клеймо предателей.
Генералкомиссар Курт Клемм в Житомире, а от него - и штадткомиссар Винницы Фритц Маргенфельд получали указания как непосредственно из Министерства по оккупированным восточным территориям (Берлин), так и из Рейхскомиссариата Украины (Ровно). Они не могли игнорировать ни берлинские, ни ровенские приказы и инструкции, посему заставляли проф. А. А. Севастьянова и его сотрудников делать то одно, то другое, нередко прямо противоположное. Но объясняться по этим поводам с населением приходилось только работникам местного самоуправления. Можно себе представить такое положение Головы города и его команды: между молотом и наковальней…

Но судя по нынешним историческим исследованиям винницких специалистов, никого эта тема до сих пор глубоко не заинтересовала. Если мне удастся этой публикацией хотя бы немного повысить внимание к периоду оккупации города, я буду весьма удовлетворён. Самому мне пути к этой работе навсегда отсечены клешнями руководства Винницкого Облархива.

А сколько важного для прояснения общей ситуации и психологического состояния населения, для выявления истинных и мнимых «неуловимых мстителей», для определения содействующих палачам и, наоборот, помогавших жертвам, потерявших всё (и даже жизнь) и, наоборот, разжившихся чужим добром, пр. могло бы принести внимательное вчитывание в архивные документы!

Если так много удалось прояснить, всматриваясь в строки (и между ними) неполного архива «Винницких вестей», то сколько можно ещё узнать, работая с архивами Городской управы, учреждений, заводов, учебных заведений… И — в результате — продумать и понять, наконец, что' это было за время и каковы были в то время люди — от нищих калек и немощных больных до руководителей предприятиями, учебными заведениями, местным самоуправлением. Я обнаружил впечатляющие факты работы медиков, ознакомившись с архивными материалами Пироговской больницы, но никто не откликнулся на мой призыв как-то отметить, можно сказать, подвиг главного врача этой больницы Николая Макарьевича Мазаника.

Сколько не написанных книг, сколько не защищённых диссертаций!
И всё из-за равнодушия, конца которому не видно.

А равнодушие опасно, особенно - для самих равнодушных.
О чём предупреждал поэт (М. Ю. Лермонтов - «Дума», 1839):
«К добру и злу постыдно равнодушны,
В начале поприща мы вянем без борьбы.»

Статья опубликована 20.11.2016: http://www.proza.ru/2016/11/20/1805

Винница. Парк культуры. Упадок одной скульптуры.

Эти давние фотографии одного и того же места в винницком Парке культуры и отдыха имени Максима Горького, эти фотоснимки со скульптурой львицы и двух львят навели меня на некоторые размышления, которыми я решил поделиться с потенциальными читателями. Ими могут стать только бывшие или нынешние винничане; остальным, полагаю, сие будет совсем не интересно. Так что, - «Иногородние, прекращайте-ка, пока не поздно, чтение! А то... можете и увлечься...».

Эта скульптура появилась в начале 50-х годов в результате послевоенного «окультуривания» (см. ниже) парка. Парка, который значительной своей частью расположен на местах бывшего до- и какое-то время ещё после-революционного католического кладбища, а также — предвоенного «тайного, "врагов народа" кладбища имени НКВД», заложенного в тогда уже официальном (!!!) Парке культуры и отдыха со всеми присущими ему развлекательными строениями и заведениями: танцплощадкой, качелями, киосками, спортплощадками, буфетами, пр.

Расположили скульптуру, как и большинство появившихся в то время подобных, говоря старым стилем, украс, недалеко от главного тогда входа в парк с улицы Хлебной. Правда, носила эта улица ещё с 1921-го года имя одного из основателей коммунистической партии Германии Карла Либкнехта. Немцы-оккупанты проигнорировали то, что К. Либкнехт избирался в кайзеровской Германии депутатом рейхстага. Но не забыли, что в 1871-м году крестными отцами евангельского христианина Карла были не кто-либо, а друзья его отца Вильгельма - Карл Маркс и Фридрих Энгельс. И хорошо помнили, что Карл Либкнехт, убитый в 1919-м году, сам был марксистом и антимилитаристом. Посему и возвратили улице - на три года своего господства в Виннице - её историческое (до 1910-го года) название. С чем, разумеется, никак не могли согласиться освободившие город от захватчиков коммунисты. И до первых декоммунизационных переименований улиц в 1993-м году таблички с именем Карла Либкнехта вновь украшали примерно три десятка домов на этой недлинной улице, пересекаемой "річкою Калічкою".

Хлебом (зерном) на бывшей Хлебной улице уже десятилетия никто не торговал, хотя базар Калича - совсем рядом - ещё существовал. Даже хлебного магазина на улице не было. И всё же: в первое послевоенное время винничане улицу чаще именовали по старинке — Хлебной. Не то, думаю, чтобы знали её историческое название, нет. Просто наименование весьма эмоциональных времён оккупации ещё не выветрилось из голов (всё, сопровождающееся эмоциями, запоминается особо прочно) — и запечатлелась она для двух-трёх десятков тысяч, остававшихся в городе в 1941-1944 г. г., как улица Хлебная. Так и я её, со слов других, всегда называл. Не то, чтобы был против Карла Либкнехта — я и понятия о нём не имел. А просто так, спонтанно...

Меня занесло несколько в сторону от темы, но я выруливаю снова к «нашим баранам», вернее — ко львам. И пытаюсь вспомнить более точно локализацию скульптуры со львами. Так вот, - «Слушайте сюда!», - как выражались в то время в Виннице.

От упомянутого главного входа одна аллея шла, продолжая направление улицы, в сторону Летнего театра. Совсем недалеко от главного входа по ходу этой аллеи находился фонтан с огромной вазой в центре; вазу украшали со всех сторон горельефы ладных фигур спортсменов с мячом и без такового. По бокам аллеи — крупные фигуры опять же спортсменов. В этом можно убедиться на подборке, представленной Ириной Глебовой (ссылка — ниже). И - крупным планом - на фотографии 1958 г. из моего архива (V.).

В левую сторону от главного входа отходила несколько менее широкая аллея, о которой я подробно писал в «Моей Виннице» (см. раздел «Парк культуры и отдыха» и подпись под фотографией 92). Если первую аллею можно было условно назвать «спортивной», то эту - «идеологической». Она вела к большой площади с Летней эстрадой; на ней по субботам-воскресеньям (в другие дни недели — очень редко) проходили как открытые для всех, так и закрытые (с обязательным приобретением билетов) концерты. Ограждения были высокими, так что безбилетникам ничего было не увидеть, но услышать можно было всё. Нередко во время платных концертов вокруг эстрадного заграждения народу было в несколько раз больше, чем внутри.

Ближе к эстрадной раковине со сценой, но обрамлённый-отделённый от неё деревьями и клумбой, у конца означенной «идеологической» аллеи стоял памятник, само собой разумеется, В. И. Ленину, в чём можно убедиться на подборке фотографий, выложенной 10-го марта 2016-го года тут: https://vk.com/historyofvinnytsia (фото 8, автор неизвестен). Как явствует, не только комсомольцы считали необходимым запечатлеть себя на фоне памятника Ленина (VI.), но и родители — воплотить в фотографии «рядом с Лениным» своих маленьких детей, будущих октябрят-ленинцев (это я — об упомянутой фотографии 8).

От Летнего театра также в западном направлении, как и «идеологическая аллея», шла аллея, изображённая в выше указанной подборке под номером 4 (фото А. Рыбалка). Её я бы назвал «пенсионерской»: на лавочках этой открытой светлой аллеи постоянно сидели пожилые люди, а вокруг копошились их внуки. В предвечерние часы аллея хорошо освещалась заходящим солнцем — и влюблённым тут делать было нечего. Они предпочитали аллею, ведущую к тому месту в низине, где потом была сооружён «Зелёный театр». В рассматриваемые нами годы там и тут ниже этой аллеи (то есть, левее от неё, если идти от входа в Парк) выступали из-под земли могильные плиты.

Так вот, между тремя первыми упомянутыми аллеями и эстрадными подмостками располагалась рощица с ещё одной небольшой, отчасти скрытой аллейкой (она виднеется на другой фотографии 1958-го года — II.). Где-то в сей рощице, скорее всего, и находилась скульптура, о которой шла и ещё пойдёт речь. Могу и ошибаться, конечно. Но кто поправит: столько лет минуло?!

Теперь о скульптуре — поподробнее.
Автор самой «свежей», датированной 1967-м годом, фотографии (III.) - Владимир Бей. Выставлено фото для всеобщего обозрения «контактниками» (теми, кто В КОНТАКТЕ, или VK) его сыном Сергеем https://vk.com/historyofvinnytsia (8 марта 2016 г.). Запечатлена скульптура фотографом с «безопасного» расстояния: у львицы к тому времени был уже не только устрашающий, но и - страшный вид [«Могучий лев, гроза лесов», - как писал дедушка И. А. Крылов]. К последнему - страшному виду - мы ещё вернёмся.

На второй фотографии, 1958-го года, рядом со львами — автор этой публикации (II.). Как видите, он в вышиванке - и потому смело не удостаивает даже минимальным почтением рычащую львицу [«Я сорочку знайду вишиванку і надіну, як хлопчик, радій ...", - Андрій Малишко].

Самое раннее из представленных - фото 1954 года (I.). Скульптура почти новая. И буквально впритирку со львами спокойно читает книгу Юля Ункинд (в замужестве - Штейнман).

Впоследствии — жена того самого Бориса Штейнмана - ответственного секретаря редакции газеты "Вінницька правда", который так зло разыграл знаменитого фотографа Ефима Давидовича Копыта (см. ВІННИЧАНИ от 26-го февраля 2015 г. - «Кофточка для Гени», или: https://www.facebook.com/notes/вінничани/кофточка-для-гени/1580748892250698 — отрывок из романа Александра Горобца «Босиком по битому стеклу», 2003).

Юля углублена в чтение книги, пренебрегая опасностью соседства с львицей и её детёнышами. Львы, оставляя без внимания до неприличия близкое присутствие Юли, озабочены другим. Звери с тревогой и опаской смотрят в сторону тех, кто в скором времени начнёт их ранить, отбивая кусочки скульптуры [«С улыбкой вандала и наглостью скифа...», - добавлю я словами А. Полежаева (1804-1838) из стихотворения «Цель охоты»].

К чему я это? Сейчас поймёте. Начнём издалека.
— Из чего, вообще, изготавливается садово-парковая скульптура?
Из дерева, мрамора, армированного (упрочнённого) бетона (то есть, с введённой в бетон стальной арматурой), гранита, известняка, искусственного камня, бронзы, алюминия... И даже - из чистой меди (к примеру, скульптурная группа «Лев и Львица» в Городском саду на Дерибасовской улице в Одессе)!
— Для чего устанавливается в парках скульптура?
Для придания парку одной из его культурных составляющих, превращающих обычный парк в ПКиО (Парк культуры и отдыха).
— Для чего фотографируются у скульптур?
А: для «документального» подтверждения, что изображённое (-ые) лицо (-а) действительно находилось (-ись) в этом месте (если скульптура или место, где она установлена, широко известны, знамениты, так сказать);
Б: если без скульптуры пейзаж - фон снимка одной или нескольких персон - представляется унылым, однотонным, пр. — для так называемого «оживления» пейзажа;
В: для демонстрации наличия в этом месте, где он (она, они) побывал (-а, -и), ТАКОЙ (красивой, оригинальной, смешной, уродливой, пр.) скульптуры;
Г. для создания, по мнению фотографа или снимающегося (-ихся) (или - обеих сторон), удачной композиции из самой скульптуры и «фотомоделей», чем-то дополняющих друг друга.
И так далее... Предположений на этот счёт можно высказать немало, но и они не отразят всего того, что возникает в нашем подсознании при решении «сфоткаться» именно тут или там.

Подсознание — дело тёмное, в нём и с помощью Фрейда разгадки часто не найти. Кто объяснит, например, что' двигало фотографом и четырьмя милыми молодыми женщинами, заслонившими почти полностью всю львиную троицу? Меня особо умиляет "рученька тендітна" (кавычки — не с целью выражения иронии, а, как и выше было, - для выделения написанного по-украински), оттягивающая нижнюю челюсть львицы... И при этом - хитроватый взгляд весьма красивой молодки: мол, "кого хочете приручу"... [Прошу прощения за эти домыслы, но они так и напрашиваются, чтобы ими поделиться! - Фото из архива Ирины

Глебовой, которая могла бы нам упростить задачу, расспросив изображённую на снимке её матушку (ВИННИЧАНЕ, 27-го февраля 2016 г.)]

В любом случае, судя по начисто вытоптанной травке вокруг скульптуры, место это было бойкое, людное... Рассматривать здесь особо было нечего, так что — только фотографироваться.

В. Бей заснял скульптуру, можно сказать, в чистом виде. Как свидетельство времени. И в таком виде фотография безукоризненно несёт свою службу уже полвека.
Юля Ункинд украсила скульптуру своим присутствием. Это - фото контрастов: чёрного и белого, незамысловато исполненного «массового искусства» и особого обаяния читающей книгу девушки, звериной нервозности и умиротворённого состояния души прелестницы... Такую фотографию и подарить не стыдно.
Ну, а я продемонстрировал таким образом своё бесстрашие даже лицом к лицу (мордой к морде? - я не обижусь) с хищником ["Рикаючи й трясучи головою, спинився лев біля тебе близенько...", - Леся Українка, «Самсон»)] И до сих пор сую под нос эту фотокарточку любому, кто сомневается в моей отважности. А раны всегда зализываю невидимо для других, в своей берлоге. И так уже почти шесть десятилетий с тех лет ...

«Такие вот милые скульптурки обитали в нашем парке 40 лет назад...», - замечает С. Бей. А на вопрос «куда исчезли?» - философски отвечает: «... время разрушает целые города... А у нас, чем восстанавливать - так проще снести или спилить под корень...»
Прав он, конечно. Частично прав, однако.

Позволю от себя добавить: не время или, вернее, не только время. Скульптуры разрушают намеренно. С самой древности до наших дней. И — везде.
Наверное, продержалась бы эта скульптура намного дольше, если бы в бетоне, из которого её, скорее всего, изготовили, цемента (дефицитного тогда строительного материала) было бы необходимое количество, да и сам цемент был бы нужного качества. Может быть, и на арматуре «сэкономили». И всё же — я не об этом.

Я о вандализме. Это французское слово, введённое в русский язык в 1831 г. А. С. Пушкиным, происходит от названия восточно-германского племени вандалов, разрушивших в середине V-го века многие памятники культуры захваченного ими Рима.
А другие памятники Римской империи, до которых варвары не добрались, стоят и по сей день. В чём можно убедиться на Святой Земле или в Кёльне. Через две тысячи лет после их появления! Да вспомните хотя бы «водопровод, сработанный ещё рабами Рима» (В. Маяковский): некоторые участки его до сих пор (!) входят в систему водоснабжения итальянской столицы.

Вандализм - одна из форм разрушительного поведения людей, в результате чего повреждаются или уничтожаются предметы искусства и культуры — выражение протеста, мотивированное идеологией, религиозным фанатизмом, мщением, гневом, злобой, скукой, пр. В любом случае — противозаконное, с общечеловеческих, с исторических позиций действие, если даже оно и исполняется по велению какого-то законодателя. Примеров тому — не перечесть во все времена и при всех правителях. Исключения — чрезвычайно редки.

Вглядимся в фотографии. Хотя ракурсы съёмок различаются, изображения зверей всё же можно сравнивать.
В 1954-м году скульптура была ещё в нормальном состоянии. Хорошо просматриваются рельеф звериных тел, контуры шейных мышц, короткая шерстка; не видно никаких повреждений; постамент — цел.
В 1958 г. - заметные изменения: отбит угол у постамента, повреждено левое ухо львицы, а один львёнок лишился обоих ушей. Под скульптуру подставлены плитки и камешек, вероятно, поддерживающие её уже шаткую часть.
В 1967 г. , по всей вероятности, после реставрационных работ «затянулось» левое ухо львицы, «отросли» отсутствовавшие ушки у «глядящего в объектив» львёнка; зато большая часть тела игривого, судя по снимку 1954-го года, другого львёнка кем-то «обглодана». Правая передняя лапа львицы непомерно увеличена в размерах («по-людски» заболевание именуется слоновостью). Под правой скулой у львицы - то, что - опять же у людей - называется номой (гангреной лица, Антоновым огнём лица, пр.). Нома возникает при плохих гигиенических условиях и дефицитном питании. В данном случае — плохих условиях содержания и ухода. Это — как добавление к вандализму, которое, представляется, было первопричиной при таком дефекте. И, наконец — оголённая, почти бесшерстная шкура. Разве это - не страшный вид, о котором говорилось вначале?

С. В. Бей в личной переписке (23-26.03.2016) написал мне следующее:
«Я вот что читал про такие памятники - они выполнены из бетона и очень подвержены разрушению (заливаются очень жидким бетоном и потому имеют микротрещины изначала, поэтому разрушаются замерзающей в трещинах водой), требуют качественной гидроизоляции. Те памятники, что постоянно подкрашивают масляной краской - живы и по сей день. Пример - пеликан из парка в трамвайном депо цел. Девочка с кувшином в парке Химик давно почила...»

Тут возразить нечего. Однако же и вандализм не исключаю: как много «насильственных повреждений», говоря судебно-медицинским языком, виднелось на скульптурах тех лет! Отбитые выступавшие части лица и тела, висящие на остатке арматуры го'ловы со следами явных «черепно-мозговых травм», переломанные руки, но'ги. Переломы неполные или полные (поперечные, продольные, винтообразные, оскольчатые ...), а также - закрытые или открытые (арматура обнажена, кроваво-ржавые подтёки на бетоне...).

Кстати, С. В. Бей оказался весьма компетентным в «скульптурном деле». Моё замечание о мало результативных реставрационных работах он комментировал так: «Вы правы. Мелкие детали на поверхности (шерсть, опушка ушей, вены) - исчезли. Скорее всего скульптуру обмазали сметанообразным раствором цемента, так обычно ремонтируют бетонные заборы воинских частей. В дальнейшем идет разрушение до самой арматуры с выкрашиванием больших кусков... Мне кажется, скульптуры внедрялись массово и не было разработано инструкций по уходу и содержанию. Ведь это уже не мрамор и не бронза...»

После всего изложенного выше возникает весьма обоснованное предположение, что юные дамы закрывали своими телами изуродованные части скульптуры, оставив для обозрения только интактную левую часть головы львицы. Знать бы дату съёмки — можно было бы высказаться с большей уверенностью.

А что касается судьбы наших львов, то тут всё ясно. Радикального лечения номы как не было, так и нет. Слоновости, к слову — тоже. У львов-уродов никто фотографироваться больше не желал. Вокруг никому не нужной и заброшенной скульптуры беспрепятственно разрослись не только травы. В конце концов буйная растительность поглотила скульптуру. Остатки, наверное, ещё можно найти. Кто возьмётся? — местонахождение я указал.

Вот и всё, что я хотел сказать. Не верите мне, не верите С. В. Бей, что скульптура пеликана на территории трамвайного депо цела? Можете убедиться в этом сами. А ведь скульптуре пеликана немало лет: она приблизительно ровесница скульптуры со львами. То есть, ей более шестидесяти!
Говорите, мол, сказки это? Ладно, помещу этот опус в раздел «Сказки». Пусть будет по-вашему!
Но обращаюсь к вам словами Эдуарда Асадова («Пеликан, 1969):
«Пусть так. Но я скажу иным
Гогочущим болванам:
- Снимите шапки перед ним,
Перед зобастым и смешным,
Нескладным пеликаном!»

P. S. Представьте себе, что если копию этой скульптуры из искусственного камня (только саванного желтоватого, а не белого - изображены ведь не полярные медведи — цвета) выставить на прежнем (или любом ином) месте, то и сейчас желающих сфотографироваться около неё будет не только не меньше, но даже во много раз больше! Причина проста: сотовые телефоны с встроенным фотоаппаратом есть почти у каждого, да и цифровых фотоаппаратов — не то, что ранее плёночных… Подсознательная же тяга людей «зафиксировать» себя - с той или иной целью - в пространстве и времени не потеряла свою силу.

Статья опубликована 27.03.2016: http://www.proza.ru/2016/03/27/2430

Памяти садика Козицкого, сердцу моему близкого

Не скажите, что сад сей был мало известный.
Вот как представляет его Вин-инфо - сайт города Винницы, 2013 (http://www.vin-info.org.ua/publ/5-1-0-35/):

«В центре города на улицах Козицкого и Котовского радует глаз зеленый массив. Это сквер имени Козицкого. Здесь возвышается черный обелиск-колона. Сдержанность и простота архитектурной формы придают ему торжества. На обелиске надпись «Вечная память бойцам, которые погибли в борьбе за власть Советов на Винничине в 1917-1919 гг.». Этот памятник построен на могиле героев, которые погибли в борьбе за установление Советской власти на Винничине.» [Вообще-то, обелиск - всегда гранёный, квадратный в сечении, а не круглый.]

Согласитесь, что, судя по этому высокого стиля описанию, сравниться с винницким «зелёным массивом» по красоте и славе может только «зелёный массив» Летнего сада в Санкт-Петербурге. Однако не будем забегать вперёд: конкретней о возможном сравнении — позже.

Что-о? Считаете сравнение не подходящим: мол, последуют проблемы и неприятности, учитывая к тому же международную ситуацию? А когда я сравнил нашу артыновскую водонапорную башню с парижской башней Эйфеля? А самого Гр. Гр. Артынова - с парижским градостроителем бароном Жоржем Хаусманом (там же, в «Виннице 1911-го года»)? Прошло вот уже более пяти лет с того времени, но из парижской мэрии не поступало никаких заявлений протеста! И в ЮНЕСКО (с штаб-квартирой в том же Париже) по сему поводу не созывали экстренно Генеральную конференцию...
Так что не удивляйтесь и не возмущайтесь, а читайте далее.

Сей зелёный островок в городе существовал давно. При новой планировке города в начале XX-го века городской архитектор Гр. Гр. Артынов (1860 - 1919), с согласия Городского головы Н. В. Оводова (1864 - 1941), решил его сохранить как сад, ограниченный с востока улицей Театральной (до 1910 г., после - Богдана Хмельницкого), а с севера - улицей Большой Дворянской (до 1910 г., после - Петра Великого). С запада сад примыкал к строгому зданию Винницкого Окружного суда (см. на карте слева вверху, № 17/11); с юга — к красивому частному строению (на карте - внизу, под красной крышей). Принадлежало оно богатому городскому купцу и меценату Аврааму Ионовичу Марьянчику.
Развлекались в этом саду винничане, удивлялись новинке - кинематографу, пили прохладительные и горячительные напитки. Однако, не очень-то долго.

Пришла революция — и сад постепенно, так сказать, переориентировали. Стал он местом развлечения для городских детей: дошкольников, октябрят-ленинцев и пионеров. Улицы вокруг сада переименовали, соответственно, в улицу Котовского и улицу Козицкого. Кто из них важнее был — трудно решить. На первый взгляд, вроде бы, Григорий Иванович Котовский (1881-1925) - член Союзного, Украинского и Молдавского Центрисполкомов, член Реввоенсовета СССР, кавалер трёх орденов Красного знамени... Но Николай Григорьевич Козицкий (1980-1920), среди прочего, с февраля по октябрь 1920 г. возглавлял Подольский губернский революционный комитет, размещавшийся как раз в расположенной рядом с садом гостинице «Савой». И погиб он в бою с врагами советской власти - петлюровцами, а не при до сих пор до конца не выясненных обстоятельствах, как это случилось с Г. И. Котовским.

Короче говоря, сад получил название «имени Козицкого». В конце концов, главный вход в сад был с улицы, носящей имя Н. Г. Козицкого. Соответственно новому прикладному значению (кроме чистого воздуха, запаха свежести) сад начали обустраивать...
На этом месте я вынужденно торможу, так как - хоть убей - не могу вспомнить, чего такого нового соорудили в саду им. Козицкого в предвоенное время.

Хотя неопровержимых документальных свидетельств сему нет, я всё-таки твёрдо убеждён, что за три моих довоенных винницких года я в этом саду бывал, причём - неоднократно. Разумеется, меня туда приносила-привозила не гувернантка, как это случалось с Евгением Онегиным. Его-то, мы это точно знаем, в Летний сад водил гувернёр «француз убогой», который «учил его всему шутя, не докучал моралью строгой». Зато у меня была няня - совсем юная Хыма из-под Хмельника (фото 3. в «Моей Виннице»), которая меня «слегка за шалости бранила, и в ...» сад Козицкого носила (водила). Не исключено, что снимок с отцом (там же, фото 17.) сделан в этом саду. Но, повторяю, неотразимые доказательства сего отсутствуют.

Зато в послевоенные годы я был в этом саду завсегдатаем. Проживали мы с 1948-го года, как и до войны, в бывшем доме Бродского (на улице Ленина), откуда в сад Козицкого можно было попасть дворами за несколько минут. Напротив сада в угловом доме (см. на карте - №33/13 по бывшей одноимённой с садом улице) располагался городской Дворец пионеров, где часто бывало немало для меня интересного. По пути туда или оттуда заскочить в сад — дело мгновенное.

А теперь я прервусь, чтобы кое в чём определиться. Прежде всего в том, есть ли сейчас в Виннице сад им. Козицкого или его нет?
В ВикипедиИ (страница: Винница, раздел: Парки и скверы) объект нашего внимания представлен следующим странным образом (см. опять же карту): «В самом центре, в районе водонапорной башни и Мемориального комплекса Славы расположена Европейская площадь (до 2014 года сквер Козицкого)». Что следует понимать: сада больше нет — его поглотила Европейская площадь.

На карте же (http://map.i.ua/vinnytsia/#ll=28.4685422928155,49.2344031062568&z=17) вы видите, что территория бывшего сада по-братски поделена на три части: на Мемориал славы, Европейскую площадь и … сквер Козицкого. Чудеса! - воскликните вы и решите, что карта давнишняя. Уверяю вас, что карта новейшая, потому что на ней обозначены не только относительно давно появившаяся улица Грушевского (б. Котовского), но и - всего полгода тому назад возникшая, наконец, в честь скрывавшихся советской властью заслуг Городского головы, улица Николая Оводова (б. Козицкого).

Забавно, что табличка «Европейская площадь» в сквере Козицкого (!) прибита к водонапорной башне, которая числится под номером 20 по улице Оводова (см. карту). Помните, как за несколько тех напряжённых дней 2014-го года был решён вопрос о дальнейших устремлениях города — и в доказательство западных приоритетов была провозглашена и застолблена этой табличкой новая винницкая площадь?

[Полагаю, что для большей убедительности одновременно надо бы было рядом с трамвайным депо, где ночуют бывшие цюрихские трамваи, переименовать хоть что-то на «швейцарское». В Швейцарии, слава богу, революций никогда не было, хотя собирались там именовавшие себя марксистами-революционерами безбожники со всего божьего света. Так что перелицевать Революционную улицу в улицу Швейцарской революции, действительно, не получалось (жаль, что трамваи - не из соседней Франции). Долго думали и - придумали: рядом с трамвайным депо появилась … Трамвайная улица. Экая невидаль!? Нет, что бы — улица Швейцарского трамвая

или короче — Цюрихская!
А в самом депо где, спрашиваю я вас, рабочая столовая «Гельвеция»? До сих пор таковой нет.]

Продолжаем тему. И вот уже улицы с именами обоих людей, сопричастных сохранению городу этого оазиса, обнимают бывший сад Козицкого. Не беда, что улица архитектора Артынова — пару десятков метров в стороне. Сей «недостаток» вполне компенсирован расположенной в «сквере Козицкого» удачной бронзовой скульптурой городского архитектора, изображающей его, сидящего в раздумьях на красивой парковой скамье.

[Беда, на мой взгляд в другом. В том, что сначала делают, а потом думают. Или сначала думают, но принимают решения, успев лишь «коснуться до всего слегка», рассчитав, словно начинающие шахматисты, максимально на два хода вперёд. Или думают, что никто так хорошо, как они, думать не умеет. Лучше них — вы что смеётесь?

Вот, будь моя воля, я бы поменял местами названия улиц, связанных с именами Артынова и Оводова. А то, что же получается? Несколько главных творений Гр. Гр. Артынова расположены на улице Оводова (перечислить? - каменные ступеньки к парому, водонапорная башня, дом Марьянчика, отель «Савой»), а улица архитектора Артынова упирается в … дом Н. В. Оводова. По ней, а не по, в будущем, «своей» улице ходил Городской голова на работу как в старое, так и в новое здание Городской Думы. («Опять, - скажете, - «сказки?». Да, но мы ведь с вами договорились ещё в статье об «упадке одной скульптуры»! Так что, не брюзжите!)

Но кому интересна была и есть моя воля? (Как и ваша, могу вас уверить.) Правильно вы отвечаете: н и к о м у. Молодцы!
Вспомните, ещё к о г д а я писал, что отсутствие улицы Оводова и наличие улицы Козицкого — нонсенс. Упустили из памяти? Тоже понимаю: было это в далёком мае 2011-го года — допустимо и позабыть. К тому времени уже существовала улица архитектора Артынова (с 2000-го года), потому что убрать название «улица 9-го января» было безопасно: кому важно сие российское событие царских времён, 1905-го года? «Кровавое воскресенье», разгон шествия петербургских рабочих к Зимнему дворцу, и т. д.? — это можно смело стереть с карты города. А Григорий Григорьевич Артынов — просто архитектор, много построил того, что так называемая рабоче-крестьянская власть без спросу, как будто ею возведённое, использовала все годы своего правления. Совсем не мало, впрочем, лет.

По (партийной) совести, следует добавить: не подозревая, что «религия — опиум для народа», проектировал Гр. Гр. Артынов, к сожалению, также церкви и синагоги. Однако Советы почти простили ему сию идеологическую незрелость, а такими «безыдейными» строениями распорядились по-своему: одни уничтожили, другие подправили, стерев со зданий последний налёт той или иной конфессиональности, и использовали далее по иному назначению (клуб, кино, спортивный зал). И предстал «новый» Гр. Гр. Артынов, если не воинствующим атеистом, то просто неверующим. Таким же увековечить его было вполне допустимо.

А вот с Козицким надо было вести себя поосторожнее. Как-никак, а занимал высокий пост главы Подольского губревкома. Кто знает, что' подумают в Киеве? Да и Оводов — никто иной, как представитель
 самодержавия. Пусть на уровне уездного города, но всё же... Решились, однако, всё-таки, но лишь после того, как ознакомились с президентским Указом. Подстраховавшись им, так сказать. Увы, подходящая для имени Оводова улица была уже давно «занята». Пришлось назвать ту, что «освободила» декоммунизация.

Так что, не я задним умом крепок, а другие слишком поздно, «набравшись смелости», спохватились. А то — и Козицкий, и Володарский, и Свердлов, пр. Прямо по Вл. Высоцкому: «А вдруг это очень приличные люди, а вдруг из-за них мне чего-нибудь будет!».]

Возвращаемся к нерешённому до сих пор вопросу, касающемуся названия «зелёного массива». Такового - единого - названия до сих пор нет. Напоминаю: писали и говорили о
саде имени Козицкого, парке им. Козицкого, сквере имени Козицкого.

Сквер отмечается сразу. И не потому что сквер, по самому определению (из старо-французского языка, с каковым очень даже многие винничане знакомы) должен быть квадратным: не совсем квадратной формой «сквера им. Козицкого» можно было бы и пренебречь. Но отсутствовала обязательная решетчатая ограда вокруг «сквера». Ограда, конечно была: в то время ограждали всё, причём не только с эстетическими целями. Но — не та! Вдоль означенных улиц была невысокая (повышалась она ближе к бывшему дому Марьянчика, так как улица имела наклон в ту сторону, а «сквер» был "приподнят" над улицей и имел, как положено, чётко горизонтальную поверхность) каменная ограда, венчавшаяся расположенной над ней довольно толстой металлической трубой - что-то подобное трубчатым перилам на лестнице к Южному Бугу конструкции, как уже указывалось, того же Гр. Гр. Артынова.
Да и размеры «сквера им. Козицкого» для с к в е р а были всё же велики.

Для другого названия — «парк им. Козицкого» размеров, наоборот, недоставало.
Внесём и тут ясность.
Размеры «парка им. Козицкого» были весьма скромны: где-то 135 х 115 метров. Какие-то всего полтора гектара. Сравните с Центральным парком города — памятником садово-паркового искусства общегосударственного значения (http://vinbazar.com/otdykh/company/view/tsentralnyi-park-otdykha-immgorkogo), раскинувшимся на площади в 40 (сорок!) гектаров.
Так же никак - по размерам - не сравниться «парку им. Козицкого» с другой, уже упоминавшейся знаменитостью — Летним садом в Санкт-Петербурге. Тот тянется вдоль Дворцовой набережной почти на 250 метров, вдоль реки Фонтанки - на расстояние, ещё в два с половиной раза большее. Словом, раз в десять превышает по площади Летний сад «парк им. Козицкого».
А ведь парк, по определению — это б о л ь ш о й сад.

[Написав «не сравниться», должен подчеркнуть: я никоим образом не намекаю на отсутствие в «парке им. Козицкого» фонтанов, мраморных скульптур, не говоря уже о монументальной решётке Летнего сада (со стороны Невы). Была, честно признаем, и в «парке им. Козицкого» одна мраморная колонна, но она находилась как-то вне интереса юных посетителей «парка». О ней шла речь в самом начале, о ней ещё раз — ниже. Тут же — только о размерах «парка».]

Ну, наконец-то, и вы поняли, что - как не крути - от определения «сад им. Козицкого» нам не отвертеться. Хотя и здесь свои семантические сложности. Под садом в Виннице всегда подразумевалось что-то плодоносящее. Правда, дополнение «им. Козицкого» сразу же надоумливало любителей фруктов и ягод. Но и не в этом опять же дело.
Вы могли прочитать в газете, что «В городском саду им. Козицкого…». Вы всегда видели вывески учреждений типа «Детский сад " Ласточка"». Но никогда не слышали, чтобы мать - нарочито с удивлением - спрашивала не желающего рано утром вылазить из-под одеяла ребёнка: «Ты что, не хочешь идти в (детский) сад?». Нет, нет и — нет! Мать взывала к совести дитяти словами «Ты что, не хочешь в садИК?!».

Да, тем и отличается бытовая речь от «правильной», что в первой из них можно уловить свои особые нюансы. Суффикс «- ик» придаёт здесь слову «сад» не столько уменьшительное, сколько уменьшительно-ласкательное значение, что вообще характерно для обозначения всего того, что окружает ребёнка. Вот и в нашей детской речи н и к о г д а не слышалось выражения «сад Козицкого» - только «садик Козицкого». Что касается слова «имени», то оно в бытовой речи взрослых почти всегда выпадает, а в речи детей, сами знаете, отсутствует напрочь.
Итак, в дальнейшем будем использовать только понятие «садик Козицкого» – и я обозначаю его впредь - для краткости - как «сК».

Теперь можно возвратиться в сам сК. Парадный вход в него был, как уже отмечено выше, с улицы Козицкого, примерно (см. карту), напротив дома под № 35. Ещё в 1945-м году у этого входа, со слов Анатолия Штейнбаха (см. ниже), стояли зенитки, защищавшие город от налётов вражеской авиации. Немцы, вынужденные покинуть город, пытались "огрызаться".
От входа шла прямая, довольно широкая аллея до площадки перед Летним кинотеатром (на карте - уровень начальной буквы в слове «площадь»). Сам же кинотеатр, о котором будет сказано особо, располагался глубже, находясь задней стенкой (с кинобудкой) вблизи дома № 15 по тогдашней улице 9-го Января. То есть, кинотеатр занимал место вне территории нынешней Европейской площади. Конечно, между кинотеатром (сК) и указанным домом (двором) был обязательный в те времена забор. Но, как и во всех заборах, в нём была огромная дыра, превращавшая промежуток между кинотеатром и соседним двором в проход.

Другой (не главный, но широко используемый, так как позволял срезать угол около башни и быстрее попасть с улицы Котовского на улицу Козицкого) вход (калитка) в сК находился рядом со зданием Облсельхозуправления (бывшего Окружного суда). Другая же дыра (не "главная") была проделана в длинном заборе между плотно прилегающими к зданию связи (бывшему дому Марьянчика) одноэтажными строениями (склады, пр.) и зданием медицинского техникума-медицинских лабораторий (что там было изначала — не знаю). В этот забор была как бы встроена общественная уборная, посещение которой было связано с таким риском (от деталей воздержусь), что дети, если «припекало», бегали домой или в «свои» дворовые уборные, которых в послевоенное время было не сосчитать.

А третий (полу-главный) вход был приблизительно посредине забора по улице Котовского.

«Выходов» из сК было на один больше, чем входов. Шиком считалось не через ворота выходить, а спрыгивать с ограды. И чем ближе к дому Марьянчика (то есть, с большей высоты), тем лучше. Я, с возрастом, наращивал свой личный рекорд, но - ещё до достижения возможного максимума высоты - в какое-то лето мне вдруг стало стыдно заниматься «ребячеством». Время коротких штанишек для меня уже миновало. (А до времени, когда взрослому человеку стало возможным появиться на улице в шортах, было ещё так далеко!)

Справа по ходу этой главной аллеи, ближе к площадке перед кинотеатром находилось единственное в сК (неказистое, приземистое) строение. Там был склад инвентаря для уборки сК, там, возможно, была и каморка для смотрителя (сторожа, дворника).
А далее - в центре этой аллеи - где-то в начале 60-х годов (?) соорудили фонтан.

Налево и направо от главного входа в сК шли - параллельно улице Козицкого - менее широкие аллеи. Та, что справа - к башне (на карте - 20), та, что слева, недалеко от входа расширялась: это было "наследие" забетонированной немцами площадки для мойки машин. Наискосок вглубь слева-направо шла аллейка к месту захоронений жертв революции 1917-го года. Понятно, что - жертв, сражавшихся на стороне Советов. Я не вспомню точно ни количество могил (братских и персональных), ни их оформление. В памяти остались только тяжёлые цепи между каменными столбиками, отграничивавшими эти захоронения. И, конечно - черная мраморная колонна, о которой выше уже дважды упоминалось. Фотографию этой колонны, которую в сК сделал его отец - В. Г. Бей, опубликовал Сергей Бей (в http://vk.com/historyofvinnytsia) 15-го февраля 2016-го года (тут представлен лишь фрагмент фото).
Рядом с эти местом в 1944-1945-х годах были похоронены несколько погибших в ту пору офицеров Красной Армии, в частности, весной 1945-го года - лётчик Герой Советского Союза Могиле... Фамилию, сообщивший мне об этом одноклассник Анатолий Штейнбах, проживавший с весны 1945-го года в доме №41 (тогда он был под №25), что почти напротив главного входа в сК, точно не запомнил; но он присутствовал при том торжественном захоронении.
На карте место означенного небольшого кладбища находится там, где — слова' «мемориал Славы» и расположенная ниже зелёная зона.

Левее же слова «мемориал», в сторону параллельной улице Козицкого (Николая Оводова) улицы 9-го Января (архитектора Артынова) располагалась, по моей памяти, самая ранняя

детская площадка, на которой я запечатлён на качалке и у горки. Снимки эти где-то 1953-го - 1954-го года. А следующий снимок, где я гордо позирую вместе с одноклассником Юзиком, сделаны у правого угла здания под № 24. Опять же — в сК, но вне нынешней Европейской площади. На снимке видна карусель, на которой мы кружили малыша Володю - братика нашего одноклассника Жени, нажимавшего на спуск фотоаппарата. Здание под № 24 частично занималось, как я уже сообщил, медицинским училищем, частично — какими-то медицинскими лабораториями. Его тыльная сторона видна на фотографии.
Володя Макаренко - ныне пенсионер - родился в декабре 1951-го года. Посмотрите на него внимательней, прикиньте его возраст — и сами решите, в каком году сделано это фото (не позже весны 1955-го года!).

В конце 50-х сК стали снова перепланировать.
Ещё в середине 50-х туда перенесли захоронения с площади, которая была на Замостье перед старым зданием строительного техникума (сразу за мостом). Там, на месте захоронения погибших борцов за Советскую власть, находился каменный обелиск с заострённой пирамидальной верхушкой.
Помню, что из института меня в это время (скорее всего - 1957 г.) посылали на земляные работы в сК. Руководили расширением мемориального комплекса в сК работники Горкома комсомола, к моему удивлению, намного лучше меня орудовавшие лопатами.
В результате, по левую сторону от главной аллеи, почти по всей длине (как раз до уровня того неказистого строения на противоположной стороне аллеи, о котором упоминалось выше) располагалось кладбище. В садике для детей. Наверное, для того, чтобы те уже в весьма раннем возрасте задумывались о бренности жизни…

Как следствие перепланировки, возник новый детский уголок, на карте - выше слов «Европейская площадь». Там я сфотографирован со своим племянником Сашей в декабре 1960-го года. Здание Областного управления сельского хозяйства (с надстроенным несколько позднее, в 60-е годы, третьим этажом, которого не имел Винницкий Окружной суд) немного просматривается под крылом самолётика.

Следует упомянуть о запущенной спортивной (волейбольной) площадке между кинотеатром и зданием Облсельхозуправления. А также о построенной в 50-е годы эстраде, снимок которой (декабря 1960-го года) мне с трудом удалось вмонтировать в коллаж. "Раковина" эстрады (со сценой) задником была обращена в сторону главного входа, а последний ряд скамеек для зрителей находился "почти во дворе" дома по улице 9-го января. Зато во второй половине дня склоняющееся к западу солнце хорошо освещало сцену и не слепило глаза юных зрителей. Летний кинотеатр к тому времени был, вроде бы, уже разобран - и эстрада занимала часть того места, где он прежде располагался.

На этом перестройка сК не завершилась. В общем-то, обычное дело: жизнь людей- нынешних царей природы изменяется — и окружающую среду подстраивают под очередные перемены.

Это ранее было как раз наоборот: люди приспосабливались к окружающей среде. Исключения совершенно редки: типа Летнего сада в Санкт-Петербурге. Но в таких случаях говорят об уникальности композиции природы и украшающих её сооружений.
В 1958 г. в сК открыли Мемориал славы. Пионеры несли вахту у «Вечного огня».
В 60-е годы прошлого столетия говорили уже о «Сквере Славы», но я завершу свой рассказ более ранним временем, так как в 1961-м году покинул Винницу. И с того времени никогда не был в ней прописан.

Хотя кое-что могу ещё добавить. По сравнению с современной территорией бывшего сК, в саду было больше зелени. Не было тогда покрытой плиткой земли, свободно разрастался кустарник. Параллельно забору - от главного входа в сторону башни - росли огромные липы, которые были спилены. Исчезли многие каштаны.

Интересно, но в сК не размещалась ни одна, как тогда выражались, торговая точка. Не было даже какого-либо маленького киоска. Ни воды попить, ни конфетку купить. Изредка прикатывали тележку, с которой продавали мороженое.

Да, я же обещал рассказать особо о Летнем кинотеатре (он работал только в летнее время, так как не отапливался — отсюда и название).
Кинотеатр был одним из важнейших для детей сооружений сК. Вот так писал я о нём в «Моей Виннице»:
«В садике им. Козицкого (почти напротив кинотеатра «Родина») построили рядом с детской площадкой деревянный летний кинотеатр. Там можно было смотреть фильмы и без билета: через дырочки в рассохшихся досках. Дырочки эти, конечно, для лучшего кругозора расширяли перочинными ножичками. На беду, изнутри, из тёмного кинотеатра просветы в стенках просматривались хорошо. Дабы отучить детей от «бесплатного кино», взрослые дяди швыряли в эти щели (глаза детей) горсти песка. Благо пол в кинотеатре был земляной и посыпан речным песком. То есть, специально завозить песок для воспитательных мероприятий не было необходимости. Однако сообразительные ребята очень скоро нашли отменную защиту от песочной шрапнели. На щель накладывался кусок стекла – и просмотр продолжался без опасности получить ранение глаза. Звук же был слышен не только у стен кинотеатра, но и метрах в пятидесяти от них.»

Подбор фильмов, или, по-другому, репертуар этого кинотеатра составлялся с учётом зрительского контингента. В те времена мультфильмов советского производства ещё не было, посему для самых маленьких демонстрировали фильмы со сказочными сюжетами. Для школьников же - «настоящее кино» про Гражданскую войну и её героев: «Чапаев» (1934), «Мы из Кронштадта» (1936), «Человек с ружьём» (1938), «Щорс» (1939), «Александр Пархоменко» (1942), «Котовский» (1942), «Оборона Царицына» (1942), пр. Сейчас известно, что многое в этих фильмах, мягко говоря, не соответствовало действительности, но тогда такие военно-исторические фильмы, как считалось, служили патриотическому воспитанию молодёжи. По памяти, я особо выделяю фильмы о Щорсе, Чапаеве и Котовском. Их мы смотрели повторно, а потом «бросались» выражениями из этих фильмов. Или стрижку наголо называли «под Котовского» - и тогда мирились с ней быстрее (всем хотелось иметь хотя бы чубчик, как это разрешалось старшеклассникам).

Что касается фильмов про Отечественную войну, то их было ещё больше. С каким воодушевлением воспринимались героизм, смекалка, бесстрашие, подвиги наших солдат. И как все дружно хохотали над немцами, среди которых не было ни одного нормального. Толстые обжоры, неуклюжие, неповоротливые увальни, очкарики (среди наших солдат таких не было), которых издалека убивали наши меткие снайперы, косили десятками, сотнями наши пулемётчики, забрасывали гранатами, закалывали штыками, сбивали прикладами ружей, пленили доблестные красноармейцы. Как хитро наши разведчики «брали языка». И как быстро у таковых, сломленных на допросах железной логикой наших командиров, «развязывались языки». Никто из детей и не сомневался, что только так и было. И никто из них не сомневается сейчас, что для осознания истинного течения и итогов войны требуются годы и годы. И что итоги безвозвратных потерь, искалеченных надо вести не «по-сталински», а опираясь на достоверные статистические данные. Но я пишу о том времени и о том детском возрасте, когда задумываться, глядя на кинематографический экран, не приходилось. И выходили мы из кинотеатра гордые за отечество, за наших отцов. Скорее всего, так должно и быть. Перед прозрением. Но как раз его-то постоянно оттягивали, «промывая» нам мозги, «замыливая» нам глаза и «затыкая» нам уши (глуша иностранные радиостанции, которые, в свою очередь, тоже ложью не брезговали). Иностранным языкам обучали как бы «для виду», иностранные газеты и журналы не продавали, за рубеж не пускали...

[А если хорошо подумать, то возникнут сомнения. Каков будет менталитет взрослого человека, которому в детстве жизнь демонстрировали в кривом зеркале? Исходя из каких представлений он будет принимать решения? В какие неприятные ситуации попадёт он, используя ложные ориентиры? И так далее. Тут важна правильная дозировка, как и в фармакологии, где разовые и ежедневные дозы для детей значительно отличаются от таковых для взрослых. Избыточный приём лекарств приводит к так называемым нежелательным побочным их действиям. Конкретно, например: к портретам Сталина на ветровом стекле личных автомобилей, которых, как известно, в сталинские времена практически никто не имел. Зато были в наличии: Голодомор, Винницкая трагедия...]

Теперь — немного совсем личного. С детства я бредил велосипедом. Не детским — взрослым. В сК давал мне мой старший брат уроки вождения на у кого-то заимствованном на время велике. Я был ещё мал — и ездил, просунув ногу п о д раму.
В том месте, где потом появилась карусель и изображённые на фото самолётики, часто резвились на велосипедах ученики нашей школы (года на 3-4 старше меня) — сыновья профессоров медицинского института (у которых я позже учился). У сына профессора Якова Мироновича Бритвана был ничем не примечательный велосипед, а у сына профессоров Таисии

Арсеньевны Лобовой и Леонида Григорьевича Лекарева — какой-то особый, с вычурным рулём. Жили велосипедисты напротив сК, в том доме, на стене которого теперь имеется мемориальная доска в честь профессора Бориса Соломоновича Шкляра.

С завистью наблюдал я счастливчиков, но сам получил велосипед лишь после окончания 7-го класса. Поездив по городу на тяжёлом - Х(арьковского) ВЗ - дорожном велосипеде, я нередко перед возвращением домой заезжал туда, где началась моя велосипедная эпопея, которой теперь уже более 60 лет. Фотоаппарат «Смена-1» (первая послевоенная модель) был со мной — так и возник этот снимок в сК. (Потом «Смену» сменил «ФЭД-2»).
Тут я обрываю свой рассказ, потому что судьба выше означенных лиц достойна отдельного повествования — и оно тут уж совсем взорвало бы и тему, и жанр (сказки).

Я продолжу о Мемориале славы.
В «Моей Виннице» я писал о том, что мой отец — начальник военно-санитарного поезда военврач 3 ранга, согласно справке из Архива военно-медицинских документов Военно-медицинского музея МО СССР, погиб 5-го августа 1942 г. около железнодорожной станции Лог. Военно-санитарный поезд «подвергся налёту вражеской авиации» (цитата из справки) - на знаки Красного креста гитлеровцам было наплевать: они старались перекрыть все пути к городу на Волге. Станция Лог расположена в 115 км от него.

Я побывал там в 1974 г. На станции и в посёлке Лог было два братских захоронения: одно — рядом со станцией, второе — на кладбище. «Место захоронения убитых не указано», - стояло в справке. Решив, что мой отец похоронен у станции, я привёл в книге фотографию памятника у станции и копию указанной справки (фото 50. и 50а.).
Памятник как памятник, на нём нет никаких сведений о захороненных.

И вот в сК в начале сего века я обнаружил на одной из плит обновлённого Мемориала славы имя моего отца. И с той поры всё остальное на территории бывшего сК для меня как бы перестало существовать. Трижды я посещал город в двухтысячные, много раз заходил в сК, но ни разу не удалось мне пройти вглубь сада. Что-то цепко держало, не отпускало от этой металлической плиты, на которой отлито «Вайнштейн Г. С. 1908-1942». От места, которое отмечает гибель отца - самую страшную потерю в моей жизни.

Уверен, что такое же действие оказывает Мемориал славы на родственников указанных там шести с половиной тысяч погибших, военная дорога которых началась от стен Винницкого городского военкомата. Нет уже ни единой из матерей этих жертв войны, доживают своё последние из детей, да и внуки уже - не первой молодости. Но надеюсь, что и для правнуков эти плиты станут памятным местом. Памятным - до комка в горле, до стеснения в груди, до наворачивающихся слёз…

Теперь вы понимаете, что «сердцу моему близкого» - далеко не только для рифмы.

Создание такого поименного Мемориала памяти, постоянная забота о нём — одно из самых благородных деяний городских властей Независимой Украины. И я им приношу свою сердечную благодарность!

Статья опубликована 05.04.2016: http://www.proza.ru/2016/04/05/523

Но упрямо - на пляж «Динамо»

Это — не о пляже (водно-спортивной станции) «Динамо», наверняка, существовавшем (-ей) в те годы на одном из водохранилищ столицы СССР - города пяти морей.
Это — один из куплетов « Ф у т б о л ь н о й песенки» поэта Льва Ошанина и композитора Анатолия Новикова, которую в 1947-м году запела вся страна.

В небе - злая, грозовая панорама,
Мяч плывёт у ворот по воде.
Но упрямо едет прямо на «Динамо»
Вся Москва, позабыв о дожде!

На московском стадионе «Динамо» я в те годы не был, но — позже, когда жил рядом с ним в 1988-1990-е годы. А в том 1947-м году я впервые попал в белокаменную - златоглавую и случайно увидел «всю Москву», возвращавшуюся - по Ленинградскому проспекту, в сторону Белорусского вокзала - после футбольного матча на самом большом стадионе страны. Эта необозримая масса болельщиков не только впечатляла: она наводила на меня, помнившего ещё массовую хаотичную эвакуацию-бегство, ужас. Хотя обстоятельства были совершенно иные, а те безобидные болельщики — не чета нынешним озлобленным «фанатам» ...

Конечно, даже в самый жаркий солнечный воскресный день поток винничан, устремляющихся на пляж «Динамо», был неизмеримо меньшим. Но если в разгар «пляженья» появлялась «в небе ... злая грозовая панорама», одновременный драпак сотен винничан с пляжа, где защититься от дождя не было никакой возможности, отдалённо напоминал описанный исход футбольных болельщиков из стадиона в Петровском парке.

Короче, я попытался приведенной цитатой приблизить ваше понимание того, откуда взялось название очередной «сказки». А почему - именно на пляж «Динамо», причём, упрямо? - будет разъяснено ниже.

Пляжей в послевоенной Виннице было раз-два и обчёлся. А настоящий, более-менее оборудованный пляж был всего один — пляж «Динамо». Его ограничивали, если стоять лицом к воде, справа - высокий проволочный сетчатый забор водоканала (за которым находилось здание насосной станции артыновских времён, далее - куполообразная башенка сей водокачки, а в сторону от реки - вероятно, то, что называют зелёной охранной санитарной зоной). Вся эта зона сейчас, судя по карте, относится к владениям церкви Ксении Петербургской, выстроенной, как представляется, с использованием сложенных из камня крепких стен бывшей водокачки. Слева границей пляжа «Динамо» была речушка Тяжиловка, которую из-за примесей к ней отходов суперфосфатного завода и соответствующего сернистого запаха, в народе называли Вонючкой.

Размеры пляжа формы неправильной вытянутой трапеции, которые можно ориентировочно определить по прилагаемой карте, были таковы: по берегу Южного Буга - около 200 метров, по стороне водоканала - около 300 метров и по берегу Тяжиловки - 350 метров. Вот тот максимум пространства, которым располагали желающие попляжиться на «Динамо». Вообще-то, - не мало, но по воскресеньям там было не очень-то просторно. (По субботам, напоминаю, в те годы работали.) Хотя сравнивать «Динамо» в этом отношении (по «наполняемости») с пляжами Сочи или Одессы, конечно, нельзя.

В пляжные выходные дни всегда был по'лон паро'м, перевозящий людей с улицы Козицкого (Николая Оводова) на параллельную тогдашней (?) улице Чекистов (Вячеслава Черновола) «бездомную» с обеих сторон улицу, идущую вдоль забора водоканала (см. фото 1948-го года). (Я не решаюсь высказать предположение о том, как теперь называется эта улица, в конце концов выводящая на бывшую и нынешнюю Киевскую. Почему? — ответ строчкой ниже.) Пройдя по ней от паромного причала метров двести-двести пятьдесят, можно было достичь входа на территорию пляжа.

Всё написанное здесь о топографии и размерах пляжа — весьма относительно, так как я повествую ещё о том времени, когда плотина в Сабарове не была завершена и Южный Буг не разлился. Когда ближайший пляжу район не был застроен, а сам пляж частично не стал церковным подворьем. Кстати, что' означает изображение на карте «грибочка» рядом с церковью — я не пойму. Теперь там пляж?! Или это просто место «Иордани» - ледяной проруби, в которой ежегодно 19-го января купаются на праздник Крещения Господня? [Через месяц после опубликования этой статьи на сайте церкви Ксении Петербургской я обнаружил следующую запись: "С первого года основания храма на Богоявление было заведено купание в проруби, в виде креста. В 2001 году на Крещение в проруби окунулось более 200-т человек, и с каждым годом число желающих окунуться в реке на Крещение увеличивается. В этот день люди съезжаются со всего города чтобы окунуться в Буг, который превращается в Иордан, в котором крещается Господь наш Иисус Христос." (http://st-xenia.vin.ua/index.htm). Всё теперь ясно.]

Итак, резюмируем. Спуститься по улице Козицкого (Николая Оводова) и далее — по лестнице до парома. Дождаться его, переплыть на противоположный берег, пройти несущественное даже в жару расстояние — и лишь тогда попасть на территорию пляжа.
Не такой уж длинный и тернистый путь, но ведь рядом был пляж, добраться до которого было намного проще. Даже до лестницы доходить не надо было…
Но народ валил УПРЯМО — НА ПЛЯЖ «ДИНАМО». Почему же так?

Сначала рассмотрим, как теперь говорят (такого слова в нашем лексиконе тогда совсем не было!), эту о п ц и ю. Наиболее грамотные говорили в подобных случаях: «Есть ещё один вариант попляжиться…». Дети спрашивали родителей: «А может пойдём т у д о ю ?». Но родители даже не отвечали: пляж Кумбары, о котором сейчас пойдёт речь, НЕ был ПРЕСТИЖЕН (так тоже тогда не говорили: употреблять слова иностранного происхождения — означало «преклоняться перед Западом»). Скажем по-иному: пляж Кумбары не был популярен. Уже - лучше, но всё-таки не совсем по-русски. Не пользовался широким признанием (вот так!). И тому были свои причины.

[Здесь — хочешь - не хочешь — я вынужден разъяснить, почему пишу не так, как пишется на карте или, например, в ВикипедиИ. Почему — КумбарЫ, а не КумбарИ? Да потому что никто с окончанием «и» это слово не произносил: о происхождении названия, о правильном написании фамилии владельца участка земли - одесского грека где было прочесть? В будто бы вождём написанном «Кратком курсе истории ВКП(б)», с его сталинским правописанием «итти»-«притти», «пока-что», пр.? Сей бестселлер с 1938 года до разоблачения культа личности в середине 50-х вынуждены были читать, конспектировать, обсуждать на политзанятиях все (общий тираж «Краткого курса», издававшегося до 1953 г. на 67 языках, составил 60 млн.экз., из них 42 млн. на русском языке!).
Прочая же история - до выделения большевистской ф р а к ц и и РСДРП в РСДРП(б), то есть, в п а р т и ю в мае 1917-го года, если и не замалчивалась, то всё равно в ней беспартийным

Оводову, Артынову, Кумбари не было места.]

После войны всяк идущий на Кумбары говорил: «иду скупнуться» или «иду помыться» (с мылом и мочалкой, так как «опцией» в этом случае для многих была или баня - далеко, в очереди, за деньги, или же совсем рядом - бесплатная лохань в кухне), в лучшем случае - «иду к Бугу, иду на речку». На «пляж Кумбары» в первые послевоенные годы никто не ходил, потому что п л я ж а там не было. Пляж - это ведь не только участок отлогого берега, это - и какие-то места на нём, оборудованные для купания, принятия солнечных ванн, спортивных игр, лёгкого питания, пр. Ничего подобного на Кумбарах в те годы не было.

Что же было? Когда дойдём — увидите. Мы продвигаемся как раз в том направлении (где на карте имеется «грибочек», к которому приводит улица Крутой спуск — см. несколько выше надписи «Кумбари»). Замечу, что по этой улице спускаться к пляжу было не совсем удобно: она выглядела, особенно на нижнем отрезке, весьма колдобистой.

Итак, мы идём через двор будущей школы №3, от которой остался опалённый пожаром войны остов. А далее, переходя с тропинки на тропинку, постепенно спускаемся к тому пологому месту у воды, который окружён естественным амфитеатром зелени. Несколько более короткий путь был слева у начала артыновской лестницы (повторяюсь: о Гр. Гр. Артынове н и к т о тогда ничего не знал, его имя н и к о г д а не упоминалось!). Но тропинки там были круче и на них, особенно после дождя можно было, как выражались, «сломать голову». Не руку, ногу, - а именно - г о л о в у. Так было что ли понятнее, убедительнее?

На само'м пляже, если что-то и было, то не более двух - трёх «грибочков» (типа тех, что украсили приведенную карту). Несколько позже появилось ограждение для самых маленьких — «лягушатник». Но река в этом месте была интересной - и другого такого пляжного места, в этом смысле, не было.

Глубина, то есть место, где стоять уже было нельзя, начиналась совсем недалеко от берега. Далее надо было 20-25 метров плыть, чтобы достичь немного возвышающегося над уровнем воды густо поросшего зеленью острова. Остров был неширокий — метров 10-15, за ним следовала - через 7-8 метров неглубокой, заросшей водорослями воды - суша, то есть, противоположный берег реки.

Плавать в Виннице умели далеко не все — меньшинство. Хорошо плавать — единицы. Среди последних выделялся лет тридцати однорукий мужчина, имя которого я бы вам назвал, если бы сам помнил или мне у кого-нибудь это удалось узнать. Не удалось, однако. Проживал сей молодой человек сначала на улице Козицкого - на отрезке от Первомайской (Магистратской) до Котовского (Грушевского), потом женился на одинокой женщине с ребёнком и перебрался к ней, на другую сторону этой же улицы — во двор, где - кинотеатр «Родина». Его знала в лицо, мне кажется, вся Винница. Потому что на этом лице сидели очки с неимоверно толстыми

стёклами. Несмотря на весьма плохое зрение, полное отсутствие (от плечевого сустава) руки, этот молодой человек быстро и как-то легко ходил. А плавал (мне помнится, не снимая очков) так, как будто его кто-то тянул вперёд за тросик. Естественно, плавал он на «безруком» боку; каждый гребок его единственной руки стремительно продвигал тело по воде на несколько метров. Ноги семенили в лад с этими гребками: кто видел впервые эти не утруждённые движения, эту скорость — не мог оторвать взгляда. Когда же обнаруживал
 у выходящего на берег пловца только одну руку — совсем терял дар речи.
Как хотелось бы мне узнать об этом человеке больше: о его возможном участии в войне, о профессии, о дальнейшей судьбе! Тут вся надежда на моих читателей, которые уже столько интересного и ценного дополнили к «Моей Виннице».
[Уже вечером, в день публикации, мне сообщили, что этого молодого человека звали Нюма, что его женой была Люда Каленчук, работавшая в проектной организации.]

А на пляже «Динамо» спуск в воду был пологий. Имелись: ограждённый плавательный бассейн с вышкой (туда, правда, не всех пускали), большой «лягушатник» для маленьких детей, много «грибочков», густая трава, деревья, дающие тень, возможность расстелить своё одеяльце на значительном расстоянии от других.
Из развлечений: периодически в течение всего дня возникающие и прекращающиеся лишь на короткое время баталии на волейбольной площадке. Команды подбирались стихийно. Тут интересными были и удачные приёмы мяча, и точные удары, и «хохмочки», сопровождающие саму игру. Острили не только зрители, плотно обступавшие площадку, «убивали» соперников меткими замечаниями сами игроки, не сдерживались изредка даже строгие судьи.

Если игрок заступал под сеткой за разделительную линию, на площадку противника, то следовал свисток судьи. Площадка другой команды считалась «неприкосновенной»: посему - по правилам - такого делать было нельзя. Происходило «нарушение границы» лишь на мгновение, при «спасении» мяча, например, после неудавшегося блока удара соперника. По этой причине, претензии к судье, будто бы, ошибавшемуся, были нередки. Отчаявшись возражать на обвинения в неточности его решения, судья мог остановить спорщика «незлым» советом п о д с т р и ч ь   н о г т и на ногах (играли-то босиком). Как нравилось такое соревнование в остроумии зрителям!

На пляже «Динамо» можно было взять напрокат лодку. Если не ошибаюсь, то представлялся даже выбор между шлюпкой и плоскодонкой.
Туда в выходные дни доставляли прицеп-магазинчик, в котором что-то продавали. Не очень вкусное, не к погоде тёплое, но голод или жажду кое-как утоляющее. Редко раз или два раза в день там появлялась мороженщица с ящиком уже начавшего таять горячо ожидаемого и детьми, и взрослыми прохладного мороженого. Да, в ту пору не существовали ни ящики с надёжной термоизоляцией, ни искусственный лёд, ни скорая доставка из хладокомбината или молокозавода до места продажи.

Несколько раз за лето на пляже, вернее, на водно-гребной станции «Динамо» устраивались праздники (например, в День Военно-Морского флота Союза ССР, в конце июля), проводились соревнования по плаванью. Там была в 1948 г. «открыта» Мария Гавриш — будущая многократная чемпионка и рекордсменка СССР и УССР. О чём я уже рассказывал в «Моей Виннице».

Но плотина Сабаровской ГЭС нарастала и крепчала. И начала прибывать в Южном Буге - выше этой плотины по течению - вода. Когда «очередь» - в начале пятидесятых - дошла до пляжа «Динамо», последний исчез под водой. А вынырнула водно-гребная база «Динамо» на том же берегу, ниже по течению, сразу же за началом старогородской улицы Бугский спуск. Организовали там что-то подобия пляжика, но в основном это была спортивно-гребная база с расширившимся набором плавучих средств и соответствующими ангарами.

А что же осталось на месте бывшего пляжа «Динамо»? Сначала — ничего. А потом уменьшившаяся территория постепенно начала обустраиваться. Появились лягушатник, широкие мостки. Соорудили турник — представилась возможность показать свои способности в поджимании (более десяти раз считалось уже ого!, более двадцати — ого-го!!) или скромно два-три раза подтянуться (почему-то наибольшее стремление вверх проявлял мой подбородок). До глубокой воды желающим поплавать идти стало дальше, но это их не останавливало.

Небезынтересно было поглядеть на ребятню, ловящую для кошек рыбку в месте впадения Тяжиловки в Южный Буг. Речушка — сливная канава, с улучшением уровня жизни и питания населения, содержала уже не только выбросы суперфосфатного завода, но и остатки пищевых продуктов, выброшенные в неё вместе с помоями из прилежащих дворов. Другими словами, рыбке было в мутной водице, текущей из притока в реку, чем поживиться. И её, одурманенную сернистыми отходами, легко брала на крючок ребятня. (О биологически чистой пище не ведали тогда не только кошки.)

В августе 1973-го года по не ясно каким причинам я, будучи в Виннице, «упрямо» выбрал для посещения бугского берега это место, место моего первого знакомства с пляжами города. Рядом на травке оказались только жители близлежащих домов и их приехавшая из других мест родня, а также дачники. Они, вместе со мной, и «наполнили жизнью» фотографии сего доживающего свои годы пляжа. Но на фотографиях можно и немало другого рассмотреть: запущенный берег, устье речушки Тяжиловки (сразу за деревьями, видными сквозь просвет турника), «лягушатник» …

Сколько ещё лет пытался бывший пляж «Динамо» конкурировать с расцветшими на пару десятков лет Кумбарами, с появившимся «Химиком», и так далее — не знаю. Не могу и точно указать дату передачи части этой территории церкви. Знаю только, что пляж «Динамо» относился к тем примечательным местам города Винницы, о которых помнят всё меньше и меньше.

Эта публикация — попытка сохранить в воспоминаниях ещё одну частицу истории города. Учитывая нынешнего владельца бывшей территории водоканала и части пляжа «Динамо», завершу свою сказку с использованием церковно-славянского:
семо и овамо (повсюду) теперь будут помнить о пляже «Динамо».
Понеже, как писал А. Майковъ (Два міра), «И день и часъ / Въ анналы вписанъ городскіе.»

P. S. Фото 1948 г. - из альбома сайта "Історія Вінниці".

Статья опубликована 12.04.2016: https://www.proza.ru/2016/04/12/638

Не услышат снова клича «Вернуть название Калича!»?

Помните?
« … Он оком опытным героя / Взирает на волненье боя. / Уж на коня не вскочит он, / Одрях, в изгнанье сиротея, / И казаки на клич Палея / Не налетят со всех сторон!» - А. С. Пушкин, Полтава, 1829.

Не ощущаете ни с кем, ни с чем хотя бы отдалённое сходство?
Поднапрягитесь! Всё ещё: «Не-е...»? Жаль ...
Недаром наш земляк писал: «За книгой с детства, кроме скуки, он ничего не ощущал … » (Н. А. Некрасов, Притча о «киселе», 1865.)
И не зря улица его имени проходит вдоль самого крупного в городе рынка!
«При чём здесь рынок?», - спросите. Ещё как - «при чём»!
Однако … «спешите медленно». Так говорили в послевоенные годы не только в Одессе, но и в её подражательнице, в Виннице.

Ах, как страстно взывал я ещё в мае 2011-го года о восстановлении названия «Калича» («Названия улиц Винницы — последние переименования»)!
А казаки и в ус себе не подули!
И кануло название - после всех переименований (по местной, так сказать, инициативе и по президентскому Указу) - в лету!

А ведь слово «Калича» произносилось в Виннице не реже, чем в Киеве «Крещатик» или «Подол». В Киеве произносят «Крещатик» и «Подол» до сих пор, а в Виннице? Ответ знаете вы не хуже меня.

Чтобы быть справедливым, надо признать: и В Киеве немало исторических названий исчезло. Ну, например, «Евбаз». Не слыхали? А, правда, с какой стороны вам это было услышать? Тогда почитайте в ВикипедиИ — Еврейский базар. Просуществовал без малости сотню лет. И исчез, а с ним — и это, народом данное, название официального Галицкого базара. Я остатки его - в пятидесятые годы прошлого столетия - ещё помню. И - строительство на месте этого базара огромного универмага «Украина», цирка. Была когда-то Галицкая площадь, теперь, со времени тех же 50-х - площадь Победы.
«Виновницей» прекращения существования Еврейского базара явилась трагедия Бабьего Яра: еврейская община, располагавшаяся поблизости, была зверски стёрта с земли со всеми её обитателями в годы оккупации Киева гитлеровской армией.
В Киеве, тем не менее, осталось так много старинных названий!
В Виннице же и источник появления слова Калича - в буквальном смысле слова - не иссяк, и исторических названий — по пальцам можно пересчитать. Словом, могла бы Калича до сих пор существовать. Но…

Вот что пишет ВікіпедіЯ на украинском языке (статья "Калiча"):
"Калi'ча — невелика річка, що протікала територією історичного центру Вінниці, права притока Південного Бугу. В теперішній час майже повністю прибрана в труби під землю. Сучасне значення слова Калiча — неофіційна назва частини міста в районі центрального універмагу, на згадку про єврейський ринок, що раніше містився тут."
Далее басня про «еврейский рынок» повторяется с «уточнениями»:
"Калічею нині називається частина міста в районі площі Гагаріна, де до побудови центрального універмагу містився ринок під такою назвою. Калiча на площі перед нинішнім універмагом був дуже дешевий і практично 100% єврейський базар, де щодня можна було купити буквально все."
Никакие ссылки не приводятся (!), а ведь автор оперирует «точными» фактами и цифрами (типа 100%). Возражения напрашиваются сами собою.

Во-первых, что касается того, что «современное значение слова Калича — неофициальное название части города в районе центрального универмага». Эта часть города официально и не официально уже давно всеми называется «площадь Гагарина» (ей-то - более полустолетия!).

Никто не говорит, например, об универмаге «на Каличе», а — «на площади Гагарина».

Во-вторых, опять же никто-никто не вспоминает «про еврейский рынок, который раньше располагался тут». Тем более, что Калича — слово не еврейское, а украинское, потому что   е в р е й с к и й   рынок, если и был тут, то около ста лет тому назад — и кто из винничан об этом знать или помнить - из собственного опыта - может? Потому что те, кто этот рынок ещё посещали, никогда ни воспринимать, ни называть Каличу еврейским рынком также не могли: евреев-продавцов там было не более одного процента (или ещё менее), а покупателей-евреев - пропорционально - не более того, что на любом другом рынке города (Центральном - на Замостье, «периферийном» - у старогородского моста на бывшей улице Свердлова, пр.). Откуда же взяться понятию «еврейский рынок Калича»?

И, в-третьих, «практически 100% еврейский базар» (здесь кавычки не только выделяют цитату, но используются мною и для придания этому словосочетанию иронического смысла) не «был очень дешёвый» (лишь перед его закрытием, при распродаже потерявших товарный вид остатков) и на нём нельзя было «ежедневно» «купить буквально всё». Здесь автор статьи спутал базар Каличу с одесским «Привозом». На Каличе были, как и на всех других рынках, так называемые базарные дни, в остальные дни недели выбор был весьма скуден: евреи - я это повторяю - ничего съестного не продавали, а украинцы-селяне вынуждены были пропалывать буряки на выделенных им колхозами делянках. Лишь по воскресным дням базар был полон товаром.

На мой взгляд, автору статьи следовало бы знать , что «В 1897 г. русским языком в той или иной степени владели только 24,6% иудеев. Социальная структура российских евреев была следующей: 43,6% - мелкие ремесленники, 15% - рабочие, 10% - служащие, 6,6% - плотники, 3,1% - слесари, 2,2% - крестьяне; 1% евреев состоял на военной службе; остальные были юристами или врачами, занимались торговлей или не имели определённых занятий» (http://www.krotov.info/library/02_b/es/smertny_20.htm). Начало существования базара Калича приписывают как раз на конец XIX-го века. Он мог - на перекрёстке дорог - возникнуть и находиться намного раньше, но подразумевают именно время, когда начали сворачивать базар рядом с Иерусалимкой.

Я не хочу здесь вдаваться в детали прав евреев на землевладение в конце 19-го - начале 20-го веков в России. Замечу только следующее: до реформ Александра II-го никаких таких прав у евреев не было. Потом разрешили евреям брать в аренду и управлять помещичьими землями; позднее - в пределах черты оседлости - евреи получили право землю у помещиков и покупать. Но нельзя было евреям купить и клочка крестьянской земли!
Если кто-то из читателей знает, так пусть назовёт нам фамилии винницких евреев, владевших сельскохозяйственными угодьями! Я о таких нигде не читал.

Могли ли быть у евреев приусадебные участки на Иерусалимке, где одна хибара напирала на

другую? Держали они там коров, овец? Несколько кур — возможно. Однако своих едоков на этих кур и куриных яиц хватало.
По заверениям автора, получается, что 2,2 % еврейского (не всего, а только еврейского!) населения обеспечивали «стопроцентную еврейскость» базара Калича. Какая-то доля процента общего населения, говоря другими словами, кормила всю Винницу! Такой эффективности сельского хозяйства не достигла до сего времени ни одна страна: ни США с её огромными фермерскими хозяйствами, ни Израиль с его, прославившимися высокими урожаями и надоями, кибуцами; о СССР с его колхозами-совхозами я уже и не вспоминаю ...

На базаре могли торговать евреи-перекупщики (заготовители, как их называла советская система потребительской кооперации). То есть те, кто скупал у селян «сырую» продукцию, очищал её, сортировал и отвозил на базар для продажи. Состоял базар на 100% из таких продавцов? Даже на выдумку хитрый Манилов (и о нём ниже пойдёт речь), давший сыновьям такие странные имена как Фемистоклюс и Алкид, не смог бы сие вообразить.
А в советское время т е о р е т и ч е с к и свою продукцию на базар Калича могли бы привозить еврейские колхозы. Что, никогда не слышали о таковых? Почитайте тогда тут: http://grimnir74.livejournal.com/4933768.html . И вы поймёте, что им самим после «сдачи хлеба государству по обязательству полностью и в срок» ничего не оставалось. И — не только хле'ба: разнарядка была на всё, что употреблялось в пищу и на корм. На базаре торговать? Шишь!

Не могли на рынке сидеть и продавать свою продукцию еврейские предприниматели. Или вы видели набросок кисти Натана Альтмана, изобразившего торгующего на базаре Калича крышками водопроводных-канализационных люков, прочими чугунолитейными товарами Боруха Моисеевича Львовича? Или - предлагающего покупателям строительный кирпич А. В. Фейгенбаума?

Да, были на базаре Калича евреи-продавцы. Хорошо это помню. Продавали они старьё или изделия собственного кустарничества. Какую-нибудь детскую одежонку, пошитую из где-то раздобытого куска материи. Какую-то, опять же детскую, обувку. Детское — потому что «сырья» на взрослую не хватало, потому что умения шить более пристойное не было, и так далее. Среди продавцов были и жестянщики, выставлявшие для продажи где-то найденный дырявым и ими запаянный таз, рукомойник, кастрюлю, прочую металлическую утварь. Товары ширпотреба (широкого потребления) при всех потугах советской власти оставались в дефиците. Основной же сбыт самодельных «промышленных товаров» происходил не на Каличе, а в конечной части замостянского рынка, позднее — на толкучке в районе Тяжиловского шоссе.

Я ещё не указал самое, может быть, существенное. Базар Калича располагался на месте бывшей Хлебной площади. То есть, там в прошлые времена осуществлялась купля-продажа зерна, муки, выпеченного хлеба. Часто на таких площадях продавали скот. И, конечно, там были трактиры, кабаки (шинки). Буквально вплотную к площади примыкали два городских кладбища: православное и католическое. И собирались в подобных местах нищие, калеки, попрошайки. На хлебном рынке они могли и что-то из съестного (в первую очередь, хлеба) раздобыть, и за пожертвованные им копейки в дешёвом трактире горячую простую пищу вкусить.

В пятидесятые годы я слышал рассказ, что Калича — от слова «калеки» (увечные), что по-украински звучит (как собирательное понятие!) "каліч" («калеки»). "Каліка" по-украински — это не только «инвалид», но и - «нищий - попрошайка», «паломник». Правда, этой версии, изложенной в «Моей Виннице», была противопоставлена версия с оврагом, при переправе через который калечились ("калічилися") лошади — и я не стал отстаивать то, что не мог подтвердить какими-нибудь документами, пр.

Так вот, евреи могли держать шинки на Хлебной площади. Могли участвовать в оптовой и посреднической торговле сельскохозяйственными продуктами. Но это был не тот базар, который потом возник на месте Хлебной площади. Этот новый базар был, выражаясь языком торговли, базаром розничной продажи, на котором свой товар предлагали, в основном, крестьяне - производители относительно небольших количеств пищевых продуктов. Так - я себе всё это представляю - было в начале XX-го века, в послереволюционное время и - «недаром многих (тех) лет свидетелем Господь меня поставил» (Пимен в «Борисе Годунове» А. С. Пушкина) - в послевоенное время до самого закрытия базара Калича.

Одним словом, я не рекомендую никому писать о том, что сам(а) никогда не видел(а), о чём нет других сведений, кроме как «одна жінка казала».
Базар Калича — это был не только базар. Это было место встреч и обмена информацией: новостями, слухами, «тайнами». И идти на базар (что привезли? какие цены?), и возвращаться с базара (с самому себе внушённым ощущением удачных, по низкой цене отличных покупок) в особо приподнятом настроении было приятно. И своя ноша (тяжёлые корзинки) была не в тягость. Лишь изредка случались «проколы»: дома, в тепле выяснялось, что вместо купленного в мороз фунта масла «дёшево» приобретено замороженное в форме листа (такой формы было сливочное масло всегда, так как летом оно продавалось на чистом листке лопуха) молоко, лишь с поверхности покрытое тонким слоем масла.

На базар ходили часто: холодильников не было, погребков со льдом — тоже, а есть хотелось ежедневно. В рабочие дни «забегали на базар» в перерыв или урвав немного рабочего времени. По воскресеньям же базарили на всю катушку.
Базары, в том числе - вблизи центра города расположенный базар Калича, были далеко не последними атрибутами городской жизни — и писать о них, повторяю, как бы между прочим, никому не советую.

Почему же название «Калича» настолько мне нравится, что я и вам впредь пользоваться им желал и всё ещё желаю? (Впустую, однако.) Конечно, о базаре Калича вы, возможно, и без меня кое-что слышали или читали. Это, впрочем, не исключает того, что я сообщу ещё вам неизвестное. Потому и пишу снова о Каличе. В шестой раз! В первый - ещё в «Моей Виннице» (глава «А теперь - по левой стороне», стр. 122-124 во 2-м издании книги), потом - в «Виннице 1911-го года» (глава XVII - «Где кончали и где начинали базарить»). И ещё - в «Названиях улиц Винницы...», «Что в имени тебе моём?». И тут: http://www.proza.ru/2015/09/16/738. Ну и вот сейчас…

Отвлечёмся на несколько минут и я расскажу о том, что видел в начале 90-х годов здесь, в Германии. Город Лейпциг, в котором я провёл свои первые девять немецких лет, возник в болотистой местности, пересекаемой несколькими реками. Болота осушили, с наводнениями, построив отводные каналы, научились справляться, а речушки - почти все - запрятали под землю. Главной из захороненных была Плайсе, протекавшая через центр города. Её не стало в 50-годы, при ГДР. Немедленно после воссоединения Германии начались шествия по городу молодёжи с плакатами «Плайсе — на свободу!». И уже давно город снова украшают большие отрезки открытой для всех реки. Как их используют, что планируют дальше — поройтесь в интернете сами.

А я возвращаюсь в район бывшего винницкого базара, к речке Каличке.
Гляньте на эту карту: http://bestmaps.ru/goroda/vinnica?k=google/osm. (Мне пришлось нужный фрагмент развернуть, чтобы на коллаже отразилась вся необходимая картинка). Каличка, как вы видите, впервые «видит свет» только у своего окончания (устья). На отрезке длиной от силы 150 метров: от улицы Князей Кориятовичей (б. Свердлова) до впадения в Южный Буг. А ведь от бывшего базара Калича до впадения Калички в Южный Буг (по воздушной   п р я м о й линии!) - более одного километра. На карте показано, что от промежутка между улицами Театральной (не «состоявшейся» улицей имени дарителя городу Реального училища Цаля Вайнштейна) и архитектора Артынова до улицы Князей Кориятовичей речушка Каличка заключена в трубу. Ах, если бы её хотя бы частично вывести на поверхность, укрепить бы берега, высадить бы по обеим сторонам деревья, проложить бы пешеходные дорожки, расставить бы скамейки …

Тут я напоминаю себе и вам гоголевского Манилова: «Иногда, глядя с крыльца на двор и на пруд, говорил он о том, как бы хорошо было, если бы вдруг от дома провести подземный ход или чрез пруд выстроить каменный мост, на котором бы были по обеим сторонам лавки, и чтобы в них сидели купцы и продавали разные мелкие товары, нужные для крестьян.»
Но что поделаешь? Недаром имя Манилова стало нарицательным, а меня в октябре 1961 г. по радио (!) с трибуны XXII-го съезда КПСС заразил неизлечимой хворью - маниловщиной Н. С. Хрущёв: «Нынешнее поколение советских людей будет жить при коммунизме!» Сколько мне ещё надо прожить, чтобы его предсказание для того «нынешнего», тающего на глазах поколения сбылось? Специально перебрался в ФРГ, чтобы как один из того «нынешнего поколения» оправдать великое предвидение Первого секретаря ЦК КПСС. Стал по документам немцем: известно, что средняя продолжительность жизни немцев существенно выше, чем у

москвичей. Но сердцем чую: тут всей немецкой медицины не хватит — и это я как врач хорошо понимаю! Однако как бывший - в те маниловско-хрущёвские годы - комсомолец ничего с собой поделать не могу. Из памяти не выходит лозунг политического плаката того времени - «Партия сказала: надо! Комсомол ответил: есть!»

И поклялся я немедленно возвратиться назад после свершения предсказанного Первым секретарём чуда. Я ведь успел пожить и при «победившем по всему фронту» сталинском социализме, и при хрущёвском социализме с уже видимыми «сияющими далями коммунизма», и при брежневском «развитом социализме», и при горбачёвском «социализме с человеческим лицом» (интересно было бы ведать, с какой рожей советский социализм был до того!), и - последнюю четверть века - при не выходящем из кризисов, по данным прессы некоторых стран, капитализме. Ещё бы хоть чуточку — при коммунизме, откуда - тут-то сомнений никаких - попадают только в рай. С не меньшей вероятностью, чем влетают туда террористы после нажатия кнопки на «поясе смертника»...
Не поэтому ли от моих нынешних писаний проку не больше, чем от «Третьей Программы КПСС — программы построения коммунистического общества, принятой на XXII съезде КПСС»? На том же маниловско-хрущёвском и с т о р и ч е с к о м (других, по партийному определению, не бывало) съезде ...

Всё же не потеряем из виду предмет нашего исследования — речку Каличку. Обратите внимание, что на карте от бывшей площади Калича (в развилке трамвайных путей) по направлению Южного Буга ветвятся то ли овражки, то ли жилки р а з д а в л е н н о й Калички. Каждый новый многоэтажный дом с его глубоко залегающим фундаментом, с его непомерным для русла речушки грузом, вызывающим определённые смещения слоёв почвы - это как водружённый на наши плечи трёхпудовый мешок с картошкой, смещающий позвонки и межпозвоночные диски, нарушающий кровообращение в грудной клетке … А если с таким грузом ходить постоянно? Начало было положено в 50-е годы сооружением углового четырёхэтажного дома напротив базара. До того времени от улицы Хлебной и до улицы Гоголя стояли только одно-двухэтажные домишки. Тут Вы меня поняли, а строители это и без моих наводящих страх намёков хорошо знают. Но, видимо, при сооружении того, что находится теперь на месте базара Калича, рассчитывали на авось. Потому и превратили это сооружение в саркофаг с весьма подмоченной во всех смыслах репутацией.

В заключение — мой комментарий к трём фотоснимкам базара Калича (нижний и маленький снимки - из неизвестных мне источников - «гуляют» в интернете).

Посмотрите на расцвет (перед скорым увяданием и погибелью) рынка Калича в 1961 г. С таковым им я прощался. А познакомились мы, если не сумели подсчитать - подсоблю, 70 лет тому назад. Тогда ещё не был он окружен таким красивым забором. Не было весовой (на фото — зданьице, «встроенное» в забор). Там брали на время продажи настольные весы с гирями (везти тяжёлые весы с гирями на базар отваживались только самые экономные: пользование

базарными весами стоило, конечно, денег), там взвешивался - в присутствии покупателя - объёмный (или) особо тяжёлый товар. Другое здание - в глубине базара - холодильник (в основном, для мяса, масла, сметаны, прочих быстро портящихся продуктов). Овощи, фрукты, ягоды, грибы были собраны, сорваны, срезаны с грядки, дерева, куста, в лесу, как правило, на рассвете в день продажи.
Там же находились представители ветеринарной службы, проверяющие мясо, сало. Например, на инвазию (в основном, свинины) личинками трихинелл. Поедание такого мяса приводит к заболеванию (см. в ВикипедиИ). Если ничего плохого не обнаруживали, то ставили чернильный штамп на жилистую часть (она при разделке мяса потом срезалась), на шкурку сала.

Прилавков маловато. Но и продавцов, как и покупателей — не густо. Время года и время дня, как и день - явно не базарные. Это, возможно - ранняя весна. Базары расцветали в июне — сентябре. В «Моей Виннице» я описал, чем славились винницкие базары. Это — в разделе «Парк культуры и отдыха», в рассказе о гастролировавших в городе московских, ленинградских и других «северных» театрах (см. тут - в Прозе.ру или же - на страницах 303-304 во втором издании книги).

Другой снимок сделан в разгар лета, рано утром (направление теней — строго на запад). Базар полон продавцами: места за прилавками заняты, немало торгуют с земли. Но многие покупатели ещё спят (воскресенье) - и повалят на базар к 10-11-ти часам.

А самый маленький снимок уже украшают новая гостиница и находящаяся в разгаре стройка Центрального универмага. Скорее всего — состояние площади в середине 60-х годов: базар Калича, взятый в клещи с юго-запада, пока ещё жив. Пока ...
Вот и вся соломонова притча о базаре Калича.
Как не хочется продолжать чтение далее этого места:
«25 И вы отвергли все мои советы, и обличений моих не приняли: ...»
(Ветхий завет. Книга притчей Соломоновых. Глава I.)!

P. S. 01.07.2016
23-го мая 2016 г. винничанам сообщили о предстоящей реконструкции площади Гагарина (Каличи). О целях реконструкции только намекнули: «В рамках реконструкції площі передбачається перекладання трамвайні колії, влаштування дренажної системи, капітальний ремонт проїжджої частини з дотриманням необхідного нахилу, щоб не затримувалась вода після опадів.»
24-го июня 2016 г. тот же интернет-портал ВИННИЦА.info вернулся к теме реконструкции Каличи, раскрыв некоторые детали (http://www.vinnitsa.info/news/u-vinnitsi-na-ploshchi-gagarina-zaklali-pershu-plitu-dlya-tramvaynih-koliy-fotoreportazh.html): «Директор Вінницької транспортної компанії Микола Форманюк розповів, що така масштабна реконструкція стала необхідною через річку, що протікає під площею.

«Роботи проводяться для того, щоб покращити колійне господарство на площі Гагаріна. Під площею знаходиться річка і болото, тому колійне господарство осідає і від цього руйнується колія, що заважає руху нашому трамваю», - зазначив посадовець.»
Почему возникло это болото, г-н Форманюк не разъяснил. Не исключаю, что он этого и не знает. Хотя сведений, полученных в средней школе, и здравого смысла для понимания проблем Каличи вполне достаточно.

Представьте себе, что в пределах города Южный Буг «поместили» в трубу и сверху засыпали землёй. Появились новые территории для постройки чего-то, прокладки другого чего-то, отпала необходимость в мостах через реку, пр. Но как-то забыли о речушках и ручейках, впадающих в Южный Буг на том протяжении, на котором реку спрятали в трубу. Теперь эти притоки упираются в непроходимую стену. А вода в них прибывает и прибывает… Постепенно бывшие берега реки всё шире и шире заболачиваются – и конца этому процессу нет. О подобной «мести» природы за попытки её «преобразовать» предупреждал ещё К. Маркс. Но кто ведал об этом в 19-м веке, когда, по моим представлениям, начались первые попытки засыпать глубокий Каличенский яр (овраг, лог), или Каличенскую балку?
Потом заключили отрезок речки Калички в трубу и с удовлетворением потирали руки. Далее построили на месте бывшего русла реки высокие дома… И вдруг удивились, что подземные воды в этом месте поднялись: "С чего бы это?!"

А ведь здравый смысл должен был подсказать, что рельеф этой местности свидетельствует о впадении в протекавшую здесь (приблизительно, из района нынешнего ПКиО) Каличку на(под)земных потоков со стороны нынешних школы №2, улицы Пирогова и универмага. Овраг, судя по преданиям, был глубокий (посмотрите хотя бы на левый берег Калички в районе лицея №7) и никаких признаков того, что теперь эти подземные притоки иссохли, нет. Но «впадают» они в чугунную стенку трубы, в которую упрятали Каличку. И вода подымается. И уровень площади Гагарина (Каличи) и проездных путей поднимают, и поднимают. Каличку пытаются придавить всё более мощным весом. И конца этому не будет.

Выход один. Докопаться до бывшего русла Калички (оно теперь очень глубоко). Укрепить «берега», предусмотрев в них отверстия для притоков. И построить через освобождённую из подземелья речушку мосты для дороги, трамвайных путей. Это, в конце концов, затребует меньше средств, чем бесконечный процесс «реконструкций»…

Статья опубликована 14.04.2016: https://www.proza.ru/2016/04/14/508

Депервомаизация по-винницки

Отшумели першотравневі свята.
Вот уже четверть века, как «отгуливаются» они в Виннице без праздничных демонстраций в первый день месяца. Без обязательных для всех - от школьников до работающих пенсионеров - публичных в ы р а ж е н и й братской дружбы с трудящимися стран народной демократии (с китайскими братьями - дружбы в е ч н о й), солидарности с эксплуатируемыми наёмными работниками в странах загнивающего капитализма,   т р е б о в а н и й отмены апартеида в Южной Африке и расовой сегрегации в США, ликвидации дискриминации женщин в мусульманских странах, прекращения войн в Корее, Вьетнаме, Анголе, израильской агрессии и так далее, а также п о д д е р ж к и Политбюро и Совета министров по тем или иным решениям - в зависимости от установок, спускаемых по идеологической лестнице из московского Кремля к каждому празднику.

Сколько раз дважды в году участвовал и я - при нарастающих с возрастом сомнениях - в подобных криводушных представлениях! Казалось бы, должно было войти в привычку, в плоть и кровь. Но нет: и у меня, и у других - с изменением политической системы - способы

выражения своего мнения о событиях в стране и мире претерпели метаморфоз. Для этой цели оказались более подходящими возникшие независимые - в той или иной степени - пресса и телевидение, интернет, наконец, стихийные митинги, апогеем которых на Украине стал «Майдан»...
(Но я — о конкретно исчезнувшем, посему возвращаюсь к праздничным первомайским демонстрациям в Виннице.)

… И уже не тянутся пока ещё не стройные колонны демонстрантов из замостянских школ, профтехучилищ, техникумов, заводов, фабрик и комбинатов, пр. по улице Первомайской к предназначенным местам сбора, где всем предписано находиться в состоянии «боевой готовности». И при первой же команде — ринуться на главную улицу города, откуда - уже упорядоченными рядами - бодро вышагивать д о трибуны на углу улиц Ленина и 9-го января. М и м о же трибуны — с выражением максимальной радости на лицах, отвечая громогласным «Ураааа!» на выкрикиваемые Призывы ЦК родной партии, опубликованные незадолго до праздника во всех газетах …

Ах, какое это было удовольствие смотреть на улыбающихся тебе - именно тебе! - вождях областного уровня, а им — не меньшее блаженство всматриваться в приветливо машущих всем, удостоенным восхождения на это вожделенное, вре'менной постройки свежеокрашенное деревянное возвышение над массой демонстрантов. Лукавили взаимно одни перед другими, но таковы были правила всесоюзной игры «народ и партия едины».

НЕТ уже, совсем НЕТ этого — и пока не предвидится в будущем. И был бы день 1-го мая 2016-го года таким же, как и в прошлом году, в позапрошлом, и так далее до самого 1991-го. Если бы в этом году НИКТО уже, совсем НИКТО, даже если бы ему очень захотелось, не мог, на худой конец, просто прогуляться по одноимённой с праздником улице.
Ибо улица Первомайская просто-напросто и с ч е з л а.
Навсегда ли? Не уверен. Надеюсь, благоразумие возьмёт верх. Но — когда? Вот этого я, честное слово, совсем не ведаю, так как никаких признаков сдвига в понимании этой и подобных искусственно созданных проблем пока мною не замечено.
Приговоривших улицу Первомайскую к изгнанию из топонимики Винницы депутатов городского совета сомнения не гложут, не понявшие смысл этой затеи так и остались с открытыми от удивления ртами, а тем, кто мог бы поправить неопытных судей, сейчас (и ещё долго будет) не до Первомайской.

И, вообще, стоит ли напоминание об этом выеденного яйца, ломаного гроша, дырки от бублика? Считаете, что — нет? А всё же, давайте-ка поразмыслим вместе. Поучимся «рассудку страсти подчинять» (Н. А. Некрасов).

***

Была когда-то в Виннице улица Торговая. Получила улица такое название неспроста: начиналась она у главного на ту пору городского рынка. Рынок, располагавшийся в развилке между Торговой и Почтовой (ныне Соборной) улицами, в базарные дни кишмя кишел народом, в чём можно убедиться по представленному в коллаже фотоснимку. Непосредственно за этим рынком и улицей Торговой жались друг к другу лачуги района еврейской бедноты - Иерусалимки. Но на фотографии рынка среди покупателей как-то евреев не видно. И не бородатые и пейсатые лица евреев в лапсердаках, а лица крестьянок, рабочих, учащихся в форменных фуражках, военных составляют запечатлённую на базаре массу людей. Возможно, встречались евреи среди продававших что-то в лавках, находящихся в нескольких деревянных строениях, что попали в объектив.

К чему я — это? Да так: просто вспомнилось определение в Вікіпедії Каличи как 100%-ного еврейского базара (http://www.proza.ru/2016/04/14/508). А ведь именно этот рынок перебрался на Каличу.

В 1910-м году, готовясь к предполагаемому проезду императора через Винницу, местные власти переименовали многие улицы, дав им названия, более, что ли, подходящие для губернского, а не уездного города, которым Винница в то время ещё была. Об этом я подробней писал в «Виннице 1911-го года». И в результате означенного подобострастия исчезла улица Торговая, а вместо неё появилась Романовская улица. Конечно, можно утверждать, что это произошло в связи с приближающимся 300-летием Дома Романовых. Но у меня свой взгляд на происшедшее — и я его обосновал (http://www.proza.ru/2010/12/24/1462). Возражений пока не поступало.

Понятно, что во времена монархии Городская дума не обязана была отчитываться перед жителями той же Иерусалимки и прочими, обитающими по обеим сторонам бывшей Торговой улицы. Переименовали — и точка. Но если бы объяснять обывателям всё же пришлось, то у властей имелся, поверьте мне, более веский довод, чем, например, «Торговая - символ капиталистической системы торгашества», и тому подобное (разъяснение - см. несколько ниже). Они бы парировали неприятный вопрос фактом окончательной ликвидации базара (переноса его на Хлебную площадь, на Каличу). Мол, о какой угодливости, раболепной льстивости может идти речь?!

В 1921-м году, после закрепления в городе советской власти, изменили названия улиц ещё в более массовом порядке. Но в этот раз осуществили не «монархизацию», а «советизацию-коммунизацию-интернационализацию» улиц. И при переименовании, например, Романовской в Первомайскую никаких вопросов - это точно - не возникло: и дураку ясно, что в воскресенье выходной. С царской семьёй Романовых что' сделали? Где они теперь? Ну вот туда же — и улицы типа Романовской, Николаевского проспекта, Екатерининской, и так далее.

До 30-х годов прошлого столетия привлекшая моё особое внимание улица заканчивалась сперва на пересечении её с Пятничанским переулком (справа), улицей Екатерининской (слева), после 1921-го года — с улицей Дзержинского (нынешней Театральной улицей), а дальнейшее продолжение Романовской (Первомайской) до Литинского (ныне Хмельницкого) шоссе называлось на карте 1916-го года Графским переулком, а на карте 1926-го года — улицей Котляревского (http://in-vin.livejournal.com/29748.html).

Когда в 30-е годы окончательно оформилась территория Парка культуры, «символу советской системы» (потерпите ещё немножко: скоро всё станет ясным) не пристало оставаться как бы обрезанным (чтоб я так жил! - так божились в Виннице - в «обрезанном символе» нет ни-ка-ко-го намёка). И улицу Первомайскую продлили вдоль и вокруг нового очага культуры и отдыха. Таковой и видится вам эта, почти трёхкилометровой длины улица на представленной в коллаже карте (территория бывшего рынка приблизительно соответствует цифре 4 — месту обветшалого и давно уже ничего, кроме своих обшарпанных стен, не демонстрирующего кинотеатра).

В результате выше отмеченного улица Первомайская стала на много десятилетий одной из главных улиц центра города. Стала городской п р и м е т о й. (Она и ранее была не «последней», коль удостоилась получить царское название - Романовская.) Лишь в годы оккупации города гитлеровским вермахтом Первомайская улица исчезла — и с 1941-го по 1944-й годы именовалась Wladimir - der - Große - Straße.

Владимир I Святославович, вы-то это хорошо знаете - великий князь Киевский, при котором произошло крещение Руси. Немцы же ни черта не разбирались в истории Киевской Руси, не знали ничего о том, чем прославился Владимир Святой, не ведали, что крещение не было связано ни с католичеством, ни с протестантством (лютеранством), а — с православием (ортодоксальной, по их выражению, религией), и многого-многого другого о Владимире Красном Солнышке. Потому они тут же согласились на предложенное кем-то из местных новое название улицы.
Можно также считать, что ни перевод, ни истоки слова «Первомайская» до них тоже не дошли: ведь День 1-го Мая был, как в СССР, и в III-м Рейхе праздничным!!!

Вообще-то, согласитесь, было бы не только любопытно, но, вероятно, и поучительно узнать подробности «декоммунизации по-немецки». Учитывая немецкую бюрократическую пунктуальность, можно быть уверенным в наличии каких-то указаний по этому вопросу. Минимум - так называемых Rahmenbedinungen - рамочных условий, или основных положений, регламентирующих это мероприятие. Однако бывшие архивы КГБ, куда попала документация времён оккупации города, остаются недоступными, несмотря на принятый Закон о рассекречивании хранимых там материалов.

***

Теперь порассуждаем о самом дне Первого мая и о связанном с этим днём празднником. История Первомайского праздника берёт начало в 1856 г. в Австралии и в 1886 г. в США. Не будем, однако, на этом детально останавливаться. Лучше заглянем в ВикипедиЮ на украинском языке. В статье «День международной солидарности рабочих» сказано, что на украинских ныне территориях впервые этот день отметили в 1890 г. во Львове. Восточнее реки Збруч (граница ныне Тернопольской, бывшая Восточная Галиция Австро-Венгерской монархии, и Хмельницкой, бывшая Подольская губерния Российской империи, областей) празднование «Дня 1-го Мая» начали с 1900 г. (Харьков, пр.).

И В НАСТОЯЩЕЕ ВРЕМЯ 1-е и 2-е МАЯ В НЕЗАВИСИМОЙ УКРАИНЕ ЯВЛЯЮТСЯ

Г О С У Д А Р С Т В Е Н Н Ы М И   П Р А З Д Н И Ч Н Ы М И   ВЫХОДНЫМИ ДНЯМИ.

Этот праздник отмечается, кстати, в 143 странах мира. В Германии праздник 1-го Мая получил статус государственного ещё в 1933-м году, через короткое время после прихода к власти ... нацистов!!! До того правившему страной Национальному собранию Веймарской республики утвердить соответствующий закон не удалось. Интересно, что в ФРГ этот общегосударственный праздник в Федеральных Землях носит различные, данные им там названия. В Земле Северный Рейн-Вестфалия, где я проживаю, 1-е Мая - «День мира и примирения народов».
Первомай имеет и другие названия: Праздник труда, День труда, День весны, Праздник Весны и Труда, на У к р а и н е - День международной солидарности трудящихся.

В НЫНЕШНЕЙ Украине существуют города Первомайский в Харьковской области и Первомайск в Луганской области, Першотравенск - в Днепропетровской области. В последнем, согласно распоряжению городского головы О. Р. Винницкой (Nomen est Omen! - Н. К.) от 18 февраля 2016 года, переименовали 10 улиц, причём среди них — Пионерскую, что вызвало иронический комментарий на городском портале в интернете (http://persh.info/ulicy-pershotravenska-poluchat-novye-naimenovaniya/). Районов, сёл, сельских советов, улиц, переулков, названных в честь праздника 1-го Мая — немало (см. в Вікіпедії «Першотравневе»). А вот в Виннице слова «1-е Мая», «Первомайская» как бы табуизировали.

Теперь прошу вашего полного внимания! Я процитирую о б о с н о в а н и я лишения улицы старого названия и получения именно такого нового наименования - улица Магистратская: «Теперешнее название — улица Первомайская — связано с Международным днём солидарности трудящихся, ставшим символом советской системы. Историческая часть (центр) Винницы.»
«Размещался винницкий магистрат в ратуше, которая находилась на рыночной площади напротив иезуитского монастыря.» (http://urban.vn.ua/archives/3921)

Что касается улицы Первомайской, то поначалу комиссия по переименованиям считала, что её название обусловливает «День солідарності робітників прийнятого на 1му конгресі 2го Інтернаціоналу» (цитировано мною - без правки - из документа "Остаточна (уточнена) назва

вулиць, проспектів, бульварів, провулків, площ м. Вінниці. - На честь кого чи чого названа ...").
Итак, МЕЖДУНАРОДНЫЙ день солидарности трудящихся — СИМВОЛ СОВЕТСКОЙ и, не исключено, ещё 142-х стран, включая - в 1933-1945 годы - НАЦИСТСКУЮ Германию (!), СИСТЕМ! Ну, написали хотя бы что-то вроде того, что «в советских условиях первомайские демонстрации приобрели официозно-политический характер», как это отмечает ВікіпедіЯ. Хотя и сей аргумент - для переименования улицы - смехотворен.

Да и ратуша располагалась не на бывшей Торговой улице, а где-то рядом, причём магистраты полностью исчезли в Российской империи ещё полтора столетия тому назад в процессе судебной реформы 1864-го года. И советская власть к ликвидации бесславного винницкого магистрата никакого отношения иметь не может. Никому не запрещается даже высказать фантастическое предположение, что борьба мельбурнских каменщиков и других строительных рабочих за 8-часовой рабочий день в, повторяю, 1856-м году подстегнула Александра II к разработке, утверждению и проведению судебной реформы, упразднившей магистраты. Но улицы Александра II в советской Виннице почему-то не было — вот и отыгрались на улице Первомайской, притянув её если не за хвост, то за какой-нибудь транспарант типа «МИР-ТРУД-МАЙ».

***

Теперь - самое время подробней вникнуть в то, на основании чего будто бы всё описанное выше происходило.

Декоммунизация — отказ от коммунистических идеалов — предусматривает, в частности, возвращение досоветских топонимов, в том числе названий улиц и площадей. Первая декоммунизация, как вы уже знаете, была проведена на оккупированных нацистами территориях СССР.
«В Украине — я цитирую ВікіпедіЮ опять же в моём переводе на русский язык — с распадом СССР в 1991-м году процессы декоммунизации на протяжении длительного времени были бессистемными и только после Революции достоинства в 2014 году приобрели массовый и системный характер.» Как раз об этой бессистемности я писал ровно пять лет тому назад (http://www.proza.ru/2011/05/21/1167) и в начале апреля сего года (http://www.proza.ru/2016/04/05/523).

В апреле 2015-го года Верховной Радой был принят пакет законов, касающихся декоммунизации, в мае их утвердил Президент страны — и с 21-го мая они вступили в силу (см. в ВікіпедіЇ "Декомунізація в Україні" или «Декоммунизация на Украине» в ВикипедиИ).

Тут не место разбирать все принятые законы, но оставить без внимания критерии переименования населённых пунктов, улиц, пр. нам нельзя никак.
Итак, основной критерий (за него «ухватились» в Виннице) — символика коммунистического

тоталитарного режима. Тут же подчёркивается, что представить всеобъемлющий список критериев невозможно: в ряде случаев необходима экспертиза.
Даны два списка:
- список А — прямое указание критериев переименования.
Сюда вошли, например, серп и молот.
В СССР они не только олицетворяли единство рабочих и крестьян (известно, в чём это выражалось: рабочих в приказном порядке направляли на сельхозработы), но и являлись главной государственной эмблемой, одним из основных с и м в о л о в коммунистического движения! Какой набор грехопадений! Да «День 1-го Мая», по сравнению с «серпом и молотом», просто девственник! Посему эти слова, по железной логике переименований, надо вообще убрать из языка: серп будем впредь именовать «сихель», а молот - «хаммер»! Что' говорите: это вроде бы по-немецки? А «магистрат», «ратуша» откуда появились на Руси (Украине)?
- список Б — непрямые случаи критериев переименования, о них нет прямого упоминания в законе.

В Вікіпедії, тем не менее, приводятся - в качестве примера непрямых случаев - абстрактные названия, связанные с коммунистическим режимом:
 "4. названия пролетарского движения и производных от него, которые широко использовались для пропаганды режима: пролетарий, первомай, ударник, трудовая армия, трудовые резервы, и так далее" (https://uk.wikipedia.org/wiki/Декомунізація_в_Україні)

То есть, получается, что есть в стране наёмные рабочие - пролетарии. Но это слово «широко использовалось» для пропаганды советского режима. Следовательно, необходимо изъять его в процессе «декоммунизации». К счастью, не все последовали подобным, мягко говоря, странным рекомендациям. И после давно завершившейся «декоммунизации» существуют сёла с названием «Пролетарий» (укр. - «Пролетар») в Запорожской, Черниговской, Полтавской, Херсонской, пр. областях, в Хмельницком районе Винницкой области, посёлок — в Харьковской области, Пролетарские улицы - в десятке крупных украинских городов (в столичном Киеве!, Днепропетровске, Одессе, пр.).

***

Не мне, впрочем, критиковать Закон, который - из-за его недоработок - допустимо так по-разному истолковывать (интерпретировать): на это есть специалисты.
И они не на шутку обеспокоились.

Знаете ли вы, что в апреле 2015-го года канадский историк, заслуженный профессор Альбертского университета Дэвид Р. Марплс и вместе с ним группа из 68 иностранных и украинских учёных, экспертов и преподавателей призвала президента П. Порошенко не подписывать законопроекты № 2538-1 и № 2558. По их мнению, эти законы политизируют историю, противоречат одному из основных политических прав— праву на свободу слова (http://krytyka.com/ua/articles/vidkrytyy-lyst-naukovtsiv-ta-ekspertiv-ukrayinoznavtsiv-shchodo-tak-zvanoho)?

Известно ли вам, что Венецианская комиссия (официально - Европейская комиссия за демократию через право — консультативный орган по конституционному праву, созданный при Совете Европы в 1990 году) 21 декабря 2015 года, рассмотрев закон «Об осуждении коммунистического и нацистского тоталитарных режимов на Украине и запрете пропаганды их символики», рекомендовала уточнить формулировки «символы», «пропаганда», «отрицание преступлений», привести санкции закона в соответствие с опасностью деяний, а также прописать, что запрет организаций (в особенности политических партий) может быть лишь крайней мерой (http://www.venice.coe.int/webforms/documents/?pdf=CDL-AD(2015)041-e)?

Эти - международные! - призыв и рекомендация не афишировались в Украине. Факт, объяснение которому долго искать не приходится.

***

Всё, что вы прочитали выше, было написано быстро — и не перерабатывалось. А то, что прочитаете ниже, заняло многие дни раздумий. Так не хотелось этого, почти личного для меня, касаться. Но в конце концов я решился, хотя знаю, что будут и непонимание, и обиды, и ругательства в мой адрес. Однако, не заострив тему переименований, в частности, улиц — увековечивания памяти о лицах, нельзя коснуться сути самой идеи придания проспектам, улицам, площадям, переулкам новых названий.

О переименовании улиц в Виннице можно спорить до бесконечности. Абсолютных (неоспоримых) аргументов «за» не найдётся ни у кого, «против» - почти ни у кого.
Но всё же какая-то тенденция должна ощущаться, какое-то чёткое направление стараний той комиссии, которая этим занималась!
Я, как и многие (основываюсь на спорах на сайтах "Історія Вінниці", "Вінничани", в местной on-line прессе), этого не почувствовал. Можно привести целый ряд примеров, но я ограничусь одним-единственным.

Улицу Интернациональную переименовали в улицу Александра Соловьёва, бывшего в 1952-1986 г. г. директором расположенной на этой улице школы №17.
Уже само переименование Интернациональной улицы можно оспорить, потому что Интернационалов было несколько. 1-й - Международное товарищество рабочих (1864-1876), 2-й - Международное объединение рабочих
 партий (1889-1915) и лишь 3-й Интернационал стал коммунистическим (Коминтерном) (1919-1943). О Четвёртом и прочих понятиях с таким же названием (например, о международном пролетарском - по истокам возникновения - гимне) уже умолчим. Конечно, название улицы,

переименованной советской властью, связывали с 3-м Интернационалом, что, впрочем, не мешало бы в 2015-м году просто дать этому названию иное толкование (такие решения по другим названиям, где возможно было их разъяснить с новой точки зрения, приняты в Виннице и в других местах). Хочу добавить, что в начале работы комиссии, при уточнении названий свыше восьмисот винницких улиц, переулков, пр. (об этом я уже упоминал выше), отмечено, что название улице Интернациональной дано «на честь інтернаціоналізму - принципу міжнародної солідарності робітничого класу». Так чего же тут, вообще, было чураться?!

Декоммунизация проводилась, как об этом сказано в преамбуле Закона, с целью восстановления досоветских названий. При царе-батюшке улица носила название Князя Ростислава. Но Благоверный Великий Князь Ростислав (1108-? - 1167), хотя и был некоторое время князем Киевским (и похоронен в Киеве), но - по происхождению - из Смоленских и по заслугам своим - тоже более князь Смоленский и Новгородский. Сие в нынешнее время как-то не очень ценится. Небезынтересно, что в годы оккупации нацисты не ломали себе голову, а просто укоротили название улицы, ставшей на три года Nationalstraße: понимай, как хочешь!

Возвратимся к личности Александра Соловьёва.
Кто читал «Мою Винницу», тот, возможно, помнит, сколько добрых слов сказано там по адресу Александра Павловича Соловьёва (1919-1998). До 1952-го года Александр Павлович работал завучем в школе №4, преподавал историю (определённое время — и в моём классе). Я и сейчас не откажусь ни от единой буквы в написанном мною об Александре Павловиче.
И всё же я не считаю, что такое переименование улицы было уместным. Александр Павлович заслужил того, чтобы школа, которую он вывел в число лучших, носила его имя (такие предложения поступали). Но улица в историческом центре (вспомните акцент на это, намекающий, что Первомайская как бы исторический центр оскверняет - см. выше) — совсем иное дело. Добавление, что он и проживал в угловом доме (в Доме учителей) на бывшей Интернациональной, лишь подчёркивает слабость доводов комиссии по этому переименованию (http://urban.vn.ua/archives/3921).

Если уж называть «символы советской системы», то Александр Павлович Соловьёв был таким идеальным персонифицированным «символом». Вся его биография, его служебная карьера, его преподавание истории (!), все его почётные звания и награды — результат единодушия, единомыслия, солидарности, гармонии с советской системой. Не исключаю, что иногда его слова и действия были лишь компромиссом с системой, но, уверен, - никогда не шли наперекор канонам этой системы. Только с такой - абсолютно просоветской, прокоммунистической! - установкой возможно было руководить школой более трёх десятилетий.

Ещё раз. А. П. Соловьёв не был ни учёным (математиком, физиком-теоретиком, египтологом и тому подобное), ни художником-пейзажистом, ни дирижёром оркестра, исполняющего классику, и так далее. Я перечислил тут некоторые профессии, не требовавшие непременно придерживаться «линии партии», блюсти все её идеологические выверты, восторгаться причудам её вождей, то проводящих «кукурузацию» всей страны, то - шизофреническое раздвоение партийных властей на «промышленные» и «сельскохозяйственные», то - «совнаркомизацию», то - меры (просто «меры», «дальнейшие меры», «очередные меры») по борьбе с пьянством, по улучшению снабжения населения сельскохозяйственными продуктами и — повышению, росту, пр. всякого иного, обречённые в конечном итоге на неудачу.

Он был директором советской школы, занимая должность, требовавшую обязательное «добро» горкома партии (хотя для близира назначение директоров школ происходило приказом гороно). Он был учителем истории и не мог даже по истории древнего мира высказаться по-иному, чем об этом писалось в учебниках, утверждённых опять же при решающем участии партии. Об истории СССР и её «ведущей и направляющей силы» - КПСС — и говорить не приходится.

Наконец, слава А. П. Соловьёва не была такой широкой, чтобы о ней ведали где-то за пределами Винницы. Если не считать, конечно, учителей, видевших и слышавших эмоциональные выступления Александра Павловича на различных совещаниях. Повторяю ещё раз: школа (гимназия) имени А. П. Соловьёва — ДА! Улица Александра Соловьёва, олицетворяющего советскую систему — нет!

Меня не покидает твёрдое убеждение в том, что улицей Александра Соловьёва комиссия пыталась демонстративно как-то «уравновесить» перекос, возникший в связи с множеством переименований, имеющих откровенно противоположный, но такой же далеко не безукоризненный сенс. Желаемого эффекта достигнуто не было: недовольных проведенными «неуязвимыми» («не имеющими слабых мест», «недоступными для нападок») переименованиями не убавилось, скорее, наоборот.

Конечно, у вас уже готов вопрос ко мне. Причём, вопрос «на засыпку»: переименовал бы я улицу Интернациональную и, если - да, то - как ? Вы уже привыкли к моим странностям — и особо не удивитесь сему парадоксальному ответу: ДА, и я бы назвал бывшую Интернациональную улицей   З а в а р к и н ы х. В полнейшем соответствии с буквой и духом Закона! Винничанам, конечно, всё ясно, а иногородним желательно глянуть, например, сюда: http://zavarkin.vin.ua/, https://www.youtube.com/watch?v=H0G_7C5gRaw.

Необходимо возвратить городу хотя бы немного юмора из утраченного на рубеже 20-го и 21-го тысячелетий, когда Винницу покинуло немало авторов и героев еврейских анекдотов.

***

Я понимаю, что комиссия по переименованию должна была решать немало н е р а з р е ш и м ы х   задач и, тем не менее, представить депутатам городского совета уже готовые решения. Я уверен, что по тем или иным улицам у членов комиссии не было единогласия, что были тяжёлые раздумья о целесообразности того или иного переименования.

Но время поджимало и - с большим запозданием - только 25-го декабря 2015-го года депутаты проголосовали за новые названия 135-ти улиц.

Заглавие этой публикации оттеняет именно в и н н и ц к о е истолкование Закона о декоммунизации, а текст объясняет, почему я с таковой трактовкой, прямо скажем, весьма несовершенного и противоречивого Закона не могу согласиться. Мне жаль, что в ряде случаев отвергли необходимое, ценное заодно с ненужным. Как говорится, вместе с водой выплеснули и ребёнка.

P. S.
Фотографии заимствованы из интернета, в частности, из альбомов Сообществ "Історія Вінниці" и "Вінничани".

Статья опубликована 12.05.2016: http://www.proza.ru/2016/05/12/2014

Уже не явится весомо, грубо, зримо

... водопровод,
сработанный
ещё до торжества
советского режима.

К пониманию термина «историческая память», роли различных факторов в формировании исторической памяти, а также значения исторической памяти в обществе наблюдаются неоднозначные подходы (http://sibac.info/conf/social/xxxviii/38675).
Судя по соответствующим публикациям ВикипедиИ на различных языках, единого определения понятия «историческая память» не существует. Согласно небольшой, но относительно ёмкой по содержанию статьи в украинской Вікіпедії (Історична пам'ять), историческая память - совокупность различных знаний и представлений социума об общем прошлом.
Значение исторической памяти велико. Без неё невозможно воспроизведение истории общества, она - наследие предшествующего опыта.

Добавлю от себя, что историческая память включает не только духовное, но и материальное: поэтому во всём мире народы пытаются сохранять не только отдельные строения, но и целые ареалы, объявляя их п а м я т н и к а м и («памятник» не случайно — от слова «память»), а самые выдающиеся из последних ЮНЕСКО нарекает «всемирным наследием» и берёт под свою опеку. Об этом, обсуждая поруганный силуэт города, я уже писал (http://www.proza.ru/2015/09/16/738). Во время войн, понимая значение созданного в прежние времена для духовного состояния противника, пытаются - не в последнюю очередь - осквернить, разрушить материальные компоненты исторической памяти. Примеров тому — от древних времён до нынешних — не перечесть.

Расстройства исторической памяти, в отличие от болезней памяти у отдельных индивидуумов, не классифицированы.
Если же - с определённым допуском - проецировать нарушения памяти у человека на отклонения исторической памяти, то прежде всего следует, по моему мнению, упомянуть о так называемой лакунарной, или островчатой, амнезии (последним, обобщающим словом медики обозначают потерю памяти любого вида и происхождения). Для лакунарной амнезии характерно выпадение из памяти отдельных периодов или событий.
Во вторую очередь, следует обратить внимание на так называемые парамнезии, характеризующиеся ложными или искажёнными воспоминаниями, смещением настоящего и прошлого, реального и воображаемого.

Расстройства исторической памяти, опять же - на мой взгляд, чаще всего инициированы политическими (идеологическими), националистическими и религиозными соображениями. Из памяти народов, обществ, конфессий, пр. преднамеренно вытесняются лица и события, чьи установки и деяния противоречат основным устремлениям актуальных лидеров, властителей, идеологов, и т. п.

«Заражение» социума как лакунарной амнезией, так и парамнезией (в обоих случаях речь идёт, разумеется, об исторической памяти) нередко приводило к желаемым результатам в довольно короткие сроки.
И тогда, когда народы были невежественны, необразованны, а средства информации весьма скудны, и в наше время, когда всё как раз наоборот, дефекты исторической памяти возникали и появляются ныне (на тот или иной по длительности период) довольно часто.
Интересно, что если ранее для «заражения» требовался обязательный контакт человека с ему подобными (прямой путь передачи «инфекции»), то в настоящее время «болезнь» передаётся чаще по проводам связи, по эфиру - радио- и телевизионным волнам, а также - с печатной продукцией. Эта косвенная передача обусловлена контаминацией (загрязнением) «возбудителем инфекции» средств массовой информации. Тем самым формируется весьма эффективный фактор передачи «возбудителя инфекции» на любые расстояния и одновременно в различные места. Наконец, возможно умышленное внедрение в массы «скрытых носителей» возбудителя той или иной исторической амнезии.

Лечение расстройств исторической памяти долговременное, иногда не укладывающееся в рамки одной человеческой жизни. Полного излечения удаётся добиться лишь у потомков страдающих расстройствами исторической памяти. И то — только в тех случаях, когда эти потомки не были «заражены» в раннем детстве, то есть до появления возможного иммунитета к этой «заразе» в зрелом возрасте. Расстройство исторической памяти в детском возрасте не осознаётся, а существующие тесты на обнаружение этого страдания пригодны в основном для взрослых.

Можно было бы привести ещё немало параллелей с охватившими те или другие народы, государства, религиозные общины, пр. локальными вспышками (эндемиями), массовыми (на больших территориях) эпидемиями, пандемиями (всемирного масштаба) исторических забвений. Но я пишу не теоретическую статью об исторической памяти и её нарушениях. Я напоминаю в этой серии публикаций об исчезнувших городских приметах. Поэтому перехожу к конкретным примерам, хотя фоном им будет краткое, выше изложенное вступление, касающееся моего (скорее всего, весьма спорного) общего представления об исторической памяти.

***

Интернетовская страница коммунального предприятия «ВІННИЦЯОБЛВОДОКАНАЛ» начинается с описания его истории:

«Впервые о необходимости строительства водопровода в уездной Виннице заговорили в 1902-м году. Население города в то время составляло 30 000 человек. Мощность водопровода определялась в 60 000 вёдер воды в сутки. Для города сумма в 224 447 рублей (а именно в такую сумму должно было обойтись строительство) оказалась непосильной. К вопросу о строительстве вернулись в декабре 1910 года. Городская управа подписала договор с купцами Ремером, Неером и Зискиндом, которые выступили подрядчиками строительства водопровода в Виннице.
Стоимость проекта 142 951 рубль со сроком введения в эксплуатацию 01.11. 1911 года. Однако водопровод заработал лишь через год, в 1912 году. Подрядчики подвели.» (https://vinvk.com.ua/pidpriemstvo/istoriya) [мой перевод с украинского языка - Н. К.]

Не могу не отдать должного составителю этого текста. Подумайте: оборудование места забора воды, системы очистки воды, сооружение насосной станции (для подачи воды к водонапорной башне, расположенной на высоком противоположном берегу), подводной (по дну Южного Буга) и подземной сети труб, ещё одного - т. н. повысительного - насоса (в основании башни), само'й водонапорной башни, смотровых колодцев, многочисленных разветвлений водопровода в правобережной части города, колонок для разбора воды населением, дюкерного (сифонного) перехода водопровода на Замостье... И это — всего лишь за ДЕСЯТЬ МЕСЯЦЕВ, причём по цене, составляющей только 64% (!) от необходимой 10 лет перед этим суммы для строительства (це'ны, в принципе, со временем растут, так как деньги «дешевеют»)! Каким же надо быть целеустремлённым в написании того, что так хотелось неизвестному автору подчеркнуть, игнорируя выше приведенные н е р е а л ь н ы е сроки и жесткий бюджет [смету строительства разработал Гр. Гр. Артынов, о чём сказано в книге О. Федоришена — см. ниже, Н. К.]. Как смело отбросил автор свою, объяснимую временем и пробелами в архивах, неосведомлённость обо всех обстоятельствах строительства столетней давности, не говоря уже о деталях проекта и его исполнения! Замечу тут ещё только одно: трубы, насосы, прочее оборудование надо было где-то разыскать, сторговаться, заказать и вовремя получить. Не исключено, что «подвели» как раз далёкие от Винницы субподрядчики, выполнявшие разнообразные поручения означенных трёх купцов (подрядчиков).

И задумывался ли автор над тем, во сколько бы сейчас обошлось городу такого объёма строительство и, главное, сколько бы на это потребовалось времени?! Водоснабжение и канализацию общественного туалета в Парке не могли наладить многие десятилетия! Ни в советское, ни в постсоветское время (http://www.proza.ru/2012/10/27/2058). Даже закрыть и «стереть из исторической памяти» этот позор не получалось годами (http://www.proza.ru/2015/09/16/738). Как сейчас — не знаю.

Сначала, по совести говоря, я даже заподозрил грешное: «Может быть неизвестному автору просто не понравились «специфического» звучания фамилии подрядчиков — и он поэтому свалил на них лишение 1911-го года ещё одного судьбоносного для Винницы события?». Автор, замечтался я, оставался под впечатлением моего очерка (http://www.proza.ru/2010/12/24/1462), в котором именно 1911-й год представлялся самым выдающимся в истории развития города.

[Кстати, в книге «Вінниця. Історія іншого часу (Історичний хроноскоп), 2014» Олександра Федоришена приведены более подробные данные об упоминаемых подрядчиках: одессит Мануил Ремер, винничане Моисей Неер и Хаим Зискинд. О том, что они «подвели», в этой уникальной книге о городе в канун Первой мировой войны - ни слова. Зато выделен инженерный и организационный талант городского архитектора Григория Артынова, спроектировавшего все необходимые компоненты водопровода ещё в 1904-м году, определившего место расположения водонапорной башни, нашедшего участок для насосной станции, водозаборного колодца, отстойника, фильтровальной установки, прочего на левом берегу Южного Буга.]

Однако я, как всегда, переоценил важность написанного мною о Виннице. Причина особого недовольства автора подрядчиками совсем иная.
Объясняю: если бы подряд был выполнен в предусмотренный договором срок, то столетие винницкого водоканала праздновали бы ещё в 2011-м году, а не в октябре 2012-го года (http://vn.20minut.ua/Podii/vodokanalu-vipovnyuetsya-sto-rokiv-10247108.html). Значимость этого свалившегося на предприятие несчастья, если судить по масштабам празднеств 11-12-го октября указанного года, не умалить: «А тем, кто особо отличился ... вручили грамоты,

гвоздички и денежную премию в размере 200 гривен.» Кто не помнит, тем сообщаю: за период с октября 2011-го по октябрь
 2012-го года курс гривны - по отношению к евро - понизился. То есть, за один евро в обменном пункте можно было получить уже не 10,66 гривны, а на треть гривны с лишком больше - 11,03 . Так что «исследователь и летописец» истории винницкого водоканала возмущался не зря: подрядчики, на самом деле, подвели. И с наследников Ремера, Неера и Зискинда ещё не поздно попытаться взыскать неустойку за просрочку исполнения заказа Городской думы, чтобы затем перевести эти деньги на счёт «ВІННИЦЯОБЛВОДОКАНАЛа». Как-никак, величина денежной премии (в перерасчёте на евро) за прошляпенный подрядчиками год съёжилась на целых 63 евроцента!

И, находясь в состоянии праведного гнева, автор забыл хотя бы мельком упомянуть о Городском голове Николае Васильевиче Ободове, работавшем многие годы рука об руку с городским архитектором Григорием Григорьевичем Артыновым, проектировавшим первую очередь винницкого водопровода! Это они - Оводов и Артынов - заложили фундамент предприятия, перешагнувшего первый вековой юбилей! Но, увы, не удостоились даже простого упоминания в рассказе об истории винницкого водопровода.

«А память священна, как отблеск высокого огня, прощенья, прощенья теперь проси не у меня ...» спел бы я (слова Роберта Рождественского) автору этой недописанной истории ... Поистине, «Беда, коль пироги начнёт печи сапожник...», да ещё в состоянии аффекта.

***

На сайте http://st-xenia.vin.ua/index.htm представлена история создания Храма святой блаженной Ксении Петербургской г. Винницы. Я цитирую (с исправлением опечаток):

«В лето 2000-е от Рождества Христова по благословению Высокопреосвященнейшего Макария (Свистун) (+2007), Архиепископа Винницкого и Могилёв-Подольского, была создана община святой блаженной Ксении Петербургской в г. Виннице.
Первоначально в общину входило десять человек. Главой общины был избран священник Алексий Навалихин. Для храма было выбрано двухэтажное здание 1911 года
на берегу Южного Буга. В то время оно пустовало, и было бесхозным. Здание было выбрано не случайно. По словам старожилов когда-то рядом с этим местом была часовня. На запрос общины в городскую администрацию был получен ответ, что здание является бесхозным, тем не менее, разрешение на использование его общиной тогда ещё мэрия не давала. И тогда 6 февраля 2000 в день памяти блаженной Ксении был отслужен первый молебен святой, на котором присутствовали все члены общины. Все единодушно молились и просили у Господа благословения на предстоящие труды по устройству храма.

А роботы был непочатый край. Здание будущего храма находилось в ужасном состоянии: не было ни дверей, ни пола, ни окон. До этого здание принадлежало химзаводу и в нём находился детский клуб юных моряков. Священникам довелось приложить немало усилий по подготовке здания для проведения богослужений. И уже 23 мая 2000 года в день памяти св. ап. Симона Зилота была отслужена первая литургия, которую совершил настоятель храма священник Сергий Навалихин и глава общины священник Алексий Навалихин. И с этого торжественного и праздничного для общины дня началась литургическая жизнь храма святой блаженной Ксении Петербургской.»

Далее описывается постепенное увеличение числа прихожан, расцвет литургической жизни храма. Публикуется цветная фотография храма, окружённого зеленью, и его отражение в бугской воде. Идиллия, немного нарушаемая расположенным недалеко от храма редким для нынешнего времени сооружением: выступающее из воды круглое основание, на котором расположена меньшего диаметра цилиндрическая башенка с куполообразной крышей. Как-то не сочетается это строение с Храмом господним.
Но ведь эти отображённые на фото постройки — близкие родственники! Однако Храм, видимо, чуждается этого родства и далее «детского клуба юных моряков» о своём происхождении ничего не сообщает. Только информирует о ремонтных и строительных работах: поначалу «В храме был сделан лёгкий ремонт: вставлены окна, двери, постелен пол.» ... «В дальнейшем был разработан и утверждён проект будущего храма, архитектором Танасийчуком А.М. Принято решение строить храм на два предела. Основной (верхний) в честь блаженной Ксении Петербургской и второй (нижний) в честь святых Царственных мучеников, а также колокольня с крестильней, соединённой с храмом галереей.»

Дела успешно продвигались и уже к 2006-му году «... храм обрёл свою символическую форму – устремленность и вытянутость к небу и купол как символ благодати Божией, подобно капле изливаемой на верных чад своей церкви. Храм блаженной Ксении стал поистине жемчужиной Подолья и архитектурным украшением нашего города, а главное – видимым Евангелием нашего спасения.»
Строительство шло далее: Храм увеличился в размерах, стал ещё краше.
Что же меня не устраивает? Устраивает вполне — и я понимаю радость и гордость как прихожан, так и священников Храма Ксении Петербургской: проделана огромная работа с отличными результатами! Но никак не устраивает другое.

Тут придётся вернуться несколько назад. В апреле сего года я написал следующее: «Вся эта зона [бывшего пляжа «Динамо» - Н. К.] сейчас, судя по карте, относится к владениям церкви Ксении Петербургской, выстроенной, как представляется, с использованием сложенных из камня крепких стен бывшей водокачки.» (http://www.proza.ru/2016/04/12/638) . То есть, мне известно, что «Здание будущего храма находилось в ужасном состоянии: не было ни дверей, ни пола, ни окон.» Но мне ведомо и другое: церковь получила от города в виде д а р а - одновременно с большим участком в живописном месте - и многовековой прочности сооружение, бывшее когда-то водокачкой. С надёжным фундаментом, с крепчайшими несущими стенами, выдержавшими дополнительные нагрузки (стены были подняты на полтора метра, надстроены купола с крестами), и так далее. Выглядело оно изначально великолепно, так как проектировалось городским архитектором Гр. Гр. Артыновым, стремившимся даже утилитарным зданиям придать красоту.

Узорно выложенные из кирпича стены (часть из них - с вмурованными, времени не подвластными гранитными блоками) заштукатурили, оставив для взора лишь фрагменты орнамента и выстоявшую на одной из стен дату постройки — 1911. Кто не знает истории этого сооружения, естественно, полагает, что церковь находится на этом месте уже второе столетие. Тем более, «По словам старожилов когда-то рядом с этим местом была часовня.» (Весьма шаткое утверждение, учитывая, что старожилам этим должно было бы быть более 100 с лишним лет, так как если бы часовня и была, то только до времени перехода власти к Советам. А с той поры прошло, помните, сколько лет?).
Не думаю, что где-то у церкви или в ней нашлось место для указания о «центре кристаллизации» нынешнего Храма, коль в интернете, где сообщить об истинной истории строения было бы проще простого, об этом не сказано ничего.
Всё это удивительно вдвойне, так как в Винницкой епархии есть исторический отдел, руководителем которого является иерей Назарій Давидовський - один из первых участников Сообщества «История Винницы», активный член Винницкого исторического общества. Ему, между прочим, вместе с несколькими другими фундаторами Сообщества, даже удалось однажды проникнуть в недоступное для прочих интересующихся подвальное помещение водонапорной башни, о которой пойдёт речь ниже.

Так кому же, как не ему, заниматься профилактикой потери исторической памяти? Протоиереи (отцы) Сергий и Алексий (в миру — братья Навалихины), сотворившие вместе со своими семьями и прихожанами на замусоренном участке и в заброшенном индустриальном строении прямо таки чудо, нуждались - что касается знаний о дохрамовой истории участка и здания - в помощи. Ибо родились братья в далёкой от Винницы Сибири. Тут бы и — поддержка исторического отдела епархии, его молодого, хорошо образованного руководителя. Почему-то не получилось … Вот так, по частицам, и утрачивается то, что называют исторической памятью.

[Если я не ошибаюсь, то Храм Ксении Петербургской относится к Епархии Украинской православной церкви Московского патриархата, а Исторический отдел — в Епархии Украинской православной церкви Киевского патриархата. И всё же я не отказываюсь от написанного выше.]

***

Ну, а напоследок — о са'мой приметной части первой очереди (1,3 км) винницкого водопровода 1912-го года. Я впервые написал о водонапорной башне в «Виннице 1911-го года», потому что башня была построена именно в то время, за год до начала работы водопровода. Это строение Гр. Гр. Артынова уже давно выполняет иные функции, главная из которых — оставаться символом города. Не зря мне пришли на ум сравнения Артыновской башни с башней Эйфеля - символом Парижа, Бранденбургскими воротами - символом Берлина и Вестминстерским дворцом (Башней Елизаветы, или Биг-Беном - символом Великобритании) в Лондоне. [В интернете винницкая башня лучше всего представлена по этому адресу: http://ukraine3d.com/ru/vodonapornaya_bashnya_vinnitsa .]

Время, революции и во'йны оставили на Артыновской башне многочисленные следы. Но башню не просто реставрировали, её «улучшали». Самую разительную метаморфозу претерпела верхушка башни. После её перестройки оттуда исчезли (правда, не функционировавшие) часы и «набатный колокол». Новые часы в 80-е годы поместили в ином месте, закрыв ими окошки ниже расположенного яруса. Причём дизайн часов абсолютно не соответствует возрасту башни. Он, можно сказать, явно советский. Набатный колокол, понятно, теперь ни для оповещений, ни для тревожной сигнализации (например, при пожаре) уже не нужен. Но разве помешал бы истинный (не из громкоговорителей) приятный уху колокольный звон с вершины башни по иным поводам? Но ко'локола уже не найти ни на одном из семи ярусов башни.

Часто показывают по телевизору «омолодившихся» с помощью пластических хирургов давнишних или уже не молодых нынешних кинозвёзд, демонстрируя тщетность сокрытия у них возрастных изменений.
Вдобавок к заметным следам оперативных вмешательств, ли'ца оперированных претерпевают изменения до полного их не узнавания. Тоже происходит с башней Артынова. Радикальной пластики, фактически новое гладкое лицо (верхушка), а также присобаченные этажом ниже прежнего часы «модернового» дизайна и колера представляются резким контрастом с покрытой старческими пятнами и морщинами кожей (выщербленными, потрескавшимися, потускневшими кирпичными стенами).

Я писал в «По следам наших выступлений - II» (http://www.proza.ru/2015/09/16/794) и о том, что кольцо готовых к штурму башни «предприятий общественного питания» сжимается (не планируется ли ресторан «Седьмое небо» на седьмом - самом вернем - ярусе?), что окружающие башню дома так и не приведены в подобающий вид, а некоторые из них (например, бывший особняк врача Вилинского) необратимо опоганены пере- и пристройками. Наконец, я обратил внимание на то, что башню издалека уже почти не видно. Громада «Почтамта» и торговый центр на главной улице заслонили башню, одновременно изменив в худшую сторону городской силуэт (при взгляде из Замостья) -
http://www.proza.ru/2015/09/16/738. Но кого это волнует? Посмотрите на две фотографии оригинальной водонапорной башни и сравните их с изображением башни современной — особо хвалиться бывшим советским и постсоветским архитекторам-реставраторам нечем.

Я понимаю, что часовая башня Вестминстера и винницкая башня, как говорят в Одессе, «две большие разницы», но почему часовой механизм Биг-Бена функционирует с 1854-го года и циферблат со стрелками остались в первозданном виде, а в Виннице память об Гр. Гр. Артынове символизирует скамеечка с его скульптурой, а не сохранённый в оригинале проект мастера? И - рядом с башней - специальная мраморная (бронзовая) доска, на которой изложены основные данные об одном из символов Винницы.

Как видите, от сооружений винницкого водопровода 1912-го года не осталось н i д з в о н у, н i в о д о г о н у ...

***

Винницкий водоканал уже более, как полустолетие, покинул избранный Гр. Гр. Артыновым плацдарм. Город-то расстроился вверх по реке почти до Стрижевки — и ме'ста для расширения водоканала выросшего более, чем в десять раз, города там явно не хватало.
Сейчас забор воды проводится почти в самом начале протекания Южного Буга по городской территории: на уровне улицы Сергея Зулинского (б. Тарнагородского), на участке самого' «Водоканала». Там же сначала проводится механическая и биологическая очистка речной воды, затем — её хлорирование, после чего вода поступает в водопроводную сеть. Регулировка подачи воды и давления в трубах осуществляется совсем по-другому, чем столетие тому назад: водонапорная башня для этого не требуется. Ещё более полувека тому назад исчезла большая водоразборная колонка в начале улицы Монастырской (б. Володарского) — http://www.proza.ru/2015/08/26/1946.

Так что о водопроводе, сооружённом по проекту Гр. Гр. Артынова, можно получить представление только благодаря сохранённой исторической памяти. Но последняя оказалось «дырявой» у тех, кто обязан её холить и пропагандировать (распространять и разъяснять).
И как бы это кое-кому не нравилось, напоминание о заслугах первого и последнего дореволюционного городского архитектора приходится посылать из дальнего зарубежья.

P. S. Иллюстрации, включённые в коллаж, взяты из фотоальбома сайта «Історія Вінниці». Фотография водоканала во время наводнения весной 1931-го года сделана Ф. Ф. Полубуткиным.

Статья опубликована 29.05.2016: https://www.proza.ru/2016/05/29/1226

Арка - кошка. А чё, разве не похожа немножко?

>Во всём мне хочется дойти
>До самой сути.
>В работе, в поисках пути,
>В сердечной смуте.
>
>До сущности протекших дней,
>До их причины,
>До оснований, до корней,
>До сердцевины.
>
>Всё время схватывая нить
>Судеб, событий ...
>
>Борис Пастернак (1956)

Конечно, лучше бы эту сказку сказывать не мне, а специалисту-архитектору. Но вот уже как полустолетие один из символов Винницы «эксплуатируется» всеми, кому не лень, но обстоятельного описания архитектурных, технических, эстетических и прочих особенностей арки над входом в Парк культуры и отдыха имени Максима Горького (пока Парк ещё так называется) со стороны площади Гагарина всё нет и нет. Зато вокруг этого примечательного городского строения созданы л е г е н д ы, не имеющие под собой ничего подобного тем прочным опорам, на которые опираются с обоих сторон так называемые пя'ты арки (1).

Л е г е н д ы — это недостоверные повествования о фактах реальной действительности, основанные на устных преданиях, опоэтизированных сказаниях об исторических или вымышленных лицах, событиях, сооружениях, прочем. Многие легенды появились столетия тому назад — и об истоках их мы ничего не знаем. Но в этой сказке речь пойдёт о легендах, курсирующих максимум одно столетие, причём цель и смысл появления и «живучести» таких недостоверных повествований во многом ясны. Распространением их пытаются подбавить значимости объекту внимания, придать ему ореол загадочности, наполненности тайнами. И это должно максимально впечатлить зрителей-слушателей, чтобы они впоследствии сами становились пропагандистами услышанных легенд, принятых ими за истину. Так подогревается интерес к прошлому, так привлекаются к тем или иным местам туристы, так оживляется экономика регионов, где много чего — л е г е н д а р н о.
Представляется подобное легендотворчество действием чуть ли не на общее благо ...

Может быть, однако, и другой смысл в распространении легенд. С придыханием сообщая небылицы, повествователи как бы поднимают себя этим над массой «обычных слушателей», демонстрируя внимающим их россказням своё знание «тайн», «им, гагарам» недоступных. Не беда, что рассказчики почерпнули «тайны» из сомнительных источников, что они, большей частью, сами в них не верят. Демонстрация своей исключительности — превыше всего.
В таких случаях даже благовидностью не пахнет ...

Без сомнения, больше всего в Виннице ходит легенд, связанных со Ставкой фюрера фашистской Германии. О части из них я вскользь упоминал ранее (http://www.proza.ru/2014/01/13/1915). Вот тут — другие, богатые фантазией, публикации: http://www.yaplakal.com/forum2/topic848354.html.
И ещё рассказывает экскурсовод о посещении Ставки в 1942-м году ... министром иностранных дел СССР В. М. Молотовым (прочитала, мол, в газете, будучи не где-либо, а в самой ФРГ). Чтобы поразить туристов этой «сногсшибательной новостью», с которой только ей удалось ознакомиться! И доверчивые туристы поражаются всеведению экскурсовода! А чего сто'ит смехотворный рассказ о телефонном кабеле (от Ставки до Берлина), по которому ... и сейчас ведутся переговоры: «Кабелем мы сейчас всё ещё пользуемся. Вот мы разговариваем с Берлином вот по этому кабелю. Он ещё есть.»! Демонстрация полного непонимания технологии современной телефонной связи, но зато как приятны возгласы поражённых туристов: «Ох ты!» (https://www.youtube.com/watch?v=xgk47o8U8fw).

Ну и заодно, как же - без клубнички? Как не удивить любопытствующий народ подчёркнутым особой интонацией сообщением о том, что «Сюда дважды приезжала Ева Браун.». Фотографий этих визитов мне, ознакомившемуся с фотоархивом Ставки, увидеть не пришлось. Если даже они и существуют (то есть, встречи «любовников» на винницкой земле имели место), то об этом ли надо рассказывать в «Историко-мемориальном комплексе памяти жертв фашизма», как, маскируясь, официально назвали сей фактически памятник нацистским убийцам миллионов людей? Но нельзя же не использовать ещё один повод выделиться, тем более, учитывая пикантные особенности сексуальной жизни фюрера (см. https://en.wikipedia.org/wiki/Sexuality_of_Adolf_Hitler) ...

На втором месте, вероятно, находятся легенды о винницких катакомбах. Если глянуть на представляемые фантазёрами чертежи, то сеть катакомб по густоте и протяжённости выглядит солиднее, чем схема киевского метрополитена. Здесь уместно и достаточно привести лишь эту цитату, чтобы определиться: «От винницких Муров тоже вели ходы, но если сложная система подземелий и была в городе, то только между еврейскими подвалами.» И ещё: «Меня веселит, когда авторы рисуют подземные ходы поперек Южного Буга. Люди не понимают, что река течет в гранитном ложе, а в такой породе продолбить подземный ход даже по современным технологиям довольно сложно.» (заведующий сектором охраны культурного наследия департамента культуры Винницкой ОГА Михаил Потупчик, http://real-vin.com/potupchik-mihail). Как тут не возвратиться к Ставке, от которой выдумщиками лжи также «проложены» подземные ходы, туннели во все стороны и на многие километры.
А знаменитый камень Коцюбинского, что недалеко от Сабаровской плотины! В статье о М. М. Коцюбинском в Вікіпедії (!) значится: «На березі Південного Бугу в районі Сабарова (Сабарів) є відомий «камінь Коцюбинського» з цитатами письменника. Вважається що саме на цьому камені Михайло Коцюбинський писав свої твори.» Действительно, есть такой камень, но уже почти полностью ушедший под воду. Шесть десятилетий тому назад, когда был сделан этот снимок, ещё видны были выбитые на камне слова из одного из произведений писателя (http://www.proza.ru/2012/09/23/1304, фото 74). Ещё тогда я слышал рассказ о том, что ранее на камне были каменные же стул и столик. Даже помню какие-то углубления на верхней поверхности камня (от исчезнувшей каменной мебели?). А вот теперь сомневаюсь, что М. М. Коцюбинский там «писал свои произведения». Почему сомневаюсь? Дело в том, что семья Коцюбинских возвратилась в Винницу в 1881-м году (будущему писателю было 17 лет). Первая публикация М. М. Коцюбинского датируется 1890-м годом, а в 1891-м году писатель покинул Винницу. Перед этим он пять лет тяжело работал (репетитором), поддерживая (после смерти отца) семью. Было не до походов в район Сабарова к «камню творчества». Правда, впоследствии М. М. Коцюбинский наезжал в Винницу — и несколько его произведений считаются написанными в Виннице в 1893-1897 г. г.
Попасть из дома до этого камня и обратно - по реке или по прибрежной дороге (тропе) - это занимало немало времени. Моторных лодок и автомобилей не было, да и дорога вдоль левого берега реки была только до уровня теперешней улицы Р. Скалецкого, что на противоположном берегу. Расположиться с листами бумаги, чернилами, перьями, пр. (включая провиант) на

покатом камне у воды — дело весьма хлопотливое. А выгода какая, по сравнению с писательством дома за письменным столом? Одним словом — л е г е н д а . А сотворил её, вероятно, тот, кто выбил на приглянувшемся ему камне слова чтимого им писателя, причём уже после смерти последнего.

***

Вы заметили, что я довольно долго «разогреваюсь» перед тем, как подступиться к основной теме этой статьи. Дело в том, что придётся касаться весьма щепетильных вопросов.
И вот, наконец, бросаясь «в холодную воду», начинаю вместе с вами барахтаться в большой, весьма характерной цитате, не изменив в ней ни единой ошибки или опечатки:

«Проект арки был частью плана благоустройства Виннице 60-х годах. В 1961 году возле центрального входа в ЦПКиО им. Горького были установлены бетонная арка и металлический шпиль.
Это идея местного архитектора Романа Романовича Мархель . Он долго обдумывал этот проект, но все никак не мог найти эффектного решения. Пока ему не подсказала одна из детских игрушек, которые издавна хранились в доме Мархель. Резная деревянная фигурка кошки неожиданно стала прообразом арки. Сооружение будто воспроизводит ее изогнутую спину и также опирается на четыре основания, как на мягкие кошачьи лапы. А если подключить воображение, то и стремительную стелу можно представить вытянутым вверх кошачьим хвостом-трубой. Полгода человек вместе с товарищем Владиславом Горбатым работал над эскизом будущего символа Виннице, вспоминает вдова фантазера-архитектора Инна Ефимовна. Женщина рассказывает: муж очень любил кошек.
Конечно, официально о такой «кошачий мамы» винницкой арки супруги не рассказывал. Об этом знали только близкие друзья. А игрушка сих пор цела.
Но официально и арку, и стелу знают как символ космонавтики. Не мог же Роман рассказывать, что идею ему подсказала обычная детская игрушка. С такой предысторией этот проект в честь первого полета человека в космос тогда никогда не утвердили. Зато теперь это бы никого не удивило. Но главное, что сам проект получился очень удачным, незаурядным, и с тех пор арка на долгие годы стала настоящим символом города.
Арка в советское время была едва ли не единственным символом Винницы. Ее печатали на большинстве открыток, марок и сувениров города, у нее обязательно фотографировались иностранцы, под ней назначали первые свидания, о ней ностальгически вспоминали эмигранты.
В народе пафосный архитектурное произведение незлобливо [правильно — незлобиво, Н. К.] и с юмором называли «Навеки раком». Хотя по официальной версии, арка скорее должна символизировать Землю, а стела рядом с ней - стремительный
 полет ракеты.» (http://mir-prekrasen.net/referat/7516-vinnickaya-arka.html).

Вот таким малограмотным материалом представлен в интернете символ города! Игрушка

«подсказала» архитектору, что она должна стать «прообразом арки». «А если подключить воображение», то всё станет ясно и с отделённым от тела (оторванным?) странной формы и необычно строго вертикально расположенным «хвостом». И хранилось всё это в глубочайшей тайне, а то иностранцы, которые «у нее обязательно фотографировались», могли бы разочароваться, узнав «о такой «кошачий мамы» винницкой арки».
А как этот «летописец» узнал о том, что свидания были «первые» - загадка. И зачем разрушил он секретный прекрасный кошачий «прообраз» будто бы народным «Навеки раком» - совсем непонятно. И, наконец, где он вычитал об «официальной версии»?

***

Придётся нам во всём этом разбираться. Мне повезло: я поддерживаю контакт с двумя одноклассниками, имевшими косвенное, но всё же не случайное отношение к проектированию и сооружению винницкой арки. Это - Юрий Варшицкий (город Бремен, ФРГ) и Анатолий Штейнбах (город Кассель, ФРГ).

Юрий Варшицкий в 1956 - 1964 г. г. - работал инженером в Облпроекте (позднее переименованном в Гипрогражданпромстрой). Ю. Варшицкий был не только хорошо знаком с Р. Р. Мархелем - одним из авторов проекта арки входа в ПКиО им. М. Горького на пл. Гагарина, но и совместно с Романом Романовичем сделал много фотографий и снял 16-мм кинофильм к 600-летию (1962 год) Винницы. С этой целью Винницкий горком Компартии Украины выдал Р. Мархелю и Ю. Варшицкому особое разрешение запечатлевать винницкие мотивы с высот, превышающих вторые этажи зданий (прежде всё было строго регламентировано «компетентными органами»). Выставка фотографий и демонстрация кинофильма состоялись в Облпроекте. Потом фото- и киноплёнки были складированы в каморке на лестничной клетке третьего этажа здания, что располагалось на углу улиц Ленина и Дзержинского (Соборной и Театральной). На этом этаже находился как раз Облпроект (вместе с Областным отделом архитектуры). Во время одного из ливней кладовку залило — и все материалы были настолько повреждены, что восстановлению не подлежали. С вдовой Романа Мархеля Инной Ефимовной (Болховской), которую Юрий Варшицкий знал многие годы, он, при посещении Винницы, встречался последний раз несколько лет тому назад.

Анатолий Штейнбах в 1964 - 1969 годах работал старшим инженером технического отдела Облремстройтреста, в состав которого входило РСУ-1.

Первое, в чём мне оказали помощь мои друзья с 1945-го (!) года — узнавание лиц на заимствованных мною из «Історії Вінниці» двух фотографиях. Эти фотографии завершения строительства арки датированы 1967-м годом (а не 1961-м, как указал «летописец»).
На первой фотографии (2) крайний слева - Виктор Трофимович Блащук, в то время начальник Ремонтно-строительного управления №1 (РСУ-1) Облремстройтреста, впоследствии - заведующий отделом строительства обкома КПУ.

Третий слева - главный инженер РСУ-1 Борис Владимирович Коляда. Четвёртый слева - мастер этого же предприятия Глузман. Крайний справа - Наум Бек(к)ер, начальник участка РСУ-1.
А на другой фотографии (3) засняты, в основном, рабочие. Третий справа — упоминавшийся выше Глузман, справа от него — представитель технадзора, далее через одного - Бек(к)ер, о котором тоже уже шла речь. Второй справа — бригадир отделочников Иосиф Бас(с).
[Других лиц Анатолий Штейнбах и Юрий Варшицкий не смогли вспомнить.]

Ю. Варшицкий снабдил меня также двумя фотографиями: Р. Мархеля (4) и В. Горбатого (5).
4 - сотрудники Облпроекта на пикнике за городом (фрагмент фотографии): Роман Мархель (за ним — студентка Винницкого медицинского института Ада Харнак - жена Юрия Варшицкого, сделавшего эту фотографию где-то в начале 60-х годов прошлого века). [На фотографии запечатлена группа из более, чем 15 лиц, поэтому мне пришлось поместить лишь небольшой фрагмент её.]
5 - газета "Комсомольске плем'я" от 01.12.1963 г. (фото Р. Мархеля) Подпись: "Архитектор Владислав Горбатый за эскизом нового универмага".
Ещё одна фотография Р. Р. Мархеля (6) заимствована мною из интернета (http://www.myvin.com.ua/ru/news/stuff/17817.html).

Ю. Варшицкий помнит, что расчётами арки занимался главный конструктор (начальник архитектурно-строительного отдела) Облпроекта (Гипрогражданпромстроя) Марк Ильич Шумах. Директором там был Самуил Исаакович Рабин. Необычность расчётов связана с уменьшением ширины и изменением профиля арки по направлению от пят к верхней части.

А А. Штейнбах объяснил особенности сооружения арки, а также перечислил организации, участвовавшие в строительстве (с указанием руководителей этих организаций).

Существуют, по словам А. Штейнбаха, два варианта устройства арок. Первый - из сборных элементов, заранее изготовленных на железобетонном заводе и монтируемых непосредственно на подготовленные фундаменты на месте. Винницкая арка - это второй вариант. Она монолитная железобетонная и выполнена на месте строительства. Сначала был построен монолитный железобетонный фундамент под "ноги"- опорные части арки. Затем была собрана сложная деревянная опалубка под саму арку. Почему - сложная, а потому что таковую требовала сложная двояковыпуклая форма арки. Далее по опалубке были уложены арматура и проектной марки бетон. Все работы велись на высоте при помощи мощного авто- (или гусеничного) крана.

Устройство фундаментов, укладка арматуры и само бетонирование арки, а также отделочные работы выполнены силами РСУ-1 Облремстройтреста.
Управляющим Облремстройтрестом был М. И. Мисонжник, начальником РСУ-1 - В. Т. Блащук, главным инженером - Б. В. Коляда. Директором лесозавода Облремстройтреста был И. Ю. Ункинд (опалубка выполнялась силами РСУ-1 с помощью работников лесозавода). Бетон для

арки изготавливался на асфальтобетонном заводе Облремстройтреста (директор - Дрейкоп, главный инженер - С. Н. Жорницкий).

Словом, начинал я не с нуля, тем более, что «нулевой статус» места нахождения арки помню хорошо. Прежде там, на Каличе (слово «площадь» никогда перед Каличей не произносилось, да и не писалось тоже) был вход-въезд на католическое кладбище, пото'м, когда кладбище прикрыли - в ПКиО. Не знаю точно, или высокие металлические ворота и рядом (в сторону центра) расположенную такой же высоты металлическую калитку заменили при «перепрофилировании» этого зелёного массива. Думается, что нет. Выглядели они довольно подержанными. Могли, возможно, оторвать приваренные к решётке кресты, но звёздами их (если кресты и были) не заменили. Звёзды и не полагались: это - ворота не в военную часть. От ворот круто поднималась вверх неровного профиля дорога, умощённая грубым булыжником. Грузовики привозили на расположенный вверху и правее (у забора, отделяющего парк от школьного двора) хозяйственный двор парка строительные материалы и прочее необходимое, включая портреты новых советских вождей и членов Политбюро, а увозили мусор и валявшиеся по всему двору портреты вождей свергнутых. К ним относились «английский шпион, завербованный ещё в 1918-м году» Лаврентий Берия, члены «антипартийной группы Молотова, Маленкова, Кагановича и примкнувшего к ним Шепилова» … Я всё это видел, так как в школьные годы посещал, из-за пиротехников, этот огороженный невысоким деревянным забором хоздвор. У пиротехников там был обособленный сарай с укреплёнными дверьми. Готовясь к очередному фейерверку, они раскладывали на земле различные фигуры (лопасти мельницы, шары, др.) и наполняли их необходимыми горючими и взрывчатыми смесями. Издалека наблюдать за этим не возбранялось. Было интересно узнавать, как готовят к запуску ракеты, как реактивные силы крутят лопасти мельницы, как составляются многоцветные, рассыпающиеся в небе огненные цветы. В редкие «хорошие дни» пиротехники отвечали на мои вопросы...

Я прочитал и просмотрел, кажется, все имеющиеся в интернете материалы о винницкой арке, включая различные фотографии, сделанные за полустолетие. Я вынужденно изучил строение кошек и узнал внешние признаки состояния их духа (никогда не имел собственной кошки). Я пытался вникнуть в суть немалого количества материалов об арках (не только на русском языке). Я получил у немецкого архитектора консультацию, что касается типа винницкой арки и путей поиска - с помощью интернета - подобных арок во всём мире.

Я не стал, в результате этого, ни большим знатоком кошек, ни специалистом по аркам, но к кое-каким выводам мне удалось прийти. Возможно, я в чём-то ошибся. Но эта публикация — не истина в последней инстанции, а набросок к будущему большому коллективному исследованию феномена винницкой арки. Если мне удастся таковое инициировать, то моя миссия будет считаться успешной.

Начнём с кошек - «прообраза арки». Посмотрим сначала на фотографию обычной домашней кошки (7). А потом обратим свой взгляд на ещё одну фотографию арки (8 - фото В. Г. Бей, 1975). Никакой похожести, правда? И это фото (9) - тоже самое.

Если глянем на фотографию кошачьего скелета (10), то вопрос о схожести, вообще, может показаться глупым. Теперь — кошка с изогнутой спинкой (11), так как именно эту особенность «прообраза» подчёркивают некоторые авторы легенды о возникновении замысла формы арки. Замечу, кстати, что изгиб кошачьей спины — признак угрозы (сие как бы противоречит идее арки): когда кошка пытается напугать другую кошку, она выгибает спину в виде дуги (https://ru.wikipedia.org/wiki/кошка). И опять — никакого подобия.

Средняя длина тела кошки (без хвоста) — 55 - 60 см, длина хвоста — 25 - 35 см; высота кошки на уровне плеча — 30 - 35 см (https://de.wikipedia.org/wiki/Hauskatze).

О размерах арки я сведений не нашёл, но, анализируя фотографии, можно приблизительно рассчитать отношение расстояния между пятами арки к её высоте: оно равно приблизительно 3,0 - 3,5. В то же время у кошки это отношение (длины тела к его высоте) — не более 2,0.

(Продолжение — в следующей статье.)

Статья опубликована 22.06.2016: http://www.proza.ru/2016/06/22/1239

Выпьем чарку за нашу арку!

(Начало — в предыдущей статье)

Теперь — черёд рассмотреть те две игрушки (12 ,13), которые, по словам вдовы Р. Р. Мархеля, подсказали направление поиска формы арки («Как и кем создавалась винницкая арка» от 30.11.2012 — http://www.myvin.com.ua/ru/news/stuff/17817.html).
Признайтесь, если бы вы ничего не знали об «арке-кошке» (так называется этот репортаж: https://www.youtube.com/watch?v=zpPSB2Iq7-Q) и вас бы спросили, какое винницкое сооружение имеет что-то общее с этими деревянными игрушками, то вы бы назвали, в первую очередь, рынок «Урожай». Так ведь? Ибо сходство арки с этими кошечками весьма-весьма сомнительное, а арочный вход в здание рынка … (тут решайте сами).

Словом, куда ни кинь, всюду клин. Прямо-таки, безвыходное положение.
Но задача полустолетней давности должна быть решена — и она была мною решена (?)!
Пусть будет кошка, но арка «подразумевает» кошку В ПРЫЖКЕ (14). Тогда, если отбросить

голову и хвост, то всё почти сходится: и очертания (выгиб) тела, и откинутые от тела передние и задние лапы; даже отношение длины тела к его высоте возрастает до 2,5 и более, приближаясь к подобному у арки. Потом вспомнился ещё логотип фирмы «PUMA» (15) - ну, чистая же арка!

Я сразу повеселел и размечтался: не попытаться ли «подключить» к винницкой арке всемирно известную фирму спортивной экипировки «PUMA» из баварского Herzogenaurach'a? Сообщить им, что во славу этой фирмы создана арка (правда, дабы не нарушать авторское право, хищника из семейства к о ш а ч ь и х пришлось развернуть головой и хвостом в противоположные оригинальному логотипу фирмы стороны). Годовой оборот фирмы - более трёх миллиардов евро, чистый доход - около трёхсот миллионов. Авось, «клюнут» и что-то «отстегнут» Виннице. Тогда хватит и на освобождение из подземелья речки Калички, на постройку вдоль её русла набережной … И не придерутся: мол, деньги потрачены не по назначению. Это же всё ведь рядом с аркой, значит — и с «ПУМОЙ». (Прошу прощения, что я в СЕДЬМОЙ раз пишу о Каличе — не забывайте: «капля точит камень не силой, но частотой падения».)

***

Теперь оставалось выяснить, является ли винницкая арка оригинальной конструкцией. Я попробовал несколько раз спросить в Google, известно ли что-то подобное изображённой на фотографии арке. Какие бы фото арки я в Google не подкладывал, поиск приводил только назад, в Винницу. Тогда я решил сам проверить все имеющиеся в интернете фотографии арок. Конечно, был наивен, ибо этим я мог бы заниматься до конца дней моих. Арок — что звёзд на небе. «В самоограничении сказывается мастер», - писал Гёте. Но как этот поиск ограничить, какими параметрами?

Немецкий архитектор, к которому я обратился, посоветовавшись с коллегами по бюро, рекомендовал мне искать только параболические арки, каковой оказалась арка на Каличе. Я-то её, самообразовываясь в архитектуре, ошибочно отнёс к другому виду арок, что, разумеется, не удивительно.
Параболическая арка образует в своде часть параболы. Что такое парабола, вы, надеюсь, знаете. А если уже забыли, то, пожалуйста, освежите это в памяти сами.
Есть ещё один вид арок, под который почти подходит винницкая арка. Это - так называемые катенарные арки, внешне трудно различимые от параболических арок (https://en.wikipedia.org/wiki/Parabolic_arch). Но как изгиб внутренней поверхности винницкой арки напоминает катеноид - поверхность, образуемую вращением цепной линии (https://en.wikipedia.org/wiki/Catenoid)! [Цепная линия - линия, форму которой под влиянием собственного веса принимает гибкая однородная нерастяжимая тяжёлая нить или цепь (отсюда название) с закреплёнными концами (https://en.wikipedia.org/wiki/Catenary). Перевёрнутая цепная линия - идеальная форма для арок (catenary arch).]

Как видите, не всё так просто, особенно если ты не архитектор по профессии. Сравнивать же на схожесть арки только аналогичной конструкции намного легче, чем и занялись мы с архитектором — каждый в отдельности. Его результат: нет ни одной, из наличествующих в сети, идентичной винницкой арке. Мой результат — тот же самый, но печальнее: я не нашёл, среди нескольких сотен просмотренных арок, и саму винницкую арку. Причина сего очевидна: нет в сети детального описания этой арки, а её небольшие размеры, фотографии с «прильнувшей» к ней красного цвета забегаловкой или с закрывающими часть опор рекламными щитами (16), никого не впечатлили и не побудили к распространению подобных изображений.

Что прежде всего «выпрыгивает» при поиске в сети? Несомненно - статьи из ВикипедииИ. Это, к примеру - об огромной арке «Ворота Запада» в Сент-Луисе (США), построенной в 1963-1965 г. г. Высота её - 192 метра! Лифты, смотровые окна … Посмотрите обязательно: https://en.wikipedia.org/wiki/Gateway_Arch. Или - фотографии, которые впечатляют необычностью (17): параболические арки из бамбука на Тайване (http://www.archdaily.com/165393/forest-pavilion-narchitects). Или марокканские арки в виде кошечек: http://ru-cats.livejournal.com/17897624.html, абсолютно ничего общего с нашей «аркой-кошкой» не имеющие (18).

Единственная арка, на мой взгляд, формально сходная с винницкой аркой — арка Fehmarnsüdbrücke (https://de.wikipedia.org/wiki/Fehmarnsundbr). Она - часть комбинированного авто- и железнодорожного моста, соединяющего остров Fehmarn в Балтийском море с материком (ФРГ). Начальное строительство моста в период 2-й мировой войны было прервано. Продолжено в Западной Германии и завершено в 1963 г. (19). Дуга этой арки, шириной в 248 м, поднимается над полотном дороги на 45 м. Местное население, как пишут, любовно называет мост с аркой «вешалка», что в такой же степени, по моему мнению, «удачно», как «кошка» для винницкой арки.

***

Как же продвигают - через интернет - винницкую арку?
Страстно, пафосно, метафорически-гиперболически, но, как мы убедились, без особого успеха.

Говорит заслуженный архитектор Украины Юрий Плясовиця:
«В форму превратили музыку. Что такое такая протяжённая арка и шпиль? Форте и пиано. Музыкальная композиция в полном смысле слова на фоне прекрасной зелени нашего парка. Тяга к прекрасному. Вот увидеть в игрушечке, в кошечке будущий образ логотипа города, бренда города — это ведь тоже талант. Это надо увидеть.»
Тем, кто не знаком с музыкальной грамотой, поясню, что «пиано» означает «тихо, негромко», а «форте», наоборот - «сильно, громко, в полную силу звука». А теперь посмотрите ещё раз на «протяжённую арку и шпиль» - слышите? Нет?!

Вы, вероятно, в отличие от архитектора, не знакомы с афоризмом «Архитектура — это застывшая музыка» из сочинения «Лекции по философии искусства» (1842) немецкого теоретика искусства Фридриха Вильгельма Йозефа Шеллинга (1775 -1854).
Следуя восторгу Юрия Плясовицы, арка - гимн винницких архитекторов, своего рода «Мархельеза (от бемоля до диеза)».
Так, пожалуйста, опишите же, заслуженный и уважаемый архитектор, эту арку профессионально, как это положено! Не ограничивайтесь легендой, которую, если Вам она нравится, можно припасти для эффектной концовки. Но суть описания должна быть объективной, доказательной и всем понятной. Из пальца высосанное утверждение журналистки: «... знаменитая арка-кошка прославила столицу области на весь мир.» (этими словами завершается репортаж http://www.myvin.com.ua/ru/news/stuff/17817.html) может восприниматься только наивными местным ура-патриотами. Подумайте: СТОЛИЦУ - НА ВЕСЬ МИР — ни больше, ни меньше!

Такого пока нет и в намёке, но ПУСТЬ ТАК БУДЕТ! Однако для этого надо потрудиться нам. Мои возможности исчерпаны. Теперь слово за специалистами, за исследователями архивов, за свидетелями (которые есть не только в Германии, но и в Виннице). Напрягитесь — так требует память о создателях одного из символов города!

Р е з ю м и р у ю.

Из моих изысканий следует:
1. Винницкая арка является оригинальным (в мировом масштабе) архитектурным сооружением, известность которого, к сожалению, весьма ограничена.
2. Необходимы мероприятия, содействующие значительно более широкому ознакомлению с этим символом города. С этой целью желательна, в первую очередь, публикация в интернете статьи, отражающей истинную историю появления арки, технические данные о ней, чертежи, специальные фотографии, сделанные в различных ракурсах. (По словам вдовы Р. Мархеля, в семье сохранился большой пакет с материалами, связанными с проектированием арки: https://www.youtube.com/watch?v=zpPSB2Iq7-Q). Этой неудачной фотографии (https://uk.wikipedia.org/wiki/#/media/File:.JPG) тут: https://uk.wikipedia.org/wiki/ явно недостаточно.
3. Надлежит создать вокруг арки как бы охранную зону, свободную от любой рекламы, от застройки даже временными точками торговли, питания, пр.
4. Рядом с аркой желательно разместить доску с отображением на ней основных сведений об арке.
5. Из статьи о Романе Романовиче Мархеле в Вікіпедії надо бы исключить следующее предложение: «Брав участь у розробці проекту реконструкції будівлі Ощадбанку з магазином ювелірторгу (1964–1965 рр.)». Это была, конечно, идея не Р. Мархеля, а партийных умственных недорослей: лишить центральную улицу города великолепного здания, построенного в начале XX-го века по заказу зубного врача М. Л. Шехтмана. Про всю историю этого эпизода партийно-

советского вандализма я подробно рассказал в «Моей Виннице» (раздел «А теперь — по левой стороне»). Снимок дома незадолго до его осквернения тут: http://www.proza.ru/2012/09/23/1248 , фото 41. Сравните с тем, что имеем сейчас - и вы согласитесь, что об этом «участии» Р. Мархеля упоминать навряд ли стоит: реконструкция обернулась уничтожением памятника архитектуры.

Коли все це буде виконано, я не відмовлюся в і д   ч а р к и   н а   ч е с т ь   а р к и!
«Вип'ю чарку, вип'ю другу,
Вип'ю третю на потугу,
П'яту, шосту, та й кінець.
(Тарас Шевченко. Гайдамаки, Банкет у Лисянці)

Вот и сказке моей тоже конец, а кто до конца дочитал — м о л о д е ц!

P. S. 30.06.2016.

Я многократно
 читал и перечитывал эту публикацию, но м о л о д ц о м себя никак назвать не могу. Совесть не позволяет. И вот почему.
Приступая уже непосредственно к написанию моих соображений по поводу арки, я решил всё же - для успокоения означенной выше совести - навести ещё одну справку. И обратился с письмом к Александру Федоришену, которого представлять винничанам нет никакой надобности: его знают все. Замечу, что А. Федоришен был одним из основателей сайта «История Винницы» и «тянет» его, почти в одиночку, до настоящего времени как в VK, так и в fb.
Моя просьба от 06.06.16 к А. Федоришену выглядела так:

Вельмишановний Олександре!
Мені все не сидиться спокійно. Задумав раптом статтю про вінницьку арку, що на Калічі. Згадав, що в "Історії Вінниці" хтось висловився про НЕоригінальність арки. Мовляв, там-то і там-то є те, з чого зроблена копія (або запозичена ідея). Але більш згадати не можу. Переглянув б усю історію "Історії", якби був упевнений, що це бачив саме там. Чи не відклалися у Вашій пам'яті більш точна адреса або цитата з написаного? Намагався знайти схожі будови по фотографіям Гугла - не вийшло: вказує тільки на Вінницю. Словом, чи можете чимось допомогти?
Заздалегідь вдячний!

Ответ последовал в тот же день:

Шановний Соломоне Григоровичу!
На жаль, не зустрічав взагалі матеріалу на сторінках "Історії Вінниці" про її не-оригінальність.

Я запитаю в колег. Якщо хтось допоможе з темою - одразу Вас повідомлю.
З повагою,
О.Ф.

Дополнений не последовало. Как говорится, вопрос был «исперчен».
И не то, что бы я усомнился в моей памяти, но с дополнительным «аргументом» за пазухой, учитывая также безуспешность поиска аналога арки в интернете, я заявил о том, что «Винницкая арка является оригинальным (в мировом масштабе) архитектурным сооружением». Слово «оригинальным» в данном случае имело и имеет смысл «нешаблонным», но никак - не «чуждым подражательности», ибо последнее нам не может быть ведомо (это касается и игрушек-кошечек, и арки, о которой далее пойдёт речь).

Мои статьи об арке были опубликованы 22.06.16. В этот и последующие несколько дней к ним обращались единичные читатели. Но вот 28-го и 29-го июня Александр Петровский анонсировал эти публикации на сайте «Винничане» и - началось невиданное! Число читателей этих статей в указанные дни достигло почти девяти сотен! Такого с моими публикациями ещё не было. И пусть счётчик «Прозы.ру» застопоривается уже к 50-му читателю, меня это «не колышет». Важно, что тема арки оказалась настолько востребованной!

«Фимиам славы безвреден, если его не вдыхать», - говорил один мудрец. А я дышал полной грудью, наслаждаясь своей (или всё же — арки?) популярностью. И вот, «С кадил недвижных фимиама еще струился синий дым.» [А. Н. Апухтин (1840-1893).], как я, одурманенный обрушившимся успехом, получил ощутимый удар по лбу. Вновь дал о себе знать тот, кого мы с А. Федоришеным не смогли вспомнить. Олег Андриенко, который вчера вечером порадовал (я не иронизирую!) меня в «Винничанах» этим сообщением: «Sunshine State Arch (https://www.facebook.com/pages/Sunshine-State-Arch/560330980759253), відкриття - 16.06.1964 Фото арки публікувалось в американських архітектурних журналах.»

Теперь давайте поразмышляем, но сначала посмотрите на это фото арки (https://commons.wikimedia.org/wiki/File:Miami_Gardens_FL_Sunshine_State_Arch_01.JPG) : оно более демонстративно (20). Это тоже параболическая арка, но более крутая (я избегаю математических терминов), она также имеет четыре пяты, не несёт, как и винницкая арка, никакой иной функции, кроме как декоративной, имеет выпуклой формы профиль.
Расположена арка у входа в Индустриальный парк Майами на Флориде, в 2014 г. внесена в Национальный реестр исторических мест США.
Об этой арке можно почитать в ВикипедиИ (https://en.wikipedia.org/wiki/Sunshine_State_Arch) и здесь: http://www.miamigardens-fl.gov/planning&zoning/pdf/mps-study-report-2007-08-14.pdf (стр. 27). Размеры арки, увы, не представлены; поверхность её покрыта текстурированным искусственным мрамором.

Теперь возникает вопрос, знали ли Р. Мархель и В. Горбатый о построенной в 1964 г. в Майами арке. С одной стороны, трудно себе представить, что в то время до Винницы доходили американские архитектурные журналы. С другой, исключить того, что кто-то из них был в командировке в Киеве и там такой журнал видел, тоже нельзя. Отец В. Горбатого возглавлял один из райкомов партии в Виннице. Партийные функционеры имели доступ к особой печатной продукции: в обкоме была своя библиотека… Это я занимаюсь тем, что в нынешнее время называют спекуляциями (рассуждениями). Вопрос сей, вероятно, не имеет однозначного ответа, хотя в том пакете, что хранится в семье Р. Мархеля, может обнаружиться что-то интересное.

02.07.2016
Чтобы сделать эту мою исповедь полною, надобно признаться, что я майамскую арку в и д е л. В 1997-м и в 2000-м годах я находился в этом городе суммарно десять недель. Времени было достаточно для всего: для океана, для библиотек (там я обнаружил материал о терроре НКВД в Виннице, о чём уже упоминал в «Моей Виннице»), для походов и разъездов по Флориде. Глядя на карте на место расположения Sunshine State Arch, понял, что проезжал несколько раз мимо и не мог не заметить её из окна автобуса. Но автобусы были не экскурсионные, а маршрутные — и никто внимание пассажиров к арке не привлекал. Поэтому отсутствует в моей обширной фотоколлекции о пребывании на Флориде эта арка.
Что остаётся? Покаянно признавать свою вину и посыпа'ть лысину пеплом, как это многократно описывается в Ветхом Завете.

P. P. S. 30.06.2016

Коль уже пришлось писать постскриптум, то дополню вот ещё что.
Помните фразу из представления арки неизвестным автором (ошибки правописания - на его совести): "В народе пафосный архитектурное произведение незлобливо и с юмором называли «Навеки раком»"? Кто не знаком с украинским языком, не поймёт, откуда это. По-украински, «Навеки вместе» (Украина с Россией) гласит: "Навіки разом". Теперь ясно?
Но, оказывается, винницкая арка имела ещё два слогана: «Мама моет пол» (Леонид Борозенцев) и «"Две бабы борются за ..." то, что стоит рядом» (Пётр Скорук).

Статья опубликована 22.06.2016: http://www.proza.ru/2016/06/22/1249

Брызжет, искрится, волнуется, светится …

Общедоступная группа «Винничане» (https://www.facebook.com/groups/vinnichane/) отличается хорошей, часто сменяющейся заставкой (т. н. «фото группы»). Похвально, что (со)руководитель группы не суетится и не «готовит … телегу зимой». А успевает это сделать и весной. Вот и в последний раз (11.04.2016): не в снег и стужу, а лишь при появлении на деревьях первых листиков возникла в качестве «фото группы» фотография Европейской площади в прошлогоднее летнее утро. И на её фоне — поэтические строки, разъясняющие размытую, особенно в перспективе, картинку: «В синем тумане, как в облаке, видится/ Город загадочный – Винница… Винница…»

Всё, казалось бы, объяснимо. Однако последующие строки стихотворения зародили во мне сомнение в том, что лишь э т о мотивировало Игоря Петровича Чепугова впервые включить в заставку некое рекламное послание с рефреном «Винница … Винница». Сей странный плод лихого рифмачества, создающий мало схожий с оригиналом образ города. Нет, скорее всего, разглядел Игорь Петрович в этих двадцати двух строчках Валерия Петровича завуалированные предсказания (типа центурий Мишеля Нострадамуса).

Наш Петрович того Петровича сразу раскусил как Сахар-Медовича. Как того, кто льстиво и слащаво сообщает нам о том, что' хорошего и что', мягко выражаясь, не совсем хорошего принесёт нам время. Написано это стихотворение - не поверите! - примерно ещё десятилетие тому назад ...

Тут нелишне отметить, что предвидения, как и идеи, становятся материальной силой, если они овладевают массами (я слегка дополнил Карла Маркса). Для этого, разумеется, необходимо время. Зато потом эта народившаяся материальная сила сметает всё на своём пути.

Кто не помнит Мишеля (Мишку) Фишмана у Вл. Высоцкого?
«Мишка Фишман башковит -
У него предвиденье:
«Что мы видим, - говорит, -
Кроме телевиденья?!
Смотришь конкурс в Сопоте -
И глотаешь пыль,
А кого ни попадя
Пускают в Израиль!»
Написано ещё в 1972-м году. А как актуально стало через лет пятнадцать-двадцать! Говорят, более миллиона захотели увидеть ещё что-то, кроме конкурса в Сопоте - и попали «в лапы Тель-Авива».

Так и с этим стихотворением Валерия Рогожина. Я привожу его ещё раз, потому что на картинке читать (белый текст на "сиреневом мареве") не совсем просто.

Валерий Петрович Рогожин - "Из глубины души моей", 2016 (см. фото)
Винница
В синем тумане, как в облаке, видится
Город загадочный – Винница… Винница…
К темной воде ива робкая клонится,
В небо взметнулась старинная звонница,
В зыбком сияньи ленивого месяца
Улицы прячутся, улицы мечутся…
Солнцем пропахла, каштанами пенится
Город-мечта и мечты моей пленница.

Ярко раскрашена, как именинница,
Девочка, девушка, женщина – Винница…
Мчится над Бугом небесная конница,
Вишня в ракитах плакучих хоронится,
Вся Пироговка в сиреневом мареве,

А над Замостьем вишневое зарево,
Брызжет, искрится, волнуется, светится…
Город-невеста, принцесса, волшебница…

В чем-то винИтся, а может быть вИнится
Город старинный мой – Винница… Винница…
В чем же вина твоя, в чем же провинности?
Кто выделяет все благости-милости?..
Тишь безответная скачущей лошадью
Да воронье, словно пепел над площадью…

Вчитались?
Видите, как много в стихотворении вроде бы ничего с «городом-невестой, принцессой, волшебницей …» (?) не имеющего. Именно, вроде бы …
Ну надо же и вам, в конце концов, понять сей эзоповский язык, его иносказательность, аллегоричность, скрытый смысл, фигуральность, параболичность, а также прочувствовать содержащиеся в нём умолчания, намёки и … отвлечённость!
Всё, хватит теории! Попробую хотя бы уже разгаданные предвидения передать вам в той же стихотворной форме (дальнейшие разгадывания ещё впереди).

Мой стишок — это как бы кавер-версия (cover version), содержащая элементы оригинального стихотворения, но в изменённой аранжировке.

ПроВИННИЦА
На стенах строения "Облако" видится
В нём отражённая Винница … Винница ...
Словно в тумане: стекло тоже пы'лится.
Город-загадка, ответь: иль пыли'тся?
Не хочет ничто к нему прислониться:
Стыдясь - не от робости - зво'нница
Чуждого "О'блака", плача, сторо'нится.

Улицы прячутся, улицы мечутся
В зыбком сияньи ленивого месяца:
Новых названий летучая конница -
Даже ночами никто не схоронится.

Бабушка - женщина - девушка - девочка!
Ты молодеешь и скачешь, как белочка!
Ярко раскрашена, как именинница,
Когда родила'сь ты, древняя Винница?

Солнцем п р о п а х л а, цветами п р о с в е ч е н а,
Каштанами пенится, всеми отмечена
Как город-невеста, принцесса, волшебница…
Как город-мечта и мечты его пленница…

Вся Пироговка в бинтованном марлеве,
А над Замостьем "РОШЕНово" зарево,
Лишь Старый город - с хромающей лошадью
Да с вороньём, словно пеплом над площадью…

В чём же вина твоя, в чём же провинности?
Кто выделяет все благости-милости?..
Кто виноват, почему им не ви'нится?..
Не те ль киевляне, что оба из Винницы??

P. S. Для винничан это было бы излишним, а для иногородних требуются пояснения.
- Безо всяких на то церемоний своевременного обсуждения проекта на центральной улице города возводится Торговый комплекс «Облако», причём - вплотную к Костёлу Святой девы Марии Архангельской и через дорогу наискосок - к Свято-Преображенскому кафедральному собору. Обсуждения (практически все - с отрицанием затеи) были бурными и, как почти всегда, бесплодными. Последняя встретившаяся мне публикация на эту тему — от 7-го апреля 2016 г. (http://myvinnitsia.blogspot.de/2016/04/blog-post.html). Тут можно полюбоваться и на поднимающееся вверх «Облако».
- С 1990 г. в Виннице переименовали около полутораста улиц (большинство - в 2015-м году).
- «Пироговкой» в Виннице называют Областную клиническую больницу им. Н. И. Пирогова, а также (очень редко) - небольшую территорию прилегающих к больнице улиц. В момент строительства больницы (сто лет тому назад) она располагалась зажатой между Садками, Каличей и Славянкой. О первых двух названиях - только воспоминания, третье исчезает медленней, так как район не так быстро «съедается» перепланировкой и новостройками.
- Замостье — район города, в котором расположены фабрика «РОШЕН» и - недалеко от неё - плавучий свето-музыкальный фонтан, своим происхождением обязанный «РОШЕНу».
- «киевляне, что оба из Винницы» - крупные политические деятели Украины.

Статья опубликована 21.04. 2016: http://www.proza.ru/2016/04/21/1890

Відсіч

„Выживает из ума дедушка, жаль ((“
Olexandr Vdovychenko
https://www.facebook.com/groups/vinnichane/, 13.05.2016

Своєрідність усякого міста
(запитай фахівця-урбаніста) —
неповторність його осередку -
віково'го творіння предків.

Розбудовують Вінницю швидко
в ширину та у височінь:
все менш зостається свідків -
стародавніх міських стін.

Надходять сумні вісті,
що не лише в передмісті
зважуються усувати
те, що народу свято.

Місто перекроюють -
мене облягає лють.
Центр міста збіднів -
мене посідає гнів.

    ***

А може, як писав Тичина,
"Не час оплакувать руїни..."?

В неспокою живе країна:
про день майбутній України
в "місцеві" палкі сперечання
із багатьох сторін втручання…

Один писака з міста Кельна
вже сьомий рік надто ретельно
повсюдно викриває вади
та недороблювання влади.

Його сумнівні ті поради,

що з Рейну немов водоспади
точаться навпростець до Бугу,
сприймає дехто як наругу.

Ніхто їх чути не бажає
і більшість - просто зневажає:
"Нічого ми там не ламали,
ми тільки кращого бажали.

А що споруду спотворили -
йому ж яке до цього діло?
О, ці химери чоловічі!
Ну що забув він на Калічі?!

Чому, доповнюючи жовчі,
ім'я Калічі в ступці товче?
І тема для нього стержнева -
колишня вже Першотравнева?

В усьому він шукає хиби:
отут занедбані садиби,
а там - споганені будівлі,
та ще - безкасовість торгівлі..."

               ***

З роками все болісніше
з розуму виживати,
але набагато сумніше —
розуму не набувати
та утрачати обличчя
ще перед п'ятдесятиріччям...

Зазнати це дуже тужливо,
інколи вже не можливо.
Щоб зовсім не ошаліти,
треба с е б е пожаліти!

Стаття опублікована 14.05.2016: http://www.proza.ru/2016/05/14/294

Винница. misinfo

Информация - сообщение, осведомляющее о положении дел или о чьей-нибудь деятельности, сведения о чем-нибудь.
Дезинформация — дезориентация, ложь, неправда, обман, измышления; дезуха, бздо, блеф, треп, вымысел, деза, враньё, туфта, брехня, лганье, враки, телега.
Misinformation (англ.) - дезинформация.

Есть такая страничка в интернете. Называется «ВИННИЦА.info» (WWW.VINNITSA.INFO). На русско-латинском (английском) языке, как видите. Хотя тексты публикуются там на украинском языке. Причём читателю предлагается не только свежая городская «инфа», но и - время от времени - что-нибудь из истории города. Автор(ы) этих сообщений оста(ё,ю)тся неведом(ы): нет подписей, а фотографии, как правило - не датированными. Но не это главное, а - та дезинформация, каковой «блещут» многие откровения неизвестного(ных) сочинителя(лей). Винничане равнодушно проглатывают сообщаемые им небылицы — и редакция «инфы» результатами своего просветительства, по всем признакам, довольна.

Например, редакция постоянно хвалит саму себя: «Не менее интересными были факты...», «Мало кто знает...», «Редакция раздобыла фотографии...», «Специалисты рассказали редакции историю...», «Довольно интересной была история...», «Горожане уже и забыли...», «Увлекает история дома...», и так далее. Это — об уже опубликованном, в котором для интересующегося историей города, в общем-то, ничего не только сенсационного, но и просто нового — нет. Что касается фотографий, то почти все они и до публикаций в «ВИННИЦА.info» были известны.

Ознакомление с сообщением от 27 июля - после нескольких дней раздумий - побудило меня всё-таки больше не отмалчиваться и высказать своё мнение о «ВИННИЦА.info».
Итак, почитаем вместе статью «Карусели, статуи и два фонтана. Каким был Винницкий парк в прошлом столетии. Фотофакт» (здесь и далее — мой перевод с украинского языка): http://www.vinnitsa.info/news/karuseli-statuyi-i-dva-fontani-yakim-buv-vinnitskiy-park-v-minulomu-stolitti-fotofakt.html .
«Парк был создан в 1936 году — отграничивал западную околицу Винницы того времени от земель магнатов Грохольских (Пятничаны)». Следовательно, ещё в год принятия так называемой Сталинской Конституции СССР магнаты Грохольские по-прежнему владели принадлежавшими им в Виннице до Октябрьского переворота 4096 десятинами земли, включая великолепный парк (32 га) с замком. И вот советская власть решила, наконец, отграничиться от магнатов (давно покинувших Украину!), создав парк, окружённый забором. Что за детский лепет?

Между бывшим парком Грохольских и созданным Парком культуры и отдыха - расстояние около трёх четвертей километра: очень интересно было бы узнать, кому же досталась эта промежуточная территория (с кирпичным заводом)? См. на карте:
https://tools.wmflabs.org/geohack//geohack.php?language=ru&pagename=()¶ms=49.24960001_N_28.45620001_E.

Далее — больше: «В 1937-1941 годах сотрудники НКВД проводили массовые расстрелы во дворе дома, что граничил с парком, рядом их [кого: сотрудников НКВД? Каков стиль изложения! - Н. К.] и хоронили. Уже во времена независимости Украины проведено расследование злодеяний советской власти, в ходе которого общее количество эксгумированных тел достигло около 10 тысяч.»
Какая чушь, особенно то, что касается «во времена независимости»! А «во дворе дома» - это во дворе здания областного управления НКВД. К чему тут «загадки»? Как человек нескромный, предлагаю автору сей несуразности обратиться к двум моим публикациям — первым и пока единственным в этом роде, чтобы хотя бы самому узнать истину:

https://www.proza.ru/2014/08/19/1249 и http://www.proza.ru/2016/03/20/1938 .

[Привожу ниже этот абзац в оригинале, дабы не показалось, что я что-то при переводе текста исказил:
«У 1937–1941 роках співробітники НКВС проводили масові розстріли у дворі будинку, що межував із парком, поруч їх і ховали. Вже за часів незалежності України проведено розслідування злочинів радянської влади, в ході якого загальна кількість ексгумованих тіл сягнула близько 10 тисяч.» - Н. К.]

«Во время немецкой оккупации парк был дотла разрушен». Дотла разрушить парк — значит вырубить, сжечь его начисто. А разрушение нескольких лёгких строений (при практически полной сохранности зелёного массива!) - это не дотла. Дотла - без остатка, вконец, совсем. Рекомендую Вам, неизвестный автор, пользоваться толковым словарём соответствующего языка.

Можно сделать тут ещё несколько замечаний, но у нас накопилось много другого, на что тоже следует обратить внимание. Замечу только, что присвоение чужого именуется, мягко говоря, плагиатом. Собрать фотографии по различным сайтам, присвоить их, пометив своим именем — это наказуемо.

6-го июля сего года: статья об Ерусалимке (http://www.vinnitsa.info/news/yak-zminilasya-vinnitska-yerusalimka-za-kilka-stolit-fotofakt.html):
«В 1950-х-1960-х годах был упорядочен треугольный участок земли между улицами «Магистратская» и «Соборная». Там был базар и частные дома, их снесли и на этом месте построили первый в Виннице широкоформатный кинотеатр «Россия».
Сегодня в районе Ерусалимки много домов в непригодном состоянии, некоторые были снесены, некоторые отреставрированы. Среди них есть и исторические памятники.»

Опять — те же «красоты» стиля: «Сегодня ... много домов в непригодном состоянии», хотя «некоторые были снесены, некоторые отреставрированы». Так снесены или пережили снос, отреставрированы или остались в непригодном состоянии? Исторические памятники — среди снесённых? Уже после окончания четвёртого класса пишут лучше...

А базар был там за полвека до того — и его ещё тогда перевели на Каличу. На Ерусалимке не отреставрирован ни один дом! Даже знаменитый особняк Боруха Львовича просто отремонтирован до сих пор лишь частично. «Отреставрировать» - приходится опять объяснять неведомому автору значение слов языка, на котором он пишет — означает «привести в первоначальное состояние». И снова же — без зазрения совести «заимствованные» фотографии, без указания их происхождения (многие, как и во всех иных статьях - из альбомов сайта «Історія Вінниці»).

11 мая 2016 года: «Полустолетие тому назад перед мэрией снесли училище, чтобы создать площадь. Фотофакт». «Мало кто знает, что полустолетие тому назад на площади находилось реальное двухклассное училище. В конце 60-х годов началось строительство помещения городского совета, а уже в 1970-м году учебного заведения не стало. Его снесли...»

Если не думать о том, что пишешь, то получается именно такое. Городского училища (правильное название!) как учебного заведения не стало почти сразу же после Октябрьского переворота. В 1920-м году в аудитории этого здания (на первом этаже) было торжественно объявлено о победе советской власти в Виннице. На следующий год здание было передано фармацевтическому, в последующие годы — медицинскому институту. В 1970-м году не стало спортивного корпуса медицинского института (лекционная аудитория, три спортивных зала и помещения кафедры физкультуры). Об этом можно почитать тут: http://www.proza.ru/avtor/leonil&book=1#1 .

И в прошлом году сообщения были не лучшего качества.
3 сентября 2015 года, статья «Как изменилась винницкая арка за полустолетие» (http://www.vinnitsa.info/news/yak-zminilasya-vinnitska-arka-za-pivstolittya-fotofakt.html) начинается со слов «Визитная карточка города, снежно-белая арка при входе в центральный парк практически не изменилась». Изменилась, но ... не изменилась. Как Вам нравится такой журналистский приём?
Ну а далее — см. мои публикации об арке: http://www.proza.ru/2016/06/22/1239 и http://www.proza.ru/2016/06/22/1249 .

30 сентября 2015 года — рассказ об улице Соборной (http://www.vinnitsa.info/news/yak-istoriya-zminila-tsentr-vinnitsi-vid-velikoyi-do-sobornoyi-cherez-lenina-fotofakt.html):
«Большой взнос в создание современного вида улицы в начале XX века сделал Григорий Артынов. В частности, результатами его творчества стали такие сооружения: школа №2 (Винницкая женская гимназия), театр им. Садовского, Винницкая торгово-промышленная палата (бывший дом городской Думы), магазин «Лекарственные растения» (дом Райхера), гостиница «Савой».»

Школа №2 теперь лишь отдалённо напоминает творение Григория Артынова. Она получила от советской власти дополнительный этаж и упрощённый фасад. Театр им. Садовского располагается в здании, ничего общего (кроме места постройки) с разрушенным в войну Городским театром не имеющим. Чтобы убедиться в этом, достаточно взглянуть на фотографии прежнего и нынешнего зданий (http://teatr.vn.ua/); последнее проектировал архитектор Д. Черновол. Гостиница «Савой» - результат коллективного творчества: архитекторы Григорий Григорьевич Артынов и Моисей Аронович Ваксман, господин Краузе, пр. (http://ukrainainkognita.org.ua/zdanie-byivshego-otelya-savoy-v-vinnitse/, книга Александра Федоришена «Вінниця. Історія іншого часу (Історичний хроноскоп), 2014). Кстати, с А. Федоришеным было бы весьма желательно советоваться перед публикацией подобных заметок.

21 октября 2015 года: «Когда через остров ходили трамваи. История одного моста в Виннице» (http://www.vinnitsa.info/news/koli-cherez-ostriv-hodili-tramvayi-istoriya-odnogo-mostu-u-vinnitsi-fotofakt.html):
« Во время Великой Отечественной войны мосты [между островом Кемпа и берегами — Н. К.] повредили, а за восстановление никто не брался. Тем более, на старой трамвайной линии случались перепады рельефа, и это вызывало немало проблем с движением.
Поэтому в 50-х годах соорудили новый мост на Замостье, ...»

Как говорится, корявее написать можно, но трудно. Что же следует из этой статейки? В войну мост повредили, восстанавливать его никто не брался. А тут ещё «случались перепады рельефа» (сдвиг слоёв почвы, сель, что ли? - Н. К.). Но всё же движение (трамваев) было, хотя и с проблемами. Им приходилось перепрыгивать через Южный Буг, так как мост не восстановили, а новый ещё не построили. Чудеса!

Если же написать как это было на самом деле, то окажется,
 что восстановлением деревянных мостов между островом и берегами занялись немедленно после освобождения города. И трамвайное движение по мосту началось ранее автомобильного и пешеходного. Для пешеходов слева от моста (если смотреть в сторону железнодорожного вокзала) соорудили мостки, которыми и мне приходилось перебираться на Замостье и обратно. Потом, когда пешеходы смогли переходить с одного берега на другой по восстановленным мостам, в настиле были заметны такие широкие щели между досками, что у меня был страх провалиться в воду.

А что касается «перепадов рельефа», то «перепад» был один, причём перманентный, а не случающийся: от церкви до пересадочной станции (рядом с ремесленным училищем). Новый мост и насыпь этот крутой спуск к реке ликвидировали. Ненужной стала и пересадочная станция.

***

Однако прочитанное вами, уважаемые читатели, это лишь цветочки. Вызывающие, возможно, у некоторых аллергию, но — не более того. Цветочки другого рода, пыльца которых раздражает глаза, ослепляет, выращивали не на сайте «ВИННИЦА.info», а на секретных полях страниц городских организаций, в первую очередь, в весьма, как оказалось, непрозрачном офисе. Вы понимаете, о чём я. Поймёте позже — и о ком.
В означенных офисах и собрали урожай горьких ягодок для винничан.

Я - о ДЕЗИНФОРМАЦИИ, обозначать которую следует только большими буквами, о ДЕЗИНФОРМАЦИИ, которой «ВИННИЦА.info» не только не способствовала, но о которой даже пыталась читателей предупредить.

6-го апреля 2015-го года здесь появилась заметка: «Будущее строение в стиле хай-тек на Соборной вызвало возмущение винничан. Собственники не собираются изменять проект.» В ней шла речь о развернувшейся на сайтах «История Винницы» и «Винничане» бурной дискуссии не только о самой стройке в исторической части города, но и о её тайной подготовке, о закрытости информации об этом странном сооружении.

24 сентября 2015-го года редакция публикует сообщение о появлении на официальном сайте Президента Украины петиции, касающейся запрета строительства торгового центра «Cloud-сквер» (Облако-сквер) в историческом центре Винницы, а также о сносе уже возведенных частей помещения (http://www.vinnitsa.info/news/petitsiya-z-vinnitsi-prezidenta-prosyat-zaboroniti-budivnitstvo-cloud-skveru-na-soborniy.html). Сейчас эта петиция выглядит смехотворной, но кто тогда ведал о г л а в н о й торговой точке этого ТЦ?! Конспирация винницких и киевских властей оказалась поистине на заоблачной высоте! Судите сами: проект здания датирован декабрём 2013 г. - значит задумано всё это было ещё ранее. А общественность об «Облаке» узнала лишь где-то через два года, да и то лишь из-за того, что само строительство вести тайно не было никакой возможности!

28 сентября 2015-го года — снова о выше означенной петиции.
Не знаю, или петиция собрала необходимый минимум подписей (25 тысяч), но обречённость на провал сей благой затеи сейчас - задним умом - совершенно очевидна.

24 мая 2016 года редакция сообщает: «Центр Винницы «меняет лицо»: строительство, реконструкция и запланированный ремонт. Фоторепортаж.» Чётко указывается на несоответствие построенного с тем, что выдавали, демонстрируя проект, за будущую постройку. Обращается внимание на четырёхметровую вывеску фирменного магазина «Roshen». Вот, мол, оказывается для кого старались!

На следующий день — 25 мая 2016 года в заметке «Roshen в центре Винницы переехал и обновил витрину: красный троллейбус, музыканты и сладости. Фоторепортаж.» круто меняется тон информации: «Такая новинка пришлась по душе винничанам, особенно детям. Малышня долго рассматривает витрину, взрослые же фотографируют забавных человечков на телефоны.» Единственное, что приходит при этом в голову: редакцию грубо и ощутимо одёрнули. Кто? - не имеет значения. Просто вспоминается словосочетание «свободные средства информации». Свободные ли?

А «27 мая 2016 года в Виннице по адресу ул. Соборная, 10-А состоялось открытие Фирменного магазина «ROSHEN». Магазин расположен на первом этаже ТЦ "Cloud"».
Об этом в интернете поведано всему миру (http://www.roshen.ua/ru/stores/).
Finita la comedia!

Недарма приказка провіщає: " гРОШЕНята дорогу прокладають".
Quo vadis, Vinnitsa?

P. S. Приведенные в коллаже фотографии, кроме последней - от 31.07.2016, взяты из интернета.
P. P. S. Обращаю внимание читателей, что некоторые ссылки на страницы в интернете при форматировании текста (при введении его в Прозу.ру) исчезают. Также не пропечатываются или переиначиваются многие знаки из других языков. Указанные в тексте даты публикаций (к примеру, 6 апреля и 28 сентября 2015, 24 и 25 мая 2016) помогут вам, если понадобится, выйти на оригинал той или иной заметки.

Статья опубликована 01.08.2016: http://www.proza.ru/2016/08/01/1078

Не желаете или нечем думать — не надо меня читать!

Да-да, вам не померещилось: не желаете или нечем думать - не надо меня читать! Можете уже остановиться, если по ошибке всё же кликнули по этому названию. Далее - для не желающих или не имеющих чем думать - длинное и нудное разъяснение моей позиции, которую им всё равно не понять. Так что, заблудившиеся или означенные выше : СТОП! Остальных «Прошу!», но на ваш собственный риск. Гарантии от скуки и непонимания не даю никому.

Признаюсь честно, меня не аргументированная критика, без ссылок на источники, без объяснения, почему приведенные мной факты, ссылки не вызывают доверия, и пр. - не волнует. А всю белиберду в мой адрес я оставляю всё же на своей странице в Прозе.ру — для возможности читателям самим судить о «правоте» недовольных написанным мною. Какое-то число т. н. «рецензий» было удалено (автоматически!) администрацией Прозы.ру, так как они, видимо, содержали слова, которые компьютер сайта не пропустил. Часть рецензий, поразмыслив, поспешные горе-рецензенты удалили позже са'ми. Более ничего по сему поводу высказать не могу, кроме как - только отметить, что количество опубликованных рецензий меньше, чем отмечено на моей странице (89, а фактически - 74). Я не пропущенные компьютером ругательства не читал, так как на страницы Прозы.ру они не попали, а спустя некоторое время удалённые авторами рецензии повлекли удаление (уже мною) ответов на них, как бы повисших в воздухе.

Тут авторов Прозы.ру защищает компьютерная программа, не допускающая превращение литературного сайта в место для нарушения общественных правил (см. раздел «О портале» на странице сайта Проза.ру). На других сайтах «чистильщиками» являются администраторы. Как и ЭВМ, они не безгрешны — и не всегда поспевают за нарушителями. Поэтому в интернете есть и всегда будет немало грязи. Посему и нет меня в социальных сетях. Каждый может мне ответить, зарегистрировавшись на Прозе.ру. Это не стоит денег, а лишь - пару минут времени. И можно ограничиться написанием одних лишь рецензий. Собственное литературное творчество тут не обязательно.

Сложнее ситуация, когда формально всё «по правилам», а по сути - та же грязь. Иногда - в степени биквадрат. Причины разные - и я не хочу тут углубляться. Я просто желаю подчеркнуть, что критики должны быть в той же степени ответственны за написанное ими, как и авторы. Но очень часто упрёки критиков беспочвенны, бездоказательны, зато такие критиканы выпячивают гордо грудь: мол, я ему (автору) вправил мозги.

Итак, переходим к делу. Читателей на моей странице всегда достаточно. Этому я был рад — и по случаю сорокатысячного читателя даже празднично высказался. А в душе был немного обижен, потому что Проза.ру как-то так спрограммировала счёт посещений моей страницы, что счётчик читателей отключается по достижению числа 30, реже — 40 и совсем редко — 50 читателей. Хотя по нумерации читателей их было в тот или иной день намного более (повторные читатели на одной и той же неделе имеют всегда впервые зарегистрированный номер — их в общий подсчёт включают лишь единожды).

Когда на сайте «Вінничани» начали сообщать о моих публикациях, я впервые столкнулся с феноменом столпотворения на моей странице в Прозе.ру. Число читателей после сообщения о статье, посвящённой арке, перевалило в первый день за ДЕВЯТЬСОТ! В этот же день на Прозе.ру был установлен другой мой рекорд: компьютер в первый раз (и более - никогда выше этого числа) отметил аж 53 читателя! На другой день было уже только … 400 читателей (отмечено менее 50). И так далее — по нисходящей.
Если вы предполагаете, что последовали какие-то отклики, критика, дополнения, пр., то вы глубоко ошибаетесь. Около 20 (могу ошибиться в точности числа') «понравилось», правда, тоже кое-что да значат.

Отсутствие откликов при таком вроде бы колоссальном интересе (суммарно - около 1500 читателей) лишний раз подтверждает то, что я считаю главной бедой винничан —

РАВНОДУШИЕ. Поэтому и происходит такое: «Облако-сквер» - лишь один тому пример.   С к в е р ный пример и, конечно, не в смысле перевода английского слова «сквер» (небольшой общественный сад). Этот бетонный короб — общественный садик в городе?! Надо же было иметь воображение и наглость — так назвать! СКВЕРНУ - вот что соорудили обманным путём!

Наконец-то, на последнюю мою публикацию (о газете оккупационных властей «Вінницькі вісті») появился отклик. Его-то я хочу разобрать и показать, что таким «специалистам» лучше меня не читать. И уж подобной ересью откликаться, тем более.
Начинаю.

Сергей Мирошниченко (СМ) Автор пишет: "Результат известен: всё еврейское население города было уничтожено...". "Сомневаюсь, однако. Если посмотреть списочные составы школ в 60-х, то там можно найти как мин. 10% евреев. И откуда они взялись, по мнению автора?"

[На основании чего СМ сомневается? На основании списочного состава школ в 60-х. 60-е — это школьное время родившихся после 45-го. Значит, СМ уверен, что ни один еврей не мог вернуться с фронтов, из эвакуации. Более того, он не ведает и многого другого: вернувшиеся из эвакуации в местечки, районные центры и обнаружившие там только могильные холмы над расстрелянными немцами родственниками и знакомыми, бежали оттуда - если смогли найти средства для этого - в Винницу. Чтобы быть подальше от свидетельств ужасов, чтобы быть ближе к своим, к единоверцам. В то время ещё оставалось много верующих евреев.
Откуда взята цифра «как мин. 10% евреев»? Где есть такая статистика? Как она попала в руки СМ? В наши дни или раньше? Ответ один: с потолка, но СМ приводит эту цифру как решающий аргумент.
Если даже принять эту мифическую цифру за условно правдивую, то опять же концы с концами у СМ не сходятся. По переписи 1939 г. в Виннице было 90 тысяч населения, из них - 35,6 % евреев, то есть, 32 тыс. Учитывая большее число многодетных семей у евреев, чем у других горожан (мне статистические доказательства этого искать не хочется, так как они тут не решают дела), число детей-евреев в школе должно было бы быть, если даже и половина евреев выжила (см. далее) в два раза больше, чем указывает СМ с «его статистикой». В последней есть ещё одна огромная прореха, что частично дошло позже до самого СМ («В моей 33-й школе, где я учился первые 6 классов вообще не было учеников еврейской национальности - только несколько учителей.») Где была расположена школа: в центре, ближе к Ерусалимке, ближе к хутору Шевченко, с русским или украинским языком обучения? - это были весьма решающие факторы — НК]

Михаил Сапожников (МС) Вернулись из эвакуации! (Это замечание-ответ одного читателя на вопрос СМ — НК)
Сергей Мирошниченко Михаил Сапожников Было 100 тыс. до войны - 13тыс. угнано, 42 тыс. уничтожено и 27 тыс. осталось. Получается, что 18 тыс. эвакуировано и похоже все они были евреями раз в городе нацсостав не изменился.

Михаил Сапожников В основном это были евреи! (Откуда у него такие данные? Где есть статистические данные об эвакуировавшихся, об их национальности? — НК)

[Ещё раз: откуда эти данные у СМ?? Положим, не 90, а 100 тысяч: прибавилось большое число военнослужащих, хотя какие они винничане? Положим, 13 тысяч молодых людей угнано в Германию — не будем искать и источник этой цифры. А вот 42 тысячи уничтоженных — откуда?! Если в это число включены работавшие на сооружении «Вервольфа», военнопленные, то опять же: какие же они винничане?
Не винничанами были и пригнанные в Винницу для уничтожения евреи из округи. В Виннице было найдено скрытное для населения место для расстрелов и захоронений, в Винницу прибыли специально сформированные для расстрелов гражданского населения айнзацкоманды. Преступление - а нацисты вполне представляли себе характер их действий - можно было дольше держать в тайне от других. Посему и не было об этом ни слова в газетах времён оккупации, включая и «Винницкие вести».
Поведение нацистов, впрочем, было во многих случаях не предсказуемо. Мало кто задумывался, почему лагеря смерти размещались вне Германии, в основном — в Польше (Освенцим, Майданек, Треблинка, Собибор, пр.). И туда из Германии перевозили сотни тысяч человек, чтобы их уничтожить, но - вне Германии, ибо закон запрещал убивать немецких граждан на немецкой земле. Убивать — это нацисты себе позволяли, но — за пределами райха. Так вот, в число 42 тысячи уничтоженных включили 25 тысяч евреев, из которых только 14 тысяч были винничанами (все цифры, разумеется, ориентировочные; никто их не перепроверял, а советская статистика во все времена считала так, как ей приказывали). Если бы СМ заглянул в другие мои публикации, то и он знал бы это.
27 тысяч насчитывалось при освобождении города — не возражаю. Но вот вывод отсюда: «Получается…» - см. несколькими строчками выше — бред!

13+42(?)+27=82; 100-82=18 - а где ушедшие на фронт (мобилизованные)? Что-то не так щёлкнуло в мозговом арифмометре у СМ. Это касается и «уничтоженных», и «эвакуированных» (без ссылки на источник числа эвакуированных и тут не обойтись). А по поводу странного вывода - «все они были евреями, раз в городе нацсостав не изменился», то тут и СМ, и пытающийся с ним дискутировать МС — просто ничего не ведающие. Процент еврейского населения в городе, согласно переписи 1959 г., снизился в два раза и составлял 13,6% (см. в ВикипедиИ: «Винница»). И это, я повторяю, несмотря на приток еврейского населения из районов области.
Конечно, все эти расчёты дилетантские (в том числе, и с моей стороны), так как нет данных о притоке-оттоке населения и его национальном составе — НК]

Переходим снова к дискуссии СМ — МС
Сергей Мирошниченко Михаил Сапожников Да? Так вроде ж эвакуация была не по национальному признаку, не так? А вот угоняли на работу в Германию именно по национальному признаку… [Можете вы тут разобраться, почему угоняли по национальному

признаку? — НК]
Михаил Сапожников Евреев в Германию не угоняли, а расстреляли!
Сергей Мирошниченко Михаил Сапожников А угнанные не евреи там разве на курортах отдыхали? Обычных горожан погибло больше чем евреев, но автору это не интересно - ему главное, чтоб выжили свои. Это как называется?
[Вот тут уже не просто неосведомлённость, тут — кощунство! Тут — надругательство над всем известными фактами («Обычных горожан погибло больше чем евреев»), над мемориалами на местах массового захоронения расстрелянных евреев! Тут — откровенная глупость: «но автору это не интересно - ему главное, чтоб выжили свои.»
А что же не интересно СМ? Он «не заметил» ссылки одного из соучредителей группы «Винничане» Александра Петровского на «Сообщение Винницкого областного статистического управления о злодеяниях оккупантов по 24 районам области гор. Винница 12 мая 1944 года Облстатуправление сообщает, что только по 24 районам области немецко-фашистскими захватчиками замучено, расстреляно и уничтожено населения 101 139 человек, угнано в Германию на каторгу 64 076 человек, в том числе по городу Виннице замучено, расстреляно и уничтожено 41 620 человек, угнано в немецкую каторгу 13 400 человек.» и на
http://www.jewish.ru/history/press/2010/05/news994285740.php
Хроника убийства винницких евреев — НК]

И СМ продолжает своё:
«Сергей Мирошниченко Михаил Сапожников Т.е. если убили просто так, то это не страшно (бабы новых нарожают!), а если убили за то, что ты еврей, то это тут-же становится самым плохим, что может произойти на Земле? Почему такое внимание к национальности у вас? Вам "лавры" гитлера покоя не дают? Вторая мировая война была за территории, а не против евреев, к вашему сведению. В ней погибли десятки миллионов людей всех рас и национальностей. Выделять отдельно какую-то из них значит оскорблять память невинно убиенных и их погибших защитников.»

[Видите, какая мешанина. Значит, зря выделяют Холокост, зря наказывают за отрицание такового (буквально на днях в Германии приговорили 87-летнюю старуху к 8 месяцам тюрьмы за отрицание Холокоста; она уже длительное время выступает с заявлениями о том, что Освенцим был обычным рабочим лагерем — её неоднократно предупреждали, штрафовали, давали срок (условный), но в этот раз суд решил её засадить за решётку, причём — судья подчеркнул это особо — срок был бы значительно продолжительнее, если бы подсудимая была не в таком преклонном возрасте).
«Вторая мировая война была за территории, а не против евреев, к вашему сведению.», - поучает СМ как бы ничего не знающего МС. Какой же он необразованный! Но я это о СМ:
м и р о в а я война не может быть просто войной за территории. Стремления фюрера этим не ограничивались. И уничтожение всех евреев Европы было одной из главной целей нацистов. Причём, этого они не скрывали. Преднамеренное убийство (концентрационные лагеря, лагеря смерти - газ циклон Б, кремация) в том же Освенциме совершено над 1,1 млн. человек,

большинство которых было евреями. А всего нацистам удалось лишить жизней около 60% европейских евреев, примерно одну треть всех евреев мира. Говорить об этом - «значит оскорблять память невинно убиенных и их погибших защитников.»? Говорить, что такого не было — преступление. Но не в Виннице, конечно: тут и суд дело не примёт к рассмотрению. Потому не слышно о таких судах, хотя подозреваемых - полный короб во всех частях страны. — НК]

Обнаружив, что А. Петровский подключился к дискуссии, пытаясь ввести её в русло фактов, а не домыслов, я послал ему следующее письмо, которое он позже, с моего согласия, опубликовал:
«По последней довоенной переписи населения (1939 г.) в Винницкой области проживало 2 278 тыс. человек (http://dic.academic.ru/dic.nsf/ruwiki/9786...), из них — около 142 тыс. евреев (Д. Байрау, стр. 9 — подробней о ссылке на книгу см. ниже).
В 1941 г. в Винницкой области было уничтожено 42,3 тыс. евреев, в 1942 г. - 33,7 и в 1943-44 г. г. — 11,6 тысяч. Итого — 87,6 тысяч (http://nnm.me/.../ukraina_evrei_ukrainy_v_gody_vtoroy.../).
То есть, было уничтожено свыше 60% еврейского населения; остальные были призваны в Советскую Армию и не погибли на фронте, успели эвакуироваться, либо — в значительном меньшинстве — пережили оккупацию: это были в основном евреи, находившиеся не в немецкой, а в румынской зоне оккупации (в так называемом губернаторстве «Транснистрия», в составе которого оказалась часть бывшей Винницкой области).
По подсчётам А. Круглова (Kruglov A, Jewish Losses in the Ukraine// Brandon R., Lower W. (eds.), The Shoah in Ukraine. P. 282-283), евреи составляли около 50-60% от общего числа жертв среди гражданского населения в Винницкой области (а их, по переписи 1939 г. - см. выше - было всего немногим более шести процентов от общего числа населения области). Следующую по численности группу убитых составили советские военнопленные. В Виннице от истощения умерли около 12 тысяч военнопленных. Задействованных в строительстве «Вервольфа» военнопленных уничтожали по окончании работ. В Гнивани в лагере военнопленных в 1941-1942 г. г. погибло около 6 тысяч советских солдат (Dean M. Collaboration in the Holocaust. Crimes of the Local Police in Belorussia and Ukraine, 1941-1944. London, 2000.)
В 1939 г. в Виннице проживало 33150 евреев, на 1-е апреля 1944 г. их осталось 76 (Валерий Васильев. Оккупационный режим и население. Сборник «Жизнь в оккупации. Винницкая область 1941-1944 гг». Москва, РОССПЭН, 2010, с. 42.)."
Это из моей статьи о немецких убийцах винницких евреев.
Оба спорящих не владеют информацией и спорят о не существующем в моей статье.
Я ведь писал о группе евреев Винницы и объяснял почему они все (именно, все) погибли.
Если бы в Виннице была группа цыган, то я бы её тоже выделил. И они погибли бы все.
Все прочие выделенные мной группы были многонациональными (украинцы, русские, др.) Лиц никакой другой национальности в Виннице не уничтожили до единого. А процент убитых евреев по области - см. выше.
Когда пишут о "лаврах" (пусть даже в кавычках) Гитлера, становится тошно.»

Прочитав этот мой комментарий, СМ совсем распоясался:
Сергей Мирошниченко Очевидно, что человек написавший вам в личку заметил только слово "гитлер" в написанном мною. Ничего странного для меня.
Было написано: "В 1939 г. в Виннице проживало 33150 евреев, на 1-е апреля 1944 г. их осталось 76 ".
Вот это называется МАНИПУЛЯЦИЯ. Я уже ранее там писал, что эвакуированных было около 16 тыс и похоже, что все они были евреями. Так что из еврейского населения осталась как минимум половина. Такая-же половина осталась и от остальных жителей города. Написавшему этот гневный ответ с цифрами совершенно не жаль всех остальных горожан, а ведь если посмотреть по его-же меркам, то раз он говорит, что гитлер пришел ТОЛЬКО за евреями, то стало быть остальные погибшие граждане (не евреи) были жертвой. Почему ВСЕ евреи не пошли на фронт и не воевали, чтоб защитить своих, а отсиживались в эвакуации? Почему ВСЕ мои винницкие родственники либо были угнаны, либо воевали либо остались дома? Моя тётка Мария была угнана в Германию в 1941м и в 1946м пришла практически пешком домой, а в 1947м ее за это отправили на Колыму - откуда она уже не вернулась... Чем это лучше гитлера? Мой дядя погиб в первые месяцы война на фронте. Вам его жаль? Несовершеннолетние моя мама с сестрой и бабушкой во время освобождения Винницы только успели выскочить из хаты в чем были - всё сгорело до тла... О чём мы говорим-спорим, а?

[Прежде всего мы говорим о ложных обвинениях.
Я заметил не только слово «гитлер», я оттенил, мягко говоря, неуместность вопроса к евреям: «лавры» гитлера покоя не дают?
Я не занимался МАНИПУЛЯЦИЕЙ. Я привёл цитату из фундаментального труда, вышедшего в 2010 г. под грифами:
МГУ им. М.В. Ломоносова
Института истории Украины Национальной академии наук Украины
Института восточноевропейской истории и страноведения Университета Тюбинген
Стэнфордского университета
Государственного комитета архивов Украины
Других украинских, итальянских, французских научных учреждений
Но что для СМ учёные, их исследования и печатные труды!
« Я уже ранее там писал, что эвакуированных было около 16 тыс и похоже, что все они были евреями.» - вот его резюме, не подлежащее никакой критике. Он "уже ранее там писал", а до того выставил в июне-июле 1941 г. посты на всех выездах из Винницы и всех уезжающих заставлял заполнять анкеты, в которых первым пунктом было «НАЦИОНАЛЬНОСТЬ». И сразу ему стало «похоже, что все они были евреями».
Люди БЕЖАЛИ (драпали) от немцев — и где эти даже приблизительные цифры об общем количестве, о национальностях?

Посмотрите выше, что пишет СМ далее. Это не поддаётся анализу. Ну как это нагромождение лишённых логики, не связанных между собой утверждений анализировать? Приведу всё-таки эту часть цитаты повторно:

«… Так что из еврейского населения осталась как минимум половина. Такая-же половина осталась и от остальных жителей города. Написавшему этот гневный ответ с цифрами совершенно не жаль всех остальных горожан, а ведь если посмотреть по его-же меркам, то раз он говорит, что гитлер пришел ТОЛЬКО за евреями, то стало быть остальные погибшие граждане (не евреи) были жертвой.» Эти три предложения — явно клинический случай.

После них следует МАХРОВЫЙ АНТИСЕМИТСКИЙ вопрос: « Почему ВСЕ евреи не пошли на фронт и не воевали, чтоб защитить своих, а отсиживались в эвакуации?».
Это вопрос неонациста, вопрос подонка, не желающего знать истину либо не воспринимающего её.

Я привёл в «Моей Виннице» цифры, обнаруженные мною в интернете (причём, везде даны ссылки). Некоторые цифры можно перепроверить в винницком горвоенкомате. Но достаточно пойти к мемориалу в центре города и прочитать фамилии погибших в войну с нацистами винничан. Не знаю, сколько именно евреев из шести с половиной тысяч упомянутых там погибших в боях — и посчитать это по фамилиям невозможно, так не все евреи носили явно еврейские фамилии. Ведь с 1942 года, когда «родная партия» приказала избегать слова «еврей», сообщая об очередных массовых убийствах на оккупированных нацистами территориях (я об этом писал подробно), евреи начали изменять свои фамилии, чтобы им с порога не ставили барьеры. На здании школы №2 находится мемориальная доска в честь выпускника школы — подпольщика Владимира Михайловича Соболева. Но ведь репрессированный его отец был Марком Семёновичем Соболем, а мать — не Анной Ивановной, а Анной Исааковной. Все детали — тут:
http://velelens.livejournal.com/126830.html
http://real-vin.com/2013-03-12-16-10-14
http://real-vin.com/novaja-memorialnaja-doska-v-vinnice-privela-k-burnym-sporam.

После войны мать жила во дворе, где кинотеатр «Родина»; мой одноклассник - её сосед знал её и бывал у неё дома. Он подтвердил, что мать Володи Соболя Анна Исааковна была еврейкой. Но враньё продолжается до сих пор, а на сайте школы даже упоминания, фото этой памятной доски нет. Это - возвращение в прошлое или в будущее?

Я бы продолжил сию печальную тему примерами десятков виднейших людей, но вспомним хотя бы, как подающего большие надежды мальчика Гарика Вайнштейна быстро перевели на фамилию матери — и стал он Гарри Каспаровым, впоследствии многократным чемпионом мира по шахматам. Почему я выбрал в качестве примера Вайнштейна-Каспарова, думаю, вам ясно.
И винничанин Юрий Александрович Левада - крупный социолог и политолог родился как Юрий Моисеевич Морейнис. Из украинского издания ВикипедиИ вы об этом не узнаете, в

русском же — всё расставлено по порядку. Самого Юрия я не знал: когда он учился в нашей школе, я был ещё перво-второклассник. А с его единоутробным братом Женей был хорошо знаком. Историю же «крещения» Юрия слышал из уст его одноклассников ещё школьником. Кто знает обратные случаи? Не было таковых в стране государственного антисемитизма.

Итак, - я цитирую взятые из интернета цифры, приведенные в «Моей Виннице». Из 33150 винницких евреев в армию летом 1941 года было призвано 9500 человек. Говоря другими словами, на войну ушли фактически почти все мужчины призывного (до 45 лет) возраста. Эти 9500 человек в антисемитскую бухгалтерию никак не вписываются. Тогда о них вообще «забывают». Это уже не манипуляции, это — низость, негодяйство, подлость, гадство, мерзопакость!

И в конце СМ решает пригвоздить меня к позорному столбу следующими словами: «Почему ВСЕ мои винницкие родственники либо были угнаны, либо воевали либо остались дома? Моя тётка Мария была угнана в Германию в 1941м и в 1946м пришла практически пешком домой, а в 1947м ее за это отправили на Колыму - откуда она уже не вернулась... Чем это лучше гитлера? Мой дядя погиб в первые месяцы война на фронте. Вам его жаль? Несовершеннолетние моя мама с сестрой и бабушкой во время освобождения Винницы только успели выскочить из хаты в чем были - всё сгорело до тла... О чём мы говорим-спорим, а?»

Какое это имеет отношение к двадцати пяти тысячам расстрелянных в Виннице евреев? И кому это как бы ставится в упрёк? Мне, потерявшему в войну отца, родню отца (включая мою бабушку) в оккупированной немцами Одессе, родственников матери в Хмельнике и в той же Виннице — опять же родственников отца. Я не могу их подсчитать (десятки), потому что по малолетству их не помню, а мать избегала разговоров на эту тему. И об этом я писал. Все мои знания о погибшей от рук нацистов родне — со слов выживших родственников (сестры отца, двоюродного брата дедушки, и так далее), но когда эти родственники были ещё живы, мысли о моих погибших от рук гитлеровцев родственниках не жгли так, как сейчас. Что поделаешь? Я - результат той же мировоззренческой инвалидизации, к которой привела моё поколение «родная партия». К счастью, этот дефект подлежит лечению и даже самолечению. Чем и занимаюсь на закате жизни.

Теперь как бы заключение.
Мои отношения с городом складываются трудно. Есть, правда, несколько лиц, интересующихся и занимающихся историей Винницы, с которыми, даже в случаях разномыслия по тем или иным вопросам, я поддерживаю рабочие контакты. Но что касается учреждений и их руководителей, то тут моя просветительская деятельность (а я только так определяю смысл моих публикаций) встречает подчёркнутое отсутствие интереса и даже явное противодействие. Разумеется, здесь «впереди планеты всей» оказались сотрудники Управления МВД по Винницкой области, морочившие мне голову и вручившие в конце концов ответ, не внушающий никакого доверия. Но у них, вероятно, всё ещё не переведены стрелки — и они ездят по старой

советской колее с полусгнившими деревянными шпалами.

Ну а что я могу подумать о школьниках старших классов 4-й школы, где я учился в 1945-1955 г.г.? Заглянув около 10 лет тому назад на сайт этой школы, я обнаружил, что раздел «История школы» состоит из нескольких строчек и начинается со времени, когда школе «стукнуло» уже около полувека. Я решил помочь — и написал большую главу, в которой рассказ о школе начинался со времени её открытия в середине 40-х годов прошлого столетия. Фактически тогда же я с ужасом понял, что если не напишу такое же о Виннице, многое канет в лету. В процессе работы над «Моей Винницей», переписки с читателями, начавшейся сразу же после публикации мемуаров в 2009-м году, выявились дополнительные факты, некоторые неточности в статье об истории школы. Я обратился к ведущим сайт школы с просьбой дать мне возможность внести коррективы, на что мне было отвечено: будете нам надоедать — сотрём написанное. Так и находится до сих пор на сайте школы №4 первоначальный вариант. Но и в таком виде он для Винницы уникален: ни одна школа столь подробного описания первого десятилетия работы не имеет. Если вы предполагаете, что я получил привет от директора или от завуча школы, от учителей истории, то вы степень равнодушия винничан ещё не оценили.

По различным вопросам, связанным с моими публикациями, изданием книги, пр. я обращался к прошлому голове Городской рады, в отдел культуры Областной рады, во все издательства и типографии, к директору Областного госархива, его заместительнице, к редактору одной из ведущих газет — и получил лишь один-единственный
ответ от типографии, пояснившей мне, что предел её возможностей - небольшие брошюры. Само собой, не откликнулась ни одна из еврейских общин, хотя я «еврейскому вопросу» в воспоминаниях уделил много места. Да и в дальнейшем писал о прошлом и настоящем еврейской жизни в городе. О трагическом и о просто вызывающем сожаление, о лукавстве винницких евреев и о наглом вранье таковых. Никто не восхищался, никто не возмущался. Вероятно, как-то узнали в общинах, что я ни в какого Б-га не верю, не знаю ни идиша, ни иврита, звезду Давида на груди не ношу, а по национальности, согласно моему нынешнему паспорту, немец. А с немцами общаться как-то не то что заказано, но, сами понимаете, учитывая…

А ведь с еврейскими проблемами в Виннице, даже через три десятилетия после исчезновения советского государственного антисемитизма, не совсем благополучно: не только бытовой антисемитизм, но и ведомственный, увы, не сдают своих позиций. Откровеннее всего это проявилось при поэтапном переименовании улиц вслед за провозглашением независимости Украины. Понимаю сложность и не берусь взвешивать значение (величие, заслуги) того или другого из винничан, разными путями расставшихся с жизнью. От болезней старости, от пули в бою за свою страну, от пули её захватчиков, от как бы своих - «белых» или «красных» … Последнее иногда являлось решающим аргументом при именовании улиц, хотя этот фактор весьма относительный. А национальность кандидата - как это не прискорбно - нередко перевешивала всё. Потому и не возродилась в Виннице улица Цаля Вайнштейна, завещавшего городу всё своё состояние: подарившего Виннице один из красивейших комплексов - Реальное училище. Это поражает вдвойне, так как в царское — по тогдашним законам (!), официально антисемитское время (открытое ограничение прав евреев, в отличие от советского — по не писаным партийным нормам), была рядом с Реальным училищем улица Цаля Вайнштейна.

Даже не вспомнили при переименовании улиц о выдающемся физике - жертве коммунистического террора винничанине Матвее Бронштейне. Для улицы знаменитого художника-кубиста Натана Альтмана нашлось место только на Старом городе, зато недалеко от его дома — в процессе декоммунизации!— появилась улица имени образцового коммуниста, получившего рядом квартиру по указанию горкома КПСС. Как образно и метко ответил Александр Петровский 22.05.2016 на вопрос Елены Антоновой «А есть у нас улица Бронштейна?»: «Нет и думаю не будет. Более «раскрученного» Альтмана с трудом отстояли ...»! Вот до обнажённости правдивая оценка ситуации с памятью о великих винничанах-евреях в Виннице!
Никому и в голову не пришло назвать улицу именем пионера индустриализации Винницы, известного мецената Боруха Львовича - его тут без особых споров подменил Симон Петлюра, квартировавший короткое время в бывшем доме Львовича. И вот теперь к Ерусалимке ведёт улица Петлюры, причастность которого к уничтожению около 50 000 евреев - гражданского населения доказана, а выполнение его приказов, запрещающих такое варварство (С. Петлюра был весьма гибкий политик), им не контролировалось. И погромы шли своей чередой далее.

Возвращаюсь к изданию моих воспоминаний о послевоенной Виннице в современной европеизированной Виннице. Во всех письмах я подчёркивал, что внесу свою долю в расходы по изданию, что ни на какой гонорар не претендую (переведите, мол, эту сумму на счёт детского дома), и т. д. Всё впустую.
А вот в Казани газета «Звезда Поволжья» (девиз её - «За правду и родину!») публиковала где-то около полугода отрывки из моих воспоминаний «В татарской столице, в Казани...», хотя в них есть немало хорошего и плохого как о евреях, так и о татарах (вплоть до тогда ещё не покойного грубияна-божка — первого секретаря обкома). Всего газета напечатала что-то около трети книги. В Виннице в прошлом году редактор городской газеты мне лично говорила, что ко Дню города опубликует отрывок из моей книги, но … обещают в Виннице все. От директора спортшколы с золотым Маген-Давидом на груди, осквернившего памятник архитектуры, до мэра - создателя виртуальной комиссии по наведению порядка на картофельном поле (еврейском кладбище). Так что винницкие евреи — именно винницкие, то есть, находящиеся «в русле» городского менталитета.

О, сколько ещё признаков антисемитизма! Как бы незаметных, но таких вопиющих. Музей Холокоста в Винницкой области теснится в двух комнатах в административном здании кирпичного завода — найти его могут только опытные следопыты: более доступного места в городе не нашлось. На туристической карте Винницы отмечены, среди прочих, места памятного знака в честь 90-летия винницкого трамвая, так называемой ставки Ворошилова, даже - ставки фюрера, но не - мемориалов в память 25 000 евреев-гражданского населения, расстрелянных нацистами. Я об этом писал, можно прочитать: всё остаётся на Прозе.ру.

Что касается издания книги в Виннице, то на это я давно поставил крест. Всё издал сам в Германии (что намного дороже, чем было бы в Виннице), выкупил, разослал моим винницким корреспондентам. О публикации в газете и не думаю: она уже не имеет смысла, так как о книге знают, она в рекламе не нуждается. Кстати, эта же газета не постеснялась содрать мой текст для публикации своей статьи об улице Соборной. Моё письмо в связи с этим, конечно, осталось без ответа.
Впрочем, все эти мало приятные вещи — давно позади. Мне доподлинно известно, что среди моих читателей немало школьников-винничан, которые попали на мою страницу на Прозе.ру по рекомендации их учителей. И многое из плохого забывается, когда вдруг получаешь письмо от незнакомого профессора Казанского государственного института культуры и искусств. Профессор (татарин по национальности) сообщает, что на лекциях студентам читает выдержки из моих казанских воспоминаний, делая упор на правильную постановку национально-кадровых вопросов. Сомневаетесь, что я ему тут же вместе с благодарностью выслал несколько книг (для музея и друзей)? Зря: всё было именно так.

Наше дело правое, мы победим! Слыхали, небось, о таком выражении? Я могу его повторять много раз на день: всё получилось - лучше не придумаешь. Не зря взялся я за мемуарную и публицистическую работу, за это нелёгкое дело. А останавливаться не позволяет упомянутый скрытый-явный ползучий антисемитизм, который ни к чему доброму не привёл ни один народ, ни одну страну.
Наверное, мне, окружённому роднёй из русских, украинцев, татар и арабов, понять пагубность такого течения легче.

А евреи? - спросите вы. Отвечаю: тоже не безгрешны. Вляпались в революцию, соблазнённые выдающимися краснобаями и организаторами Лениным и Троцким с сотоварищами. Что им принёс Октябрьский переворот? Первые двадцать лет после него — настоящее раскрепощение. Подумайте, с каким энтузиазмом евреи начали учиться, какой мощный пласт интеллигенции из евреев возник в 20-е-30-е годы прошлого столетия! Насколько значительна была прослойка евреев среди учителей, врачей, инженеров, пр. в послевоенные годы! А ведь условия были одинаковыми для всех.

И вот ещё шла война — и набиравший вес вождь перенял эстафету у теряющего силы фюрера. Он не убивал сотни тысяч, миллионы евреев. Он уничтожил «только» их интеллектуальную элиту, закрыл еврейские театры, синагоги (подобное пережили представители и других религий, но здесь речь идёт о евреях), затруднил доступ евреям к учёбе. Допустимый процент евреев в вузах компартия установила ниже уровня, каким был он в царское время! (Я об этом уже писал.) Параноидный (диагноз академика В. М. Бехтерева, после чего великий психиатр на

следующий день, в 1927 г., внезапно скончался «от отравления консервами») генералиссимус распалял антисемитские чувства у других народов, придумав «заговор международного сионизма», «безродных космополитов», «врачей-убийц»...
Последователи Сталина - Хрущёв и Брежнев - несколько притормозили, встретив - из-за советского антисемитизма - остракизм со стороны демократических стран. Однако переломить ситуацию они не смогли, да и не хотели. Горбачёв понял бесперспективность и ущербность для страны «национального отбора», но уже было поздно: евреи поехали-полетели во все концы света. Горбачёв представил им такую возможность — и за это они ему благодарны. А дальше было уже не до евреев: больной алкоголизмом новый лидер страны - либерал, принимающий решения заспиртованным разумом — это, ясно было видно, гибельно для всех.

И вот какой парадокс: евреев-то в Виннице почти нет (в процентном исчислении — раз в СЕМЬДЕСЯТ меньше, чем по переписи 1939-го года!), а антисемитам неймётся. И изрекают сии неофашисты что-то подобное радостному вою национал-социалистов весной 1942-го года: Винница — юденфрай!

Не верите? Так читайте дальше.
В конце августа с. г. Игорь Чепугов - сооснователь группы «Винничане» - выставляет чудесные фотографии города, выполненные Валентином Винницким. Участники группы реагируют на эти мастерски сделанные фото с одобрением. Так 31-го августа Сергей Ковалюк восклицает: «Моя Вінниця красиве європейське місто!!!!!». Но тут подключается
Дмитрий Ковальчук Моя! ВІННИЦЯ! Красиве місто! Но не єврейське! І воно моє!
Подумав, что за «моё» его будут порицать, он через короткое время заменяет это слово другим - «наше».
Дмитрий Ковальчук Моя! ВІННИЦЯ! Красиве місто! Но не єврейське! І воно наше!

То, что его «не єврейске» у кого-то может вызвать протест, возмущение, его не беспокоит. И, представьте себе, это омерзительное выражение животной радости не вызвало никакой реакции. Напрасно я ждал откликов от участников по праву многолюдной и регулярно посещаемой ими группы. Сужу по числу откликнувшихся на сообщение о моих публикациях: если их было почти тысячу в один день, то сколько ещё было в тот же день на сайте группы тех, кого моя публикация не интересовала?
Итак, тысячи, прочитавшие этот самодовольный визг, не посчитали его чем-то сродни нацистскому. А ведь всем известно, что «еврейская Винница» исчезла в массовых захоронениях 1941-1942 г. г., под ножами немецких бульдозеров на Ерусалимке
 и еврейском кладбище.
Каким же надо быть подлецом, чтобы открыто выражать по этому поводу свою радость! И какими надо же быть равнодушными, чтобы молчать, прочитав такое!

Правда, была одна-единственная потуга что-то выдавить из себя после поистине геббельского вопроса СМ: « Почему ВСЕ евреи не пошли на фронт и не воевали, чтоб защитить своих, а

отсиживались в эвакуации?»
Света Краснова Стоит задуматься …
Врачу, примерно в середине четвёртого десятилетия жизни, больше ничего не пришло в голову — бедные её пациенты …

Теперь всем ясно, почему то, что вы прочитали, имеет такое заглавие?

Винничане, будьте бдительны!

Статья опубликована 13.09.2016: http://www.proza.ru/2016/09/13/413

А ви якого походження? А вы какого происхождения?

Несколько дней тому назад (14.09.2016) на сайте группы «Вінничани» (имеются в виду жители города) сооснователь группы Игорь Чепугов сообщил о скором выходе из печати буклета «Європейці Вінниччини» (The Europeans Vinnitchina) — здесь уже подразумевается вся Винницкая область. И тут же была представлена возможность ознакомиться с этим буклетом, любезно выложенным в интернет руководителем проекта Алексеем Гавриловым.

Я в этой публикации не буду касаться подбора личностей для буклета (речь - о винничанах европейского масштаба) — тут в отношении, наверное, большинства из них всегда возникнут споры: можно ли считать винничанином (винничанкой)? известен (известна) ли на самом деле в Европе? соответствует ли короткое текстовое пояснение при фотографии фактам? И споры эти будут бесконечными ... Почему? Да, потому что под одним и тем же понятием весьма часто понимают совершенно разное, так как само это понятие чётко не очерчено. Об одном из таких понятий как раз и пойдёт речь. Относительно определения «винницкого европейца» П. И Чайковского и — вообще. О двух всего-то словах!

Чтобы закончить с буклетом: подобного издания Винница не знала и если полиграфическое исполнение не подкачает, то лучшего сувенира для туриста пока будет не найти.

Если, конечно, не придираться. По-другому говоря, если не использовать что-либо как повод к замечаниям, упрёкам, обвинениям (возможно даже, необоснованным).
Не удержался я, однако.

Пётр Ильич Чайковский охарактеризован как
«Выдающийся композитор, дирижёр и педагог у к р а и н с к о г о (выделено мною — Н. К.) происхождения. В Браилове написал знаменитое на весь мир „Лебединое озеро"» (мой перевод с украинского языка).
Конечно, лучше было бы «... знаменитый на весь мир балет «Лебединое озеро»; да и «знаменитый на весь мир» - лишнее. Но многие ли знают, где расположен Браилов?
Пардон, я обещал - без критики и советов - заняться только одним-единственным понятием — и перехожу к нему.

Что понимать под выражением «украинского (русского, немецкого, еврейского, татарского …) происхождения»?

1. Принадлежность по рождению к какому нибудь сословию, нации или классу, к местности. Отсюда — русский по происхождению, пролетарского происхождения (из пролетариев), дворянского происхождения (из дворян), винничанин (по месту рождения, проживания). Здесь решающую роль отдают национальности родителей, их классовому или сословному статусу, месту жизни при рождении наследника (наследницы). Всё остальное имеет лишь относительное (второстепенное) значение: например, в определении происхождения «из бедной д в о р я н с к о й семьи» прилагательное «бедный» лишь несколько окрашивает «дворянский», не более того. Ибо оно характеризует д о п о л н и т е л ь н ы е обстоятельства происхождения (которые, однако, редко выходят и на п е р в ы й план - см. далее).

На мой взгляд, если происхождение указывается в зависимости, например, от сословия родителей, то о нём сто́ит упоминать лишь в случаях следования личностью правилам, обычаям, мировоззрению родителей, либо, наоборот, откровенного пренебрежения всем этим, даже борьбой против этого. Для чего? Чтобы было ясно, откуда или почему возникли те или иные особенности личности и её деятельности.

Но в паре ведущих причин формирования личности всё-таки на первом месте находится то, что носит название генотип, что непосредственно передалось от матери и отца, расклад чего предсказать в конкретных случаях никак нельзя. Хотя при массовых статистических анализах отчётливо видно, что у родителей-музыкантов больше музыкально одарённых детей, чем у остального населения. А на почётном втором месте — всё остальное, навряд ли суммарно превышающее влияние того, что мы поставили на место №1.

2. Личность стала именно тем (той) также под влиянием (как следствие, в результате) тех или иных о б с т о я т е л ь с т в. Обобщающе можно назвать это окружающей средой, которая, несомненно, также имеет значение в формировании личности. То есть, личность (фенотип) есть результат взаимодействия генотипа и окружающей среды. Повторяю, генотип имеет решающее значение, но более-менее экстремальные условия окружающей среды повышают её влияние на формирование личности. Меняются ли факторы №1 и №2 в подобных случаях местами? По моему мнению — практически никогда!
Николай Михайлович Карамзин (1766-1826) — создатель «Истории государства Российского», реформатор русского языка, прозаик, поэт татарского происхождения (это - не шутка, это - в его фамилии, переиначенной на русский лад от Кара-Мурзы) высказался, можно сказать, и по сему поводу, афористично: «Мы вечно то, чем нам быть в свете суждено. Гони природу в дверь: она влетит в окно.»

Несколько известных примеров развития детей, выросших в среде диких животных, демонстрируют максимально экстремальные условия, о которых шла речь выше. Поражает воображение практически необратимое деформирование личности у этих людей. Но тут мы имеем дело с исключительными ситуациями, доля которых столь мизерна, что о них и упоминать не стоило бы. Это — даже не исключение из правил, это капитальная поломка уже в начальной фазе естественного социального развития человека, в периоде формирования личности.

Хочешь — не хочешь, а приходится говорить, с одной стороны, о происхождении как биологическом понятии и, с другой, о происхождении как понятии не всеми признанной фамильной социологии или же получившей развитие в немецко-язычных странах этносоциологии. Здесь углубляться я не могу по ряду причин (статья моя, в общем-то, не об этом; статья разрастётся до огромных размеров; моя компетенция в социологии весьма недостаточна, чтобы рискнуть заняться этим).

Украинское происхождение П. И. Чайковского (1840-1893) связывают с дедом по отцу. Этот дед — П. Ф. Чайка (1745-1818) с получением дворянства в 1785 году до самой смерти прожил в России, где родились и отец композитора, и он сам. А по матери отца П. И. Чайковский был правнуком французского иммигранта. Конечно, П. И. Чайковский бывал на Украине, творил там, но где он только не бывал и где он только не творил?

Не потому ли лишь в «Вікіпедії» П. И. Чайковский удостаивается украинского происхождения? Может быть, за оперу "Черевички" по мотивам Н. В. Гоголя «Ночь перед Рождеством», но как тогда с «датской» «Иолантой», «немецкой» «Ундиной», «французской» «Орлеанской девой», многими «русскими» операми?
Посему указание на украинское происхождение великого композитора, во-первых, сомнительно, во-вторых, ничего не добавляет в понимание появления в семье гения музыки и, в-третьих, не объясняет особенности его столь многогранного творчества.

Пять лет тому назад в статье «Как представлена Винница в ВикипедиИ, ч.III» я писал: «Самый простой способ получить в ВикипедиИ нейтральное и наиболее близкое к истине представление по тому или иному вопросу – прочитать интересующую статью на возможно большем числе языков.». Разбираемый случай ещё раз убедил меня в правильности такой позиции. Украиноязычная «ВікіпедіЯ», как и все национальные издания, предвзята.
Как это понимать? А вот так: основана на предубеждении, полна сведениями, являющимися плодом какого-нибудь предрасположения.

Приведу пример из двух ВикипедиЙ:

… - русский советский поэт и драматург
… - український, єврейський, європейський, російський і радянський поет, драматург і перекладач, відомий своєю творчістю, яка оспівувала боротьбу учасників Української (Російської) Революції за Світле Майбутнє людства

Это — об одном и том же человеке.
О ком же? Не угадали?
Подсказываю отрывком из его стихотворения:

К моему смешному языку
Ты не будь жестокой и придирчивой, —
Я ведь не профессор МГУ,
А всего лишь
Скромный сын Бердичева…
Будь я не еврей, а падишах,
Мне б, наверно, делать было нечего,
Я бы упражнялся в падежах
Целый день —
С утра до вечера.

Ещё не догадались? Ну сейчас сразу вспомните (привожу отрывок из его другого стихотворения):

Под солнцем горячим, под ночью слепою
Немало пришлось нам пройти.
Мы мирные люди, но наш бронепоезд
Стоит на запасном пути!

Наконец-то! Михаил Аркадьевич Светлов (Шейнкман), 1903-1964, лауреат Ленинской премии (1967, посмертно). По национальности, присвоенной ему «ВікіпедієЮ», "український єврей" (тоже — посмертно). Кстати, мне нигде не пришлось встретить упоминаний на то, что М.

Светлов писал на еврейском языке: посещение в детстве еврейской религиозной начальной школы (хедера) для поэзии на идиш или иврите явно недостаточно.
Так почему же он и еврейский поэт? Потому что — украинский еврей?
Круг замкнулся.

А вот Леонид Соломонович Первомайский (Ілля Шльомович Гуревич),1908-1973, писавший в основном на украинском языке, удостаивается в Киеве краткого определения "український письменник, поет", причём национальности не имеющий (о ней — ни слова). А за что ему, лауреату всего лишь Сталинской премии, да ещё второй степени (1944), таковую присваивать? Тем более, ещё в 16-летнем возрасте, вступив в комсомол, он порвал с еврейской культурой и языковой средой. Предпочёл родному языку не русский, как Э. Багрицкий и М. Светлов, а - украинский (http://www.eleven.co.il/?mode=article&id=13176&query=ПЕРВОМАЙСКИЙ). Но высшей еврейской национальности «украинский еврей» так и не дождался.

Это вам — о прихотях авторов статей в "Вікіпедії", о плохом редактировании (там это называется патрулированием). Так что на "ВікіпедіЮ" надейся, а сам не плошай! Подвела она авторов буклета.

Я уже приводил мнение об антропологической, генетической и прочих неоднородностях украинцев (см. «Что в имени тебе моём?»). Кременчук, рядом с которым - место рождения прадеда П. И. Чайковского, был и литовским, и тюркским, и казацким (включая беглый люд издалека) — ясно, что чьего рода был прадед композитора, нам не узнать. Так к чему же повторять это вызывающее возражения (см. обсуждение статьи в той же «Вікіпедії») утверждение о происхождении как бы из украинцев русского по национальности П. И. Чайковского?

Сообщу вам ещё одну «новость» (из Вікіпедії, глава — Козаки єврейського походження или в ВикипедиИ — Евреи в украинском казачестве): « … часть евреев, которые во времена средневековья участвовали в казацком движении и даже были включены в казачий реестр. Это было сделано гетманской администрацией в знак благодарности за участие евреев в кредитовании торговли, промышленного производства и благотворительности. Войдя в состав казацкой старшины, еврейские семьи породнились (!!! - Н. К.) с древнейшими казачьими родами и некоторые из них сыграли значительную роль в украинской истории и культуре.» Как вам всё это, особенно последнее предложение ?!

А может П. И. Чайковский всё-таки … еврейского происхождения? (Ша, это - хохма!) Фамилия «Чайка», которую имел его дед, встречается и у евреев: была и в Виннице минимум одна семья с такой фамилией (старший сын — выпускник пединститута, известный в городе баскетболист). Правда, в отличие от прадеда европейского винничанина, в конце 18-го века «улетевшего» с потяжелевшей (вместо Чайка — Чайковский) фамилией из Украины в Воткинскую губернию, семья советских Чаек где-то через 200 лет после этого улетела в намного более тёплые края.

И ещё, чтобы не забыть: П. И. Чайковский родился-то в Вятской губернии, в нынешней Удмуртии. Имеем ли мы право «пренебрегать» его удмуртским (вотяцким) происхождением?

Прадед А. С. Пушкина по матери - Абрахам Петрович Ганнибал (1696-1781) был, как сейчас установлено, не эфиопским, а камерунским принцем. Где вы читали и на каком тогда языке, что величайший русский литератор А. С. Пушкин камерунского (эфиопского) происхождения?

Повторяю, о происхождении следует говорить лишь тогда, когда это что-то объясняет. Притягивание за уши, «присвоение» известного, знаменитого, великого человека той или иной нацией — характерный признак такого национализма, который старается показать превосходство одной нации над другими, бо'льшую «полезность» её для человечества.

Эта тенденция захватила, наверное, все нации на территории бывшего СССР, причём в них самих - даже весьма умеренные слои интеллигенции. Стремление найти «своих» среди «чужих» широко используется для оболванивая масс, далёких от понимая сущности понятий нация, происхождение конкретной личности. Почитайте страницы еврейских изданий: все гениальные люди — евреи или имеют еврейские корни. Ознакомьтесь с черносотенной российской прессой: все враги великого русского народа — опять же евреи, в число которых внесены и русско-украинский Горбачёв, и его преемник по России Ельцин - из деревенской кулацкой русской уральской семьи.
Я преднамеренно не касаюсь тут украинских средств информации. «Баснь эту можно было бы и боле пояснить — Да чтоб гусей не раздразнить.», - оправдываюсь я словами И. А. Крылова.

[Ума не приложу, как это удалось Вікіпедії предвидеть, что я на кое-что намекну, а затем попытаюсь «спрятаться» за И. А. Крылова. Она заранее поставила И. А. Крылова «на место»: «… російський байкар-перекладач. Відомий завдяки перекладам російською мовою байок французького поета Жана де Лафонтена.», то есть сделала его известным русским баснописцем-переводчиком на русский язык басен французского поэта. Даже как-то странно после этого читать в Википедии, что «Наряду с тем, что большая часть сюжетов басен Крылова является оригинальной, отдельные из них восходят к басням Лафонтена (который, в свою очередь, заимствовал их у Эзопа, Федра и Бабрия).» Нет, чтобы Вікіпедії копнуть глубже, тогда бы значение И. А. Крылова опустилось бы ещё ниже …
Разумеется, и умелый переводчик достоин известности, но отказать И. А. Крылову в оригинальности его творчества?! Зачем же так, если, как правильно подмечено в ВикипедиИ, «Многие выражения из басен Крылова стали крылатыми.»? Эти выражения поучительны, ёмки по мысли, красивы по форме изложения!
Ладно, оригиналов басен Эзопа на древнегреческом было не найти, но почему же не переводить с французского (Лафонтен - XVII в.), латинского (Федр - I в., Авиан - начало V в.), греческого (Бабрий - I в.). Известны кому переводы басен этих поэтов на украинский язык?

Только (или - за малым исключением) И. А. Крылова? Как же так?!]

А трактовать национальность можно по-разному. Возьмём для примера Сергея Михайловича Эйзенштейна — создателя одного из лучших фильмов в истории кинематографа - «Броненосец „Потёмкин"». Дед его по отцу — еврей, бабушка — шведка. Отец — христианин. Материнская линия — все русские. Теперь почитайте его биографии: он и русский, и еврей, и из прибалтийских немцев (последнее - официальная версия советских властей). В самой меньшей степени — еврей, но его имя присутствует в еврейской энциклопедии (http://www.eleven.co.il/?mode=article&id=14992&query=ЭЙЗЕНШТЕЙН), что и формально неверно, так как у евреев принадлежность к еврейству определяется по материнской линии.

Я слежу за татарской прессой: не передать, сколько известных людей разных национальностей, оказывается, несли в крови татарские гены! Были бы все эти ненужные рассуждения о национальной принадлежности известных лиц истории и современности безобидными — ещё было бы ничего. Но ими козыряют в надуманных размышлениях об угнетении, подавлении одних и о захвате власти, руководящих позиций другими. Значит, надо восстановить справедливость, причём перебор в этом «восстановлении» исключается изначально. Восстановить - так, как говорится, до упора! А фактически мы имеем явное или замаскированное под другие проблемы разжигание национальной розни. Нередко оно приобретает формы малых бунтов или даже - локальных вооружённых баталий.

Так зачем же постоянно подчёркивать «национальное происхождение» пионеров тех или иных научных достижений? Тем более, если уверенности в правильной национальной кодификации нет. Антону Павловичу Чехову приписывают следующее выражение: «Национальной науки нет, как нет национальной таблицы умножения; что же национально, то уже не наука.»

Не исчезла до сих пор мода считать «своими», родившихся в одной стране, но творивших не на «родном», а на других языках. На Украине родились Владимир Даль, Николай Гоголь, Николай Некрасов, Владимир Короленко, Всеволод Гаршин, Максимилиан Волошин, Николай Островский, Анна Ахматова, Ильф и Петров, Михаил Булгаков, Исаак Бабель ...
Как их теперь называть? Украинскими писателями и поэтами, украинскими русскоязычными ... или просто — русскими, хотя и русскими по национальности были они не все?

В советские времена был такой анекдот.
Евреи — портные, сапожники, часовые мастера, продавцы, пр. в этом роде — жиды.
Евреи — учителя, инженеры, врачи, архитекторы, режиссёры, пр. в этом роде — евреи.
Евреи — Ботвинник, Таль — чемпионы мира по шахматам, Майя Плисецкая — балерина в Большом театре, физики - академики Нобелевские лауреаты Ландау, Франк, трижды Герои Зельдович и Харитон, пр. в этом роде — гордость русского народа.

Всё. Я кратко высказался по вопросам так называемого «происхождения».

Давайте под конец поиграем в игру-загадку: какого мы происхождения?
Начнём с меня, для которого этот год хотя и не юбилейный, но - весьма примечательный. Я прожил равное количество лет (суммарно) в Украине, России и Германии. По двадцать шесть.

Допустим, что где-то издают мою следующую книгу — и редакция просит написать краткое резюме о себе.
Начинаю легко:
Соломон Вайнштейн — немецкий русскоязычный литератор украинского происхождения. [Как-никак, родился на Украине, с малых лет с няней - сельской девушкой из-под Хмельника - общался на украинском языке. В школе выучил литературный украинский язык. Получил высшее образование на Украине. Заведовал 9 лет кафедрой в Тернополе. Знаю украинскую прозу и поэзию, свободно читаю и пишу на украинском языке. В молодые годы - один из немногих (!) - носил вышиванку.]
Тут вы рассмеётесь: тоже мне — щирий українець!

Переделываю:
Соломон Вайнштейн — немецкий русскоязычный литератор еврейского происхождения. [Как-никак, родители, все дедушки и бабушки — евреи.]
Тут, показывая на меня пальцами, рассмеются евреи: кипу не носит, ни иврита, ни идиша не знает, субботу не соблюдает, жареную свинину обожает, в общине не состоит, синагогу не посещает, … (не пропечатанную деталь опустим).

Что остаётся?
Соломон Вайнштейн — немецкий русскоязычный литератор русского происхождения.
[Как-никак, четыре года эвакуации провёл в Западной Сибири, в институт поступил в России, после института работал в России, 16 лет занимался наукой в России (вообще-то, в Татарстане, но не будем ещё более усложнять), из столицы России улетел в Германию. Покойная жена была русской, как и её родители, родители родителей.]
Коллективный смех …

Теперь и вам ясно, что о своём происхождении многим из нас лучше помалкивать. Учитывая и то, что о своих предках мы знаем так мало.

Так стоит ли испытывать туристов на юмор, представляя П. И. Чайковского «украинским русским»?

Статья опубликована 17.09.2016: https://www.proza.ru/2016/09/17/1151

О былом эта дума. Та й ни без сума.

О былом эта дума. Та й ні без су'ма (печали - укр.).

Ні, я знаю, чом нудьгую,
Ні, я знаю, звідки сум:
То розлука, зла гадюка, —
Вся причина чорних дум.
(Агатангел Кримський,
1871-1942)

Я — последний в семье еврей. Хотя теперь мы формально уже все — немцы. Но лишь я въехал в ФРГ как меченый - то есть, с отметкой в советском паспорте - еврей. Остальные были русские, украинцы, арабы.
И я — единственный, родившийся в Виннице. Потому надеяться, что кто-то другой вместо меня напишет когда-нибудь что-то похожее — не приходится.

Других винничан - евреев, разбросанных по миру, как-то не слышно. Во всяком случае, винницких тем и проблем они не касаются. Полностью включились в новую жизнь? Стали своими среди чужих? В этом, что касается подавляющего большинства, я сильно сомневаюсь. Среди эмигрантов моего поколения, наверное, таких — единицы. Из десятков тысяч!

Вот и пишу сам. Навеянное - в моём случае - Кёльном — о Виннице.
Пусть Вам это не покажется странным. Сейчас поймёте — п о ч е м у …

Было такое понятие — еврейская жизнь. И в Германии, и в России (Украине). И не то чтобы её тут и там сейчас совсем нет. Безусловно, есть. За крепкими стенами еврейских общин, за бронированными стёклами синагог она, конечно, существует. Уверен в этом, хотя в Кёльнском еврейском благотворительном центре (с домом для престарелых, или, по здешнему, Домом родителей на 71 место, детским садиком, начальной школой, библиотекой, своей синагогой) и в Кёльнской большой синагоге бывал я только по одному разу — в дни «Открытых дверей», а в винницких общинах и синагогах — ни разу. Но знаю о различных клубах и общественных объединениях (женских, молодёжных, спортивных, языка идиш, пр.) при Кёльнской общине.

Вероятно, и в Виннице есть такое же, пусть и в меньших масштабе и количестве.
Но я — вне общины, основа которой — иудаизм. Что поделаешь: к религиозной жизни тяги нет, хотя глубоко верующим (их — не так уж и много) в определённой мере завидую. На всё у них есть объяснения и ответы: «Бог миловал!», «Бог наказал!», «Бог дал! - Бог взял!», пр. Мол, сто'ит ли голову ломать: отчего да почему? Имеет ли смысл пытаться хоть как-то повлиять на обстоятельства?
Правда, в Библию, Тору, Коран заглядываю, по разным поводам, нередко. Честно говоря, почти всегда, чтобы убедиться в неправильном цитировании (как бы — оттуда), в неверном толковании, в преднамеренном извращении содержания этих основополагающих для верующих книг. Заглядываю ли просто так? Нет, не читаю.

Никого и никогда за веру не бранил, над верующими даже про себя не посмеивался, понимал их особое, приподнятое настроение в дни больших религиозных праздников, пунктуальное выполнение ими предписанных ритуалов. Приверженцами любой, замечу, веры. Это, думаю, впитал от матери, тоже далёкой от поклонений Богу. Что было у неё, в отличие от меня, не от родителей — истинно религиозных евреев, а от комсомола, от студенческих настроений 20-30-х годов прошлого столетия. Тогда, впрочем, как и позже, в СССР не церемонились: «Верующим — не по пути с нами !». «Религия — опиум ...», и тому подобное. И вылетали только лишь заподозренные в религиозности из учебных заведений, лишались даже самых небольших руководящих должностей, попадали под колпак пресловутых «компетентных органов». Ни за что' попадали, а то и — пропадали … Сам свидетель.

Сейчас и в Украине, и в Германии службы духовенства в почёте у государства. И тут и там не так уж чётко отделены они от этого государства, как это мне, например, из Конституций обеих

стран представляется. А раньше власть духовенства была ещё мощнее. Это, разумеется — до большевизма и нацизма, провозгласившими себя в с е м .
(«Умом, честью и совестью нашей эпохи», например. «Архиюмористично, кремлёвский мечтатель!» - по-иному об этом и не скажешь.)

Что касается иудеев, то они, не имевшие полных гражданских прав, как в Германии (до Революции 1848 г.), так и в Российской империи (до 1917 г), без своих общин и раввината не могли продвинуться ни на шаг, в буквальном смысле, от рождения до смерти. Очень многое зависело от казённых раввинов, навязанных общинам царскими властями (в отличие от раввинов духовных). Начиналось всё с регистрации рождения, потом — с выдачи метрической справки (метрики) … А далее - принятие присяги у евреев-новобранцев, запись бракосочетаний, смерти, произнесение патриотических проповедей (лучше — на русском языке) в дни государственных праздников, пр. - всё это входило в обязанности казённых раввинов. И содержало их не государство: этих государственных прислужников обязаны были брать на своё попечение общины.

Посему, вспоминая о той далёкой уже жизни, упускать при этом не только еврейские начальные школы (хедеры), другие еврейские учебные заведения, еврейские больницы, еврейские комитеты помощи, еврейские кладбища, и так далее, но и — обязательно (!) синагоги, никак нельзя. Без всего этого цельного представления о еврейской жизни в прошлом не получить. А теперь пройдёмся сперва по Кёльну — и лишь потом заглянем в Винницу. Это - банально, но, хошь не хошь, истина познаётся в сравнении. Так вот, той еврейской жизни, которая была в Германии перед Второй мировой войной уже нет — и никогда уже не будет. И не только потому, что, как постулировал Гераклит, в одну и ту же реку нельзя войти дважды. А и потому, что не только общественная среда изменяется, но становятся другими и люди. Сегодняшняя еврейская жизнь в Германии не только, как это было в предвоенные годы, еврейско-немецкая, она — еврейско-немецко-русская, даже правильнее — русско-еврейско-немецкая. Посещение как синагоги, так и Еврейского благотворительного центра лишний раз меня в этом убедило. Да и как быть иному, если подавляющее число членов еврейских общин — выходцы из СССР и языком общения их является русский язык. Тут не нужна никакая статистика, тут достаточно посетить указанные заведения. И даже прислушиваться не надо — хорошо слышно и так.

Хотя и статистика сама по себе красноречива: из СССР «по еврейской линии» прибыло в ФРГ в конце прошлого - начале этого столетия 220 000 человек, в еврейских общинах Германии - 105 000 человек. Можете себе представить, сколько среди последних выходцев из Советского Союза или его бывших республик? В Кёльнской общине — 90%! (данные из интернета). Не выучив язык, не вписавшись в трудовую жизнь, не переборов «социальный шок» (как я, сменивший на первых порах мантию профессора вуза на спецодежду строительного «необученного рабочего»), они нашли дорогу только в еврейскую общину. Последняя стала для них и клубом, и социальной службой, и поводырём по околонемецкой жизни.

Сто пять тысяч членов еврейских общин — это на 81,5 млн. населения страны — 0, 129 %. Еврейские эмигранты из СССР, как правило, поселялись в городах. Там, где были общины. Посему в городах, особенно больших (Берлин, Мюнхен, Кёльн, Дюссельдорф, пр.), еврейские общины - в сравнении с расчётом на всю Германию - велики. До войны евреев в Кёльне было 19,5 тысячи - на 768 тыс. населения - 2,5%. Сейчас — суммарно в еврейских общинах около 5000 членов на немногим более 1 млн. общего населения - около 0,5% (всего населения, прибывшего из территорий бывшего СССР, в Кёльне — четыре процента). То есть, указанная цифра в Кёльне в четыре раза превышает среднюю по стране и приблизительно совпадает с таковой о б щ е г о числа евреев в Виннице.

Евреи впервые зафиксированы в Кёльне в 321-м году (!). Об этом есть письменное свидетельство, хотя другие факты позволяют первые поселения евреев в городе датировать 1-м веком. Судьба евреев Кёльна в прошедшие двадцать столетий была нелёгкой. Полное изгнание из города, массовые убийства и ещё многие тяготы и несчастья пережили они. Но перед Первой мировой войной в Кёльне, как и в Виннице (см. ниже), с евреями уже нельзя было не считаться.

К концу XIX-го века (1899 г.) еврейская община Кёльна насчитывала 9745 членов. Среди них были знаменитые банкиры (например, с 1789 г. - основатель частного банка «Bank Sal. Oppenheim» Оппенхайм), владельцы Торговых Домов, представители различных слоёв интеллигенции. И так продолжалось до прихода к власти нацистов.

В настоящее время в Кёльне, как и в Виннице, имеются три еврейские общины: ортодоксальная (самая большая, со старинной синагогой, освящённой в 1899 г.; в синагоге - 800 мест для мужчин и 600 - для женщин), а также Chabad Lubawitsch Köln (хасидская община) и Jüdische Liberale Gemeinde Köln Gescher LaMassoret (либеральная община «Мост к традиции», около 100 членов общины).

В 2012 г. издана книга «Das jüdische Köln. История и современность. Путеводитель по городу.» Я специально не взял ничего из этой книги для статьи, потому что и размеры моей публикации, и особенно ограниченная возможность представить на Прозе.ру иллюстрации сделали бы невозможным достойно передать ту массу информации, которая включена в этот путеводитель. Здесь, большей частью — мои личные впечатления, полученные во время велопрогулок по Кёльну.

А теперь — подробнее о прошлой еврейской жизни, о памяти. В Кёльне в самом центре города, буквально в нескольких метрах от архитектурной достопримечательности города — Исторического Ратхауса (начало строительства — первая половина 14-го века!) сооружается уникальный Еврейский музей (фото 1). Дело в том, что Исторический Ратхаус расположен на Judengasse – Еврейской улочке (переулке) - и, представьте себе, о деюденизации этого названия никто и не подумал! - эпицентре когда-то располагавшегося здесь еврейского квартала. На фото, которое я сделал 16.10.2016, виден расположенный в 300-х метрах Кёльнский Дом. После

археологических раскопок и обнаруженных при этом синагоге, помещений еврейского поселения, пекарне, микве - бассейне ритуальных омовений 11-го века (на глубине 17-и метров, достигающей грунтовых вод Рейна и
 обеспечивающей возможность обязательного окунания в «живую», то есть проточную воду!), пр. было решено построить здесь Еврейский музей. Музей будет состоять из подземной части и уменьшенной, в сравнении с первоначальным проектом, наземной части. Иначе музей закрывал бы Исторический Ратхаус — одну из жемчужин архитектуры средневекового Кёльна. Обо всём этом можно почитать в ВикипедиИ, но, к сожалению, только на немецком языке (https://de.wikipedia.org/wiki/K). Гляньте хотя бы фотографии ...

— ЕСТЬ ли в Виннице - нет, не музей, а хотя бы - соответствующая экспозиция в Краеведческом музее, рассказывающая о столетиях еврейской жизни в городе?

***

Теперь о памятных знаках на месте бывших синагог. Здесь, из-за недостатка места представлены не все, да и качество съёмки желает лучшего. То мне с освещением (погодой) не везло, то приходилось снимать снизу вверх. Написанное на памятных досках даю в переводе на русский язык.

«На этом месте стояла Эренфельдская [Ehrenfeld - Поле чести - один из районов Кёльна] синагога, соединённая с религиозной школой для девочек и мальчиков, построенной в 1927 году по проекту архитектора Роберта Штерна. Разрушена на следующий день после райхспогромной ночи 9 ноября 1938 г.» (фото 2).

Другая табличка помещена на рядом стоящем здании бункера, возведенного в 1942/1943 г. г. на месте той же разрушенной Эренфельдской синагоги. Достопримечательность так и называется SYNAGOGE KÖRNERSTRAßE/ BUNKER, находится с 1995 г. под охраной как памятник. Табличка (под номером 14), как и другие подобные по ходу «Эренфельдской исторической тропы», вывешена обществом любителей истории сего района, в котором я имею честь проживать (фото 3).

Памятная доска (фото 4) свидетельствует о том, что в 1915 году на это место была перенесена вновь возведённая синагога Дойтцской Свободы (одного из районов правобережной части города), вместо сметённой большим ледоходом на Рейне в 1786 году. 9-го ноября 1938 года синагога вместе с соединённой с ней школой были разрушены (во время т. н. «Хрустальной ночи»). Одна из улиц города названа именем Julius Simons (1887–1944) - раввина этой синагоги, погибшего с семьёй в Освенциме. Именем его сына Ernst Simons (1919 – 2006) - единственного члена семьи, пережившего лагерь смерти, преподавателя религии в Кёльне - ещё при его жизни названа школа, в которой он учился.

«Здесь стояла с 1884 г. синагога ортодоксальной общины
ADASS JESCHURUN   ОБЩИНЫ ПРАВЕДНИКОВ
Соединён с ней был учебный семинар
с 1907 года народная школа MORIJA
с 1919 года гимназия JAWNE
Внутреннее оборудование синагоги
было 10 ноября 1938 года разрушено
Здание пало жертвой бомбовой атаки
во Вторую мировую войну» (фото 5)
Повторяю: таких памятных досок больше, просто фотографии их всех в коллаж было не вмонтировать.

В ВИННИЦЕ до Октябрьского переворота были следующие синагоги (взято из приведенной А. Кержнером таблицы «Пожертвования на развитие еврейской колонизации в Палестине, собранные в синагогах г. Винницы»: «Га-Мелиц», №189, 02.09.1903)

1. Синагога
2. Большой бейт-мидраш Немировского
3. Большой бейт-мидраш
4. Бейт-мидраш из Нового города
5. Бейт-мидраш Гефтера, верхний
6. Бейт-мидраш Львовича
7. Бейт-мидраш Гефтера, нижний
8. Бейт-мидраш Веселера
9. Большой бейт-мидраш, нижний
10. Миньян в Талмуд-торе
11. Бейт-мидраш Заца
12. Бейт-мидраш ... (далее трудно разобрать)
13. Синагога в Новом городе
14. Бейт-мидраш Садигура
15. Бейт-мидраш Райхера
16. Бейт-мидраш Тигипим
17. Бейт-мидраш портных
18. Бейт-мидраш сапожников
19. Синагога за мостом (Замостянская синагога?)
20. Миньян Гофштейна
21. Миньян на Халускес (Халупкес)

Прошу сразу прощения у А. Кержнера, если исказил трудно читаемые с кадра видеоролика названия (меня интересовал сам факт наличия такого количества синагог):
httpswww.facebook.comphoto.phpfbid=1062351400516608&set=pcb.1496699377022632&type=3&t

heater.jpg .
Позволю себе также разъяснить понятия «Бейт-мидраш» и «Миньян», что, наверное, сделал А. Кержнер во время лекции.
«Бейт» (или Бет) - «дом». «Мидра'ш» - «изучение», «толкование».
Однако очень часто под названием «Мидраш» имеется в виду собрание отдельных текстов, образующих последовательный комментарий к библейским книгам.
Под «Бейт-мидрашем» подразумевается либо место изучения Торы и в особенности Мишны, Талмуда и послеталмудической раввинистической литературы. Или — еврейское религиозное учебное заведение и помещение для него. Наконец, «Бейт-мидраш» обозначает также школу последователей того или иного учёного - толкователя иудаизма.
Что касается понятия «Миньян», то это - кворум из десяти взрослых мужчин, необходимый для общественного богослужения и для ряда религиозных церемоний. Талмуд устанавливает число 10, ссылаясь на ряд библейских стихов. Таким образом, десять человек образуют конгрегацию.

Кто теперь скажет, сколько зданий, в которых они находились, сохранилось после революционных и военных стычек? Сколько таковых снесли из-за ветхости или «по планам реконструкции города»? Сколько перестроили, по указанию воинствующих атеистов-большевиков, чтобы о синагоге напрочь позабыли? Где они, эти синагоги, вообще, находились — по каким адресам?

Мне известны только три адреса: особняк Боруха Львовича, синагога Райхера по нынешней Краснокрестовской улице и синагога Лившица. А далее? Далее — пустота и позор.
О пионере индустриализации Винницы Борухе Львовиче ничего ни хорошего, ни плохого пресса не пишет. Ну, был. Ну, построил хороший особняк, который отметил своим пребыванием в нём сам Симон Петлюра. Который и вещающим оттуда, и нам, слушающим это радио, и теперь пригождается. Принадлежавший же Львовичу знаменитый машиностроительный завод с красивым зданием заводоуправления давным-давно сначала достроили (конечно, испоганив замысел архитектора строения), а потом и ликвидировали. Никаких памятных знаков о жизни и деятельности Боруха Львовича в городе нет. Ничто не названо его именем. Даже крышки водопроводных шахт с его именем на них уже и не встретишь: любители старины растащили. Самой маленькой таблички на ограде особняка, в котором располагалась и школа для бедных детей, днём с огнём не сыскать… Не сомневаюсь, что пройдёт совсем немного лет — и «дом Львовича» как-то «сам переименуется» в Дом Петлюры.

Не верите? А как просто исчезло из винницкого лексикона (винницкой топонимики) былинное слово Калича! Известный всем путешествующим по украинским дорогам крутой яр Калича, где лошади «каличились», уже 55 лет — Площадь Гагарина. И под таким названием это место знают 999 винничан из 1000. А если ещё поверить Вікіпедії, что там располагался «практично 100% єврейський базар» (ненаучная фантастика — см. http://www.proza.ru/2016/04/14/508), то и тем более - бог с ней, с Каличей!

Синагогу Райхера я уже упоминал много раз. С 2010-года, как минимум. Ею уже много лет «заправляет» Главный тренер Украины по спортивной акробатике. Когда-то отличавшийся великолепными акробатическими прыжками Главный теперь - не с комсомольским значком, а с золотой Звездой Давида на широкой груди - уже не в состоянии перепрыгнуть даже через собственную тень и признаться, что совершил акт вандализма, замуровав такую шестиконечную звезду, выложенную на фасаде здания, выстроенного по проекту Гр. Гр. Артынова. И не решится никак уничтожить следы этого - комсомольского, по сути - варварства, отремонтировать фасад и карнизы здания, а также приладить там табличку с краткой историей памятника архитектуры местного значения. Место, заготовленное Гр. Гр. Артыновым для такой таблички, я Главному давно подсказал (http://www.proza.ru/2015/09/16/738).

Не правда ли, глубокоуважаемый Леонид Давидович? Что же Вы бездействуете? Возглавляемая Вами компания «ВІННИЦЬКИЙ ОБЛАСНИЙ КОМПЛЕКСНИЙ МІЖРЕГІОНАЛЬНИЙ ЦЕНТР ОЛІМПІЙСЬКОЇ ПІДГОТОВКИ СПОРТСМЕНІВ ЗІ СПОРТИВНОЇ АКРОБАТИКИ, СТРИБКІВ У ВОДУ ТА ІНШИХ ВИДІВ СПОРТУ» разве такую малость не потянет?

Наконец, так называемая синагога Лившица. Почему «так называемая»? Да потому что она ничем, абсолютно ничем не напоминает строение, на возведение которого супруги Лившицы пожертвовали участок земли в самом центре города и значительную сумму денег. То, что имеем теперь — бункер, построенный НА МЕСТЕ синагоги в начале 30-х годов прошлого столетия и торжественно-подобострастно названный Клубом промкооперации имени Сталина. В нём и располагается сейчас Винницкая еврейская община.
Казалось бы, табличка, разъясняющая историю зданий на этом месте, показывающая хотя бы контуры бывшей синагоги — в интересах самой общины. Судя по скрытности общины, это только кажется…

Попробуйте выйти в интернете на сайт общины: мне удалось открыть только вот эту страницу на английском языке — http://www.jewish.vinnitsa.com/. На заставке, на том же английском и на русском: Добро пожаловать в еврейскую Винницу! А далее пройти не удаётся — вот вам и еврейская жизнь в Виннице… Интернетовская «черта оседлости», так сказать. Есть, правда, ещё одна страница — http://www.jewish.vinnitsa.com/link2_russion.htm, но она «прошлого века свежести».
Государственной тайной является и число членов еврейских общин в Виннице: нигде таких данных не найти. Придётся запросить Викиликс (WikiLeaks).

— ЕСТЬ ли в списке Памятников (истории, архитектуры, и т. п.) местного значения здание хотя бы одной бывшей синагоги, а если есть (это - синагога Райхера), то почему нет на ней соответствующей таблички? Почему никто не наказан за надругательство над наследием Гр. Гр. Артынова? Советская власть, видимо, проглядела Звезду Давида, а демократическая, в Европу стремящаяся оказалась начеку? Кто тот «бдительный» и почему не награждён? Вопросы -

вопросы ... Ответ известен только главе компании «... ТА ІНШИХ ВИДІВ СПОРТУ», к которым, по всем признакам, относится «осовременивание» внешнего вида памятников архитектуры.

***

Об еврейском кладбище в Виннице я писал дважды
 (http://www.proza.ru/2012/11/14/78 , http://www.proza.ru/2015/09/06/1343). Писал я в первой из этих публикаций и об еврейских кладбищах в Германии. Так что — коротко. Несомненно, не все кладбища сохранились, в том числе и в Кёльне. Но что потрясает: даже там, где следов этих кладбищ почти не найти, они отмечены на картах. Причём это - по всей Германии. Поверьте мне, исколесившему всю страну, все 16-ть Федеральных земель.

На представленных в коллаже сегментах карты города — два еврейских кладбища, которых на самом деле уже и нет. Время, бесчинства нацистов, Вторая мировая война и связанные с ней бомбёжки... Кладбище (существовало в 1899 - 1938 г. г.), граничащее с главным кёльнским кладбищем «Melaten», заложенным в 1810-м году, вследствие перечисленных выше причин, сравнено с землёй. На его месте разбит как бы небольшой сквер. И редко кто знает, что это — место бывшего кладбища (фото 7). Но на карте написано чётко Jüd. Friedhof – Еврейское кладбище.

А кладбище, представленное на карте с бо'льшим увеличением (иначе — не рассмотреть), совсем крохотное: всего восемь могил и шесть надгробий. Но на карте присутствует (фото 8) и картошку сеять на нём никто не додумался. Последнее захоронение на этом кладбище бывшего поселения Zündorf (теперь — район Кёльна) состоялось ровно 75 лет тому назад, в 1941-м.

Другие «отжившие своё» еврейские кладбища в Кёльне огорожены, преданы естественному погребению под разрастающимися деревьями и кустарником. Одно из них, я об этом писал (http://www.proza.ru/2012/11/14/78), однако, в необходимой мере постоянно очищается и превращено - как бы, дополнительно к роли памятника еврейской жизни - в биорезерват. На этом кладбище и на функционирующем сейчас большом еврейском кладбище (открыто в 1918-м году) проводятся экскурсии.

— ЕСТЬ ли какие-либо перемены к лучшему на еврейском кладбище Винницы после этой публикации:
http://vn.20minut.ua/Nashe-mynule/na-yevrejs-komu-kladovishi-de-pohovanij-mudrec-lyudi-sadzhayut-kartopl-10475518.html ?

***

Кёльн, кроме прочего, являлся также колыбелью сионизма. Об чём напоминает вот эта бронзовая доска (фото 8):

«Д-р Макс Боденхаймер в этом здании в 1899 г. провозгласил идею организации государства Израиль.» Д. Боденхаймер сотрудничал с Теодором Герцлем: тезисы, составленные ими, под названием «Базельская программа» были приняты Первым сионистским конгрессом. Цель — создание еврейского государства Израиль в Палестине. До'ма, конечно, давно нет, так как это - в самом центре, где все строения бомбовыми ударами английской авиации были превращены в руины, не поддающиеся восстановлению. Поэтому памятная доска вмонтирована в тротуар у того места, где находился означенный дом.

— ЕСТЬ ли в Виннице что-то напоминающее о том, что из неё в начале 20-го века, особенно после погромов, пронесшихся по югу Украины и по Молдавии, евреи эмигрировали в Палестину? — об этом я и не спрашиваю. «Сионизм» с послевоенных 40-х годов прошлого столетия настолько прочно вдолбили в сознание советских людей как одно из самых ругательных слов и неприемлемых понятий, что это восприятие, наверное, уже передаётся по наследству …

***

А как насчёт еврейских учебных заведений? Но сначала — немного истории.
В Виннице евреи впервые появились в 1532 г. И так же, как и евреи Кёльна, винницкие евреи пережили унижения, нашествия различных банд, погромы. И всё-таки еврейское население в Виннице росло и временами достигало 60% и более всех горожан. Недаром, нынешние экскурсоводы упоминают о Виннице прошлых времён как о штетле (городке) - еврейском местечке.

Перед началом Первой мировой войны роль евреев во всех сферах жизни города была велика. И не только благодаря численности еврейского населения и его большому весу в ремесленничестве и торговле. Среди представителей интеллигенции с высшим образованием было уже немало иудеев: это — врачи различных специальностей (включая зубных врачей), педагоги, инженеры, адвокаты, пр.

До Октябрьского переворота в Виннице евреи были среди крупных (по местным, разумеется, меркам) предпринимателей. Машиностроительным заводом - наибольшим предприятием города (по суммарному заработку) владел уже упоминавшийся Борух Львович, кирпичными заводами — Марьяновский и Фейгенбаум, табачной фабрикой — Зильберштейн, мельницей — Шварц, электростанцией заведовал инженер Б. С. Гофштейн, пр. Евреям принадлежали многие гостиницы, большие доходные дома, рестораны, трактиры. Богатые евреи жертвовали немалые суммы с различными благотворительными целями: и Городской театр, и Народный дом, и ещё немало полезного для всех винничан выстроено на их деньги. Уже не говоря о величественном на то время и великолепном (несмотря на «обрезание» парадного входа где-то в пятидесятые годы прошлого столетия) по сей день комплексе Реального училища (Торгового института), завещанного городу купцом Цалем Вайнштейном. [Сандаком (аналогом крёстного родителя) при этой традиционной у евреев практике являлся горком партии, моэлем (тем, кто обрезал) — горисполкомом; не упомянуть их — было бы не честно. А «необрезанным» Реальное училище выглядело так: https://vk.com/photo-29088070_265594187.]

— ЕСТЬ ли где хотя бы скромная табличка, напоминающая о даре еврейского купца?

Апофеозом же чёрной неблагодарности города Цалю Вайнштейну считаю НЕ-восстановление его имени улице, которая при царской, антисемитской по всем законам, власти называлась улицей Цаля Вайнштейна. Коммунисты поспешили её переименовать, теперешние демократы переименовали ещё раз, но явно просчитались с этим плохо пахнущим решением, что касается «европеизации» духа города.

**

Кто, скажите, знает, что в Виннице в царское время была Еврейская больница? И что в ней лечили не только иудеев? Об этом, правда, написана даже брошюра, которую я видел в прошлом году в Областной библиотеке им. Тимирязева. Но там такие скудные сведения о «Больнице за мостом» — неужели в архивах не удалось ничего отыскать? Я дописал, после ознакомления с брошюрой, несколько строчек о больнице в «Моей Виннице», но фотографии так и не отыскал ни у кого из ещё здравствующих свидетелей последних лет существования (само собой понятно, сразу же после захвата власти большевиками ставшей Рабочей) городской больницы №2 в 50-60-е годы прошлого столетия. От больницы практически ничего не осталось, но рядом, где была поликлиника, теперь медицинское учреждение. Можно было бы там прикрепить памятную доску. Я понимаю, что размечтался ...

В городе существовало Еврейское литературное общество, Общество пособия бедным евреям, пр. Евреи были членами Винницкого общественного собрания, библиотека которого выписывала периодику также на иврите.

— ЕСТЬ ли теперь в какой-либо из библиотек города небольшой отдел еврейской литературы (на любом языке)? Вопрос, скорее, риторический. Или я ошибаюсь?
Увы, я не могу здесь представить фотографию большого зала со многими стеллажами книг (их — 90 000) не только на немецком и английском языках — Germania JUDAICA (второе слово - собирательное понятие, под которым понимаются любые письменные источники, любая литература еврейской тематики) в городской библиотеке Кёльна.

**

Мало кто знает, но ещё перед войной в Виннице были еврейская школа и еврейское педагогическое училище.

Вот что пишет в ЖЖ блогер in-vin:

«Ну и последнее, из обнаруженных мною винницких средних учебных заведений - еврейское училище.

К сожалению, старых фотографий оного мне найти не удалось. А если верить карте, то на месте бывшего еврейского училища сейчас расположена школа №9.

С виду здание школы выглядит гораздо более современным, к тому же над входом имеется дата постройки школы, - 1964 год, но...

[далее приводится красноречивая фотография - Н. К.]

...но, по углам левого крыла здания на уровне второго этажа все еще виднеются остатки старинного кирпичного декора! А это означает, что школу строили не на пустом месте, а до неузнаваемости переделали еврейское училище, попутно надстроив третий этаж и "приделав" правое крыло!

Жаль конечно, что теперь невозможно восстановить первоначальный облик еврейского училища, однако уверен, что выглядело оно примерно в одном стиле с соседствующим учительским институтом и 4-классным училищем.»
(http://in-vin.livejournal.com/tag/.).

Как вы думаете, помешала бы и на этом здании памятная доска? Ведь теперь, как писал мой любимый поэт, «... такое [не «плачущего большевика», а еврейское училище на Украине — Н. К.] не увидишь и в века!». Учить некому, да и учить некого. Кстати, А. Кержнер мне представляется единственным в Виннице специалистом, глубоко знающим иудаизм, владеющим идишем и ивритом (русским и украинским, немецким, конечно, тоже; возможно, и другими языками); он соавтор первого идиш-украинского словаря.

А меня, как я относительно недавно узнал, учили в 4-й школе преподаватели из еврейских школы и училища довоенных лет. Не удивительно, что никто из них никогда об этом не рассказывал. В то время работа там расценивалась кадровиками (все, без исключения, были они связаны с НКВД), как не очень славная страница трудовой биографии. Сейчас бы, судя по факту полного забвения факта существования этих учебных заведений ..?

И последнее. Даже немцы, вступив в город летом 1941-го года, поняли, что без евреев-ремесленников, евреев-специалистов восстановить разрушенное при отступлении Красной Армии городское хозяйство будет очень сложно (https://www.proza.ru/2016/09/27/1500). Поэтому и не уничтожили всех евреев сразу же ...

Итак, что же напоминает об еврейской жизни в Виннице?
1. Улица под названием «Ерусалимка» на Старой Иерусалимке
2. Улица Шолом-Алейхема на Новой Иерусалимке
3. Бункер под названием «Синагога».
4. Улицы Ваксмана и Альтмана.

Что напоминает о еврейской смерти?
1. Кладбище - огороды и свалка на Старом городе.
2. Два мемориала на местах массовых расстрелов.

Музей Холокоста на территории кирпичного завода создан без участия местных властей, а ему бы ме'ста побольше в городском Музее еврейской жизни (длиною без малого в половину тысячелетия), о котором и мечтать не приходится.

О Холокосте в Виннице, на мой взгляд, известно мало. Многое писалось уже с готовыми в уме выводами по мало изученному, по, большей частью, неизвестному. Очень многого «внутренний цензор» повелевал не касаться. Кому известно и где изложено, что' изменилось в поведении евреев и не еврейского большинства после первого расстрела? Как проходил после расстрелов «раздел» оставшегося бесхозным жилья и всего того, что в нём находилось? Кто-то этим руководил или имело место откровенное мародёрство? В. Я. Куликов в «Свидетельствах очевидца» обо всём этом умалчивает. Да и другие сообщения по еврейской тематике времени оккупации города нацистами подозрительны по достоверности или явно лишены правдивости. Откуда взяты те или иные цифры — абсолютно не ясно.

Указанное мною - лишь малая часть оставшегося за рамками освещённого из того времени. Я пытаюсь - пока без особого успеха - раздобыть архивные материалы в Москве и в Германии, проясняющие в какой-то степени эти замалчиваемые стороны происходившего в Виннице. Достижения мои ещё невелики.

Возвращаясь к основной теме этой статьи, повторяю: забывать о том, что число евреев в Виннице достигало временами двух третей всего населения, не следует. Что они были убиты нацистами или выдавлены из города антисемитизмом «родной партии и правительства» — и об этом тоже надо помнить. [Краткую историю винницкого еврейства я в зарифмованном виде (как молитву) представил в «Моей Виннице» и здесь: http://www.proza.ru/2011/01/26/1225.]

Евреев в Виннице стало в процентном отношении, сопоставляя с XIX–XX-м веками, в 70-130 раз меньше!

Выгадала ли в чём-то Винница, кроме освободившегося жилья, от этого «обезевреивания» — я не спрашиваю. И своё мнение никому не навязываю. Каждый имеет право
думать об этом по-своему. Основания для тех или иных умозаключений найдутся у любого. Соответствуют ли они хотя бы частично истине — надо признаться, в ряде случаев трудно решить. Десятилетиями представления о жизни — и не только евреев — искажались, как говорится, до неузнаваемости. Нарисовать близкую к реальной картину — к этому я стремлюсь и других призываю.

И спрашиваю: может ли считаться культурным город, который т а к распоряжается своей историей?

В Европе совершенно иные правила обращения со своим историческим прошлым. Пора бы об этом понять стремящейся в Европу Виннице.
Замостить зелёную лужайку и удалить почти всю растительность вокруг, расчистив место под молниеносно возникшую Европейскую площадь, не трудно. Претворить в своём городе в жизнь лучшие европейские традиции — намного сложнее. Начинать надо с элементарного, с уважительного отношения к истории своего города. И не выкраивать её под какую-нибудь идею, даже внешне самую благородную, а принимать таковой, какой она была на самом деле. Тут надо перебороть в себе немало чего. Но — надо!
Тогда и уважения к городу прибавится. И путь в Европу прояснится. И, возможно, Европа сделает шаг навстречу. Только так — не иначе!

P. S. Я ещё работал над этой статьёй, как на сайте «Історія Вінниці» появилось сообщение об установке у магазина-музея на улице Заваркина (моё остающееся в силе предложение по переименованию бывшей Интернациональной, при немцах — Национальной: какой был бы логический ряд!) чудесной скульптуры, посвящённой жителям Ерусалимки. Вот что такое частная инициатива: создатель уникального винницкого музея ранее, чем власть имущие, понял, чего городу для исторически правдивого оформления, для колорита недостаёт.
Ай, да Заваркин! Ай, да молодец!

Статья опубликована 23.10.2016: http://www.proza.ru/2016/10/23/2157

Разобраться в чём-то винницком ...

Не в исполнение
        наказа государева -
в осуществление
        заказа Секрета'рева.

Анатолия Михайловича Секретарева знает вся интеллектуальная Винница. И не только - Винница. И не только - интеллектуальная. Многосторонность его таланта в городе не имеет себе подобного. Ну и оригинал Анатолий Михайлович великий!
Мы знакомы только по переписке. Нередко под одним и тем же подразумеваем разное, а под различным — одно и то же. Посему не так уж часто приходим к общему знаменателю.

Да что - я! Его приятелю многих лет Андрею Орленко - тёртому телевизионщику так и не удалось настроить А. М. на желаемую волну в их беседе-интервью. Других - всех «мастей» - Андрей Орленко как-то опутывал сетью своих вопросов — и те, обездвиженные, подстраивались под мелодию интервьюера. А вот в разговоре с дру'гом вопросы и ответы были рядом, но не пересекались как те параллельные прямые, которым - правда, только по Николаю Лобачевскому - обязательно надо было бы где-то всё-таки одна другой дорожку перебежать. (Пятая аксиома, правда, формулируется по-иному, но я ведь не математик, которым является, прежде всего, А. М.) Не верите — найдите в интернете это интервью и убедитесь сами.

Анатолий Михайлович Секретарев — как я пытался выше на это обратить ваше внимание, оригинал. Поэтому не в его правилах озадачивать кого-нибудь чем-то тривиальным. Нет, коль уж что-то попросит, то вам мало не покажется. А сам делает вид, что это, мол, мелочь — так что, не откажите, будьте любезны. Хотя сам-то знает, что просьба его сродни, положим, предложению доказать гипотезу Бернхардта Римана, над чем бьются - пока безуспешно - математики с 1859-го года.

А. М. - винничанин по выбору (то-есть, не тут родившийся, но тут пригодившийся) представляет собой — по его «повадкам» судя — винничанина поры расцвета и постепенного увядания оригинальности типичного жителя этого города, который выкручивался из самых казалось бы безнадёжных ситуаций. А, провинившись, так поворачивал дело, что виновными «оказывались» от него пострадавшие. И, главное, сам он - этот типичный винничанин - так крепко верил в собственное ви'дение событий, в ним сочинённое описание случившегося, в правдивость им придуманного, что других приводил в состояние растерянности и полного доверия к, мягко говоря, фантазёру.

Обратите внимание: я не употребляю понятие средний винничанин, потому что отображённый тип винничанина арифметически средним был относительно непродолжительное время. Нормальное распределение, или распределение Гаусса (используя математическую терминологию, в чём я не силён, но которая тут имеет особый смысл - см. ниже) так называемых типичных винничан отвечало стандартному нормальному распределению далеко не во все годы. А если учесть ещё, что оно было фактически многомерным нормальным распределением, так как речь идёт о разнообразных личностных качествах…

Чувствуете, как у меня получилось по-винницки, то есть, внешне — научно, а по сути — откровенно научно-подобно, псевдонаучно. И не спроста: хочу, чтобы математик А. М. Секретарев истощил запас своих уничижающих критических замечаний уже на этом этапе разбора моего опуса. Тогда остальная часть, где домыслов ещё больше, будет выглядеть как-то пристойней. Дельной критики других, осиливших статью до конца, не боюсь: на критику у них, судя по моему опыту напрасного ожидания критики или простых отзывов, уже, по всей вероятности, не останется ни желания, ни сил. И так столько времени зря потратили …

Веду вас в созданные мною лесные дебри далее. Почему в лесные дебри? А кто, как не винничане, уже давно ориентируются по блоковским строкам «Мы широко по дебрям и лесам перед Европою пригожей расступимся!» (А. А. Блок — «Скифы»)?
И приведу самый простой пример ловушек, подстраиваемых винничанами того времени для

простодушных иногородних.

Я заявляю, например, что Анатолий Секретарев, Андрей Орленко и я учились в разное время в 4-й школе. И спрашиваю вас: «Правда это или нет?». Вы молчите — откуда вам это знать? И я отвечаю за вас: «Правда», а через мгновение: «Ложь». Вы недоумеваете, мол, как же так? Разъясняю: правда, потому что наши школы были под 4-м номером, а ложь, потому что школа, в которой учился А. Секретарев находилась не в Виннице. Всё ясно?
Вот так винничанин ловко спрашивал, оставляя за собой путь отступления в любую из нему необходимых сторон. И ваши ответы «да» или «нет» всё равно оказался бы неверным. Вы проигрывали.
Это как на послевоенных рынках, где вас — простодушных — обманывали простым трюком с верёвочной петлёй. Я и им владею с тех времён в совершенстве. Встретимся — продемонстрирую.

Так вот, возвращаясь к истоку этой публикации, пожелание А. М. Секретарева гласило: «Мой совет - попробуйте разобраться в чем-то винницком (или немецком) абсолютно не связанном с еврейством как с доминантой. Как упражнение. Хотя и то, что Вы делаете и пишете тоже очень интересно. Но я за Вас болею и, естественно, желаю, как могу, разумею, Вам прогресса.» (А. М. Секретарев, 25.10.2016. См. тут раздел «Рецензии».)

Усекли, сколько тут всего?! И похвала («делаете и пишете тоже очень интересно»), ставящая мимоходом непременное условие: исполнение его пожелания должно быть интересным. Но как завуалировано это требование, как невинно выглядит, вправленное в похвалу!
А как А. М. - в чисто винницком стиле - делает вид, что ему безразлично, о чём конкретно я напишу, просто он желает видеть меня постоянно в форме — и поэтому вставляет такое вроде бы бесхитростное «Как упражнение.» А уж «в чем-то винницком (или немецком)» - ему, мол, это всё равно. Хотя ясно, что «в немецком» ему, конечно, тоже хотелось бы почитать, но имел в виду он, без сомнения, «в винницком». Ибо оно для него — так сказать, непосредственного участника событий — остаётся недоказанной гипотезой Римана уже много лет. Признаюсь, что и для меня - тоже.

Далее: «в чём-то винницком, абсолютно не связанном с еврейством как с доминантой». Так я вас спрашиваю: «Вы были когда-нибудь на прогулке по городу, сопровождаемой пояснениями А. М.? Если — нет, можете найти запись таковых в интернете.» Доминантно или не доминантно (вы знаете, что продавец и покупатель смотрят на стрелку весов с разных сторон — и видят недовес-перевес по-разному), но без рассказа о роли евреев в жизни города там не обходилось.
Словом, первый пример того, как пишет (говорит) винничанин и что он под этим написанным (высказанным) на самом деле подразумевает — налицо. Продолжение, само собой, следует …
Но сначала завершим рассказ о моём положении после прочтения «социального заказа» Анатолия Михайловича. Гордость (мне, а не кому-то другому доверил!) не долго властвовала в

моей душе, сжимаемой страхом опозориться на всю Прозу. ру ...

Но не прислушаться к этому пожеланию А. М. я был не в силах, так как его недавнюю рекомендацию вежливо отклонил (мол, не моя тема). Повторить такое ещё раз — рисковать потерей его интереса к моим опусам. Потерей - одновременно и в большей степени - для меня.

Несколько ниже по тексту этот «разбор полётов» - выяснение всех обстоятельств появления когда-то не существовавшего обобщающего понятия ВИННИЧАНИН (по духу) - начнётся. Именно в причинах этого мне и самому ранее хотелось разобраться. Но я представлял себе, что' обрушится после этого на мою голову. И уверен, что мои опасения были не напрасны. Потому что не всякая правда желательна, не всякая гармонирует с общепризнанными тогда и теперь представлениями. Конечно, почти все возражения будут бездоказательны, почти во всех из них будут указания на существование в моей голове ложной парадигмы, суть которой — мощное воздействие еврейской жизни на формирование отличительных черт винничан любых национальностей и вероисповеданий.

И мне не удастся сделать точно так, как это рекомендовал А. М. Секретарев: разобраться в «винницком, абсолютно не связанном с еврейством как доминантой». Потому что хотя доминантой - чем-то господствующим - еврейство в моих некоторых публикациях и имело место быть, но в винницкой жизни — никогда. Даже тогда, когда евреев в городе было две трети всего населения. Однако влияние еврейства б ы л о всегда — и вычленить его из прежнего «винницкого» не получится ни у кого. Это вам не приготовить фаршированную рыбу - гефилте фиш, предварительно удалив из неё хребет и все прочие косточки, кроме последней - той, что у хвоста...
А сейчас говорить о доминанте еврейства в Виннице — что утверждать доминанту представителей международной еврейской организации из Нью-Йорка среди знатоков истинных границ старого еврейского кладбища на ещё более Старом городе (об этой «доминанте», используя другую терминологию, говорил Городской голова в 2008 г. - http://www.proza.ru/2012/11/14/78).

***

Прежде всего, на мой взгляд, следует согласиться с тем, что «что-то винницкое» - «величина непостоянная». И изменялась она весьма существенно с начала прошлого века несколько раз. Не зарываясь глубоко в историю, отмечу следующие периоды «чего-то винницкого».

ПЕРВЫЙ — начало 20-го столетия, дореволюционные годы. ВТОРОЙ — от установления в городе советской власти до начала Второй мировой войны. ТРЕТИЙ — послевоенные годы, оканчивающиеся коротким, всего пятилетним периодом перестройки. ЧЕТВЁРТЫЙ — первые 10-15 лет независимости. ПЯТЫЙ — проступающий всё яснее современный период.

Что касается моих личных ощущений «чего-то винницкого», то они наиболее чёткие о пятидесятых годах прошлого столетия. Прежде всего, потому что я был в то время школьник средних-старших классов или студент, что-то уже, и не только винницкое, в жизни понимающий. Да и потому, что эти годы характеризовались явными — на моих глазах — изменениями в жизни страны, республики, города. Ощутимо исчезали разного рода характерные, как мне виделось, для винничан черты их поведения, мышления. Уходили один за другим люди, когда-то олицетворявшие образ винничанина или винничанки.

Эта мысль укрепилась во мне, когда я «перелистывал» телефонную книгу Винницы 1957-го года, выставленную для всеобщего обозрения в «Історії Вінниці» А. Федоришеным. Даже мелькнула мысль написать по этому поводу статью: многих «абонентов», включая даже одного из директоров телефонной станции, я знал лично. О многих слышал разное. Но потом я вспомнил, как характеризовали глупые поступки в Виннице. Мало того, что виноватого обзывали «адиётом», так ещё советовали: «Иди почитай телефонную книгу!», которую ч и т а т ь могут, разумеется, только придурки. На фоне обрушивающихся на меня актуальных обвинений и ругательств получить ещё одно вдобавок не очень-то хотелось — и «Размышлениям при чтении телефонной книги» не суждено было даже начаться. Не то что оборваться ...

В моём нынешнем эссе речь пойдёт, главным образом, о м е н т а л ь н о с т и - определённом образе мыслей - винничан в давние времена, относительно недавно и сейчас. Невольно в обсуждение будут вовлечены пограничные темы, потому что ментальность — понятие очень широкое. И сложное. По одному из современных определений, ментальность - исторически обусловленная специфика мышления, обусловленная культурно-генетическим цивилизационным кодом. Трудно понимаемо? Не до конца? Не я придумал и сам воспринимаю весьма поверхностно, но другие определения — не лучше.

Начать приходится с цитирования того же Анатолия Михайловича, который как бы проложил мне тропу для дальнейших размышлений. Это - из моей статьи ещё 2015-го года: тема интересовала меня, как видите, и раньше, коль цитировал:
«Игорь Чепугов, создавший с сотоварищами весьма взвешенный и оригинальный сайт «Вінничани» (https://www.facebook.com/groups/vinnichane/) и бьющийся «до крови» с теми, кто вольно или невольно пытается разрушить принятую основателями этого сайта концепцию, привёл 9-го сентября с. г. давний очерк А. Секретарева — винницкого мультиталанта (Резонанс, травень 1994 року, № 4). Там есть очень мудрое рассуждение об изменении менталитета населения Винницы: «... в особі нинішнього мера [речь идёт о главе города того времени Дм. Дворкисе — Н. К.] дуже яскраво втілено менталітет нашого подільського містечка. Втім, як я вже зазначав вище, містечко, як суспільна структура, поступово зникає — адже і національний, і соціальний його склад зазнав за останні роки великих змін. Яку нову міську традицію сформують численні вихідці з українських сіл — поки що невідомо, адже нова традиція складається не за роки. Але безперечно одне - ця нова традиція повинна не руйнувати традицію містечкову, а використовувати для свого розвитку все краще, що було в попередній (взяти хоча

б такі її риси як прагнення до освіти, культури, ділову ініціативу). Зрозуміло, що новому подільському місту треба позбутися і тих вад, що були притаманні містечку, і головна така вада, — це його традиційна відокремленість від села. Станеться так — і містечко мирно передасть історичну естафету новому подільському місту.» (http://www.proza.ru/2015/09/16/738).

Итак, начало 20-го столетия. Винница — в силу различных обстоятельств — начинает расти. Здесь — и интенсификация железнодорожного движения через Винницу на линиях Киев-Одесса (выход к морю) и Киев-Львов (выход в Западную Европу), здесь — и индустриализация города, здесь и тот приток населения из местечек, который начался ещё задолго до «эпохи Дворкиса». И без сомнения — планомерная работа по развитию города, осуществляемая Н. В. Оводовым и Гр. Гр. Артыновым. На этом этапе и формируется ментальность винничан: из слияния местечкового (украинско-еврейского), одесского (русско-еврейского; там евреев — треть населения, украинцев — половина этого) и, в меньшей степени, львовского (польско-еврейского: там галицийских евреев - треть населения с почти сотней синагог, украинское население сильно полонизировано).

Наибольшее влияние извне, по моим представлениям, пришло из Одессы. Во-первых, Львов был тогда за рубежами Российской империи. Во-вторых, в том направлении ездило намного меньше винничан, а оттуда — меньше иностранцев, чем винничан в Одессу и одесситов — в Винницу. В-третьих, одесский менталитет был для винничан намного ближе львовского, так как одесский был только с примесью иностранного (порт!), а львовский — весь «чужестранный», причём замешанный на католицизме, который к тому времени в Виннице уже уступил главенство православной вере.

Не спорю, это могло произойти случайно, но ведь наш единственный Нобелевский лауреат Зельман Ваксман, окончив начальную школу в Виннице, продолжил учёбу в гимназии уже в Одессе.

***

Когда-то в юности я себе чётко представлял, что в разных странах могут быть совершенно отличный от СССР климат, другие - растительность и животный мир, иной цвет кожи у населения, пр. Но то, что даже в развитых странах менталитет населения отличается от такового винничан больше, чем разрез глаз или характер еды, как-то в голову не приходило. Да и само слово менталитет тогда было не в ходу. Не подумайте, что я не понимал некоторые отличия в поведении, например, карпатских гуцулов, армян или узбеков на их малой родине (далее ездить мне было запрещено).

Просто это воспринималось мною как упрощённые, с точки зрения психологии, этнографические понятия — обычаи и нравы. Но и те так придавливались навязанным (принудительным) советским менталитетом! Говорилось и писалось о н о в ы х (социалистических) обычаях и нравах. Мы были о б я з а н ы думать так, как было указано выстраивать тексты информации редакторам «Последних известий», а говорить - то, что считалось «положенным по долгу патриота и ленинца», и восторгаться - тем, чем призывала к этому партия. Её идеологи и запускали сверху тот процесс, который, по всем законам биологии, должен был автономно, то есть, без навязывания сверху, рождаться в наших мозгах. Как рефлексия на события окружающей среды, а не по указке политпросвещенцев.

Скажу более, я даже подмечал конфликты, раздвоенность в мышлении разных народов СССР с присущими им многие века представлениями о мире и естественной реакции на изменения в последнем. Но среди всех без исключения национальностей, среди всех «братских народов первого в мире социалистического государства» находились свои надсмотрщики, загонявшие народные мысли в единый социалистический загон с его «Моральным кодексом строителя коммунизма».

***

Одной из направляющих менталитета везде была и остаётся религия. Не зря коммунисты преследовали её столь последовательно и пытались искоренить начисто. Но там, где она - без всякого запрета или, наоборот, подстёгивания со стороны государства - является неотъемлемой частью духовного существования, воздействие её - во всём и неотвратимо. В ней — основная причина того, что поведение (любая деятельность, в которой человек участвует, от грубой моторной деятельности до мышления) японцев или таиландцев зримо отличается от такового арабов, а тех — от европейцев-христиан, и так далее. Иудаизм — поистине доминирующее в определении самоидентичности евреев! — в этом также не составляет исключение.

Есть ли у вас знакомые среди баптистов? Если есть, то разве вы не замечали особенности их жизненных и моральных установок? Даже в советское время — с до рвоты отвратительным ниспровержением всего религиозного — баптисты умудрялись держаться один одного, причём эта связь была не только местной, но и республиканской, всесоюзной. Баптисты, не знаю уже из каких принципов, возглавляя небольшие предприятия, помогали друг другу по работе (например, машинами, дефицитными строй- и другими материалами).

Бухарских евреев среди ваших знакомых уж точно нет, поэтому поверьте мне на слово. Знал таковых я из Узбекистана, Таджикистана. От простого часового мастера до профессора, заведующего кафедрой. Так я и не разгадал стержень их мышления. Но он им помогал выжить в исламском мире на протяжении столетий. Словом, религия значила очень много раньше и даже сейчас, во время всеобщего образования, продолжает ощутимо и зримо влиять на менталитет своих приверженцев.

И вот представьте себе, что две религии (даже три, если отдельно представлять христиан — православных и католиков) сосуществуют на тесном пространстве. В постоянном соприкосновении, непрерывном общении, той или иной трудовой и прочей деятельности не только для «своих», но и для «чужих»… Десятилетиями, столетиями идёт не только взаимное наблюдение, ознакомление, но и заимствование «чужих» понятий, слов языка, обычаев, хода мышления. Процесс малозаметный, растягивающийся на многие поколения. В результате — украинцы Галиции перенимают от живущих среди них других народов одно, а украинцы черты оседлости Российской империи от огромной массы евреев — другое, украинцы Крыма от татар — третье, украинцы приграничных с Россией районов - четвёртое … Вот, кстати, одна из главных причин неизбежной, на мой взгляд, будущей федерализации Украины.

Менталитеты указанных народов постоянно сталкивались, оттачивались, пришлифовывались при тесных контактах, не позволявших никому из них на долгое время выходить за рамки того, что превышало бы толерантность других менталитетов. И, таким образом, в выгоде оставались все. Нет речи о том, кто умнее — украинцы или евреи. Как и нет вопроса — кто был важнее для города. Даже в условиях государственного антисемитизма в течение более сорока лет (до 1985 г.) эти две нации сумели уживаться, получая взаимную пользу от общения. Выражаясь самым-самым простым языком, можно сказать, что евреи учились широте украинской души, а украинцы — еврейской изворотливости. Украинцы наблюдали и частично перенимали еврейскую логику мышления, отточенную веками талмудистами, вдолбленную евреям ещё с малого детства и доведенную до автоматизма. Ведь безграмотных еврейских детей и при царизме не было: самые бедные тоже посещали начальные школы, финансируемые богачами.

Потом это подвижное, но более-менее стабильное равновесие начало нарушаться. Что касается Винницы, то тут можно упоминать в основном евреев: влияние других национальностей, проживавших в городе, исключая поляков, было значительно меньшим, а то и - минимальным. Доля же евреев в Виннице нередко приближалась к «критической массе».
Русских я, вообще, не выделяю, так как во многих отношениях они не сильно отличались от украинцев, в городе охотно перенимали их язык и обычаи. И, наоборот. А богослужение велось для всех православных на одном языке. Правда, в области существовали «кацапские сёла». В одном из них я в самом конце пятидесятых побывал: отличия от украинских сёл мог не заметить только слепой, не в состоянии опознать, к примеру, в каждом подворье баньку. И — прочее.

Что касается поляков, то им был присущ, как и католицизму, более строгий образ жизни и мышления. Этому у них украинцы могли поучиться и кое-что, касающееся более четкой организации быта и дела, перенять. Но польские сёла я никогда не встречал. Возможно, они и были, но советская власть проводила все годы, особенно в период Большого террора, столь мощную антипольскую кампанию… В польское село я впервые попал во время моего велопутешествия 1982 года, чему я немало поразился, в Белоруссии. Называлось оно Изабелла. Когда-то принадлежало помещице с таким именем.

В этом ПЕРВОМ ПЕРИОДЕ в Виннице преобладал тот менталитет, который А. М. Секретарев совершенно точно обозначил как менталитет подольского местечка. Мне хотелось привести в качестве примера что-то яркое и совершенно понятное, но я ведь в то время не жил, а моя мать-хмельничанка тогда только родилась. И вдруг ночью из глубин памяти всплыло что-то для этого подходящее, которое находилось совсем не в той каморке, где я искал. А в хранилище с табличкой на двери «Белгород».

В 1961-м году я начал в этом городе свою продолжавшуюся более полустолетия врачебную деятельность. И очень скоро на одной из конференций врачей я выбрал себе двух друзей, каждый из которых был старше меня лет на 35-40. С одним из них — Иваном Михайловичем Жуковицким я вплоть до его смерти где-то лет через десять после нашего знакомства писал совместные научные статьи, несмотря на мой переезд в Казань. У другого набирался жизненного опыта, слушая его удивительно захватывающие рассказы о ленинградских светилах-медиках 20-30-х годов прошлого столетия, об его личной встрече с Дзержинским, о его службе в армии в годы войны, о его пребывании в тюрьме, о частной врачебной практике в епархии, об многом ещё, включая Винницу дореволюционных годов. Натан Абрамович Браверман оказался винничанином, родился в городе в начале 20-го века, но после Гражданской войны покинул его навсегда. От рождения плохо видящий, тучноватый он всегда пристально и в допустимо возможной близи (очки с сильными стёклами мало помогали) рассматривал собеседника, задавал странные вопросы и давал неожиданные ответы. Он мыслил как-то по-иному, но как, я этого так и не понял. Он свободно разговаривал по-немецки с соседом-сантехником из поволжских немцев, часто цитировал Ницше. Словом, был весьма отличен от всех других врачей, причём своеобразными были и его методы лечения. Завершала всю эту фантасмагорическую картину жена Н. А. - типичная Марфа-посадница, по национальности мордовка. Жена была учительницей физики - и мне казалось, что бо'льших противоположностей «изобрести» было невозможно. Ладно, не буду вас утомлять, а перейду, наконец, к менталитету подольского местечка.

Я запомнил один-единственный рассказ Н. А. о Виннице. По какому поводу он пришёл ему на ум — не вспомню, хотя не забываю многие мелочи. Например, мы с женой к его приходу (это был его единственный визит к нам, у него дома я бывал много раз) приготовили тушёного кролика. И купили дорогое вино. Но Н. А. категорически от лёгкого вина отказался, сказав, что у него много лет тому назад был «удар по печени». Что' он под этим подразумевал, мне до конца так и не стало ясным.

Так вот рассказывая о нравах той Винницы он упомянул какого-то (тут я могу быть не точным!) еврея - владельца кирпичного завода на Старом городе (?). Молодой кассир этого завода со всей находящейся в кассе суммой денег сбежал за рубеж, что буквально сломило предпринимателя. Но не из-за потерянных денег, а из-за (прошу внимания!) потери реноме его самого вместе с кирпичным заводом, так как об этом событии узнали и судачили на каждом углу. И не только евреи. Посему, чтобы восстановить доброе имя своё и своего предприятия, он всех пытался убедить, что его кассир уехал за границу на во'ды что-то подлечить. А сам послал за рубеж надёжного человека, чтобы передать вороватому кассиру версию с поездкой на курорт и что - чёрт с ними, с деньгами - пусть тот возвращается на завод: всё будет забыто.

Раз Натан Абрамович мне это поведал, значит ввести в заблуждение винничан не удалось. Но сам факт: никакого обращения в полицию, никаких открытых проклятий в сторону кассира, попытка всё скрыть, чтобы не выглядеть глупцом, не сумевшим вовремя раскусить воришку! Менталитет в большом городе иной — тут же бежать к жандармам! Найти, привести, судить! Менталитет местечка, где все всех знают: тихо, не шумите, всё уладим!..
Это — одно из проявлений еврейского менталитета, выработанного особыми условиями жизни народа, когда требовалось выстоять в конкуренции с другими, быть лучше других. И лишь тогда — иметь право надеяться на успех.

***

К сожалению, мне приходится в этой работе касаться вещей, с которыми я знаком поверхностно. Посему попытаюсь разъяснить то, что я хочу сказать, ещё другим примером. И для иллюстрации еврейской логики мышления приведу анекдот из книги «Когда они ещё смеялись. Таков был еврейский анекдот». Книга была куплена мною 15 лет тому назад в Вене. Это как раз то, что вызывает, как поётся в песне, радость со слезами на глазах. Шутки евреев ещё до Холокоста …

Царская Россия. Один из князей призвал к себе на службу нового попа, высоко образованного, сведущего также в еврейской письменности. Князь организует общественный диспут между подвластными ему деревенскими евреями и попом. Правила жесткие: тот, кто не ответит на вопрос, будет тут же на месте обезглавлен.
Евреи в отчаянии. Большинство из них в состоянии читать только молитвы; да и скромный деревенский раввин не столь грамотен, чтобы противостоять прекрасно обученному теологу.
И тут объявляется примитивный попрошайка, абсолютный невежда в иудаистике и предлагает себя для диспута с попом. Евреи пришли в ужас, но одновременно и вздохнули с облегчением. Попрошайка просит дать ему возможность первым задать вопрос, на что поп тут же снисходительно соглашается.
«Что значит «эйнени йодеа?» - спрашивает попрошайка.
Поп смеётся: «Я не знаю».
И попа тут же обезглавливают.
Евреи, полные восхищения, окружают и спрашивают попрошайку: «Как пришёл ты к этой бриллиантовой идее?».
«Совсем просто», - гордо отвечает попрошайка. «Когда-то давно спросил я нашего раввина, что' это значит - и он ответил: «Я не знаю». И тогда я себе подумал: «Если уж наш высокоуважаемый раввин не знает, то поп тем более этого знать не будет.»

Вы, конечно, ничего не поняли. Ключ к пониманию: «эйнени йодеа» на иврите означает «я не знаю».
Теперь перечитайте этот анекдот ещё раз и подивитесь тому, сколько в нём закручено

хитросплетений абсурда и, как оказалось, также и своеобразной «мудрости» попрошайки. Это типичный еврейский анекдот. Тут нет и слова о том, что евреи умнее других. Зато - столько самоиронии! И - удивления (с нескрываемым восхищением): видите, дуракам всегда везёт!

***

И вот ещё что. Местечковый, по сути, менталитет горожанина-винничанина предполагал девочке, девушке, женщине, жене твёрдо предписанный статус. У всех национальностей, у всех слоёв населения.
Последнее десятилетие можно по праву считать ренессансом винницкого патриотизма. Стараниями многих лиц, прежде всего - создателей сайтов «Історія Вінниці» и «Вінничани», городу возвратили память об огромном числе замечательных земляков. Сколько среди прославившихся до Октябрьского переворота женщин? Не напрягайте свою память — нисколько. И если вы мне, в возражение, приведёте одно-два имени, то это ничего не изменит: одна ласточка … (и так далее).

***

ВТОРОЙ ПЕРИОД развития винницкого менталитета характеризуется, прежде всего, следствием ленинского призыва-указания «Учиться, учиться и ещё раз учиться!» (в той или иной версии). И огромными возможностями получении образования всеми, без национальных, но всё ещё - с социальными (правда, другого направления: происхождение из рабочих или крестьян служило уже пропуском, а - из помещиков, царских госслужащих, банкиров, капиталистов, священнослужителей, и т. п. - опущенным шлагбаумом) различиями. Впервые появились преимущества у партийцев и комсомольцев. Началась ожесточённая война с духовенством всех направлений.
И менталитет сместился с местечкового (малообразованных масс) в сторону городского — образовательного. Знания (правильнее — дипломы) начались цениться в не меньшей степени, чем деньги.

В этот период формируется новый винничанин, пытающийся оторваться от прошлого своих родителей и себя самого. Он всем сердцем поддерживает новую власть, он впадает в характерный для того периода восторженный раж, который можно назвать коммунистическим фанатизмом. Его мало волнуют появившиеся первые признаки деспотизма советского господства: высылка неугодных лиц в глухие места, изгнание за рубеж, судебные процессы над мнимыми антисоветскими группами, первые концентрационные лагеря.

Возникает довольно значительная прослойка людей с высшим образованием, но без среднего. Рабфаки были не в состоянии заменить гимназическое образование, дать широкое и глубокое общее образование.
Евреи были вовлечены в этот процесс почти конвейерного производства молодых людей с

дипломами вузов вместе с представителями других национальностей. И евреев среди студентов было очень много. Причины сего очень просты: был ликвидирован пресловутый царский процент, определяющий максимально допускаемое число иудеев в университетах, для евреев стало возможным получение высшего образования по любой специальности. Если учесть, что начальное образование было практически у всех еврейских юношей, пути в вузы через рабфак для них оказались уже открытыми. А тяга к образованию была очень сильной: на него настраивало мировоззрение, привитое в начальной школе.

Нельзя забывать, что в то время в Виннице существовали Педагогический институт, педагогическое училище и школы, где преподавание велось на языке идиш. Как ликовали евреи, как они обманулись в советской власти! Сначала прикрыли еврейский пединститут, а после войны даже упоминать учебные заведения, где обучали на идиш, было не принято. С небольшим временны́м сдвигом, завершив образование в открытых советской властью школах, в вузы массово влилось украинское сельское (городское было и раньше) население, становившееся уже городским.

Вот эти молодые люди из местечек и сёл зародили нового винничанина — раскованного, жадно поглощающего все «наживки» городской жизни, перенимающего - большей частью, через посредников — обычаи и правила Одессы и Киева, куда винничане стали ездить намного чаще, чем ранее. Изменялся не только внешний облик винничан, но и их менталитет.

Уровень, который хорошо заметен между строк дореволюционной книги «Вся Винница», их уже не удовлетворяет. Они стараются перейти на более высокую ступень, но, как говорится, сбросить груз прошлого, что возможно довольно просто в отношении одеяния, им удаётся во всём остальном только частично. Посему эта интеллигенция в первом поколении — ещё «полуинтеллигенция», а Винница имеет ещё немало не только физических (например, халупы Иерусалимки, хатки пригородов, повозки, запряженные лошадьми и быками на центральных улицах), но и, так сказать, духовных признаков местечек и сёл.

Подняли голову молодые женщины. Сменив українську традиційну хустину з квітами или фачейлэ аф ын коп - головной платок еврейской религиозной женщины - на красную косынку, молодые винничанки начали «качать права». Сколько родилось в то время комсомольских фурий, с восхищением вспоминавших ещё в «брежневскую эпоху» те 20-30-е - свои молодые-боевые годы! Сколько пионерских воспитательниц, сформированных в те годы, ещё через десятилетия командовали детьми в школах и пионерских лагерях, о чём я без всякой радости вспоминаю до сих пор.

Конечно, в это время среди винничан было ещё достаточно велико число людей дореволюционного воспитания и обучения. Я о них писал ранее (http://www.proza.ru/2011/09/01/1124):
«Что отличало тех людей? … прежде всего, степенность, рассудительность, упорядоченность… суетливость, метания от одного дела, занятия, увлечения к другому были им чужды. Они были

осторожны и сдержанны в суждениях и осуждениях.
… поражала твёрдость, не подвластность времени их знаний: то, что они усвоили в церковно-приходской, начальной и пр. школах (вплоть до гимназии), оставалось в их головах на всю жизнь… Их одеяния по стилю были неизменны в течение десятилетий...
Они оставались верующими (чаще, по известным обстоятельствам – только в душе), несмотря на воинствующий атеизм, проповедуемый советской властью ...
Что творилось в их душах, когда срывали с церквей колокола и превращали храмы божьи в склады и т. п. – трудно даже представить. Или – когда постепенно закрывали одну за другой синагоги и использовали их помещения далеко не по духовному, что ли, назначению.»

Резюмирую: в первые два десятилетия после превращения Винницы в советский город наступает появление значительного слоя молодой интеллигенции, которая оттесняет бывший менталитет горожан на обочину жизни, порывает с религией. Местечковости становится всё меньше и меньше, хотя заметной она остаётся не только по краям. Те или иные проявления её угадываются в ядре всё ещё окончательно не сформировавшегося городского менталитета.

***

В первое послевоенное время Винница, как и многие разрушенные города, не имела ни своего лица, ни своего характера. Колоссальная потеря населения, возвращение с полей войны многих тысяч бывших винничан с почти начисто выбитым из них ужасами военной жизни прежним винницким менталитетом, реэвакуация других многих тысяч, познавших другой менталитет в Средней Азии или Сибири и узнающих всю трагедию города последних четырёх лет. Растерянность, шок, парализующий все ощущения, нежелание жить. И это — на фоне отсутствия жилья, полуголодного существования, произвола орудующих с оккупационного времени банд. И это — среди отчаяния сотен и сотен инвалидов, перемещающихся по городу с помощью собственноручно сделанных костылей, на нелепых тяжёлых деревянных кустарных протезах, несчастных безногих в опять же самодельных — на шарикоподшипниках вместо колёс — ящикоподобных колясках или на из досочек сколоченных маленьких платформах. Отталкиваясь от земли специальной формы деревяшками, они продвигались, несмотря на неровности дороги, бордюры и тому подобное ... Пьянь, крики, мат — этого не забыть! А потом засушливые два лета — и толпы нищих, опухших от голода, христарадников, наводнивших город! О каком менталитете тут говорить? Только об одном — выживания.

Но жизнь берёт своё. Что-то с горем пополам (стройматериалов нет) ремонтируется, что-то приспосабливается под жильё: прежде нежилые подвалы, кельи костёла, первые этажи разрушенных многоэтажных домов, чердаки сохранившихся домов. Почти без перерывов начинает подаваться электричество, всё реже - перебои с водой. Становятся многолюдней базары. Денежная реформа как-то стабилизирует цены. Народ начинает думать о будущем. Из массы частично уничтоженных войной семей формируются новые семьи, в них рождаются новые винничане.

Так и моя мать нашла мужа — и я обрёл младшего брата. Так и появился сыночек Боря у потерявшей в войну мужа бабушки нынешнего премьера Украины. Я хорошо знал её родившегося до войны старшего сына — Михаила Дробкина, с которым и с Наумом Циписом (будущим писателем) мы жили в Курске в одной малюсенькой комнате (три топчана и столик — всё). Миша дослужился в Курске до директора школы. Я уже учился в винницком, а не в курском мединституте и узнал от Нолика, что Миша находится с женой в Виннице (после операции на лёгких). Был с Циписом дома у его родителей, познакомился с матерью и отчимом — весьма милыми людьми, коротко видел Борю. А пишу я об этом лишь потому, что читал не раз и не два отвратительное враньё об отчиме моего друга - дедушке нынешнего премьера Украины. Сколько горя принесла ему война!

Оживал постепенно, как оказалось, не сгинувший винницкий дух. О войне вспоминали всё реже и как-то во всё менее трагическом смысле. Главное теперь, какова у нас длина железнодорожных линий, сколько мы выплавляем чугуна на душу населения, и прочая, и прочая. И всего у нас больше, чем в Америке. И безработицы нет, а везде объявления: требуются токари, слесари, каменщики, и т. д. А как на самом деле живут в Америке — никто не знает. И знать не хотят: понимают, что это их не обрадует.

Народ охотно позволяет вводить себя в заблуждение, радуется до умопомрачения каждому снижению цен, не понимая, что всё это — результат недоплаченного ему за труд. Народ смотрит фильмы типа «Кубанских казаков», которые так же отображают реальность, как фильмы о войне, о Сталине, как газеты — его же, народа, серенькую жизнь, на несколько порядков худшую, чем в других странах, тоже пострадавших в войне.

Народ оптимистичен — и винничане тут в первых рядах. Жизнь продолжала оставаться нелёгкой, но постепенно становилась всё веселее и веселее. Мне даже кажется, что эти годы — от смерти Сталина до возникновения застоя при Брежневе — были в Виннице самые весёлые и обманчиво-обнадёживающие. Отсюда — и менталитет: хорошо поесть, красиво одеться, танцульки, хохмочки… И анекдоты-анекдоты.

***

Поводом для сдвигов в менталитете может явиться какая-нибудь, на первый взгляд, мелочь. Я в «Моей Виннице» рассказывал о том, что где-то до начала 50-х годов, когда в Виннице находилась 2-я воздушная армия стратегической авиации, винничане очень часто, иногда многие часы кряду, включая ночное время, могли наслаждаться, скажем так, лёгкой (эстрадной) музыкой довоенных, военных и первых послевоенных лет. Той музыкой, которую официально нигде не играли. Это были последние годы постепенно всё более и более уходившего в свои паранойяльные видения всесильного деспота: музыка, даже с небольшим налётом «зарубежности», резала его ухо. Значит, и мы не должны были «страдать» от такой музыки, а — наслаждаться, как и он, регулярно исполняемой по радио «Сулико». Хорошая песня, но если слишком часто её слушать ...

Основным способом воспроизведения музыки тогда оставался ещё патефон, электропроигрыватели были редкостью, а магнитофоны — очень большой редкостью или, как бы выразились знатоки латыни и немецкого языка, раритетом, что для нас понятнее звучит — диковинкой. Новых пластинок с песнями, выпускавшимися до войны, было не найти. Самодельные дериваты граммофонных пластинок — из старых рентгеновских плёнок (записи «на рёбрах» — плёнках большого размера при съёмках грудной клетки) быстро выходили из строя.

Однако радиоприёмники были у многих. Трофейные «Телефункины» или «почти отечественные» — рижского радиозавода ВЭФ. И военная радиостанция «Маяк», будучи под боком, «ловилась» очень хорошо. Пилотам она помогала в ориентировке, винничанам — давала возможность окунуться в практически запрещённый музыкальный мир, поднимала их настроение. Среди любимых песен Петра Лещенко, Вадима Козина, Александра Вертинского и так далее, внимание винничан почему-то — я это хорошо помню — привлекала «Прощальная песенка Львовского джаза» Г. Варса на написанные специально русские слова П. Григорьева (это я сейчас, справившись в ВикипедиИ, это и многое другое интересное о сей песне знаю - http://a-pesni.org/drugije/prlvov.htm). А раньше, как и все, именовал эту песню по словам первой строки:

Во Львове ремонт капитальный идет,
Шьют девушки новые платья,
Улыбки блистают и глазки, и рот –
Ну, словом, весь Львов вас ждет!

Припев:
Для вас специально сады расцветут.
Ждем вас во Львове!
Полки соловьев вам кантаты споют.
Ждем вас во Львове!

Странно, но эта песня ну прямо-таки притягивала винничан к ранее им незнакомому, ещё во многом польскому городу. Во Львов — чудесный, не пострадавший во время войны — ездили так, как сейчас летают, положим, в Испанию. Чтобы увидеть ранее только слышанное, чтобы окунуться в совершенно иную, чем в Виннице, городскую атмосферу.
Из Львова привозили новую моду одежды и обуви, во Львове «заражались» лёгкой формой западного менталитета.

Я уже всё равно давно «вышел за пределы регламента», потому хочу отметить, что второй песней, полюбившейся тогда винничанам была песня «Здравствуй, чужая милая». Её история также весьма примечательна (http://subscribe.ru/group/piknik-na-obochineili-v-gostyah-u-ryizhej-

bes/2145414/), а для меня — в какой-то степени близка. Автором и первым исполнителем песни ещё в 50-е годы прошлого века был Анатолий Аркадьевич Горчинский (1924-2007) — главный режиссёр Тернопольского театра во все мои тернопольские годы. Мы были хорошо знакомы, он бывал у меня дома. В то время — середина 80-х — я остался один, а Анатолию Аркадьевичу изменила жена. Они расстались, она забрала их общую маленькую дочурку. Конечно, Анатолий Аркадьевич не изливал передо мной душу, но поведал мне много личного, наболевшего. И с бытом, и со здоровьем было у него не всё в порядке.
А сейчас записи его песен нередко слушаю я во время длительных автомобильных поездок. Как много у него чудесных песен и как трудно сложилась его личная жизнь!

Другим переносчиком нового менталитета винничанам были винничане - студенты московских и ленинградских вузов. Почти никто из них в Винницу после учёбы в столицах не возвращался, но, приезжая во время каникул, они распространяли вокруг себя что-то такое, вытравливающее в небольшой степени местечковость винничан. И своей «стильной» одеждой, и своим изменившимся говором, и переоценкой свысока прежде им близкого того или иного «винницкого»... И никто их за это не порицал — им завидовали.

***

После так называемого разоблачения культа личности, начиная с лета 1956 г., в Винницу начали возвращаться выжившие жертвы террора предвоенных лет. Все — уже пожилые люди, все — с массой болезней, вызванных ужасными условиями жизни и питания на Крайнем Севере, в Сибири, Казахстане, пр. Кто — из тюрем-лагерей, кто, отсидев своё — из поселений, которые они не имели право покинуть. Не скажу, что очень многие, но достаточное количество, чтобы получить из их рассказов представление о том, что' там было, побывали у нас дома. Мамины довоенные знакомые, родственники наших знакомых, бывшие сослуживцы наших знакомых. Некоторые приехали с деньгами — и приобрели себе небольшое жильё, другим относительно быстро дали квартиру. Всем — какую-никакую пенсию. Для людей, отвыкших от нормального существования, всё было чудесно, если бы за плечами не оставались впустую прожитые десятилетия. И если бы не сломленность, сокрушённость их личностей, что особенно выпукло проступало для знавших этих людей до времени сталинского террора. Мне же бросалось в глаза полное отсутствие в их поведении, разговорах, общем настрое тех черт, которые были свойственны большинству винничан.

Эта моя статья всё равно уже приобрела наполовину характер воспоминаний, так что дополню её ещё одним. Я ранее писал, что кинорежиссёр Артур Войтецкий со школьных лет дружил с моим сводным братом. И во время нередких приездов Войтецкого к матери в Винницу они с братом встречались. Артур был великолепным рассказчиком, знал много столичных историй, жадно выслушиваемых провинциальными винничанами, поэтому и я не упускал случая поприсутствовать при таких «спектаклях одного актёра». Сомневаюсь, что я когда-нибудь соберу в памяти эти рассказы Артура Войтецкого и опубликую. Но весьма вероятно, что к ним ещё возвращусь.

А сейчас — то, что связано с террором тридцатых годов и с перемалыванием личностных качеств невинно осуждённых. В 1983 г. вышел фильм Артура Войтецкого «Ненаглядный мой». Основу сценария (он был не только режиссёром, но и сценаристом фильма) Артур взял у замечательного писателя и честнейшего человека (это я от себя говорю, хотя А. Войтецкий был бы такого же мнения) Виктора Петровича Астафьева.

Мы (Артур, брат и я, приехавший на выходные из Тернополя к матери и отчиму) пляжимся на Кумбарах. Артур живописует недавнюю поездку к Виктору Астафьеву в Красноярск для выяснения деталей сценария и для поиска мест натурных съёмок там, в Восточной Сибири, на Енисее. На пароходиках перебирались они от одного до другого селения. Оценивали, прикидывали, записывали, фотографировали и — дальше.

Знойное сибирское лето. Высокий берег Енисея. Глухая деревня почти без зелени. Марево, поднимаемая ветерком дорожная пыль. Ни души. И вдруг из тускло прозрачного воздуха выныривает живое существо - дворняжка. Радость от появления жизни в этом «мёртвом далеко не царстве» охватывает обоих искателей подходящих для съёмок видов. Артур - быстрый на реакцию винничанин - зовёт собачку: «Жучка! Жучка, иди сюда!», хотя ублажить пса у них нечем. И вдруг от стены с затенённой стороны рядом возникшей в поле зрения серой, покосившейся деревянной избы-сруба слышится: «Почему ви говогите ей Жучка? Её звать Шагик.»

Виктор Астафьев - не еврей - ничего не понял, тоже не еврей, однако винничанин - Артур Войтецкий сразу же сообразил, что перед ним занесенный сюда неизвестно какими ветрами еврей, наверное, единственный не только на эту деревушку, но и на сотни вёрст от неё во все стороны света. Одежда этого загадочного еврея была не менее чудно́ю, чем всё случившееся со сценаристами готовящегося кинофильма. В жару на ногах старика были валенки, на голове — треух. Больше ничего о внешнем виде восточно-сибирского деревенского еврея из рассказа Артура Войтецкого я не вспомнил, а придумывать не хочу.

И поведал старик историю о том, как его отца — известного и богатого человека в Риге — сразу же после превращения, как у нас писали, «буржуазной Латвии» в Советскую республику (только не писали, что произошло это по секретному сговору с нацистской Германией), превратили в нищего и довели до смерти. Обоих сыновей — студентов университета арестовали и отправили в Сибирь… Младший брат его погиб, а он пристал вот к местной женщине — кондовой сибирячке (или, может быть, даже коржачке-староверке) и завершает тут свой жизненный путь. На вопрос Артура Войтецкого, хотел бы старик съездить в Ригу, тот как-то неожиданно твёрдо и ясно ответил: «Сердце моё это не видегжит.» «У нас бил, знаете, автомобиль!», - завершил он свой печальный рассказ.

Я не вставляю ничего из того, что я не запомнил (или Артур не рассказал). Но Артур изобразил

всё так реалистично, что отложилось это в моей памяти, как видите, на три с половиной десятилетия. Особенно последняя, бесконечно печально звучащая фраза рижского еврея, которого советская душедробильная машина превратила из аристократа в ничто.
Такими опустошёнными были и возвратившиеся из тех краёв винничане. Личных автомобилей, да и, вообще, никаких, у них не было. Никогда.

Надо как-то подвести черту под описаниями этого ТРЕТЬЕГО ПЕРИОДА - периода появления «самого винницкого» менталитета винничан.

В 1935 г. на Первом всесоюзном совещании стахановцев тиран, ехидно улыбаясь, безучастным голосом произнёс фразу «Жить стало лучше, товарищи. Жить стало веселее.» И … начал разворачивать «Большой террор».
В начале 50-х жить действительно стало лучше. Винничане как бы стряхнули с себя последние печали, связанные с войной. Появились черты одесского менталитета, когда всё, в том числе и не радостное, как-то само собой трансформировалось в комичное, ироничное, саркастическое. Кто помнит — тот подтвердит: жить стало так, как утверждал тот, смерти которого одни ожидали с тревогой (как же без него?!), другие — с нетерпением. Но веселее — только после кончины «корифея науки, гения всего человечества».

Возник период тотального «окукурузования» «от южных гор до северных морей», «раскола» в большевистской церкви. Одни обкомы сделали промышленного патриархата, другие — сельскохозяйственного. Вспомнили ленинские совнархозы и создали многие десятки подобных. Потом укрупнили их. Но «А вы, друзья, как не садитесь, всё в музыканты не годитесь.»
Появились признаки надвигающегося застоя: достижения в космосе были не в состоянии компенсировать провалы в других отраслях промышленности и сельского хозяйства. Перебои с хлебом, мясом, маслом, мукой … Дефицит промышленных товаров, того, что называли «товарами широкого потребления». Военным заводам было приказано создавать цеха для производства таких товаров. Но у них ведь были более важные задания, за невыполнение которых «снимали голову».
Начались закупки огромного количества зерна за рубежом. Страна села на нефтегазовую иглу. «Пробудился» дожидавшийся своего часа так называемый Межведомственный Комитет, то есть, властвующий над всем и всеми КГБ. Возникло и жёстко подавлялось диссидентское движение.

А винницкий дух ещё держался — и ответом на всё были, я повторяюсь, анекдоты, анекдоты. Знаменитые «армянские», «чапаевские», «про чукчу» и, как ни в чём ни бывало, опять же еврейские. Немало среди них было про евреев и КГБ.
Я бы тут охотно некоторые из них привёл, но и так до этого места дочитали совсем немногие. А ведь конец не близок …

***

В ЧЕТВЁРТЫЙ ПЕРИОД — после провозглашения Независимости Украины «что-то винницкое» начинало как бы анализироваться и опознаваться. Винничане, наконец, заинтересовались: а мы есть кто? Какова наша идентичность?

Я перечислю сейчас не всех (просто могу кого-то не знать или не вспомнить), кто - каждый по своему - внёс заметный вклад в этот процесс самопознания. Интернетовских блогеров я буду называть их настоящими именами, так как был с ними в контакте, обменивался мнениями, спорил, благодарил…
Начнём с них: Сергей Ярмоленко, Вадим Постернак, Борис Коляда, далее - Татьяна Робертовна Кароева, Виктория Васильевна Колесник, Наталия Николаевна Кушка, Людмила Михайловна Денисова, Нонна Николаевна Древа, Анатолий Михайлович Секретарев, Александр Абрамчук, Андрей Стебелев, Максим Царенко, Сергей Бей, Анатолий Кержнер, Андрей Рыбалка, Александр Логинов, Евгений Савинский, Назарий Давидовский, Игорь Деснер, авторы «ВИННИЦА — блог о родном городе» и, конечно же, вожаки - Александр Федоришен, Игорь Чепугов, Александр Петровский.

Правда, никто из них пока не решился даже на попытку создания хотя бы в малой степени обобщённого образа винничанина того или иного времени. Иногда к этому близко подходили А. Секретарев и А. Федоришен, но, профессионально (как, соответственно, философ и историк) понимая сложность и ответственность задачи, останавливались, чтобы собраться с мыслями. Вернее — собрать новые факты - письменные или фотодокументальные, воспоминания тех или иных винничан. Вполне естественный процесс, но продуктивным он может стать лишь в обсуждениях, дискуссиях, спорах с единомышленниками, сторонниками или же с оппонентами, приверженцами других взглядов. Этого, увы, на должном уровне не происходит и как-то даже не видится или, вообще, не предвидится в будущем.

Тут не требуется успеть к тому или иному сроку (как при переименовании улиц) — времени достаточно. Но опять та же самая причина, что и во многом — равнодушие (не у выше означенных лиц, а у тех, кто должен отсылать им спорный вопрос обратно). Никто не желает тратить нервы, подставляться под огонь критики, высказываться о чём-то негативно, как будто такое табуировано.
Никто — не вполне верно. Никто — из знатоков вопроса. И их места тут же заполняются мало сведущими, но претенциозными. Каков может быть результат?

***

ПЯТЫЙ ПЕРИОД — современный — характеризуется всё бо'льшим размыванием понятия винничанин из-за причин, о которых уже кое-что было сказано. Эта тенденция характерна для большинства средних (по величине) городов. Так сказать, осреднение (или усреднение) средних. Для сохранения или придания оригинальности необходимы огромные капиталовложения, что «средненькие» позволить себе не могут.

Поэтому я считаю поистине гениальной (и преднамеренно не избегаю употребления тут этого ответственного слова) концепцию Шемета-Чепугова о превращении Винницы в город «Щедрика». Претворение этого единого, определяющего замысла в жизнь было бы прорывом, возможностью - при сравнительно малых затратах! - выделиться Виннице из длинного ряда середнячков, стать в с е м и р н о известным городом.

Все знают немецкий Байройт. Всего 70 с небольшим тысяч жителей. Всего один раз в году и всего в течение одного месяца — Вагнеровский фестиваль. И только этого Байройту достаточно для всемирной славы!

А тут столько вариантов обыгрывания «Щедрика», круглогодичные мероприятия!

И слава, и деньги — такое получается не у всех. Так почему же не заняться всем городом этим!

Один умник зло пошутил: новые остап-бендеровские Нью-Васюки. Сам себя высек. 100-тысячная буддистская Элиста в глухой засушливой степи, в 1250 км от Москвы, построив «шахматный» город Сити-Чесс с уникальным Дворцом шахмат, с проспектом и памятником Остапа Бендера, пр. стала всемирно известной вот уже около 20 лет.

«Сходство» с современной Винницей — лишь в одном: в Элисте украинцев, а в Виннице евреев — одинаково, по половине процента всего населения.

Предпринимательство и культурные зрелища прекрасно сочетаются: это и винницкий фонтан, от которого и «Рошену», и многим в городе польза немалая. Это и чудесная старинная брошь на груди у дамы-Винницы — музей-кафе Заваркиных… Можете продолжить, рассказать о чём-то новом? Трудно? Об этом и речь веду.

«Облако» у костёла — совсем, наоборот! Построили бы его там, где я считаю самым подходящим — за «заводоуправлением» (по виду) - горсоветом. А это здание подарили бы под музей Польской культуры (или под другим названием), рассказывающий о Виннице в составе Польши. Это ведь только официально - более 200 лет! А польское влияние ощущалось в Виннице долгие годы до и ещё после того. Тогда, в составе Польши, Винница стала, наконец, «чем-то». Забыто? Зря!

Польша, зажатая между двумя империями — Германской и Российской, терзаемая и кромсаемая со всем сторон, выстояла. В целом, роль Польши в истории Европы, на мой взгляд, значительнее, чем об этом написано и известно массам. Просвещение населения по истории Речи Посполитой (особенно, I Rzeczpospolita) и Винницы в ней весьма желательно.

И Музей у костёла для этой цели byłby bardzo przydatny!

Как радовала бы сердца' туристов из самой близкой украинцам западной страны эта преобразившаяся «chmura»!

***

В 1987 г. возглавлял я госкомиссию на выпускных экзаменах одного из факультетов в Донецком мединституте. За месяц пребывания там я общался с очень многими людьми: от легендарного Е. Л. Звягильского, руководителей предприятий, профессоров этого вуза до простых работягшахтёров, металлургов, пр. Я выслушал ответы сотен студентов (в том числе, и по общественным дисциплинам: философии, организации здравоохранения, социальной гигиене). Я был в гостях у нескольких человек. Мой вывод тех лет: я побывал в дружественной соседней стране (напоминаю, что я поехал туда из Тернополя).

Прошлым летом в Виннице я довольно продолжительно беседовал с двумя студентками Донецкого университета. В каникулы одна из них подрабатывала, торгуя мороженым в парке. Другая — разливая сладкую воду в киоске в центре города. В полдень буднего дня, несмотря на жару, покупателей было мало — и я милым девушкам особо не мешал своими расспросами. Вывод мой почти через 30 лет - тот же, что и более четверти века тому назад: разумные девушки эти — из дружественной соседней страны.

Никто не может предвидеть — уж я-то точно, находясь в Германии — долговременные изменения в жизни города, обусловленные переселением в него жителей Донбасса. Но они были мне заметны уже в прошлом году. На полное «обвинничанивание» приезжих не следует рассчитывать. Винничане же в той или иной степени «одонбассятся». Как никак, кто видел Северский Донец, не мог не заметить его разительные отличия от Южного Буга. Это так, для сравнения. Обе реки для меня кое-что да значат: вокруг истоков Северского Донца в Белгородской области я бродил в начале 60-х, там начинал свою врачебную деятельность. На территории Донбасса река ещё «круче» …

Если вообразить невозможное, то есть, слияние Северского Донца и Южного Буга в мнимый Донбуг, можно себе приблизительно представить на берегу какой удивительной реки стояла бы Винница!
Так и со слиянием коренных винничан с переселенцами. Есть все основания для рождения — по всем параметрам: генетическому, историческому, социальному — нового поколения жителей подольской столицы. Того, что называют «поколением Z» (https://en.wikipedia.org/wiki/Generation_Z). Не будет оно иметь ни местечкового менталитета, ни менталитета шахтёрского посёлка.

***

Андрей Рыбалка в последнее время публикует под предупреждением «Это не Винница, друзья!» выявленные им, путём кропотливого сопоставления деталей, фотографии, будто бы сделанные в Виннице, а на самом деле — где-то в другом месте.

Вот и я попытаюсь под конец рассказать немного о том, что ранее для Винницы было не характерно. Причём только потому, что тут же было бы пересудачено и высмеяно городскими «пикейными жилетами» (вспомните «Золотого телёнка» И. Ильфа и Е. Петрова).

После поездки в Японию я написал статью о винницких общественных туалетах, уделив

особое внимание подземному туалету, расположенному недалеко от входа в парк со стороны Каличи (http://www.proza.ru/2012/10/27/2058).
«И вот всего-то через два года читаю (http://urban.vn.ua/archives/252), что этот «старейший» (какое уважение к сему источнику грязи и вони!) общественный туалет разберут. То есть, закроют, так как рядом, в планетарии оборудована «абсолютно нормальная уборная» (слова и. о. главы города С. Моргунова)». Это цитата из моей другой статьи: http://www.proza.ru/2015/09/16/738.
Я не хотел далее разводить антимонии по этому алогичному аргументу тогда ещё и. о. Городского головы, но сейчас просто вынужден кое-что объяснить.

Меня уже не удивило, что никто на это … — не могу подобрать приличное слово — сообщение не отреагировал. Его предшественник, по правде говоря, вешал и не такую лапшу винничанам на уши (вспомните его «возмущение» строительством на старом еврейском кладбище, что вызвало непонимание, очень странно, только у меня: http://www.proza.ru/2012/11/14/78). Однако сейчас я хочу, пусть в утрированном виде, проследить за ходом мыслей С. Моргунова.

Прежде всего, постараемся разобраться, что вложил и. о. в ним, не сомневаюсь, запатентованное словосочетание «абсолютно нормальная уборная».
Конечно, не то, что понималось бы под этим каким-нибудь российским солдатом из замостянских казарм 19-го века: воткнутый в землю на чистом поле штык, спрятавшись за которым, можно смело спускать штаны с подштанниками и садиться орлом.
И - не то, что понял бы, услышав это лаконичное, всего из трёх слов определение, японец 21-го века: герметическое, звуконепроницаемое светлое помещение, с приточно-вытяжной вентиляцией, мягковатым тёплым унитазом, возможностью воспользоваться душем для определённой части тела, тёплым воздухом для осушки подмытого участка (повторяю ссылку: http://www.proza.ru/2012/10/27/2058).
Тогда - что же?
Ладно, не будем задерживаться: уже поджимает.

Итак, у посетителя парка появляется некое желание. Но это может оказаться тем, что в медицине носит название «ложный позыв». Посему, следуя рекомендациям (см. выше), он направляется не в сторону туалета, который всё равно уже разобрали, (ещё через год после этого радостного сообщения всё оставалось по старому; как сейчас? - хоть голову отрубите - эйнени йодеа). Он покупает билет в расположенный в парке планетарий (входной билет - 40 гривен). Погадав по звёздам, убеждается, что позыв был не ложным, определяет, «по какому он был счёту» - большому или малому - и уже тогда, с полным осознанием поставленной перед ним задачи, открывает дверь «абсолютно нормальной уборной». Правда, планетарий работает, хотя и без выходных, только с 10 до 18 часов (http://vinplanet.jimdo.com/).
Для координации работы планетария, туалета при нём и парка власти теперь, не считаясь с расходами, окружат парк забором — и вход в него будет с 10, а выход — до 18 часов. «Всё хорошо, прекрасная маркиза!» - как пел когда-то Леонид Утёсов, на концерте которого я

присутствовал в винницком Доме офицеров в конце 50-х.

Ещё раз даю вам голову наотрез, что подобное, лишённое логики откровение любого винницкого руководителя, никогда ранее не было бы опубликовано. А если вообразить, что было бы, то уже на следующий день стало бы притчей во языцех - предметом пересудов. И винницкие пикейные жилеты, как и их братья из ильф-петровского Черноморска, повторяли бы … Нет тут лучше процитировать несколько переиначенных строк из этого классического сатирического романа.

Для разъяснения: где-то между нынешним Апелляционным судом и кинотеатром «Россия», каковые тогда не существовали, ещё в послевоенные годы был — вдоль улицы Освобождения — небольшой сквер со скамеечками. Там или где-то в другом месте — в садике Козицкого, в Сквере прессы (часть площади Независимости), в том же Парке культуры собирались в хорошую погоду пожилые люди. Любой национальности…

«Когда-то они собирались здесь для совершения сделок. Сейчас же их тянула сюда, на солнечный угол, долголетняя привычка и необходимость почесать старые языки. Они ежедневно прочитывали «Urban» - и всё, что бы ни происходило на свете, старики рассматривали как прелюдию к объявлению Винницы вольным европейским городом.
- Читали сообщение о демонтаже старейшего туалета? - обращался один пикейный жилет к другому пикейному жилету. - Заявление и. о. Главы города Моргунова об «абсолютно нормальной уборной»?
- Моргунов — это голова! - отвечал спрошенный таким тоном, будто убедился в том на основе долголетнего знакомства с и. о.»

Знаете ли вы, что в переполненных винницких трамваях не сидели, фиксировав взгляд на сотовом телефоне? В трамваях возникали и исчезали мимолётные клубы, посиделки (постоялки), конкурсы острословов. Трамваи были местом распространения и опровержения слухов. И если по какой-то причине в трамвае на мгновение воцарялась тишина, то кондуктор прерывал её тут же вопросом «Кому ещё билетик?». Клевать носом в трамвае было не положено. Там в мгновение переиначили бы «абсолютно нормальную уборную» в Планетарный туалет, а и. о. Городского головы в … (тут я промолчу).

***

Да, с логикой обращаются нынешние винничане весьма свободно.
Я уже сколько раз писал о возмутительном, на мой взгляд, НЕ-востановлении прежнего имени улице, называвшейся «ул. Соколова». Улица получила имя Ивана Емельяновича Шиповича (1857-1936), полагаю, по настойчивому предложению А. Федоришена, написавшего в украинской ВикипедиИ статью о И. Е. Шиповиче. Последний с 1903 г. преподавал Закон Божий в совсем рядом расположенном с означенной улицей Реальном училище. Это был первый аргумент, выдвинутый А. Федоришеным. Второй — тоже весомый: комиссия под руководством

И. Е. Шиповича в 1910 г. (цитирую в переводе на русский язык) «провела грандиозное переименование улиц г. Винницы, взяв за основу имена выдающихся личностей и события городской истории».
Так уж «взяв за основу …» (см. двумя строчками выше)? Нет и нет, учитывая повод переименования (см. следующий абзац). Отсюда — Николаевский проспект (центральная улица!), Екатерининская улица, Романовская улица, улицы 19-го февраля и 17-го октября (дни царских манифестов), пр.

Это - переименование, которое, по моему пока никем не опровергнутому заключению, было связано с намечающимся приездом в город императора и с его предполагаемым решением о переводе в город губернской столицы из Каменец-Подольска. Связь переименования с приближающимся 300-летием Дома Романовых мне кажется весьма сомнительной, не коррелирует со временем «романовского» переименования, например, в том же губернском городе Каменец-Подольске и, на самом деле, там грандиозным его (одна улица) назвать нельзя. (Кстати, переименования 2015-го года были в Виннице намного масштабнее.)

В статье А. Федоришена приводятся воспоминания самого известного винницкого краеведа Г. В. Брилинга об И. Е. Шиповиче: «… он был чудесным педагогом, полностью лишённым религиозного фанатизма… Преподаватель знал не только историю религий, а и русскую, польскую, еврейскую и западноевропейскую литературу ...».
Они работали вместе в Реальном училище: Г. В. Брилинг обучал там юношей законодательству.

Именно комиссия, руководимая И. Е. Шиповичем решилась (и это, считаю, было одним из маркантных проявлений «грандиозного переименования улиц») на присвоение небольшой улице, граничащей с Реальным училищем, имени человека, пожертвовавшего всё своё состояние на сооружение этого поистине грандиозного (по тем временам, в конце 19-го века — самого крупного и самого красивого в городе) учебного комплекса, если не считать использованных для школьных и гимназических целей старинных Муров. Для обучения в Реальном училище, подчеркну, детей всех вероисповеданий. Так появилась в Виннице первая и единственная (до 1921 г.) улица, названная в честь иудея - купца Цаля Лейбовича Вайнштейна. Коммунисты с «купеческим» названием улицы быстро расправились, а комиссия 2015-го года сделала вид, что такового вообще не было. Но, в частности, за заслуги И. Е. Шиповича в переименовании улиц города переименовали названную им (!!!) улицу Вайнштейна в улицу Шиповича. Логике комиссии 2015-го года надо позавидовать. Слова «грандиозное переименование» не отразят всю циклопичность сей логики переименования 2015-го года.

[Я хорошо понимаю, почему Игорь Чепугов и Александр Шемет — авторы гениального концепта, обещающего принести Виннице мировую известность и немалый доход, переходят на ненормативную лексику, столкнувшись с противодействием властей. Я представляю себе также неплохо и то, что власть ограничена как в свободе, так и в ресурсах. Но отталкивать от себя таких людей, изобретателей такого замысла!

Куда уж мне с моими улицами Заваркина и Вайнштейна, с Каличей и набережной речки Калички, с заповедной зоной на бывшей Володарского, с оригинальными памятниками «Покинувшим Винницу навсегда» и «Языку идиш», и т. д.?!
Только поэтому на сим месте не матерюсь. А так хочется ...]

Нет, чтобы комиссии по переименованию поразмыслить и продолжить чью-то решительную тенденцию. Ещё при первых робких попытках переименований нашлись смельчаки, превратившие улицу Чекистов в улицу Черновола — жертву продолжателей чекистских преступлений.
На месте сооруженного перед войной, на всю катушку использовавшегося в годы террора и в период оккупации для схожих дел, на месте оставшегося в войну почти невредимым здания НКВД (что символично!) находился дом И. Е. Шиповича. Семья истинного христианина была выселена, а дом — разрушен. Так почему бы не переименовать бывшую Дзержинскую улицу не в нейтральную Театральную, а в улицу Шиповича? Все критерии, которыми руководствовалась комиссия при переименовании Интернациональной в Соловьёва — налицо. Театральных — везде хватает, где в городе находится театр — винничане и без того знают.
А вот на бланках Управления МВД по Винницкой области увидеть имя Шиповича — это было бы что-то! Одинаковый подход во всех случаях — закон для подобных комиссий? Или — нет? Побоялись? А? - тогда назовите отрезок нынешней Театральной от улицы Соборности (только так она должна зваться по смыслу и по правилам грамматики - http://www.proza.ru/2015/04/25/1733) до улицы Гоголя улицей Шиповича. И улица побольше, и бывшее Реальное училище совсем рядом…

Не нужно вам здание, выстроенное на деньги Цаля Вайнштейна — снесите его и постройте ещё одно «Облако»! Будет очередной бетонный плевок в лицо общественности! А ведь было чудесное место для «Облака»: та позорящая центр города развалина, которая была мною представлена во всей красе (http://www.proza.ru/2015/09/01/804). Нет, чтобы совместить приятное (для себя) с полезным (для вида города) — совместили приятное (для себя) с болезным (жалким в глазах винничан, радеющих за достойный вид центра города).

Честно говоря, логику современных винничан мне следовало бы систематизировать. Но она настолько парадоксальна, что если потом её придерживаться — один бог знает, что из этого выйдет.
Вообразите себе, например, что кто-то попытается предпринять попытку логического продолжения действий комиссии по переименованию улиц (об астрологических «абсолютно нормальных уборных» поговорим когда-нибудь в другой раз). Так вот что получается по одному из основных законов логики - закону достаточного основания:
А есть потому, что есть В (в приведённой логической схеме: А – это логическое следствие, то есть мысль, которая вытекает из предыдущей мысли; В - логическое основание, то есть мысль, из которой вытекает другая мысль.)

В ближайшее очередное переименование улиц Ерусалимка будет названа в честь доктора исторических наук Т. Р. Кароевой — «пробившей» это историческое название в его исконно винницком произношении (и, следовательно, написании).
Безымённую пока площадь перед бывшей городской мужской гимназией в Иезуитских мурах по праву назовут площадью профессора Ю. В. Легуна, справедливо высказавшегося весьма скептически по поводу переименования улицы Первомайской, да ещё в Магистратскую, на которой недолго существовавшим в Виннице магистратом, вообще, и не пахло.
Саму же Торговую — Романовскую — Первомайскую — Wladimir - der - Große - Straße — Первомайскую — Магистратскую переименуют в Архивную, так как Областной госархив располагается к означенной улице на 47,5 метров (это я прикинул на глаз) ближе, чем предполагаемое место нахождения магистрата. И пребыванию архива в этом здании Иезуитского монастыря намного больше лет, чем существованию в Виннице в середине 19-го века магистрата.

А что же — с улицей Шиповича? Как это — что? Забыли что ли, кто предложил её так называть? То-то! А если ещё добавить следующий важный факт: с крыши здания - места работы очень близкого ему человека - бывшее Реальное училище видно, как на ладони! Какие ещё нужны вам аргументы для появления улицы Федоришена?
Издеваюсь, говорите? Нет. Строго следую линии, которой придерживалась комиссия по переименованию улиц.

Пусть не обессудят другие члены комиссии по переименованию улиц, что я их не упомянул. Мне особенно интересны были те члены комиссии, которые лучше других разбирались в исторической подоплеке именований-переименований, так как являются историками-профессионалами. И всё же поставили свои подписи под многим, противоречащим и декларированным принципам декоммунизации, и исторической справедливости, и их собственным убеждениям. Которые пошли на «торг», расплатившись с ретроградами, в частности, улицей Соловьёва. По принципу «если ваше - сюда, то тогда наше — во-от сюда». Аргумент получения пламенным коммунистом (это я — без всякой иронии) квартиры в выстроенном на этой улице доме был одним из самых веских, а сохранившийся старинный дом Натана Альтмана сочли ничего не значащим. И появилась улица Альтмана аж на Старом городе, причём (конечно, с намёком) недалеко от старого еврейского кладбища. Такие «мелочи», как захоронение художника с мировым именем на Комаровском некрополе - кладбище в пригороде Санкт-Петербурга, а также давно закрытое к 1970-му году, времени смерти Н. Альтмана, это винницкое еврейское кладбище, как-то выпали из памяти и поля зрения уважаемых членов комиссии.

Им не хватило, например, чувства юмора назвать бывшее место проживания ассирийцев (по-винницки, греков) у дома «Лекарственные травы» Греческим переулком (пассажем, тупиком, проездом). Это стоило бы всего двух табличек на противоположных сторонах переулка, но зато сколько можно было бы придумать историй для туристов! Даже переселение ассирийцев из полуподвалов Греческого переулка именно на цветущую садами Вишенку — связать с Висячими садами царицы Семирамиды в Вавилоне. Как? А просто так, как это делала комиссия по переименованию улиц. Какую бы взаимосвязь вы не сочинили, будет она не более отдалённой от истины, чем при ряде аргументаций переименования…

***

[То, что я, не в силах сдержаться, поведаю вам сейчас, конечно, напрямую не связано с темой. Но чем-то винницким, особенно ВТОРОГО и ТРЕТЬЕГО периодов винницкого менталитета, от всей этой, наконец, разгаданной тайны отдаёт.

Помните, я вам сообщал о посещении ставки Гитлера «Вервольф» министром иностранных дел СССР В. М. Молотовым (http://www.proza.ru/2016/06/22/1239). И вот совсем недавно в архивах Шида-Картли (Верхней Карталинии) в Грузии обнаружены сногсшибательные материалы: оказывается, это был не В. М. Молотов, а отлично загримированный под В. М. Молотова сам И. В. Сталин!

Дело в том, что 15-го августа 1942 г. передовые части горно-пехотной дивизии «Эдельвейс» захватили Клухорский перевал на Военно-Сухумской дороге. Оттуда уже был прямой путь в Грузию, где — как всему миру известно — впервые увидел свет И. В. Сталин. Вождь так же не мог допустить вторжения немцев в город его рождения Гори, как и в Москву и Ленинград. Но защищать Гори — главный город края Шида-Картли было некому. И потому вождь решился на такой дерзкий визит. Правда, он, на всякий случай, захватил с собой пару бутылочек его любимого вина «Киндзмараули» и несколько брусков козьей брынзы. Подмазать или откупиться, если что …

Разведка донесла, что фюрер в августе 1942-го находился под Винницей. По дипломатическим каналам было договорено, что там встретятся хорошо знакомые по секретному договору 1939-го года Йоахим фон Риббентроп и В. М. Молотов. Так как в 1939 г. Риббентропа в Кремле принимал вождь, планировалась подобная встреча В. М. Молотова (но мы-то теперь знаем — Сталина) с фюрером.

Всё шло по плану, но фюрер прекратить наступление в сторону Черноморского побережья отказался. Тогда В. М. Молотов (не забыли? - это был Сталин) вынул из баула вино и брынзу. Сыр фюрер-вегетарианец взял, но вино - отказался: мол, много работы, да и печень шалит. В. М. Молотов (надеюсь, помните, кто это?) так уверял фюрера, так уверял, что вино — слабое, что в Грузии (чуть не проговорился: «у нас, в Грузии») это вино даже дети пьют. Недаром его так называют — «Киндзмараули», что переводится Kind – ребёнок, Maer – легенда, Aul - тут Сталин подмигнул фюреру - он и по-немецки аул; з — так произносится в сложных словах соединительная буква «s». Словом, легендарное детское, аульного производства вино.

Почему я уже пишу открытым текстом, что это был Сталин? Да потому, что Риббентроп, хотя и не знавший грузинский язык (зато прекрасно владевший французским и английским языками), был великолепным скрипачом и сразу же уловил знакомые ему с 1939-го года грузинские модуляции в сталинском русском языке. Но дипломат остаётся всегда дипломатом — и никому Риббентроп об этом не рассказал. А, как бывший торговец немецкими винами в Канаде, сразу проникся уважением к привезенным вождём бутылкам. Да и присутствовавший при встрече Герман Гёринг одну бутылку выдул почти что залпом. Вдвоём они уговорили Гитлера уступить Сталину в его просьбе (мол, уважьте, наш фюрер, доброму человеку). И в январе 1943 г., после окружения 6-й армии генерал-фельдмаршала Паулюса под Сталинградом, немецкие войска покинули Клухорский перевал.

На родине вождя с дома-музея Верховного главнокомандующего (будущего генералиссимуса) сняли маскировочные сети. Сколько было выпито по этому случаю «Киндзмараули», «Чхавери», «Цинандали», «Хванчкара», «Маджари», «Телиани» и других вин - об этом пока не известно. Но найдутся такие же упорные и настойчивые исследователи, как я — и эта тайна будет раскрыта. (У кого есть что выпить, подымите бокалы за их успех ...)

Откуда всё это стало известно? Среди обслуги этой встречи был один младший офицер, семья которого происходила из немецких колонистов в Грузии; их в царское и даже советское время там было немало. Он, как говорится, всё усёк и оставил о встрече фюрера с вождём письменные воспоминания, обнаруженные недавно в архивах.

То, что немцы на Клухорском перевали были, могу подтвердить и я. В 1980-м году на высоте почти 3000 метров над уровнем моря стоял я у большой кучи немецкого оружия (миномётов, винтовок, пр.), которое выносят из года в год на поверхность ледники. Его потом собирают в одном месте и демонстрируют туристам. Всё остальное вы мне, надеюсь, поверили на слово. Спасибо! Вы по-винницки доверчивы к любым байкам руководства города. Ну как мне было этим не воспользоваться, описывая менталитет винничан-рассказчиков и винничан-слушателей!]

***

Двигаемся дальше (после привала на перевале, 45 км длиной).
Какой бравадой несёт от статьи Юлии Плахтий от 9-го августа 2016-го года (http://vezha.vn.ua/dekomunizatsiya-vinnytsi-tsyfry-fakty-postati/), разъясняющей читателям, чем прославились те, чьи имена носят теперь улицы города. Атаман Яков Шепель: «Наймолодший полковник армії УНР ... Тричі вибивав з Вінниці більшовиків. Його бійці знищили таких чекістів як Едельштейн та Гойхер.» Я уже не говорю о том, что Едельштейн не был чекистом, не был террористом, ликвидацией которого ещё как-то можно было бы гордиться. Он был таким же воякой-убийцей, как и сам Шепель. Только зомбированы они были в разных направлениях. Вероятно, что Шепель с его начальным образованием менее осознавал это своё

состояние, чем студент-медик Киевского университета. Но оба были уже не в состоянии не исполнять волю других людей - слепо, без рассуждений.
Посему прославлять зомбированного убийцу самого' Шепеля - Фёдора Паньковецького советская власть не решилась — и не присвоила имя Паньковецького даже той пограничной заставе на Збруче, недалеко от которой оборвалась жизнь Якова Шепеля.

Наконец, как до сих не понять, что по обе стороны баррикад сражались в подавляющем большинстве одни и те же люди: по происхождению, по национальности, по профессии, материальному положению? Сколько описано внутрисемейных трагедий этого рода! Поэтому уничтожение «врага», тем более, в гражданской войне — понятие довольно скользкое и им оперировать надо весьма осторожно.
Не просто так себе пришли развитые страны к запрету смертной казни. Такой приговор и его исполнение унижают государство, судей и палачей. Есть другие способы кары. Пора бы понять ...

Я уже писал и призываю ещё раз давать улицам имена с о з и д а т е л е й, а не любого рода   р а з р у ш и т е л е й. Заслуги созидателей признаются всеми, «заслуги» разрушителей, по понятным причинам — нет. И переименования не потребуются, а значит и создание соответствующих комиссий, члены которых вынуждены будут изменять своим нравственным позициям ...

***

Да, есть ещё одна черта у «новых винничан» - абсолютная алогичность. В степени би-квадрат. Я уже сталкивался с известной своей непревзойдённой алогичностью врачом-психиатром Светой Красновой. Почему Светой, а не Светланой? Точно не скажу, но известно, что так, по-детски себя стараются именовать взрослые люди с проявлениями инфантильности, у которых наблюдается разрыв между биологическим и социокультурным развитием. На моё замечание, касающееся неадекватной реакции Светы Красновой на одно из высказываний махрового антисемита, она ответила, после некоторого раздумья, 20.09. 2016 таким вот всплеском непричёсанных мыслей: «Злобой плюется на все...приходите вылечим! Это наш профиль...историей своих репрессированных родственников я не хвастаюсь...».

Конечно, воспользоваться приглашением высоко квалифицированного специалиста было бы полезно, невзирая на 1800 разделяющих нас километров. «Вылечим!» - ну как не соблазниться. Но вот эта странная «композиция» из плохо сочетающихся слов, это ни к селу, ни к городу «хвастаюсь», хотя о своих репрессированных родственниках писал «махровый», а не я! Явно клинический случай. «Наш (то есть, её) профиль». Вспоминается мудрый совет Гиппократа: «Врач, исцелись сам!». А потом уже я, в надежде вылечиться, обращусь ...
Нет, прежние винничанка или винничанин ответили бы мне не гневным набором несогласованных по смыслу слов, а чем-то ироничным, переиначивая мои же слова. Одним

словом — горько-кислым, а не самоубийственно ядовитым.

В этот же день Светочка порадовала нас ещё одним откровением, каких у неё немало. По случаю сообщения об открытии в городе Музея украинской марки им. Якова Балабана, она не высказала, в отличие от других, ничего филателистического, а строго указала: «Нужно охрану хорошую». И — всё. Больше ничегошеньки.
В «моей» Виннице в таких случаях говорили: «И дурак знает, что в воскресенье — выходной.»

***

Прошлый винничанин не был мелочно обидчивый, а пытался всё обыграть-переиграть в свою пользу. А нынешний?
Вот назвал (по его мнению, обозвал) я Вячеслава Желиховского - сотрудника планетария - звездочётом. По-иному говоря, астрологом. Ах, как он обиделся! Нет, чтобы назвать меня в той же тональности эскулапом! Нет, чтобы гордиться: «сам Нил Крас считает меня астрологом, то есть, способным по расположению звёзд не только объяснить то или иное, но и предугадать, предсказать, а вы мне говорите, что я в этом и в том неправ …» Обиделся и так расстроился, что присвоил себе и другой эпитет - «подслеповатый», хотя это был мой диагноз при проверке зрения другого, плохо видящего то, что все видят ясно.
Такие вот пироги с ново-винничанами по менталитету.

***

Такой вот театр абсурда в Виннице уже есть и, не исключено, что он будет ставить новые пессимистические комедии и далее. Репертуар, благодаря появлению новых и новых лиц, переселившихся в город с востока страны, будет разнообразиться. Среди новосёлов найдутся свои оригиналы. Но главное — эти люди иной формации. В который раз повторяю: я не ищу лучших и худших среди разных наций, среди родившихся-выросших в Виннице и приезжих, и так далее. Я подчёркиваю, особенно в этой статье, «винницковость» и её степень или же отсутствие начисто таковой.

В какую сторону надо формировать менталитет нарождающегося нового винничанина? Только в направлении менталитета европейского — и никуда более.

С чего начать? С «мелочей». Ну, например, задаться вопросом, почему на центральной улице в конце июля деревья выглядят, как в ноябре? Почему по тротуарам гоняют велосипедисты? Почему каждый волен лепить любой величины и произвольного цвета вывеску на памятник архитектуры? И о многом другом, что не требует никаких или минимальных затрат — только сдвига менталитета.

Надо возвратиться к некоторым забытым способам обмена мнениями, дискуссий. Приведу

один, так сказать, европейский пример, в связи с обидой смотрителя планетария.
На одном из заседаний рейхстага лидер Партии зелёных Й. Фишер гневно обрушился с обвинениями на федерального канцлера Г. Коля. «Тут горит, там горит, а канцлер сидит себе спокойно, как Будда, и созерцает, не пошевелив пальцем» - это я передал смысл упрёков Й. Фишера. Причём высказано это было в весьма недружественном тоне. Что сделал Г. Коль, отличавшейся не только мощной статью, но и нередко — взрывоподобными эмоциями? Он передал записочку в свой секретариат и через короткое время, получив записочку обратно, попросил слова. И доктор философии Г. Коль ответил Й.Фишеру, не дотянувшему даже до выпуска в гимназии (что не помешало весьма одарённому бывшему таксисту стать позднее министром иностранных дел) следующими словами. Не говоря уже об оппозиции, объяснял он упрекавшему его в бездействии Й. Фишеру, даже собственная партия не удостаивала меня такой похвалы. И начал читать указанные в записке-справке положительные черты, приписываемые Будде: высокий ум, рассудительность, терпеливость, пр. Й. Фишер, как уже указывалось, далеко не дурак, понял, что дал маху.
[Винницкие евреи удивлялись, когда им сочувствовали, что «они дали маху». И отвечали: «Ну и что? Мах же наш человек!»]
За более, чем четверть века моей жизни в ФРГ я накопил в памяти бессчётное количество впечатлявших меня образцов европейского менталитета и мог бы продолжать. Но и так ясно, что я хотел сказать: уроженец земли Рейнланд-Пфальц, никогда не бывавший в Виннице даже проездом Гельмут Коль оказался по менталитету бо'льшим винничанином, чем некоторые участники группы «Винничане».

Очень важно выработать в себе подольскую скромность, а не распалять в себе и других ура-патриотизм. Если вы не знаете всего, что происходит на Западе, не спешите себя считать первыми, самыми крупными в мире, минимум — в Европе, пр.
Лучше постоянно думайте над причинами того, почему единственный винницкий Нобелевский лауреат Зельман Ваксман сделал свои открытия в США, а единственный Нобелевский лауреат Тернопольщины - писатель Шмуэль Йосеф Агнон (Чачкес) создал свои лучшие произведения в Израиле, единственный Нобелевский кандидат из Ровенщины — физик Георгий Харпак (Жорж Шарпак) работал во Франции, там же — уроженец Харьковской области Нобелевский лауреат Илья Ильич Мечников …

Не очень хвалитесь тем, что в городе много иностранных студентов. Прежде подумайте — откуда они и почему они тут? Потому что в советское время бесплатно, а сейчас относительно дёшево можно здесь получить диплом и возвратиться на родину специалистом с высшим образованием. И не забывайте, что полученный в Виннице, Тернополе, пр. диплом врача не призна'ют не только в США, где барьеры весьма высоки, но и во всех западноевропейских странах. Единственное исключение из всех стран — от бывшего СССР до Албании — медицинский факультет Будапештского университета, которому удалось всё время удерживать планку обучения на установленном когда-то в Австро-Венгрии уровне.

Мне после проверок, доучивания признали мои звание и титул профессора, доктора наук (но с обязательным указанием в скобках SU - Советский Союз), приравняли меня к выпускникам немецких медицинских факультетов, однако врачом-специалистом (терапевтом) называть себя запретили, предложив прежде пройти 5-6 летнее обучение. Я — как винничанин старой закалки — на недоуменные вопросы немецких врачей о моём титуле Prof. (SU) Dr. med. habil. (SU) [по-немецки СССР — UdSSR, а не – SU] всегда отвечал SuperUni (типа — мне присвоил эти звания Наивысший Университет; титулы и звания, полученные вне ФРГ, требуют указания места их получения, причём несоблюдение этого требования грозит невообразимым по величине денежным штрафом). Так вот, никто меня — из-за стыда, что он (а) не знает, что такое СуперУни, не переспросил. Словом, винничанин из любого щепетильного положения, в которое он влип, должен получить какую-то выгоду. А не плакаться: ой, меня назвали звездочётом…

И, самое последнее по перечислению, но одно из самых важных при переходе к европейскому менталитету. Вложите и в Виннице в понятие «четвёртая власть» европейский смысл. Пресса, телевидение, радио, интернет — все средства массовой информации должны, наконец, обрести зубы, а общественность - не дать возможность бить по ним или выбивать их никаким власть предержащим.

Это прямо-таки гротеск — интервью винницких тележурналисток с бывшим Городским головою. Сколько подобострастия, сколько наигранного восхищения, сколько лестных, по сути, вопросов! Дело доходило до выяснения, почему Голова (аж на четвёртом десятилетии жизни! - Н. К.) «так молодо выглядит». И всеми уважаемый, многократно переизбираемый «покупался», отвечая, например, «я не ем хлеба». И поинтересовавшаяся не могла скрыть своего восторга, получив такое откровение от Головы. А телезрители решили с завтрашнего дня обходить булочные стороной: только без хлеба можно сохранить молодость и стать всеми уважаемым. Насчёт молодости - это точно: я тоже молодо выглядел в начале 60-х прошлого столетия, когда хлеба ели мало из-за всяческих примесей в нём, среди которых горох был ещё не самым невкусным компонентом. А, вообще-то, как врач: хлеб надо есть обязательно! В середине 80-х в газете «Известия» рассказывалось об исследованиях группы тернопольских врачей под мои научным руководством. Статья называлась «Лекарство грубого помола». Ферштейт?

С удовлетворением отметил в репортажах Оксаны Пустовит, что она решается «наступать на мозоли» своим собеседникам. Но общий фон винницких средств массовой информации — не «четвёртая власть», а «инструмент власти».
Жаль, вы не можете быть свидетелями того, как так называемая бульварная газетка «Bild» вынуждает, казалось бы, всевластных федеральных канцлеров увольнять министров. Или те, будучи уличёнными «Bild» в чём-то неблаговидном, сами подают в отставку! Какие взрывы происходили в общественной жизни и, как следствие, в правительстве ФРГ, парламенте (бундестаге) после расследований, проведенных информационно-политическими еженедельными журналами «Stern», «Spiegel» и «Focus»!
А что' в Виннице? Это было хорошо заметно в метаморфозе информации об «Облаке»

(http://www.proza.ru/2016/08/01/1078).

***

Я завершаю это эссе о ВИННИЧАНАХ в полном представлении, что выполнял непосильную для меня работу. Я - не историк, я - не социолог, я - не психолог, не этнограф, не житель Винницы от начала прошлого века до нынешних дней. Я был винничанином по прописке всего-навсего 18 лет, из них только половину - в возрасте, достаточном для понимания себя, других и окружающей социально-политической обстановки. 60 лет я провёл вне города моего рождения и юности.

Я не был в Виннице ни разу в последнее десятилетие XX-го века, а в нынешнем веке пребывал в ней всего трижды, общей продолжительностью не более месяца. Тем не менее я взялся за этот труд, стараясь соткать канву, по которой специалисты смогут начать вышивать портреты винничанин разных времён. Если я ошибся в главном, то теперь хотя бы будет ясно, как не надо конструировать образ винничанина. Если же ошибся в деталях, то заменить их будет легче, имея более или менее цельную и стабильную систему взаимодействующих конструктивных (фундаментальных) элементов, предназначенных для выполнения означенной выше задачи.

Отдаю себе отчёт в том, что эта публикация вызовет немало недовольства в городе. Пожалуйста, пишите мне и ругайте меня. Но - сюда и - здесь, на Прозе.ру. Регистрация бесплатна и не занимает много времени.
Мне нужны не бестолковые реплики, а аргументированные возражения. Повторяю в который раз: не считаю свои рассуждения изначально верными, скорее — дискуссионными.
На Прозе.ру не уплывут ваши возражения и возмущения, как это происходит со всеми комментариями и репликами на fb, в ле'ту, а останутся всегда легко читаемыми и для других. Посмотрите раздел рецензий на моей странице: многие там уже высказались, некоторые даже выкакались. Но читатели так часто листают страницы моих творений, что они быстро проветриваются, а «бисер» ссыхается, развеивается в порошок …

***

И последнее. Не числюсь я в сетях, потому что мне удобней сражаться на моей площадке, на моём поле, то есть, на Прозе.ру. Искать, что' о моих опусах написано ещё где-то — ненужная трата времени.
Наконец, для не желающих всё-таки регистрироваться на Прозе.ру указан мой электронный адрес. Так что представлять себе какой-то скрытый (для вас ошибочно кажущийся явным) смысл в моём избегании регистрации в сетях - не имеет смысла.

Я не расклеиваю по ночам на винницких заборах отрывки из моих статей, я ни к чему разрушительному никого не призываю, я даже не агитирую читать мною написанное. Я просто делюсь с интересующимися моим мнением своими рассуждениями о прошлом, настоящем и будущем го'рода и Украины.

Так что мой подход к публицистической деятельности полностью отвечает всем требованиям европейской демократии, к которой — как я об этом постоянно читаю — стремятся винничане. Увы, часто пробуксовывая.

Желаю им успехов в продвижении вперёд!

Статья опубликована 07.11.2016: http://www.proza.ru/2016/11/07/970